积极推广测土平衡施肥等先进农业技术，不断强化农业科技支撑

●做大做强农业龙头企业，农业产业化经营加快发展

长沙市农业局

2005年，我市农业和乡镇企业保持了良好的发展势头，主要体现在五个方面。一是农业种植业规模和效益平稳增长。全市农作物播种面积924万亩，同比增加16万亩；农业种植业实现产值90亿元，同比增长8%。粮食生产持续恢复性增长，粮食生产面积595.04万亩，同比增加9.71万亩；总产262.33万吨，同比增加11.29万吨。经济作物播种面积130万亩，实现产值22亿元。蔬菜种植面积保持在80万亩，总产36.5亿公斤，实现产值32亿元，同比分别增长4%和5%。二是乡镇企业发展速度和运行质量同步提高。全市农产品加工企业达到1825家，其中500万元规模以上企业达到380家，销售收入过亿元的41家。全市农产品加工企业中，国家级龙头企业3家，省级龙头企业20家，市级龙头企业40家，进入省政府“131”工程农产品加工企业18家。2005年实现农产品加工业产值190亿元，同比增长14%。三是农产品质量安全管理各项工作全面推进。争取财政投资40万元，新建蔬菜农药残留速测网点50个，重点加强蔬菜流通领域的质量监测。全年共抽取蔬菜样品6202批次，合格样品5926批次，合格率达95.6%。根据农业部对我市蔬菜质量安全5次例行监测的结果，蔬菜农药残留检出超标率为9.367%，同比下降1.39个百分点。四是农业科技推广和技术服务不断加强。全市共举办农业实用技术技术培训班100多期，培训农民10000多人次。实施农村农动力转移培训11500余人，80%以上实现转移就业。推广频振式杀虫灯2000盏，推广稻鸭共栖生态种植面积20万亩，水果套袋面积12000亩，测土平衡施肥116万亩。全市农机总动力达到331万千瓦，机耕和机收水平分别达到96%和50%。五是农业法制建设和综合执法效果进一步巩固。共立案查处农资案件184起，查处不合格农资产品228.6万公斤，货值604.1万元。查获不合格违规种子6.6万公斤、化肥151.7万公斤、农药70.3万公斤，挽回经济损失2070万元。

●加强蔬菜质量检测，确保食用安全

●水果产业已成为我市农业的主导产业之一

●先进适用的农业机械迅速发展，成为农民增收的重要途径

市公安局大院

长沙市公安局

长沙市公安局下辖6个城区分局、4个县（市）局，11个支队、一个警校和一个直属大队、23个处室（部、办、委、中心）。全局现有公安民警8000余人。近年来，长沙市公安机关在中共长沙市委、长沙市人民政府和湖南省公安厅的正确领导下，以“三个代表”重要思想和党的十六大、十六届三中、四中全会精神为指导，全面贯彻落实中央13号、省委4号文件和全国“二十公”、“全省十五公”会议精神，坚持用科学的发展观、正确的政绩观指导公安工作，始终围绕全市社会政治治安稳定的总目标，着力提高“四个能力”，深入推进“平安长沙”和文明城市的创建活动，努力构建和谐社会，进一步优化经济发展环境，不断提高队伍的正规化建设水平，为全市的经济社会协调发展创造了稳定的社会政治治安环境。

巡警规范化巡逻

【环卫方面】

2005年是长沙市“大干新三年，再创新辉煌”的关键之年，也是创建全国文明城市的冲刺之年。长沙市城市管理局以环境效益为中心，围绕责任目标，狠抓落实。

【市政方面】

2005年，在市委、市政府的正确领导下，圆满完成了413条背街小巷的提质改造任务。市、区两级财政共投入经费6.8亿元，其规模之大、要求之严、标准之高、任务之重，在长沙的历史上前所未有。

【绿化方面】

[认真组织开展“城市绿化周”活动，全面提高市民绿化意识]2005年3月市城管局组织市道路绿化管理处、五区城管局、园林局开展“城市绿化周”活动，出动宣传车182台次，发放宣传资料5万余份，种植乔木2000多株，植花灌木60万株丛，清理各类杂物120余车，劝阻处置践踏、牵挂、损绿行为150余件次，同时将活动情况通过新闻媒体进行宣传报道，反响好。

【执法方面】

2005年，尽管工作非常繁忙，任务艰巨，大型活动较多，如上半开展了保持共产党员先进性教育活动，七、八月份创建全国文明城市检查，九、十月份参与全市“双评”活动，11月底、12月初创建全国园林城市检查验收和全省爱卫检查等。在全市性的大型活动中，市城管和公安两支队伍都是唱主角，工作比较辛苦，特别是在创建全国文明城市工作中，两个支队同心同德，并肩作战，充分发挥了主力军的作用，得到了各级领导和老百姓的充分肯定。

● “少年城管队”在马路执勤

● 赵建军副支队长在接听市民热线

● 城管执法队员扶助孤寡老人

● 城管、公安双剑合璧，打造了享誉全国的城管品牌

● 修建一新的背街小巷，美化了城市环境

望城县人民政府

●中共望城县委书记　罗衡宁

●中共望城县委副书记、望城县人民政府县长　黄佳惠

望城县地处省会长沙近郊，总面积1361平方公里，辖19个乡镇、179个村、39个居委会，2005年末总人口710330人。

2005年，全县上下认真落实科学发展观，按照“增创新优势，谋求新突破”的总体要求，全面推进“五百工程”，强力推动“项目建设年”工作，县域经济社会实现了快速高效发展。全年完成全县生产总值1000156万元，经济总量成功突破100亿元大关，比上年增长14.8%，其中第一产业增加值178701万元，增长7.3%;第二产业增加值561217万元，增长21%; 第三产业增加值 260238万元，增长7.8%。完成财政总收入76686万元，增长17.9%，其中地方财政收入62000万元，增长16.2%。

工业经济提质增效。全年完成工业总产值1029269万元，顺利突破100亿元大关，比上年增长29.2%。新增规模以上工业企业28家，达156家，规模工业总产值592465万元，增长39%。完成工业项目投资33亿元，增长211%，一批规模较大、效益较好、科技含量较高的工业企业相继投产。

农村经济稳步发展。全年完成农林牧渔业总产值301180万元，比上年增长7.3%。全年粮食播种面积118.1万亩，粮食产量50.8万吨，增长4.5%。全免农业税，减免总额达8779.58万元，各项支农补贴全额发放到位，补贴总额达2502.3万元。

设施建设取得突破。全年完成全社会固定资产投资655785万元，增长26.7%。完成基础设施建设投资26.3亿元，金星大道全线通车，郭亮路、旺旺路、雷锋大道（同心段）等城区主干道高标准拓改，园区路网进一步完善；完成县乡公路改造111公

里，水泥路通乡（镇）率达100%，路网密度跃居全省前列。靳江河高矶头河道综合整治开发项目建设顺利推进，大众垸二期治理、胜利垸城市防洪一期工程顺利完成。

对外开放成效显著。全年引进项目72个，其中工业项目48个，总投资过亿元的项目11个，成功引进和记黄埔等项目。实际到位外资4653万美元，到位市外境内资金29亿元。成功策划和承办了“2005湘台经贸交流与合作高峰论坛”，签约项目15个，对外开放取得新进展。

社会事业全面进步。实现农民人均可支配收入4630元，增长14.9%；实现城镇居民人均可支配收入10316元，增长15%。新增就业岗位6496个，新增农村劳动力转移就业5300人，新增社保扩面9272人。教育“普九”成果有效巩固，中小学D级危房改造任务超额完成。科技事业日新月异，取得省级以上科技成果8项。基础医疗条件明显改善，新型农村合作医疗试点工作全面启动。文化事业蓬勃发展，计生工作成绩突出，“平安望城”创建工作再上台阶。

●毛泽东主席塑像启运仪式

●2005湘台经贸交流与合作高峰论坛

●千龙湖国际龙舟赛

●香格里·麓山别墅（1）

●湖南省高科技食品工业基地一角

●湖南龙湖国际高尔夫球场

●香格里·麓山别墅（2）

长沙市旅游局

●伟人群雕

在市委、市政府的正确领导下，长沙旅游业落实科学发展观，努力再创辉煌。“十五”期间，通过实施“政府主导发动、旅游投资带动、地区促销互动、大型节会拉动”的战略，成功实现了由旅游资源大市向旅游经济大市的历史性跨越。如今长沙城市面貌日新月异，旅游产业规模不断扩张，旅游产品日益丰富，旅游经济迅速壮大。至2005年长沙已拥有旅游星级饭店86家，等级旅游区(点)14处，旅行社162家，星级农家乐87家，旅游星级餐馆17家，全年旅游总收入达到191.15亿元，相当于全市GDP的12.6%，一座旅游功能更加完善，旅游设施更加先进，旅游形象更加鲜明，集山水、人文、休闲于一体的旅游名城已经凸现。随着“十一五”规划的全面推进，长沙市正加紧构筑国际型生态历史文化旅游强市，长沙旅游业也面临着更为广阔的发展空间，即将迈入中国最佳旅游城市和中国区域性旅游热点城市的行列。

●长沙世界之窗

●长沙海底世界

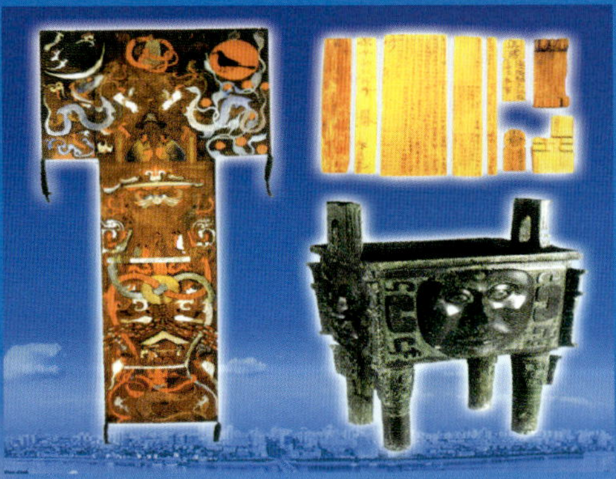

●湖南省博物馆出土文物精品

●浏阳大围山

●天心古阁

●刘少奇故居

●爱晚亭

●千年学府岳麓书院

●第一师范

长沙市商务局

长沙市商务局是主管全市招商引资、商贸流通、对外贸易、外经合作，并承担监控市场运行、整顿、规范市场秩序和市场经济体系建设任务的综合性政府职能部门。

近年来，市商务局不断开创工作新局面，各项商务发展指标大幅增长，2005年，全市利用外资9.02亿美元，根据商务部统计口径，增幅及总量居中西部城市之首；市归口管理企业进出口总值突破20亿美元大关，比上年净增4亿美元；实现社会消费品零售总额743.4亿元，在中部省会城市中名列第二，跻身全国十强。长沙市被评为“全省利用外资工作先进单位”、“全省内联引资工作先进单位”。长沙市商务局先后获“长沙市文明标兵单位”、“创建全国文明城市工作先进集体”等多项荣誉，被市人民政府荣记集体三等功。

●省市领导考察黄兴路商业步行街

●长沙市商务顾问工作会议召开

●与外商洽谈

●外商推介长沙投资环境

高塘岭镇人民政府

一方秀美的土地，一个理想的家园，一块兴业的宝地

●镇党委书记王伟胜

●镇长莫科明

★中国乡镇之星

全国小城镇建设重点镇——高塘岭镇（地处）望城县委、县政府驻地，地理位置优越，近城临江，交通便利，距长沙市委、市政府仅15公里。全镇总面积51平方公里，辖9个社区居委会、4个农业村，驻镇中央、省、市、县企事业单位220家，2005年末全镇总人口近10万人。曾连续蝉联“中国乡镇之星”称号，2004年被市委、市政府评为“劳模集体”单位，镇党委被省委评为“五好乡镇党委”，2005年被全国文明委授予“全国文明创建先进单位”荣誉称号。

镇内有湖南省高科技食品工业园区和新旺工业小区，汇聚了旺旺食品、光明派派、皇室麦片、康普通讯、中南传动、中野科技和湖南信息学院等一大批知名企业和科研院所。

镇域内基础设施完善，商贸、金融发达。“十五”期间，先后引进规模以上企业36家。2005年，共完成财税收入5000万元、工业总产值18.7亿元、全社会固定资产投资2.2亿元，农民人均纯收入达6170元，个体工商业主达4580户，城镇人均可支配收入达12000元。

根据长沙市“十一五”规划和望城县“拓城、融城”的发展战略，高塘岭镇提出了“跻身全市十强镇、建设和谐新县城”的奋斗目标，“十一五”时期将继续重点致力于县城建设，按照“打基础、拉框架、东提西扩”的原则，启动实施“新建一园一厂；打造二街三景；拓改五纵七横”工程，可以预见，不久的将来，一座更加生态、精致、优美、舒适的和谐新县城将呈现在人们面前。

天心区大托镇

把握机遇开拓进取　全面建设和谐小康大托

●天心环保工业园规划图

●湖南一力物流园

●三人托农业休闲园

鼎立全市十强
打造三湘名镇

大托镇位于长沙市南大门，是长株潭三市经济一体化核心区域，是长沙市“拓城兴南”战略实施的主战场，全镇总面积42.25平方公里，辖10个行政村、4个社区，总人口6万人（其中常住人口5.5万人）。2005年实现农业总产值1.5亿元；镇域税收1.2亿元，增长62%；全社会固定资产投资20.74亿元，增长44.6%；农民人均可支配收入达到7200元，增长22.2%。

近年来，镇党委、政府把握省府南迁契机，围绕“鼎立全市十强、打造三湘名镇”的战略目标，按照“东提西拓、南通北进”的战略布局，全力实施了“投资拉动、招商带动、开发推动、协调联动”的发展举措，逐步形成了以天心环保工业园为载体的工业产业群，以一力物流园为载体的现代物流群，以三人托农业休闲园为载体的生态农业群，以镇骨干企业为载体的建安产业群，区域内经济繁荣，交通发达，2004、2005年分别荣获全国环境优美乡镇、全省五好乡镇党委、全市经济十强乡镇和全市小城镇建设先进单位等荣誉称号。

值此“十一五”规划的起步之年，大托镇正面临着镇域经济社会的新一轮发展期，大托镇将发挥经济优势，营造良好的投资环境和发展环境，强力推进重点工程和项目建设，热忱欢迎国内外有识人士来我镇投资兴业，共同促进镇域经济的迅速腾飞。

●镇政府办公大楼

洞井镇

●镇党委书记:苏首如

●镇长:朱跃良

洞井镇地处长沙市南大门，是长株潭三市一体化的桥头堡。全镇总面积45平方公里，辖15个行政村，3个社区居委会，总人口4.37万人，其中农业人口1.8万人。

洞井镇党委、政府坚持用科学发展观统领全镇的建设和发展事业，加快大工业、大市场、大物流、大楼盘、大教育、大旅游六大产业建设，精心打造了以洞井小城镇为品牌的农村城市化、以省环科园为核心的工业现代化、以花卉大世界为龙头的农业产业化三大建设平台。韶山南路沿线的市场商贸产业带、李洞路沿线的医药营销产业带、湘府路和万家丽路沿线的房地产及现代服务业产业带、圭白路沿线的休闲观光农业产业带已成为全镇经济发展的重要标志和主要支撑。2005年，全镇完成乡镇企业总产值13.28亿元，农业总产值1.2亿元，财政总收入达到8109万元，农民人均纯收入达到8864.5元。2004年、2005年连续两年被评为长沙市经济社会发展十强乡镇。

洞井镇社会事业近年发展迅速，荣获了“全国环境优美镇”的光荣称号。全镇有省级文明村1个，市级文明村和文明社区3个，文明创建率达到了94%。拥有同升湖国际实验学校、天华砂子塘寄宿制学校等省、市一流办学条件的学校，建成了一批档次高、环境好的农民生活安置区。群众文化体育、人民司法调解工作进入了省级先进行列。镇党委、政府制定的“十一五”奋斗目标是把洞井镇建设成为中部地区的经济强镇、生态美镇、工业重镇、和谐名镇。

●高升农民安置小区

●雨花五金机电大市场

历经铺

[坚持科学发展观　全面推进社会主义新农村建设]

●党委书记：陶志高

●党委副书记、乡长：姚福平

历经铺乡是宁乡县城的一个近效乡，总面积35平方公里，总人口33754人。该乡有80%的面积已纳入了县城规划，距省城仅35公里，三一九国道贯穿境内，即将建成的创业大道、汽车东站以及正在建设中的长常高速通往宁乡县城的全城线使历经铺的区位和交通优势不断彰显。境内有两大市场（即沙河市场、喇叭口农副产品市场），商贸流通活跃；有圣得西、挺绅等上十家服饰企业为主体的服饰产业园；有盛湘米业、大北农饲料、晨光化工等数十家省内外知名企业。

2005年，历经铺乡党委、政府围绕“稳保宁乡前三位，跻身长沙二十强”的总体目标，坚持“两个惟一”不动摇，以发展为第一要务，各项工作都迈上了新的台阶。历经铺乡全年招商引资共计实现25600万元，实现乡域生产总值61200万元，完成固定资产投资28650万元，完成工业总产值102290万元；财政税收达3300万元，财税贡献稳居全县三强；农民人平纯收比上年增收730元，达到5850元。2005年，该乡被宁乡县委、县政府授予“年度目标管理考核先进单位”、“财源建设先进单位”、“人口与计划生育工作模范乡镇”、“平安乡镇”等一系列荣誉称号。

●圣得西服饰工业园

●汽车东站商贸广场

●建设中的南太湖休闲基地

●喇叭口农副产品大市场

●闻名中南的沙河市场

与时俱进 抢抓机遇
努力构建文明和谐新咸嘉

中共岳麓区咸嘉湖街道工作委员会
岳麓区咸嘉湖街道办事处

2005年，我街认真落实科学发展观，大力发展街道经济，扎实推进社区建设，努力打造最佳人居环境，积极构建和谐咸嘉，呈现出区域经济大步跃进、城市化建设大举推进，各项事业齐头并进的良好局面。一是经济实力迈上新台阶。全年我街完成企业总产值5.25亿元，比上年增长1.2倍；完成区级税收3292万元，同比增长58%；全年实现市外境内资金2.32亿元，到位外资184万美元，合同外资312.5万美元。二是产业发展呈现新活力。我街坚持以培育第三产业为主攻方向，先后引进了钰樽楼、时代帝景、继湘美食酒店、湘玉园休闲中心等10余家具有特色的企业，引进资产总量达4亿元。同时，重点做好了"金星中路国际街区"的整体打造，以点铺面，促进三产业的迅速集聚。具体来说是以金星大道中段为依托，围绕"美林·银谷"，在街道沿线形成大量的商务写字楼群，从而引进了国际知名品牌商品，使其与周边的高档酒店、大型超市交相辉映，为我街第三产业的发展奠定坚实基础。三是开发建设取得新成效。发挥毗邻新市政府的区位优势，引进一批有实力的房地产开发商，如"沁园春·御院"、"赞佳新城"等，规划建设总面积100多万平方米，有效地促进了我街财源建设；四是文明创建形成新局面。创建了社区业余文艺团队近30个，唱响了春有"元宵晚会"、夏有"文化夜市"、秋有"金秋歌咏"、冬有"家庭风采秀"的"四季歌"。开展了"五星级文明家庭"评选、"共创学习型家庭"等活动。3月份，所辖咸嘉新村社区获得了"全国十佳学习型社区"、"湖南省基层党的建设示范点"等殊荣，进一步提升了社区的文化品位，不断提高了我街的知名度和美誉度。全年先后接待了贾庆林、顾秀莲等党和国家领导人、省部级领导及涉外参观团体55批1538人次。五是社会事业呈现新气象。综治工作创"群防特色"，健全了社会治安立体防控体系，建立了全省第一支社区志愿消防队。在年底的综治工作目标考核中，我街在全市172个街（乡、镇、场）排名第二，被评为"长沙市社会综合治理红旗单位"。计生工作创"前置管理"特色，正在筹划"一卡式"管理新模式。我街与全市其它三个街道被评为"长沙市计生工作示范单位"。劳动就业和社会保障工作扎实有效。全年先后投入50万元，开展免费劳动技能培训34次，参与人员达到500余人次。同时，实现救业与救济相结合，全年共发放各种救助金和慰问金60余万元。

全国城市物业管理优秀住宅小区

全国物业管理示范住宅小区

全国青年文明社区

全国创建文明社区示范点

全国十佳学习型社区

全国群众文化先进社区

侯家塘街道

侯家塘街道东起韶山路、西至芙蓉路、南起劳动路、北至人民路，地处城市中心地段，梓园路、城南中路贯穿南北西东，总面积1.78平方公里，常住人口5.7万余人，流动人口1万余人，驻街大小单位120余个。全街设13个建制社区，其中，全国青年文明社区2个、省级文明社区2个、市级文明社区3个。

街道坚持“经济强街、诚信建街、人才兴街、文化活街”的发展战略，确定了“小不是问题、精才是出路、人才是关键”的总体思路，以“与时俱进为人先、求真务实创一流”为动力，着力提高了执政能力建设，开创了街域经济社会全面发展的新局面。

街道以打造楼宇经济为突破口，以东塘、侯家塘两大商圈为龙头，全面拓展了街域经济发展空间，增强了产业发展后劲，2005年率先进入雨花区亿元方阵行列，2006年财税实现高基数上的高增长， 1——6月完成7268万元，同比增长81%，综合实力排名跃居全市街道中第二位。

街道以党员先进性教育为要求，以强化党员管理、教育为着力点，全面加强基层党组织的执政能力建设，立足创新，举办了党建特色活动；依托载体，构建社区党建新格局；强化服务，永葆党员先进性；唱响廉政，全面建设廉政文化年。

街道以创建全国文明城市为契机，以“快乐教育、精细管理”为思路，率全市之先启动市民开放式教育大课堂欢乐湾、推出城市精细化管理新模式，着力提高城市品位、优化人居环境、提升文明程度、提高市民素质，全面彰显“以人为本”的服务理念，深入构建和谐街道。

魅力星城——高桥街道

长沙新型区域商业中心

★——中南物流第一街——★

●街道党镇领导班子

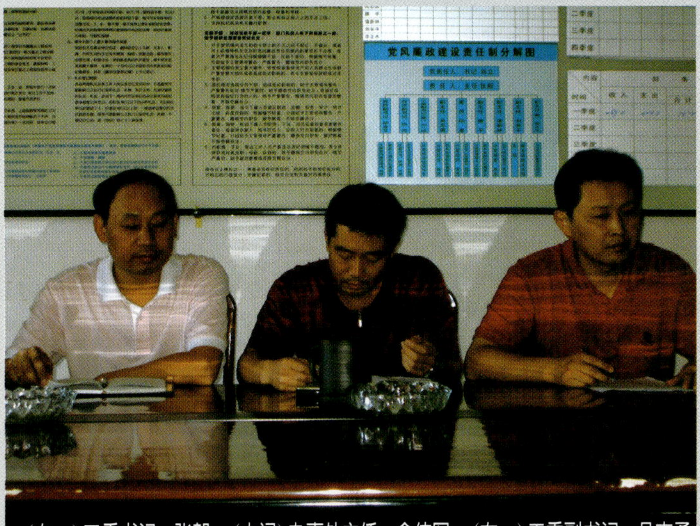

●（右一）工委书记：张毅、（中间）办事处主任：余伟军、（左一）工委副书记：吴志勇

“湖南市场看雨花，雨花市场在高桥。”

高桥何处？

高桥街道位于长沙市东部城区，街域面积4.71平方公里，总人口12.7万（含流动人口），辖三个社区筹委会，三个社区。是长沙市2005年——2010年城市规划建设的区域性商业中心之一，是雨花区“两纵两横经济带，三圈三块商贸群”的重要组成部分。

“人住高桥走，财往高桥流”，正是高桥市场繁荣、商贾云集的真实写照。

一、区位优势得天独厚

高桥街道地处大东城经济的核心位置，处于长沙市两区（芙蓉区和雨花区的区治之间），两线（二环线和三环线之间），两站（火车站和武广快速客运线黎托之间），两港（黄花机场和京珠高速雨花互通）的重要节点上，区域内的三纵三横的路网交通格局初步形成，基本构建了四通八达，方便快捷的交通保障。

随着武广高速客运线和地铁黎托站的建设起动，城市道路配套设施的完善，高桥已迎来了“新型区域商业中心”的全面开发建设热潮。

二、市场集群全国第四

高桥街道于1996年建街以来，坚持“以商立街，以商兴街，以商强街”不动摇，初步构建了市场大商贸格局，形成了以高桥大市场为龙头的八大市场群，经营业主达到8250户，从业人员8万余人。每年的交易额近120亿元，其中高桥大市场在全国八大综合性市场中排名第四，是中南五省最大的综合性物流批发市场，已初步形成了坚实的产业基础和浓厚的商业氛围。

三、亿元街道强劲增长

2005年，高桥街道财政收入1.19亿元，占年计划的102.4%，同比增长60%，全年完成社会固定资产25亿元，占年计划的100%，同比增长140%，是长沙市2005年财政收入率先突破亿元的街道之一。2006年，预计财政收入增长20%以上，达到1.5%亿元，固定资产增长10%以上，达到28亿元，内资增长20%，达到10亿元，实现利用外资1500万美元。高桥的经济已步入了高速高效的增长期，不断聚集的人流、物流、资金流、促进了区域经济的大发展。

四、持续发展优势明显

高桥街道为掀起新一轮发展，全面启动了“新高桥、新商圈”建设，重点培育购物中心、规模品牌房产、商务酒店、专场连锁、文化娱乐等五大骨干产业，全力打造两个产业带，一是以万家丽路为轴线的新型商贸增长带，今年，万家丽路两厢聚集产业项目16个，计划投资近52亿元。随着华雅华天国际大酒店和名府酒店的正式营业，锦湘国际星城、国际上河街区、西子花苑、成功商业广场、华雅豪园和华美名家具博览中心等项目全面开工建设，华天，沃尔玛，百安居，正大集团等国内外知名企业纷纷进驻我街，形成了全面建设的态势。二是以二环线为轴线加大传统商贸的提质改造力度，高桥大市场、长建市场、高桥建材市场、友谊汽配市场分别启动市场改造，计划五年内投资近20亿元，全街产业结构不断优化，产业优势更加明显，影响力、辐射力全面增强，街域经济发展步入新一轮快速发展期。

街道工委、办事处在市委、区委的正确领导下，在社会各届的大力支持下，高桥街道将全面围绕建设“新高桥、新商圈”的目标，励精图治，奋勇开拓，力争将市桥建设成为长沙市东部城区具有现代气息，产业聚集，优势明显，效益显著，功能配套，诚信有序的新兴现代区域商业中心。

热诚欢迎海内外客商来高桥投资兴业，共创辉煌。

雨花亭街道

一、基本概况

雨花亭街道办事处是1997年经长沙市区划调整后在原雨花亭乡人民政府的基础上成立的，现辖5个村，16个社区，面积17.8平方公里，总人口约13万。现有基层党支部（党委）共31个，共产党员1038名。街道区位优势得天独厚，地处长株潭三市融城交汇处，韶山南路、湘府路、二环线、香樟路等主次干道交织成网，交通便利。街道产业经济基础坚实，商贸经济尤其发达。中国现代农业博览中心作为国家级市场，总投资19亿元，占地面积3069亩，批发零售蔬菜水果、花木、畜禽水产、日用百货等，成为辐射中南地区农产品集散地，年销售额突破100多亿，与井湾子、宝马家具城、红星大市场、建材市场共同构成了雨花亭现代商贸体系。街道以树木岭民营工业园为代表的加工制造业相当发达。树木岭民营工业园占地280亩，面积3.3万平方米，简四毛、正旺食品、友文槟榔等知名企业进驻其中。以莲湖铸铁制品、天剑、博雅制衣加工、长沙正大加热器厂等为龙头的13个规模工业企业，占据了全区工业企业的三分之一。二环线“三湘生态美食街”汇集了菩提树、一路吉祥、锦绣江南等大型知名餐饮企业，形成了独具特色的餐饮街市。街道现有驻街单位87个，其中轻工业设计院、航三院等中央、省、市属科研事业单位8所，长沙民政学院、湖南科技职院、长沙环境保护职院、长沙市37中、43中等大中院校17所。

1.街域经济在高位上继续实现主高增长。项目建设强势推进；招商引资来势喜人；第三产业依然火爆。

2.农业农村工作稳步推进。强化措施拆迁拆违；统筹推进生产生活安置。

3.以人为本，努力构建和谐社会。努力提高城市管理水平；切实维护社会大局稳定；促进各项社会事业协调发展。

二、创新经验

1.解放思想，发展思路科学明晰。

2.开拓创新，特色工作亮点纷呈。文明创建有亮点;农村工作有亮点;党建工作有亮点。

3.完善措施，加强干部队伍建设。抓好学习教育，提高执行力;抓好制度建设，提高约束力;抓活动开展，提高凝聚力;抓目标考核，提高源动力;抓作风建设，提高战斗力。

雨花亭街道工委办事处班子成员名单

书　记：胡智慧
副书记：
主　任：张学军
副书记：
纪委书记：张蛟龙
副书记：王　强
黎大强
副书记(兼)：胡东海
委　员：
人武部长：李应强
宣传委员：
党镇办主任：谢松玲
组织委员：周红雨
副主任：魏　然
石　斌

长沙市人防办

●市人防办党组成员

2005年，我市人防干部职工在市委、市政府、长沙警备区和省人防办的正确领导下，认真落实国家人防工作要点和省、市人防工作会议精神，围绕省人防办、市委、市政府下达的工作目标，开拓进取，努力工作，各项业务工作和机关建设取得明显成效，保持共产党员先进性教育扎实有效。在第五次全国人民防空会议上，长沙市被评为全国人民防空先进城市。

一、组织指挥、通信警报、人防知识教育工作富有成效。

二、人防工程建设稳步发展。

三、人防行政执法工作逐步规范。

四、平战结合、财务管理工作进一步加强。

五、保持共产党员先进性教育活动成效明显。

六、机关建设扎实有效。

1. 着力狠抓了办党组班子建设和干部职工队伍的教育管理，形成了团结干事，争创一流的浓厚工作氛围。

2. 加强了党风廉政建设教育。

3. 完成了广州军区欧金谷副司令员、作战部张建洪副部长、省人防办领导视察和市委副书记、市长谭仲池调研我市人防的各项工作。

4. 组织召开了第十九次全国二十城市人防信息交流会议，加强了与全国二十多个城市的联络，学习了先进经验，促进了我市人防事业的发展。

5. 对直属二级机构进行改革改制，加大了职工思想政治工作的力度，确保了内部稳定。

6. 加强综治维稳工作。

●市委书记梅克保、副市长徐湘平视察人防工程建设现场

●韶山南路大都市商业街开张一景

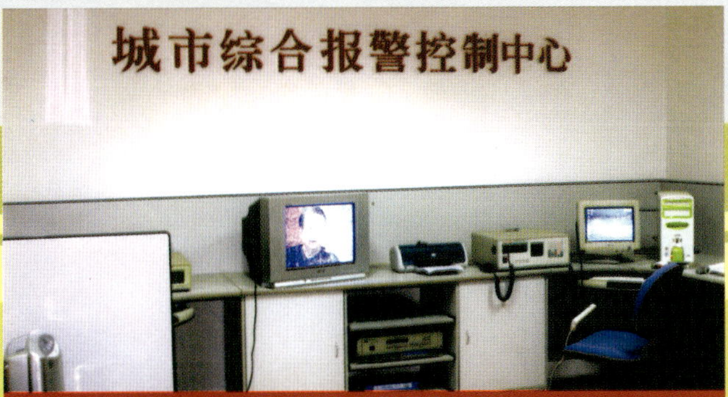

●城市综合报警控制中心

●人防演习场景

●中学生在进行人防演习

买工具到
李文锁城
全国连锁
诚邀合作加盟
公司简介
中国锁具诚信经销商
湖南省五金锁具行业龙头企业
湖南省私营企业500强
2004年《全国诚信单位光荣榜》上榜单位
中华工商联五金商会《诚信经销商》
由李文锁城、工具城、交电城、电子产品组成的专业超市。将致力打造成中南地区最有影响力的五金锁具行业的航母。
旗下拥有湖南总公司、北京总公司、湖北总公司、四川总公司 重庆总公司 济南总公司和近200家连锁店，已成为涵盖五金锁具、电动手动工具、电工电料、低压电器、家庭防盗报警、智能楼宇等产品连锁经营的大型企业集团。
电话：0731-2180555 网址：www.lwlocks.com 网络实名：李文锁城
平价超市
李文锁城
湖南总公司
地址： 长沙市南湖市场李文锁城
电话： (0731) 2180555 2180999
传真： (0731) 2180788
服务热线 7711111
李文锁城
四川总公司
地址：成都市府河桥建材市场对面
电话： (028) 83400400
传真： (028) 83400300
服务热线 88111111
李文锁城
湖北总公司
地址：武汉市汉口自治街11号
电话： (027) 85442298
传真： (027) 85442268
服务热线 85855555
李文锁城
北京总公司
地址：丰台区玉泉营当代建材城
电话： (010) 83600008
传真： (010) 63718188
服务热线 86666666
李文锁城
西安总公司
地址：西安市太华北路401号
电话： (029) 62200501
传真： (029) 86614111
服务热线 62999999

泰康人寿保险股份有限公司 湖南分公司

TAIKANG LIFE INSURANCE CO., LTD. HUNAN BRANCH

泰康人寿湖南分公司总经理：刘卫平

●最佳理赔服务机构

●最受欢迎投资理财产品

泰康人寿保险股份有限公司系1996年8月22日经中国人民银行总行批准成立的全国性、股份制人寿保险公司，公司总部设在北京。湖南分公司于2001年11月28日获准筹建，并于2002年5月22日经中国保险监督管理委员批准正式营业。

泰康人寿保险股份有限公司湖南分公司始终坚持“专业化、规范化、国际化”的发展战略，坚持“求实创新、稳健进取、专业规范、亲和诚信”的经营理念，借鉴国内外寿险公司先进管理经验，注重防范金融风险。公司倡导青春、健康、时尚、充满活力的工薪白领人群的现代消费观、生活观和家庭价值观，致力于以个性化、差异化的产品和服务，使每个家庭都可享受到健康、幸福、美满的新生活。同期公司全面推出了泰康新生活广场，形成四位一体的现实与虚拟相结合的互动式综合服务体系，包括：“泰康新生活广场门店”、“泰康新生活广场电话—95522”、“泰康新生活广场网络—www.taikang.com”以及“朝气蓬勃、健康向上、专业诚信的员工队伍”。

公司还形成了较为完善的以个人保险为核心，团险、银行保险、健康保险和续期业务齐头发展的业务态势。目前，公司已形成定期及终身寿险、重大疾病保险、养老保险、医疗保险、少儿保险、意外保险、女性疾病保险、高额保障保险、分红保险、万能保险等产品系列，可充分满足大众对寿险服务的全方位、多层次的需求。

2002年，公司在业内率先推出“泰康家庭保障计划”，实现了“一张保单保全家”，从一对一的个人营销方式转变为对整个家庭的现代销售方式，其后又经过两次全面升级，升级后的产品增加了新险种，扩大了缴费期限，增加了灵活性，强化了保障功能，实现了产品形态从保险套餐——保险自助餐——保险超市的升级过程，可以满足不同家庭对保险的需求，受到了湖南消费者的极大欢迎。

公司以亲和、诚信、专业、高效的服务先后两次荣膺长沙市工商行政管理局和长沙市消费者委员会联合授予的“诚信经营单位”称号，连续四年被湖南省消费者委员会评为“消费者信得过单位”。2004年，公司与全国28家兄弟公司一道通过了ISO9001:2000管理体系认证。此外，在“2005湖南金融保险理财服务总评榜”活动中，公司捧回“最佳理赔服务保险机构（寿险类）”奖牌的同时，公司在湖南市场推出的万能寿险也被评为“最受欢迎投资理财产品”奖。

●泰康人寿以热情的服务欢迎您

●95522电话中心：泰康人寿在业内推广100%电话回访

●泰康人寿时尚、靓丽的新生活广场

交通银行 长沙分行

交通银行始建于1908年，经国务院批准于1986年7月24日重新组建。2005年6月23日在香港成功上市，成为首家在境外上市的内地商业银行。目前是全国五大商业银行之一。交通银行长沙分行以全新的品牌形象于1988年率先入湘，是设立在湖南省境内的一家省级分行，目前在长沙、岳阳两地设有机构。入湘十几年来，长沙分行重点支持了湖南省的基础建设、重点项目、重点行业及中小企业的发展，累计向省内企事业单位发放贷款几百亿元，树立了以“沃德理财”为核心的涵盖“星城通”、“得利宝”、“银税通”、“圆梦宝”、“信息公话”、“金融快线”等品牌在内的品牌体系。在社会各界大力支持下，长沙分行已经发展成一家经营稳健、内控健全、实力雄厚、资产优良、效益显著、信誉卓著，在同业中具有较强科技及产品优势的现代化商业银行。

鑫盛建设

●鑫盛建设公司总经理：邹厚军

湖南鑫盛建设工程有限公司成立于2005年12月，并经湖南省工商行政管理局注册登记设立。公司各种配套设施齐全，技术力量雄厚，建立了完善的管理体系。拥有经验丰富、高素质、责任感强的项目管理班子和专业化的施工队伍。2006年4月，为顺应建筑市场形势，不断发展壮大企业，增强企业的竞争力，增强企业的实力，我公司吸收兼并了长沙鑫霖机械化施工有限公司，经资产重组合并，扩大了企业规模，公司注册资金为2000万元。

公司现有职工155人，公司广纳贤才，先后招聘了15名施工员，10名质检员，4名预算员等。目前，公司有职称的专业技术人员共有102人，其中高级工程师4人，工程师29人，助理工程师63人，会计师1人，助理会计师2人，经济师1人，助理经济师2人。拥有二级及以上的项目经理10人，加上具有丰富施工经验的职工队伍，这些都为企业今后的发展创造了良好的机会。

公司各级职能部门设置合理，管理科学严谨，制度健全，办理依律依规，服务周到热情，办事方便快捷。

湖南天晟房地产开发有限公司

● 华丽家族沿街透视图

湖南天晟房地产开发有限公司成立于2001年6月，主要从事城市房地产综合开发，资质叁级，注册资金1000万元。公司实力雄厚，拥有高素质懂管理、有多年建设开发经验的领导和一支具有较强的房地产开发管理并包容了经济管理、建筑施工设计、工程管理、装璜设计等方面的专门人才的专业队伍。企业现有职工20人，其中80%为中、高级职称的专业人员。

公司新开发的项目“华丽家族”座落于长沙市天心区书院南路215号。东临即将拓宽为60米的书院路，西傍湘江碧水，南依南郊公园，距长沙市二环线高架桥仅600米，有效融入长沙市政建设“山、水、洲、城”规划中的长沙外滩湘江滨水带之中，览尽北去湘江万代风华，坐看巍巍麓山四季美景。小区由9栋建筑风格迥异的多层、小高层住房组成，总建设用地约35亩，总建筑面积约6万平方米，目前已竣工5栋，预售率达到99%。

回顾过去、展望未来，在2005年华丽家族的二期工程将在3月份正式动工。公司全体员工团结进取、勇于开拓，把握好市场这一大好机遇，相信将取得更大经济效益和社会效益。

● 华丽家族小区正门

长沙市计生委

“十五”期间长沙市人口与计划生育工作

“十五”期间，全市人口和计划生育工作继续保持良好态势，低生育水平持续稳定，工作基础不断稳固，工作机制不断创新，综治格局基本形成，全市人口计生工作水平实现跨越式发展，为我市经济的快速发展和可持续发展创造了良好的人口环境。

一、低生育水平持续稳定。全市各级各部门紧紧围绕稳定低生育水平，不断改进工作方法，违法生育得到有效控制。全市人口年均人口出生率为10.80‰，年均自然增长率为3.76‰，年均计生率为97.61%，全面完成了“十五”人口计生工作目标。按照上个世纪九十年代初生育水平推算，“十五”期间，全市少生13万人口，约节省39亿元社会抚养费成本。人口与计划生育工作显示了巨大的经济效益。

二、工作基础不断稳固。各级党委政府切实加强领导，严格实行目标管理责任考核，落实“一票否决”制度，加强基层基础工作，计划生育阵地日趋完善，基层队伍网络不断健全，基础管理进一步规范。各级计生部门坚持分类指导，加强工作督查，及时掌握基层情况，开展形势分析，查找薄弱环节，研究整改措施，促进工作平衡发展。各级计生协会认真整建基层组织，积极参与计划生育村（居）民自治，充分发挥会员的宣传员、信息员、服务员、监督员作用，进一步夯实了计划生育基层基础。

三、工作机制不断创新。全市各级坚持以人为本的科学发展观，以综合改革总揽人口计生工作，运用项目管理的方式，积极探索新机制和新办法，逐步建立起“依法管理、村民自治、优质服务、政策推动、综合治理”的人口计生工作新机制。计生、财政、公安、卫生、建设、农办、商务等部门认真履行职责，推进了计划生育综合治理。2005年开展的集中整治“两非”行为的联合执法行动，依法查处了“两非”案件，有效遏制了出生性别比攀高的势头。全市出生人口性别比由去年的112.16回落到110.44。市人民政府把落实计划生育奖扶政策作为八件实事之一。安排专项资金，在全省率先兑现了三项计划生育奖励优惠政策，得到了广大人民群众的衷心拥护，也体现了我市计划生育利益导向机制日趋完善。2005年，国家人口计生委主任张维庆、纪检组长勾清明先后视察长沙，均对我市综合改革和新机制建设工作给予了很高评价。

四、整体水平跨越发展。“十五”期间，我市已连续4年荣获全省唯一的计划生育模范市；芙蓉区、开福区、长沙县评为“全国计划生育优质服务先进县（区）”。市人口计生委、市计生协会被评为全国先进集体。今年，天心区在更为激烈的竞争中脱颖而出，跻身“全国计划生育优质服务先进区”行列，青园街道、咸嘉街道、捞刀河镇、煤炭坝镇等一大批基层先进典型，坚持开拓创新，发挥示范作用，推动全市人口计生工作实现了跨越式发展。

China unicom 中国联通

中国联通长沙分公司于2000年12月28日正式挂牌成立。长沙联通的成立标志着长沙电信市场进入崭新的竞争局面，对长沙电信业的改革和发展起到了积极的促进作用。

长沙联通率先提出了“联通星城，一流网络”的战略目标，把改进网络质量、确保用户通信顺畅作为一项主要工作来抓。加大室内覆盖的投入和建设力度，并把用户的投诉和建议作为网络优化的依据和重点，提高网络质量，努力为长沙市民提供综合、便利、有特色的电信服务。

成立以来，长沙联通不断发展、壮大。经营的电信业务由成立之初的移动电话（GSM）和无线寻呼发展到目前的移动电话（包括GSM和CDMA）、长途电话、本地电话、数据通信（包括因特网业务和IP电话）、电信增值业务，以及与主营业务有关的其他业务。近年来，长沙联通网上用户迅猛增长，移动用户数突破百万，网络覆盖不断扩大。

秉承“关注社会，服务人生”的服务理念，长沙联通一直注重为客户提供优质高效的服务。继率先推出低柜台、阳光会所、开放式等服务后，又不断推出一对一服务、开辟绿色通道、投资兴建自助营业亭、推出令客户满意的双屏系统等方式向用户提供便捷的服务举措。

历年来，中国联通长沙分公司获得了“先进党组织”、“消费者信得过单位”、“湖南省信息产业十大杰出青年集体”、“卫生文明单位”等荣誉称号。2002年10月，分公司呼叫中心被共青年团中央、信息产业部评为“全国青年文明号”，中国联通总部授予分公司“全国十佳营业厅”、“全国十佳寻呼中心”、“全国十佳交费城市”荣誉称号，2002年11月，中国质量协会、中华全国总工会、共青团中央、中国科学技术协会联合授予中国联通长沙分公司东塘营业厅“2002年度全国质量信得过班组”光荣称号；2003、2004年，公司东塘营业厅连续两年荣获湖南省经济贸易委员会、湖南省质量技术监督局、湖南省总工会、中国共产主义青年团湖南省委员会、湖南省质量协会、湖南省科学技术协会联合授予的“湖南省质量信得过班组”的光荣称号。2004年3月，东塘营业厅被评为“2004年度最受市民欢迎的20家诚信品牌”。8月，公司荣获湖南省地税局纳税百强的第53位。12月，公司在湖南省税务局、地方税务局联合评选的纳税企业中，荣获A级纳税企业。2006年3月，长沙联通被评为长沙市“文明单位”、“文明创建工作先进集体”、“湖南省维护消费者权益先进单位”。

未来几年中，长沙联通将在中国联通的统一部署下，坚持“两新、两高、一综合”（建立新机制、建设新网络、采用高技术、实现高增长、发展综合业务）的发展战略，以移动通信、数据通信、国际国内长途通信为重点业务，深化改革，加强管理，改善服务，提高效益，迅速增强综合实力，实现跨越式发展，努力把长沙联通建设成为一个国际一流的电信企业，为推动长沙市经济发展和社会信息化做出贡献。

南方建材股份有限公司简介

照片人员：
前排中：刘 平 董事长
前排右：李孟辉 总经理
前排左：陈月新 党委副书记
后排从左至右：蒋龙平、杨新良、冯德毅、李国辉、谭昌寿

南方建材股份有限公司是湖南省建材行业的第一家上市公司（股票代码000906），公司集原材料贸易、汽车销售及服务和酒店等为一体的综合性大型企业集团。

公司经销各大钢厂的螺纹钢、线材、板材等各类钢材；铜、铝、铅、锌等各种有色金属；经营广州本田、风神蓝鸟、阳光、宝来、北京现代、捷达、红旗、瑞风汽车和解放系列卡车；三维出租车在省内出租车行业中享有良好的声誉；公司旗下的南方明珠国际大酒店融餐饮、客房、娱乐、现代商务于一体，以其自身的经营特色和优质服务赢得了较好的社会效益和经济效益。

公司推崇"服务无极限，诚信到永远"的经营理念，并于2003年4月通过了ISO9001：2000质量管理体系认证。

地址：长沙市五一大道341号 电话：0731-2256118

东岸乡

●规划中的龟山公园

●乡党委书记师大学

●乡长孙立荣

长沙市芙蓉区东岸乡地处浏阳河畔，东与榔梨镇接壤，北与星沙开发区、市苗圃相连，西与东屯渡、马王堆街道、黎托乡隔河相望。全乡总面积22.85平方公里，辖九村一场四个社区，113个村民小组，地区总人口12.5万，其中常住人口9.74万。东岸乡交通便利，距长沙市火车站4公里，距黄花国际机场14公里，长沙汽车东站坐落境内，京珠高速、远大路、人民东路、星沙大道贯穿东西南北，被誉为省会长沙"东大门"。

2005年，东岸乡党委、政府瞄准"综合实力跻身全市十强乡镇"这一目标，始终坚持"对接东拓抓机遇，凝心聚力建新城"的工作思路，以隆平高科技园为平台，充分利用园区管理和人才优势，着力发展园区配套产业；以汽车东站为中心，充分把握人流、物流、资金流和信息流，打造商贸、物流和新兴三产业的产业集群；以湖南农业大学等高校为依托，大力开发校园周边文化娱乐、餐饮休闲、商贸房产资源，加速形成校园周边经济圈；以都市精品农业为导向，坚持"六个一"农业产业化经营格局，逐步完善农业"两区"功能布局；以浏阳河风光带为载体，加快引进和建设高层住宅区、商业中心区、滨江文化园区等配套项目，做活文化生态休闲产业文章。据统计，2005年全乡实现工业总产值18.2亿元，其中规模工业总产值12.2亿元，完成全社会固定资产投资10亿元，完成社会消费品零售总额5亿元，完成农业总产值1.89亿元，招商引进项目19个，实际到位资金7.5亿元，完成国地两税3800万元，农民实际可支配收入突破8000元大关，2005年被评为"全省最具经济活力乡镇"之一。

新起点，新征程。2006年，东岸乡党委、政府将紧扣"保持十强乡镇，力求争先进位"这一目标，以经济建设为中心，以项目推进为重点，以群众满意为标准，凝心聚力，抢抓机遇，为全乡经济社会各项事业再创新的辉煌而努力奋斗！

DONGJING BUILDING
洞井建筑

长沙洞井建筑股份有限公司

"洞井建筑"成立于一九六六年，现已发展成为拥有资产总值1.82亿元，净资产1.2亿元，各种大中型施工机械设备2000余台（套），集建筑建材、装饰装潢、市政园林、建筑幕墙、消防安装、地基与基础、房地产开发等多种经营于一体的国家一级建安施工总承包企业。作为湖南首获"鲁班奖"的"洞井建筑"，目前，公司拥有国家认可资质的项目经理158人、各类专业技术人员379人、企业从业人员3200人。近三年，公司业务承接总量24.5亿元，实现产值18.7亿元，上缴国家税收9180万元；近十年来，公司共完成各类施工项目400多个，总建筑面积200多万平方米，其中获鲁班奖工程1个，芙蓉奖工程8个，部优工程4个，省综合考评样板工程10个，省优工程64个，市优工程286个。公司连续三年被省人民政府授予税收过千万元"纳税大户"称号，连续六年被省工商局授予"重合同守信用单位"称号，连续三年被长沙市建委授予"质量优胜企业"称号，并先后获得"全国先进施工企业"、"全国建设行业企业信用AAA级单位"、"全国建筑施工安全生产之最"、"中国优秀企业"、"湖南十大民营诚信企业"等荣誉。

"长风破浪会有时，直挂云帆济沧海"。"洞井建筑"有着辉煌的过去，"洞井建筑"更将开创美好的未来。迎着初升的朝旭，"洞井建筑"将以"不待扬鞭自奋蹄"的充沛活力，与时俱时，阔步前进，以诚信"洞建"、以更精良的品质、更骄人的业绩回报过去、现在、将来关心、关爱我们的人们。

证券大厦(湖南首个鲁班奖)

湖南北山建筑股份有限公司

湖南北山建筑股份有限公司系一家从事房屋建筑工程施工的大型企业，具有国家房屋建筑工程施工总承包一级资质。公司注册资本6258万元，业务范围包括房屋建筑、装饰装修、市政工程、机电设备安装、消防设施、大型土石方、钢结构工程施工等。

公司自成立以来就树立打造精品工程，创立强势品牌的观念，在硬件上斥巨资引进了具有国际水准的施工机械设备达592台（套）；在软件方面大力加强人才队伍的建设，企业拥有中高级职称的员工占员工总数的70%。为了与国际接轨，公司率先在建筑类企业通过了ISO9000国际标准质量体系认证。公司承建了省内外大量深、大、精、难工程，工程质量合格率100%，多次在国内各项评比中获奖，曾荣获中国建筑安全最高荣誉奖——长安杯，在业界和社会上享有较好的品牌效应。

展望未来，公司将以更高标准要求自己，为建造更多一流工程，为新世纪大厦更添“北山建筑”特色而努力。

●荣誉奖杯系列

法人代表：吴友兴　电话：0731-2229793

湖南铁银房地产开发有限公司

湖南铁银房地产开发有限公司，成立于一九九二年，注册资金800万元。公司成立以来，先后开发了建设银行铁银支行办公大楼，湖南银港大厦等大型项目，总投资约5.2亿元人民币，完成开发面积16万平方米，上缴国家税收近4000万元。公司设投资预算、工程设计、营销、财务、行政五个部门，有高级管理、工程、技术人员80余人，现有净资产3500多万元。

公司现正在集中全力开发位于长沙市芙蓉区马王堆的“银港·水晶城”商住小区。小区东至汉城路，南近远大路，北连公园路，西临火星路。小区周边，商贾云集，交通便利，信息快捷，历史景观与现代文明相融合。整个小区开发面积约40万平方米，由享有盛名的深圳新业房地产投资顾问有限公司全程策划，由著名的深圳求是图建筑设计有限公司担纲项目规划及景观设计，由有一流业绩的建设公司承建。项目计划投资近6亿元人民币，预计2006年全部竣工。公司着力打造出高品位、高质量、文明、现代的商住小区。

①A区庭院透视图　②B区庭院透视图

含浦镇

●镇政府骨干成员

●别墅区

●香格里大道

●新建的长潭西线横贯全镇

2005年，含浦镇辖10个行政村，2个社区居委会，341个村民组，总面积91.8平方公里，耕地2212公顷，其中水田2093.2公顷。年末总人口39800人，10817户，其中非农业人口1974人。农民纯收入4150元，比上年增长7%。全年实现财政总收入2581.5万元，其中，地税收入1102.7万元，企业上交71.2万元，国税收入309万元，防洪保安基金9.2万元。

工业企业强势发展。2005年，乡镇企业总产值139100万元，其中工业总产值90331万元，增长15.1%；工业增加值55271万元，增长14.2%；规模工业产值39331万元，增长17%；三产业总产值24387万元，增长15.6%；扩改投资6383万元，增长4.11%，新增个体工商户83户。

招商引资与重点工程建设顺利发展。盘活存量资产实现新突破，成功引进年产值2000万元，可完成税收240万元的长沙润成机械有限公司落实含浦原学士农机站；全面完成省、市、县重点工程及引进项目的征拆任务，长潭两线、学士220千伏变电站、“水利”高矶头项目、象咀路南延线等重点工程以及凯达财倍集团“麓山别墅”、新科超硬集团“新星金刚石工业园”项目突破难关完成征地拆迁、重建安置工程进展顺利，重建安置小区90%实现水、电、路三通，绿化建设等正在完善。加快基础设施建设，投资160万元的毛新线望城段全面硬化，10月通车，颜云公路的路基拓宽改造。香格里大道、含浦大道、车塘河大道、学士大道的建设，市内公交车912直通镇域，为含浦的全方位开放打下坚实的基础。投资120万元的敬老院于11月中旬经市县检查合格，已入住五保老人42人，投资12万元的政务服务中心，11月8日正式运行，成为望城县第一个乡镇政务服务中心。投资200多万元新建含浦派出所，主体楼建设于12月31日正式启动，投资80多万元。

全面、协调、可持续发展的 长沙供销合作事业

●党委书记、理事会主任：陈大祥

●领导班子

近几年来，在市委、市政府和上级供销社的正确领导下，长沙市供销合作总社各方面工作取得了显著的进步。企业改制深入发展，改制面达90%以上，全系统29000多干部职工中，只有1600余人尚未理顺劳动关系；管理制度不断完善，企业管理水平和竞争力大大提升；经营水平不断提高，开发资源、加强主业、资产运营已成为全社共识；为农服务不断加强，农资市场占有率回升到50%-60%，专业合作社发展到20多个，在助农增收方面做出了突出的贡献，得到省、市各级领导的高度重视和充分肯定；“创建和谐供销”工作取得明显成效，全社上下安定祥和，没有发生一起安全生产责任事故，没有出现一次重大上访事件。市社领导班子再获创建“四好班子”先进集体的光荣称号，市社机关连续四年被评为全市“文明单位”；综合效益跃上新的台阶，全系统为社会提供就业和再就业岗位22000余人，2005年上交国税费总额4000多万元，实现主营业务收入14.78亿元，实现利润总额1537万元，同比增长185.37%，在全省供销系统排名第一。

今后，浴火重生的长沙市供销社将以更饱满的热情投身于汹涌澎湃、自由奔放的市场经济大潮之中，努力拼搏，排除万难，促进供销合作事业全面、协调、和谐发展，开创“十一五”供销社重铸辉煌的崭新局面。

●长沙大厦夜景

●党委书记张学峰

●刘迎秋镇长

望城铜官镇

铜官镇位于望城县北境的湘江东岸，南邻丁字镇，北接东城镇，东界茶亭镇，西临湘江。十一月份村级行政区划调整后，全镇辖四个行政村，五个社区居委会。总面积29.44平方公里，总人口25674人，7798户，其中农村人口9729人，2517户，农村人均纯收入2622元。全镇有驻镇企事业单位20家。

年初，面对长沙电厂落户铜官所带来的历史机遇，镇党委、政府结合我镇实际情况，确立“建设省会电力城，跻身全县一流镇”为我镇今后一个时期的奋斗目标。围绕这个目标，通过一年的努力，全镇各项工作都取得了喜人的成绩。（一）财税收入创历史最高。狠抓财税收入和财经管理这两个重点，广辟财源，勤征细管，增收节支，全年共完成各项税收1095万元，其中地税收入首次突破千万元，达到1001万元，占全年任务数的358%，国税收入65万元，占全年任务数的100%。农业税、固定收入、防洪保安资金等收入均按时、足额完成任务。（二）人口与计划生育工作再上新台阶。投入资金280余万元，完善了计生服务所的阵地、技术服务设施和各类宣教设施的建设，服务所配备了先进的服务设备和高素质的技术服务人员，并获得了“市级甲级服务所”称号。同时，在全镇范围内大力推进人口与计划生育工作综合改革，建立联动机制，并取得了初步成效，使计生工作走上了协调发展、良性循环的轨道，年底获得“市人口与计划生育工作模范乡镇”称号。（三）长沙电厂建设安全有序。本着依法拆迁、合理补偿、妥善安置、加快建设的原则，采取点面结合、上下结合、内外结合、理想与现实结合、人文关怀与法制教育结合、打击与防范结合等方法与手段，2月份用7天时间拆迁重建地房屋28栋，腾地290亩；3月份用10天时间拆迁主厂区房屋152栋，腾地850亩；3月底迁移坟墓1470余冢，3月上旬用10天时间完成了重建安置地290亩土地平整工程。由于工作得力、处置得当，有力减少了征拆过程中矛盾的出现，有效维护了社会的稳定，为全县的拆迁安置工作树立了良好的榜样。（四）综治维稳工作创佳绩。我镇综治维稳工作在总结去年工作经验的基础上，强化了日常管理，加强了信息的搜集和处理，完善了各项制度，坚持做到“打防结合，预防为主”，努力打造“平定铜官”形象。全年共调处各类纠纷55起，调处成功率98%以上，防止“民转刑”案件3例，化解群体上访案件4例。认真落实中央对复退军人的优惠政策，确保了无一例复退军人上访事件。层层落实安全目标责任制，确保无一例重大交通安全事故和生产安全事故发生。“法轮功”实现零指标，打击“地下六合彩”和整治网吧、校园周边环境收到实效，“千名干部下基层，排忧解难促稳定”活动获得圆满成功。

UVPEC 众城石化

长沙众城石油化工有限责任公司是由原湖南省长沙石油厂改制重组而成的股份制企业，位于望城县省台商投资区，是中国润滑脂协会常务理事单位，国内润滑脂定点生产厂，通过了ISO9001：2000质量管理体系认证。

公司拥有先进的生产设备、完善的分析检测仪器和新产品研发中心，同时与中国石油化工科学研究院紧密合作，应用国内外新技术、新工艺、新材料研制客户需求的新产品，推出多个新产品服务于用户，深得好评。

主要产品有：聚脲基脂、复合锂基脂、极压锂基脂、复合铝基脂、通用锂基脂等系列的各种特种润滑脂及内燃机油、齿轮油、液压油、油膜轴承油、压缩机油及特种润滑油等工业用油。

产品广泛应用于钢铁、冶金、汽车、机械、矿山等行业。其“三湘”牌产品的优良品质已得到用户的广泛赞誉。

公司在中南地区拥有十分优越的地理优势，能快速、便捷在8小时内将产品送达客户，实现客户追求的零库存。

公司始终把“用户至上”作为最高宗旨，向着“管理一流、服务一流、品质一流”的现代化优秀企业迈进。

生产基地：长沙市望城县省台商投资区旺旺东路6号

电　　话：0731—2842509

销售地址：长沙市芙蓉北路陈家铺206号北国风光20栋四楼

销售热线：0731—4490825

长沙市妇女联合会是全市各族各界妇女为争取进一步解放而联合起来的群众团体，基本职能是代表和维护妇女权益、促进男女平等。机关内设6个职能部（室）：办公室、权益部、妇女发展部、组织联络部、宣传部、儿少部。下设长沙市儿童活动中心、长沙市妇联家政服务中心，长沙市妇女再就业信息指导中心3个二级机构。长沙市妇女儿童工作委员会办公室设在妇联办公。

在市委、市政府的领导下，我会致力于提高妇女群众参与经济建设、精神文明建设的能力，参与社会决策管理的能力，依法维护合法权益的能力，真正成为党和政府联系妇女群众的桥梁和纽带。我会认真开展保持共产党员先进性教育活动，切实加强妇联组织和妇联干部“双五能力建设”，团结引领全市广大妇女投身于全国文明城市的创建；配合市政府实施妇女跨地区就业培训工程，促进妇女创业和就业；多渠道推动妇女参政议政，将社会性别意识逐步纳入决策主流；“我们妇女网”（http://www.cswomen.cn）运转正常，为广大妇女提供了更广阔的服务和发展平台。

地址：长沙市岳麓区金星中路
邮编：410013
电话：0731-8633270
传真：0731-8633290

长沙盛德里置业发展有限公司

长沙盛德里置业发展有限公司创建于2001年1月，经长沙市工商行政管理局批准成立的一家房地产综合开发企业。法人代表李遇春先生，注册资金1268万元，具有国家叁级开发资质，省500强企业，守信誉单位。公司资产优良，开发资历雄厚，坚持“诚信、服务、创新、一流”的经营宗旨，秉承“关注家，关心人”的开发理念，致力于住宅的开发建设，公司主要从事房地产开发及经营、电器设备、普通机械、水暖器材、建设装饰材器、化工材料销售等。公司通过对资源有效整合，坚持“产品高质、人才高能、机制高效”的“三高一大”的服务管理，赢得了良好的市场口碑，树立了资本雄厚，信誉优秀的企业形象。

公司设一办六部，分别为总经办、行政人事部、营销策划部、客户关系部、工程开发部、成本控制部、财务部。

公司在职员工48人，其中有高级职称6人，中级职称30人，初级工程师12人。经过几年的发展，盛德里置业公司现已成为实力强，规范大，经营好，管理规范的房地产开发企业，年开发工作量达到2亿以上。先后开发了长沙布市、稻田公寓、12万平方米丽江翠园小区，以及正在开发的“古汉名居”等项目的建设，公司严格按照“统一规划、合理布局中、配套建设”的原则，引入生态化和智能化的人居模式，贯注天人合一的人文精神，以专业、严谨和创新精神不断提升城市开发品位，积极利用技术优势，提高住宅的科技含量，降低成本，使产品更具竞争力；运用先进的物业维修养护技术和现代管理手段为业主提供全方位的服务，精心创造舒适，便利的居住条件和融洽、互动的社区文化。

公司以“关注人居健康，追求生命进步”的服务理念，努力为社会提供优质的产品和服务，精心构建完善的产业结构，加快企业发展，积极塑造企业形象，全面实施品牌战略，提升企业竞争力。

湖南友谊阿波罗股份有限公司
HUNAN FRIENDSHIP & APOLLO CO.,LTD

湖南友谊阿波罗股份有限公司是以商业零售为主

技产业于一体的大型企业集团。公司总资产18亿元，员工近万人。目前拥有友谊商店、友谊商城、阿波罗商业城、阿波罗商业广场、春天百货长沙店、春天百货常德店、郴州中皇城百货，家润多家电超市广场店、赤岗冲店、株洲店、宁乡店，总营业面积逾37万平方米。此外，还有进出口公司、置业公司、餐饮公司、娱乐公司、远征科技公司、长沙机床厂等十余家分公司以及公司控股的家润多生活超市和湖南洞庭食品有限公司。

▲公司董事长、总裁胡子敬先生

公司采用总裁胡子敬先生亲自设计，并策划编写的“多业态经营管理一体化”模式，将传统百货企业转变为现代大型百货＋超市＋物流的现代化连锁集团，实现了管理理念和科技运用的有机融合，填补了国内商业现代管理的空白，被中国商业联合会和国家科技部评为“中国商业十大科技创新企业”。2005年实现销售30亿元，利润过亿元。

长期以来，公司以科技兴商、管理兴商、服务兴商三大指导思想作为发展的源动力，先后被授予国家级“诚信单位”、“全国用户满意企业”、“消费者信得过单位”中国消费者协会颁发的最高奖励“全国诚信维权单位”以及湖南唯一一家“全国百城万店无假货先进单位”等诸多殊荣。

总部地址：湖南省长沙市车站中路345号
电　　话：（0731）2289448、2299448

服务创造价值
友谊阿波罗
FRIENDSHIP & APOLLO

●学院全景图

长沙医学院

长沙医学院前身为湘南医学高等专科学校，创建于1989年，2005年升格为我国第一所民办高等医学本科院校。学院董事长何彬生教授是国内有较大影响的民办教育家、硕士生导师、全国教育系统先进工作者、劳动模范；首任院长为全国著名教育家、心胸外科专家、博士生导师胡冬煦教授。

学院目前拥有长沙、衡阳两个校区，占地1200余亩，建筑面积43.6万平方米，总投资已近10亿元。学院基础设施齐全，实验装备先进，临床教学条件完善，生活环境优越。拥有中南五省最大的图书馆；拥有多媒体教室37间，语音室17间，计算机21间，计算机1800余台；实验大楼购置配备了价值6000余万元的现代化教学仪器设备，涵盖了学院医学类的所有实验项目；现有附属医院4所，教学医院8所、实习医院48所。

学院师资力量雄厚，现有专兼任教师850人，其中专任教师510人，副教授以上职称339人。

10余年来，学院坚持以人为本，质量取胜，走“长医”特色的办学理念，目前开设有临床医学、医学检验学、针灸推拿学、护理学、计算机科学与技术等8个本科专业和15个专科专业，在校学生1万余人。已面向全国基层医疗卫生单位输送了2万多名实用型高级医药卫生人才。

●何彬生　学院董事长，湖南省政协委员、全国教育系统先进工作者、省部级劳动模范、全国优秀教育工作者、教授、硕士生导师、管理学博士、全国政协报高级顾问

●胡冬煦　学院院长，博士生导师，教授，原湖南省教育委员会主任，原湖南医科大学党委书记、校长，中南大学党委书记、校长、资深教育专家

●长沙校区图书馆

●国家重点学科带头人成允家　教授在进行机能学实验教学

●实验室

长沙市统计局·编
Compiled by Changsha Municipal Bureau of Statistics

长沙统计年鉴

CHANGSHA STATISTICAL YEARBOOK

2006

中国统计出版社
China Statistics Press

（京）新登字041号

图书在版编目（CIP）数据

长沙统计年鉴.2006/长沙市统计局编.—北京：中国统计出版社，2006.7
ISBN 7-5037-4928-8

Ⅰ.长… Ⅱ.长… Ⅲ.统计资料—长沙市—2006—年鉴 Ⅳ.C832.641-54

中国版本图书馆CIP数据核字（2006）第027711号

长沙统计年鉴—2006

作　　者 / 长沙市统计局
责任编辑 / 蔡启新 韦 薇
E-mail / yearbook@stats.gov.cn
责任校对 / 韦 薇
封面设计 / 涂 鹏
出版发行 / 中国统计出版社
通信地址 / 北京市西城区三里河月坛南街75号　中国统计出版社
邮　　编 / 100826
电　　话 / 010-63376907
印　　刷 / 长沙银都印务有限公司
经　　销 / 新华书店
开　　本 / 890 × 1240毫米 1/16
字　　数 / 86.5万字
印　　张 / 26.25
印　　数 / 1500册
版　　别 / 2006年8月第1版
版　　次 / 2006年8月第1次印刷
书　　号 / ISBN 7-5037-4928-8/F·2275
定　　价 / 240元

《长沙统计年鉴—2006》编辑委员会

《长沙统计年鉴—2006》资料整理人员

万　能　扶文武　曾劲松　曹敬波　樊小申　周　辉　肖　艳
廖　峰　尹华平　罗　恒　周群艺　胡睿懿　罗　颖　郑学英
孙雪祥　浣　毅　赵冬娥　刘亦彪　陈茹红　刘　卫　袁中文
梁昌群　熊铁军　聂根深　廖晓明

统计公报资料整理：万　能

国民经济主要指标解释及计算方法整理：韦　薇　万　能

编写说明

一、《长沙统计年鉴—2006》是一部全面反映长沙市国民经济和社会发展情况的资料性年刊。收录了全市及各区县(市)2005年经济和社会发展方面的大量统计数据，以及重要历史年份的主要统计数据，还包括全国三十五个直辖市、省会和副省级城市主要经济社会指标对比资料，是一本社会各界全面、深入了解研究长沙的重要工具书。

二、《长沙统计年鉴—2006》首卷为特载一《长沙市2005年国民经济和社会发展统计公报》及特载二《主要经济社会指标统计图》。本年鉴正文内容分为18个篇章，即：1.综合；2.国民经济核算；3.人口、就业和职工工资；4.固定资产投资、建筑业；5.财政、金融、保险；6.物价指数；7.人民生活；8.城市建设、环境保护；9.农业；10.工业；11.运输和邮电；12.国内外贸易、对外经济和旅游；13.教育和科技；14.文化、体育、卫生；15.企业调查；16.区县（市）主要经济和社会指标；17.全国三十五个直辖市、省会和副省级城市主要经济社会指标；18.国民经济主要指标解释及计算方法。同时附录排名榜。

三、本年鉴资料大部分来自年度统计报表，一部分来自抽样调查。年鉴部分指标取自部门统计年报；各区县（市）主要经济和社会指标根据当年各地的统计年报资料整理；全国其他城市数据取自相关交换资料。

四、本年鉴部分数据合计数或相对数由于单位取舍不同及四舍五入处理所产生的计算误差均未作机械调整。

五、本年鉴是按照《中国统计年鉴》的大体框架和规范要求编辑。统一使用《中国统计年鉴》指标解释，统一采用国际度量标准计量单位。

六、按照国家统计局统一要求，相关历史数据应根据2004年第一次全国经济普查结果进行调整。本年鉴数据调整主要涉及地区生产总值相关指标及社会消费品零售总额相关指标。另外，上年因经济普查影响暂时取消的部分表种也在本年鉴中予以恢复。

目　录
Contents

一、综　合

General Survey

二、国民经济核算

National Accounts

三、人口、就业和职工工资

Population, Employment and Wages

四、固定资产投资、建筑业

Investment in Fixed Assets and Construction

五、财政、金融、保险

Finance, Banking and Insurance

六、物价指数

Price Indices

七、人民生活

People's Livelihood

八、城市建设、环境保护

Construction of Cities and Environmental Protection

九、农 业

Agriculture

十、工 业

Industry

十一、运输和邮电

Transportation, Postal and Telecommunication Services

十二、国内外贸易、对外经济和旅游

Domestic and Foreign Trade, Foreign Economy and Tourism

十三、教育和科技

Education, Science and Technology

十四、文化、体育、卫生

Culture, Sports and Public Health

十五、企业调查

Enterprise Survey

十六、区县(市)主要经济和社会指标

Main Economic and Social Statistical Indicators of District, County and City

十七、全国三十五个直辖市、省会和副省级城市主要经济社会指标

Main Economic and Social Statistics Indicators of National Thirty-five Municipalities, Provincial Capitals and Cities of Sub-provincial Rank

十八、国民经济主要指标解释及计算方法

Explanatory Notes and Calculation Methods on Main Statistical Indicators of National Economy

附录:排名榜(2005)

APPENDIX: List of Top Strengths

特载一 长沙市2005年国民经济和社会发展统计公报

长沙统计年鉴

长沙市2005年国民经济和社会发展统计公报

2005年，长沙全市人民在市委、市政府的正确领导下，以邓小平理论和"三个代表"重要思想为指导，用科学发展观统领经济社会发展全局，团结实干，锐意进取，努力构建和谐社会，全市呈现出蓬勃发展、文明进步、安定和谐的崭新局面。国民经济和社会发展成效显著，呈现出快速增长、效益较好、价格平稳、活力增强的良好发展态势。

一、综　合

2005年经济总量继续保持快速增长的势头。据初步核算，全年长沙市生产总值(GDP)为1519.90亿元，按可比价格计算，同比增长14.9%，增幅比全国快5.0个百分点，比全省快3.3个百分点。在GDP中，第一产业实现增加值112.59亿元，同比增长6.9%；第二产业实现增加值655.27亿元，同比增长18.5%，其中工业实现增加值469.28亿元，同比增长17.0%；第三产业实现增加值752.04亿元，同比增长13.0%。在GDP增幅中，第一、二、三次产业分别拉动0.5、7.9、6.5个百分点，三次产业对GDP增长的贡献率分别为3.3%、52.8%、43.9%。三次产业的比例为7.4∶43.1∶49.5，与上年相比较，一、三产业比重分别降低0.6个百分点、0.7个百分点；二产业提高1.3个百分点。按常住人口计算，人均GDP达23968元，同比增加3343元，同比增长13.9%；按2005年年平均汇率，人均GDP折合为2926美元。"十五"期间GDP平均增长速度为14.8%。

居民消费价格运行平稳。居民消费价格总指数为101.9，比上年的价格涨幅回落了1.3个百分点。在居民消费价格总指数的八大分类指标中，同比上涨的有食品(价格上涨4.4%)、家庭设备用品及维修服务(价格上涨0.9%)、娱乐教育文化用品及服务(价格上涨3.5%)、居住(价格上涨5.6%)四大类；同比下降的有烟酒及用品(价格下降0.1%)、衣着(价格下降3.8%)、医疗保健及个人用品(价格下降1.5%)、交通和通讯(价格下降3.0%)四大类。商品零售价格指数为100.4%，价格增幅比上年回落了0.9个百分点。

生产投资价格总体水平呈现稳中有升的态势。原材料、燃料、动力购进价格同比上升9.36%。工业品出厂价格同比上升5.96%。房地产市场价格运行平稳。房屋销售价格同比上升2.9%，土地出让价格同比上升6.2%，房屋租赁价格同比上升1.6%，物业管理价格同比持平。

劳动就业健康发展。年末全市从业人员达358.81万人，同比增加2.78万人，其中城镇就业人员达126.48万人，同比增加2.07万人。年末城镇登记失业率为3.8%。

2005年长沙经济运行呈现以下几个特点：其一是地区生产总值继续保持较快速度增长，总量突破1500亿元；其二是工业和投资两大引擎继续强力拉动经济快速增长，二产业仍是经济增长的主要动力源泉；其三是消费品市场充满活力；其四是农业生产形势喜人，粮食稳定增产；其五是城乡居民收入保持较快速度增长。国民经济和社会发展中存在的主要问题是：经济增长方式比较粗放，仍需进一步转变；工业化进程仍有待进一步加快，支撑经济增长的大产业数量不多；农民持续稳定增收的长效机制尚未形成，统筹城乡和谐发展的体制机制没有完全建立起来；经济外向度还较低，对经济增长的拉动力较弱等。

二、农　业

农业生产形势喜人。2005年全市完成农林牧渔业总产值187.13亿元，同比增长7.0%，其中农业总产值92.64亿元，同比增长6.9%；林业总产值7.63亿元，同比增长3.9%；牧业总产值77.15亿元，同比增长7.7%；渔业总产值7.60亿元，同比增长3.5%。

粮食稳定增产，农产品生产全面升温。全年全市粮食总产量为262.28万吨，同比增长4.1%；油料3.08万吨，同比增长2.1%；棉花0.1万吨，同比增长17.8%；糖料0.67万吨，同比增长23.0%；烟叶2.16万吨，同比增长29.1%；茶叶1.47万吨，同比增长27.0%；水果21.35万吨，同比增长5.3%；蔬菜354.03万吨，同比增长1.5%。

主要牧业、渔业产品生产稳定增长。全年全市出栏肉猪801.54万头，同比增长5.9%；肉类总产量64.97万吨，同比增长7.0%；禽蛋产量4.83万吨，同比增长0.8%；水产品产量10.42万吨，同比增长4.1%；牛奶产量1.19万吨，同比下降28.1%。

主要农作物种植面积稳步增加。全年粮食种植面积为39.67万公顷，同比增长1.7%，其中稻谷播种面积34.43万公顷，同比增长1.3%，优质稻种植面积占稻谷种植面积的比重为65.4%；蔬菜种植面积为11.79万公顷，同比增长0.4%；油料种植面积为1.73万公顷，同比增长4.3%；花卉苗木种植面积为1.36万公顷，同比下降7.5%。

农村基础设施继续改善，综合生产能力进一步提高。年末实有耕地面积246.9千公顷，与上年基本持平。农林牧渔业机械总动力达330.65万千瓦，同比增长7.7%，农业机械总值17.77亿元，同比增长29.7%。全年开工各类水利工程5.13万处，投入资金10.70亿元，治理水土流失面积60.0平方公里。全年新增农田有效灌溉面积1.6千公顷，新增节水灌溉面积4.0千公顷。全年化肥施用量(折纯)14.48万吨，同比下降1.2%。全市帮助6.0万人解决了饮水困难；新建农村沼气池1.24万个。

三、工业和建筑业

工业化进程继续加快。2005年完成全部工业总产值1300.62亿元，同比增长27.3%，其中规模以上工业企业完成工业总产值955.13亿元，同比增长28.1%；规模以下工业企业完成工业总产值345.49亿元，同比增长15.2%。

全年规模以上企业完成工业增加值320.73亿元，同比增长20.3%，对GDP增长贡献率为31.7%。按轻重工业分组，轻工业完成增加值159.55亿元，同比增长16.5%；重工业完成增加值161.18亿元，同比增长24.5%。按经济类型分组，国有企业完成工业增加值109.78亿元，同比增长7.5%；集体企业完成工业增加值7.81亿元，同比增长26.9%；股份合作制企业完成工业增加值5.44亿元，同比增长26.2%；股份制企业完成工业增加值140.94亿元，同比增长30.1%；外商及港澳台投资企业完成工业增加值41.89亿元，同比增长23.4%；其他经济类型企业完成工业增加值14.87亿元，同比增长32.1%。在规模以上工业增加值中，非公有制企业完成工业增加值128.14亿元，同比增长35.0%。国有及国有控投企业完成工业增加值143.23亿元，同比增长8.6%。大中型企业完成工业增加值214.19亿元，同比增长13.0%。

全年规模以上工业企业生产出卷烟631.34亿支，同比增长7.5%；服装1886万件，同比增长9.8%；化学农药8622吨，同比增长7.7%；油漆4.92万吨，同比下降6.1%；合成洗涤剂9.41万吨，同比增长16.0%；水泥537.37万吨，同比增长15.2%；铝材8.94万吨，同比增长20.9%；起重设备3164吨，同比增长10.5%；混凝土机械3429台，同比下降21.1%；汽车6.18万台，同比增长25.9%；家用电冰箱55.54万台，同比下降3.9%；彩色显象管690.93万只，同比增长5.5%。

规模以上工业技术开发力度继续加大。全年规模以上工业企业提取技术开发费3.76亿元，同比增长125.1%；完成新产品产值149.60亿元，同比增长33.1%，新产品产值率达15.7%；完成高新技术工业总产值268.72亿元，同比增长9.6%，高新技术工业总产值占规模以上工业总产值的比重达28.1%。

工业企业效益水平创历史新高。全年全市规模以上独立核算工业企业实现利润59.85亿元，同比增长25.48%，其中国有及国有控股企业完成利润22.34亿元，同比增长40.98%；亏损企业亏损额同比下降22.21%，其中国有及国有控股企业同比下降59.14%。规模以上工业经济效益综合指数为186.46%，同比提高13.05个百分点，其中全员劳动生产率为105589元/人，同比增长21.12%；总资产贡献率为18.32%，同比提高0.09个百分点；工业产品销售率为99.48%，同比提高0.21个百分点；流动资产周转率为1.77次，同比提高0.13次；资产负债率为52.97%，同比下降1.85个百分点；成本费用利润率为7.88%，同比下降0.06个百分点，资产保值增值率为116.97%，同比提高5.47个百分点。

规模工业主要能源消耗增长水平远低于规模工业产出增长水平。全年规模以上工业企业消耗煤炭195.53万吨，同比增长1.94%；消耗汽油1.72万吨，同比增长3.77%；消耗柴油6.45万吨，同比下降21.51%。

全年全市共有规模以下工业企业和个体户42468个，从业人员33.0万人，其中企业6400个，从业人员21.48万人，完成工业总产值177亿元，同比增长14.37%；工业个体户36068户，从业人员11.52万人，完成工业总产值168亿元，同比增长4.70%。

建筑业生产经营稳步增长。全年全市具有建筑业资质的独立核算企业完成建筑业总产值550亿元，同比增长25.6%；实现利税总额19亿元，同比增长25.0%；房屋竣工面积2140万平方米，同比增长16.0%；房屋建筑竣工率为39.0%。

四、固定资产投资

固定资产投资继续保持快速增长势头。2005年全市完成全社会固定资产投资881.44亿元，同比增长31.93%，其中城镇固定资产投资791.17亿元，同比增长33.97%。在城镇固定资产投资中，房地产开发投资256.35亿元，同比增长46.04%，所占比重为29.08%；更新改造投资123.87亿元，同比增长30.65%，所占比重为14.1%。商品房销售面积为536.99万平方米，同比增长14.13%；住宅销售额为88.41亿元，同比增长9.00%。全年新增固定资产343.72亿元，同比增长15.2%。

在投资总量较快增长的同时，投资产业结构进一步优化。在全市城镇及以上固定资产投资中，第一产业完成投资（不含水利建设投资）4.62亿元，同比增长74.34%；第二产业完成投资177亿元，同比增长13.8%；第三产业完成投资609.55亿元，同比增长42.54%。

投融资体制改革继续深化。非国有单位投资成为带动全市投资增长的主要力量。全年全社会非国有单位完成投资608.83亿元，增长42.78%，占全社会固定资产投资的比重达到69.1%，比上年提高5个百分点。

城市建设步伐进一步加快，以重点工程为龙头的城市基础设施建设突飞猛进。全年全市基础设施建设完成投资137.15亿元，占全社会固定资产投资总额的比重为15.6%，比上年提高1.4个百分点。

五、国内贸易

消费品市场稳步增长。2005年全市实现社会消费品零售总额743.43亿元，同比增长16.1%，剔除物价因素实际增长14.2%。按销售单位所在地分，市的消费品零售额为600.69亿元，同比增长16.5%，所占比重为80.8%；县及县以下消费品零售额为142.74亿元，同比增长14.4%。按行业分，批发零售贸易业零售额为626.72亿元，同比增长14.8%；餐饮业零售额为109.78亿元，同比增长23.2%；其他行业零售额为6.92亿元，同比增长25.1%。商品交易市场大型化已经成为新的趋势，全年亿元以上市场30家，实现商品成交额422.86亿元，同比增长43.4%。

六、交通和邮电业

交通运输业稳步发展。2005年全社会运输周转量142.1亿吨公里，同比增长3.41%。旅客周转量99.57亿人公里，同比增长1.78%，其中铁路35.78亿人公里，同比增长7.20%；公路46.99亿人公里，同比下降5.26%；水运0.12亿人公里，同比下降17.03%；民航16.70亿人公里，同比增长13.38%。货物周转量100.38亿吨公里，同比增长2.46%，其中铁路45.44亿吨公里，同比增长3.61%；公路44.74亿吨公里，同比增长0.21%；水运9.96亿吨公里，同比增长7.66%；民航0.24亿吨公里，同比增长11.65%。

邮电业发展势头良好。全年全市完成邮电业务总量（现价）47.98亿元，同比增长14.65%，其中电信完成业务总量44.87亿元，同比增长14.98%。全市局用电话交换机总容量216.70万门，同比增长9.6%；电话普及率达到86.23%，同比增加15.54个百分点。年末本地电话用户218.56万户，同比增长15.54%。年末移动电话用户316.85万户，同比增长30.75%。计算机互联网络用户继续增长，年末用户达71.71万户，同比增长12.16%。

七、对外经济与旅游

2005年全市进出口总额（海关口径）为26.83亿美元，同比增长9.3%，其中出口总额15.95亿美元，同比增长16.7%，进口总额10.88亿美元，增幅与上年持平。市归口管理进出口企业进出口总额为20.05亿美元，同比增长23.5%，其中出口总额为10.07亿美元，同比增长41.9%；进口总额为9.98亿美元，同比增长9.2%。在市归口管理进出口企业出口总额中，机电产品3.06亿美元、高新技术产品2.92亿美元，分别占出口总额的30.4%和29.0%；在进口总额中，机电产品7.24亿美元、高新技术产品2.83亿美元，分别占进口总额的72.5%和28.4%。

利用外资稳步取得进展。全年全市利用外资项目（企业）达150个，同比增加16个；合同引进外商直接投资15.71亿美元，同比增长73.2%；实际使用外商直接投资9.02亿美元，同比增长80.0%。

全年全市接待国内旅游者2489万人次，同比增长9.1%，国内旅游收入175.2亿元，同比增长18.0%；接待入境旅游者25.55万人次，国际旅游外汇收入2.02亿美元，同比增长43.3%；国际国内旅游总收入 191.2 亿元,同比增长 19.6%。

八、金融和保险业

金融业保持健康运行态势。2005 年末全市金融机构现金收入 5224.37 亿元,同比增长 11.3%;金融机构现金支出 5132.34 亿元,同比增长11.1%;货币回笼 92.02 亿元。存贷款余额稳定增加,年末金融机构各项存款余额(本外币合计,下同)2322.32亿元,比年初增加 341.94 亿元,其中城乡居民储蓄余额 954.42 亿元,比年初增加 153.53 亿元;年末金融机构各项贷款余额 2055.35 亿元,比年初增加 258.83 亿元,其中短期贷款余额 751.94 亿元,比年初增加 17.96 亿元,中长期贷款 1209.74 亿元,比年初增加 204.29 亿元。

保险事业稳步发展。全年全市保险机构保费收入 28.66 亿元,同比增长 4.2%,其中财产险收入 7.62亿元,同比增长 8.7%;寿险收入(含健康险和意外伤害险收入)21.04 亿元,同比增长 2.7%。赔付费 7.57 亿元,同比增长 11.3%,其中财产险赔付 5.01 亿元,同比增长 29.2%;寿险赔付(含健康险和意外伤害险赔付)2.56 亿元,同比下降 12.5%。

九、教育和科学技术

科研机构实力不断加强,科研成果硕果累累。2005 年末全市拥有科学研究开发机构 88 个。全年全市共取得省部级以上科技成果 336 项,"高性能碳/碳航空制动材料制备技术"获国家技术发明一等奖;专利申请 0.40 万件,同比增长 8.98%;授权专利 0.15 万件,同比下降 12.5%;签订技术合同 1891 项,成交金额 16.94 亿元,同比增长 15.2%。

教育事业不断取得新成就。全市共有普通高校 45 所;普通高中 93 所;初中学校 246 所;普通小学 1272 所。全市普通高校在校学生 39.44 万人,同比增长 19.7%;在读研究生 2.83 万人,同比增长 24.0%;普通高中在校学生 14.42 万人,同比增长 11.0%;普通初中在校学生 20.10 万人,同比下降 24.4%;普通小学在校学生 33.87 万人,同比增长 6.5%;幼儿园在园幼儿 8.96 万人,同比增长 15.0%。小学适龄儿童入学率 100%,小学升初中入学率 100%。

十、文化、卫生和体育

文化、艺术事业稳步发展。2005 年全市拥有艺术表演团体 12 个,文化馆 10 个,公共图书馆 12 个,博物馆 14 个,档案馆 14 个,已开放各类档案 106.64 万卷(件),同比增加 8.4%。广播电视事业保持较高发展水平,全市广播综合人口覆盖率达 96.9%,同比提高 0.1 个百分点;电视综合人口覆盖率达 97.9%,同比提高 0.1 个百分点;有线电视用户达 51.50 万户。

卫生事业稳步发展,医疗卫生条件不断改善。全市拥有卫生机构 1519 个,同比增加 79 个,其中医院、卫生院 260 个,同比增加 2 个;卫生防疫、防治机构 12 个,同比持平;妇幼保健机构 11 个,同比持平。卫生技术人员 2.89 万人,同比增加 0.08 万人,其中执业医师、执业助理医师 1.21 万人,同比增加 0.07 万人;注册护士 0.97 万余人,同比增加 0.03 万人。卫生机构床位 2.74 万张,同比增加 0.30 万张,其中医院、卫生院 2.55 万张,同比增加 0.32 万张。每千人拥有执业医师、执业助理医师、注册护士 3.55 人,每千人拥有床位 4.45 张。

体育事业不断发展。金年全市举办县以上运动会 26 次。年末拥有体育运动学校 80 个,公共体育场馆 46 个,等级运动员发展人数为 191 人,等级裁判员发展人数为 76 人。参加国际体育比赛获得金牌 6 枚;参加全国体育比赛获得金牌 12 枚。

十一、环境保护

环境保护工作取得显著成效。2005 年全市森林覆盖率为 49.98%。全市拥有生态示范区建设试点地区和单位 6 个,自然保护区 14 个,自然保护区面积 1.93 万公顷。建成烟尘控制区 25 个,烟尘控制区面积 175.3 平方公里。建成区环境噪声达标区 24 个,环境噪声达标区面积 126.1 平方公里。地表水满足Ⅲ类标准的断面比例达 100%。

十二、人口与人民生活

人口数量平稳增长。2005 年年末常住总人口 639.3 万人,同比增长 1.64%。户籍总人口 620.92 万人,同比增长 1.73%,其中非农业人口 218.07 万人,农业人口 402.85 万人。年末男女性别比为 1.05:1。城市化率为 53.87%,同比提升 2.68 个百分点。

城乡居民生活水平继续稳步提高,居民收入呈快速增长的势头。抽样调查资料显示,全年城市居民人均可支配收入 12434 元,同比增加 1413 元,同比增长 12.8%,增幅同比提升 1.8 个百分点,剔除物价因素,城市居民收入实际增长 10.7%。在城市居民人均可支配收入中城市居民人均工薪收入8815元,同比增长9.2%;经营净收入1109元,增长1.79倍;转移性收入3007元,同比增长42.4%。城市居民人均消费性支出9660元,同比增加628元,同比增长7.0%。城市居民恩格尔系数为33.4%,和上年持平。在城市居民消费分类中,食品消费同比增长7.0%;衣着消费同比增长14.0%;设备用品及服务消费同比增长26.6%;医疗保健消费同比增长19.0%;交通和通讯消费同比增长1.2%;教育文化娱乐服务消费同比增长4.9%;杂项商品和服务消费同比增长7.1%:居住消费同比下降7.9%。全年农村居民人均可支配收入4735元,同比增加556元,同比增长13.3%,增幅同比回落1.3个百分点;农民人均纯收入4908元,同比增长13.8%,剔除价格因素,实际增长11.1%,在农民人均纯收入中工资性收入2082元,同比增长22.0%;家庭经营收入2310元,同比增长2.0%。农民收入结构继续发生变化,劳务经济和家庭生产经营等非农业中获得的收入比重继续上升,从农民收入的增加额来看,全部来自于非农业部分。全年农民人均生活消费支出4166元,同比增长14.3%,在消费分类中增长最快的是衣着消费支出和交通、通讯消费支出,同比分别增长34.5%和25.5%。农村居民恩格尔系数为42.6,同比下降1.0个百分点。农村居民人均住房面积49.42平方米,同比增加0.47平方米。农村居民可支配收入增长速度继续高于城市居民增长速度,领先幅度为0.5个百分点,但农村居民可支配收入与城市居民可支配收入的差距继续扩大,2005年由上年的6842元扩大为7699元。

社会福利、劳动保险事业健康发展。年末全市拥有社会福利院、敬老院、养老院、光荣院等134所。各类收养性社会福利单位收养人员0.57万人。城镇各种社区服务设施2322处,其中综合性社区服务中心284个。筹集社会福利资金0.24亿元,同比增长45.9%;接受社会捐赠2398.8万元,同比增长38.9%。社会保障体系进一步完善,全年全市参加市县两级劳动保障部门(下同)失业保险人数达60.14万人,同比增长8.3%,领取失业保险金人数为5.36万人,同比下降10.7%;参加基本养老保险的职工人数达65.33万人,同比增长10.8%,基本养老金社会化发放率为100%;参加医疗保险的人数达81.60万人,同比增长5.6%。城镇居民得到政府最低生活保障人数为29.58万人,同比增长1.11倍。

注:1. 本公报部分数据为初步统计数。

2. 地区生产总值绝对数按现价计算,增长速度按可比价格计算。

3. 本公报部分数据已经与第一次全国经济普查数据相衔接。

特载二

主要经济社会指标统计图

长沙统计年鉴

主要经济社会指标统计图：

总人口（户籍）

单位：万人

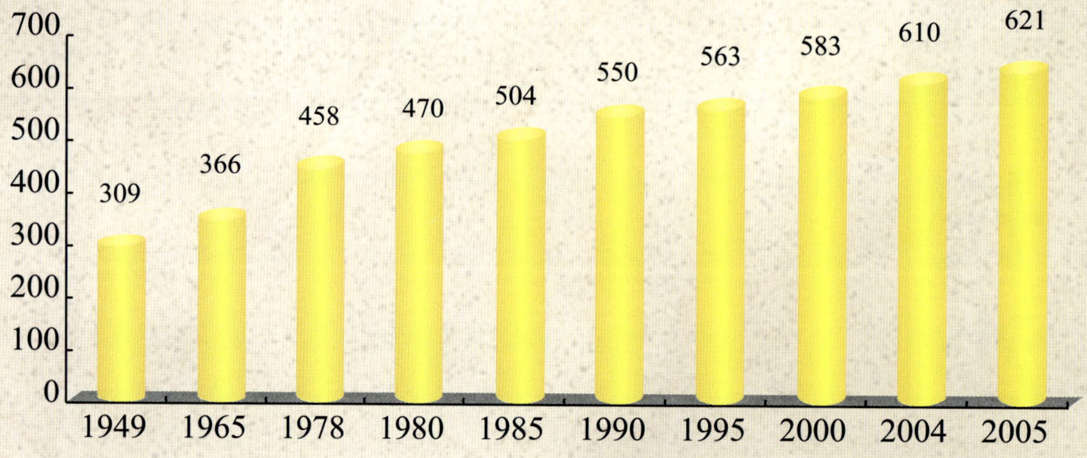

地区生产总值

单位：亿元

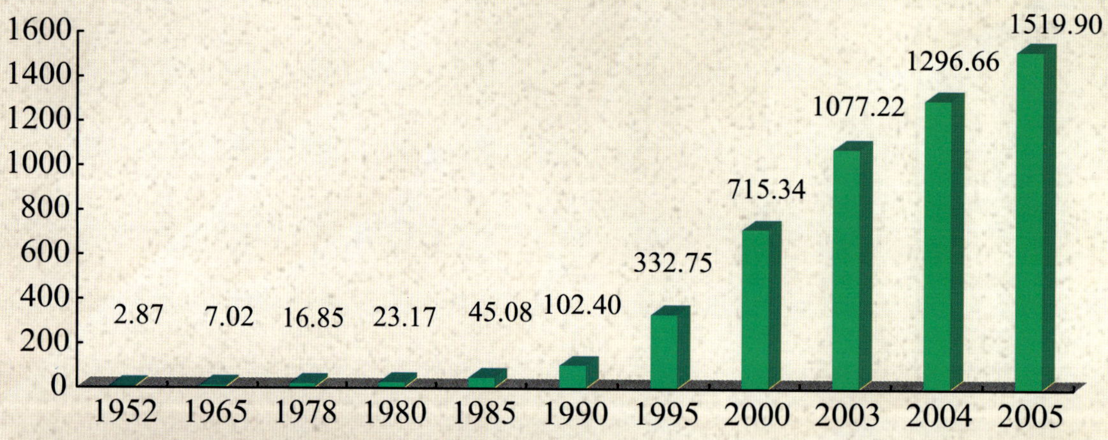

人均生产总值

单位：元/人

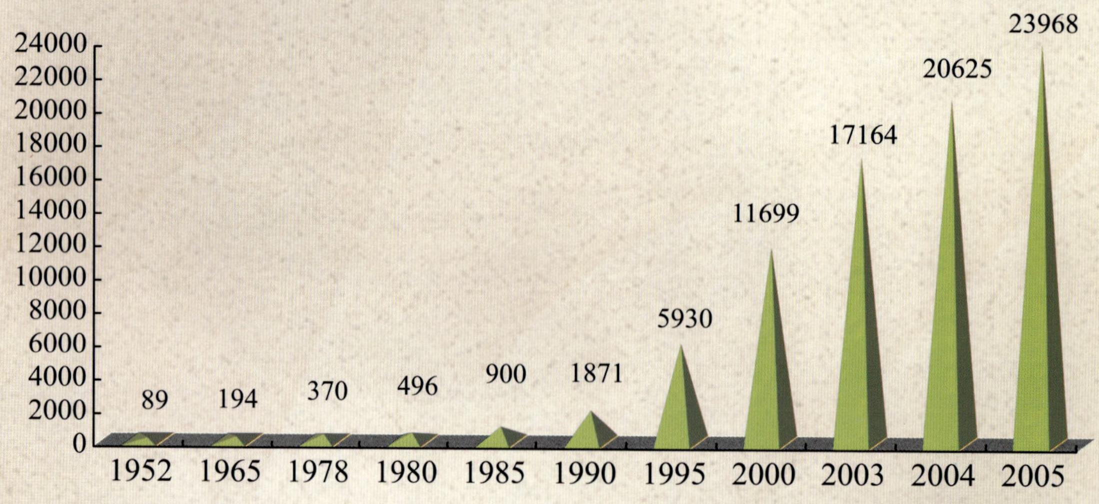

人均生产总值2000年以前按户籍人口计算，2000年以后按常住人口计算

三次产业构成

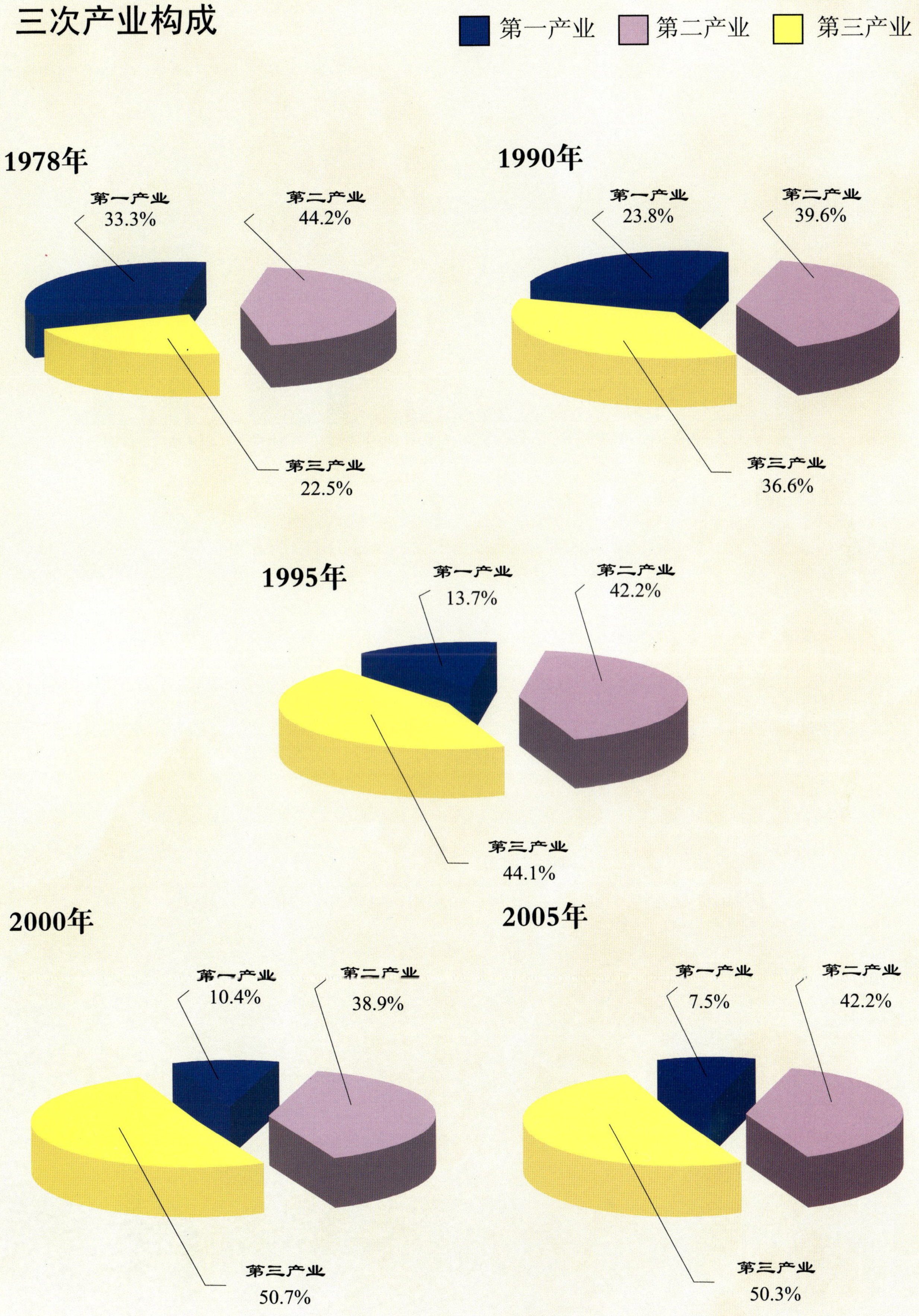
第一产业
第二产业
第三产业
1978年
第一产业
33.3%
第二产业
44.2%
第三产业
22.5%
1990年
第一产业
23.8%
第二产业
39.6%
第三产业
36.6%
1995年
第一产业
13.7%
第二产业
42.2%
第三产业
44.1%
2000年
第一产业
10.4%
第二产业
38.9%
第三产业
50.7%
2005年
第一产业
7.5%
第二产业
42.2%
第三产业
50.3%

城乡居民收入

单位：元/人

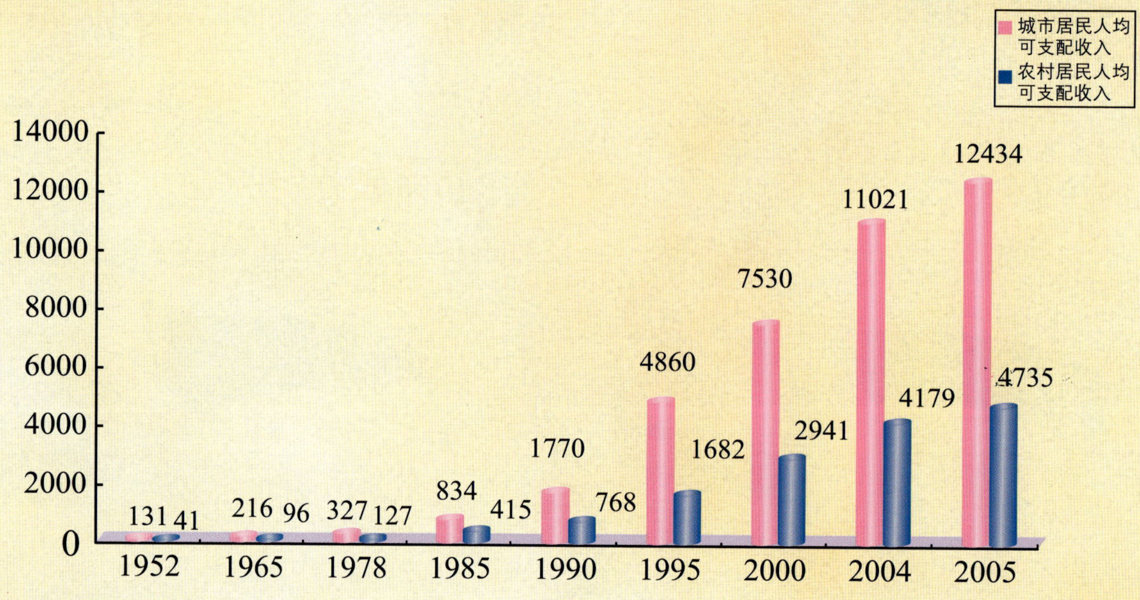

城乡居民储蓄余额

单位：亿元

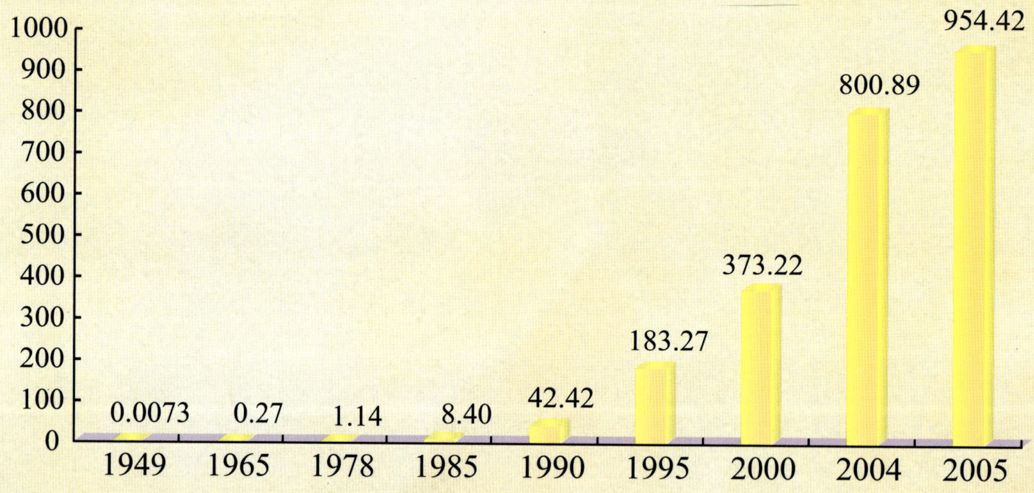

财政收入

单位：亿元

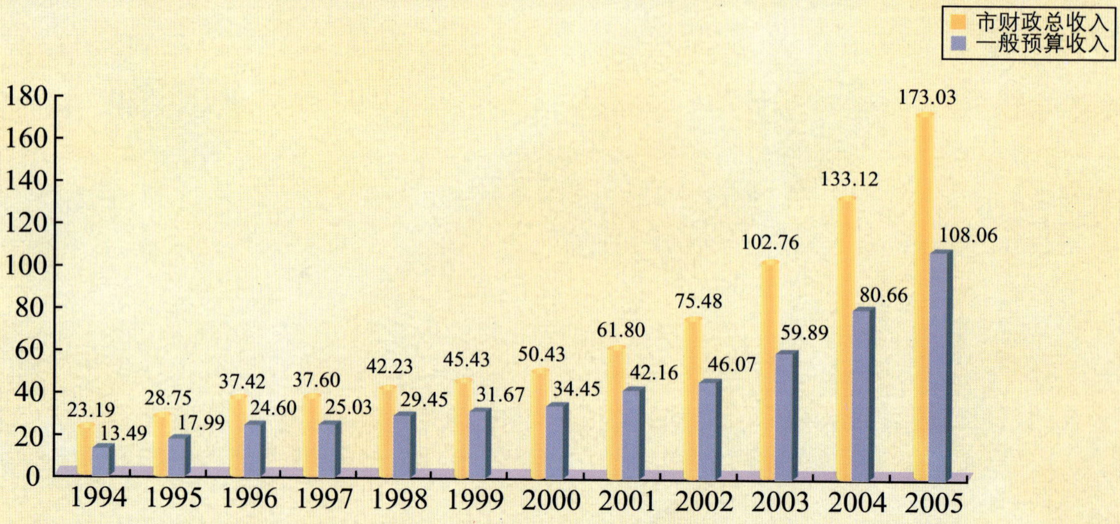

独立核算规模工业总产值

单位：亿元

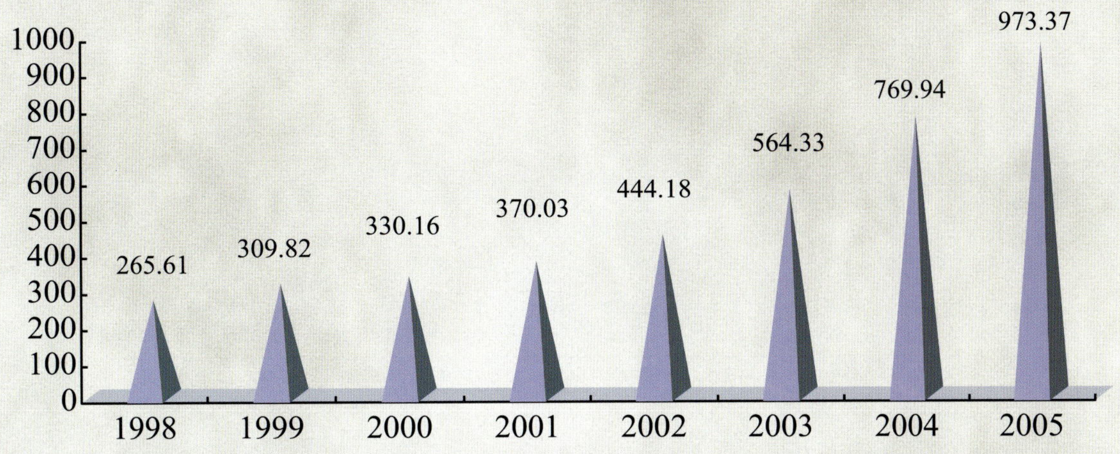

农林牧渔业总产值

单位：亿元

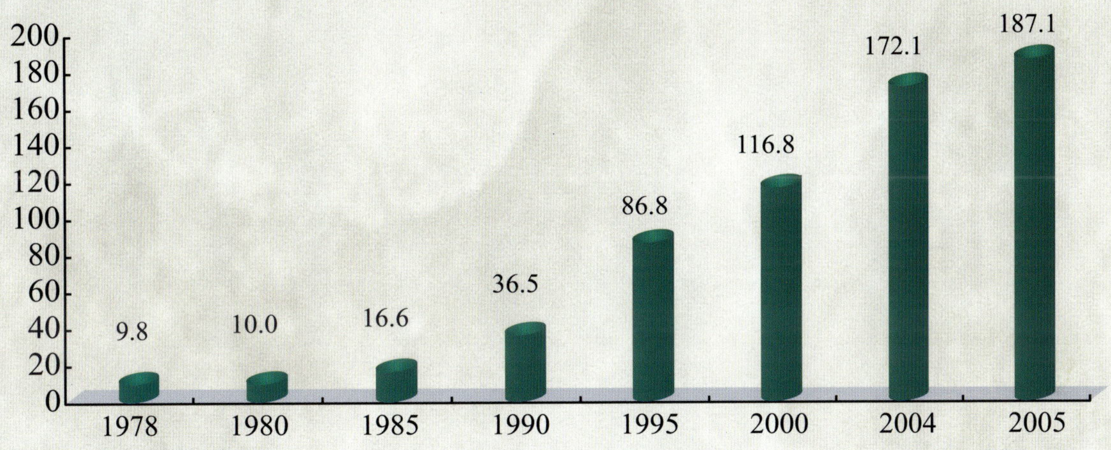

全社会固定资产投资总额

单位：亿元

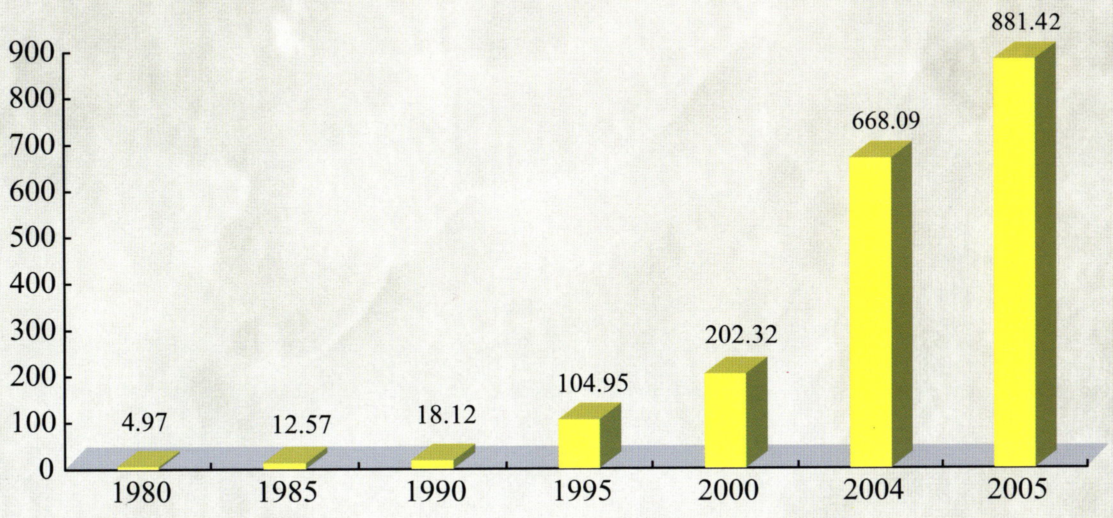

社会消费品零售总额

单位：亿元

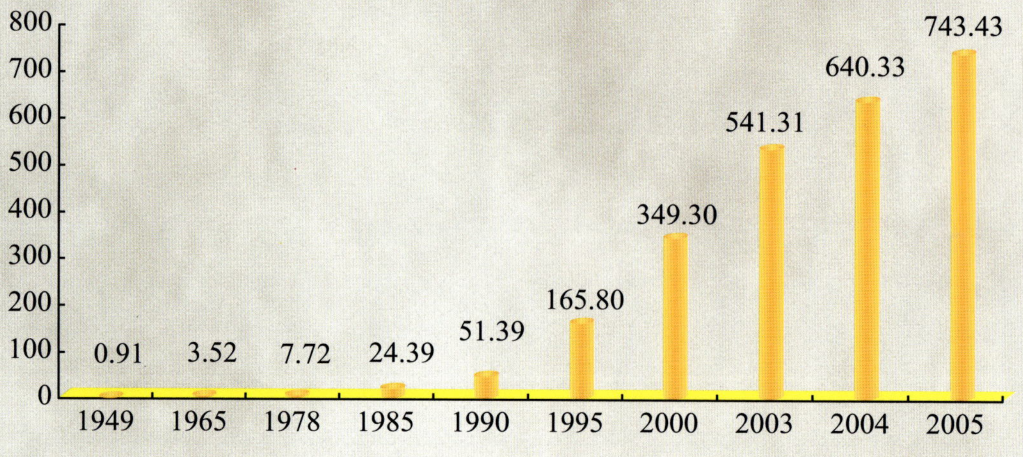

实际使用外商直接投资

单位：亿美元

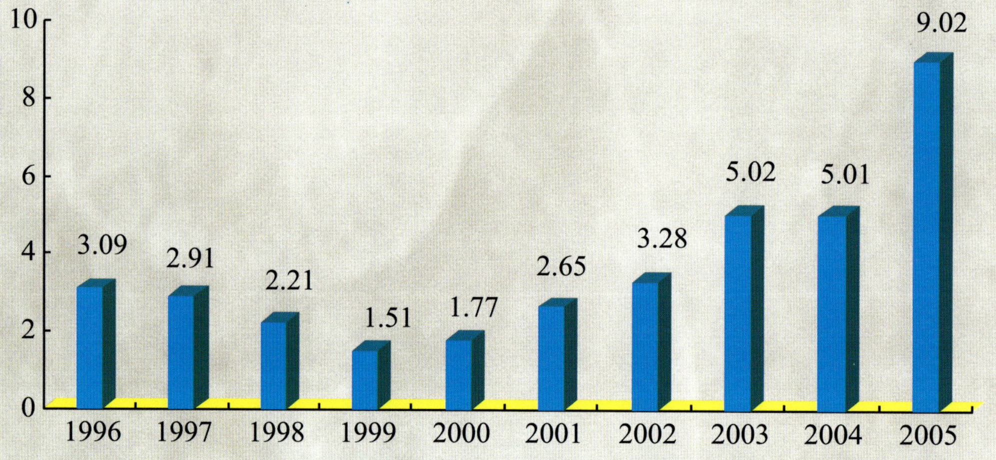

2004年实际使用外商直接投资口径调整

进出口总额

单位：亿美元

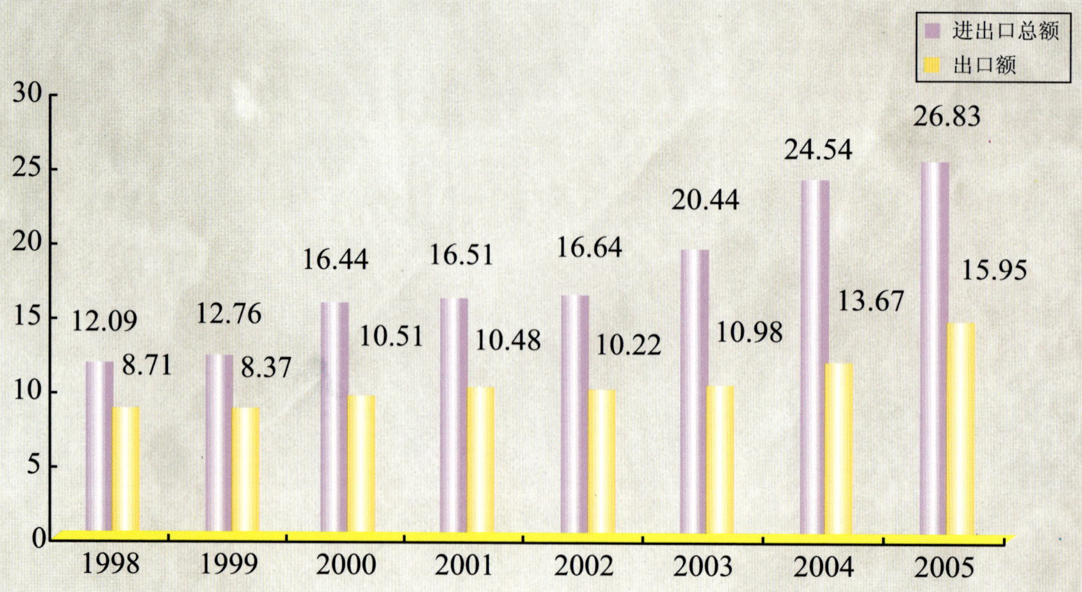

高等学校、普通中学在校学生数

单位：万人

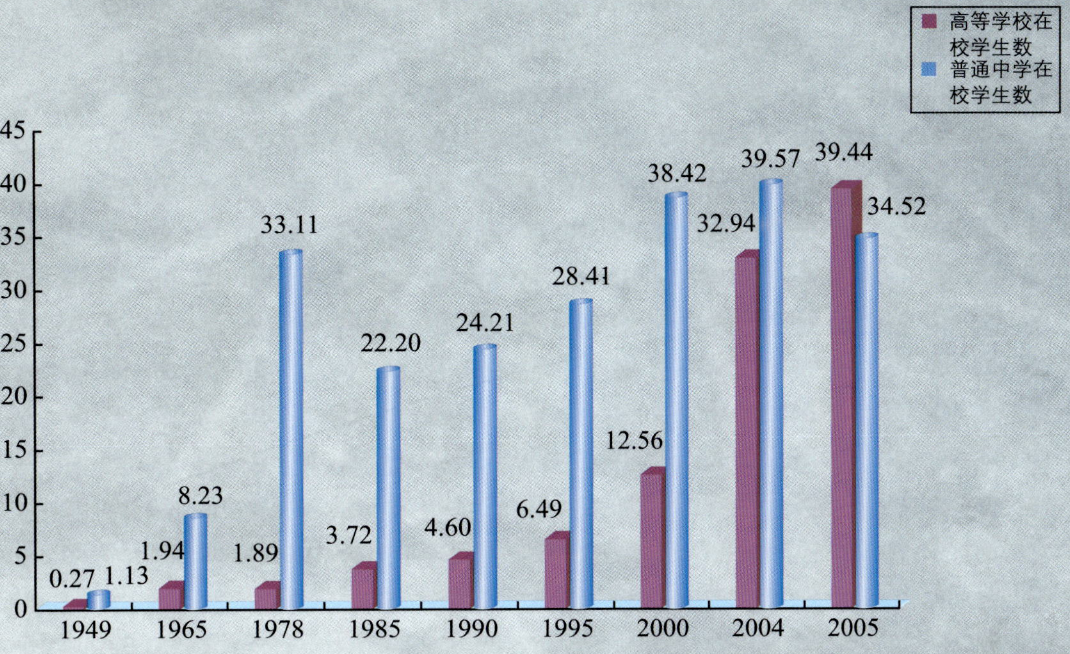

卫生技术人员

单位：万人

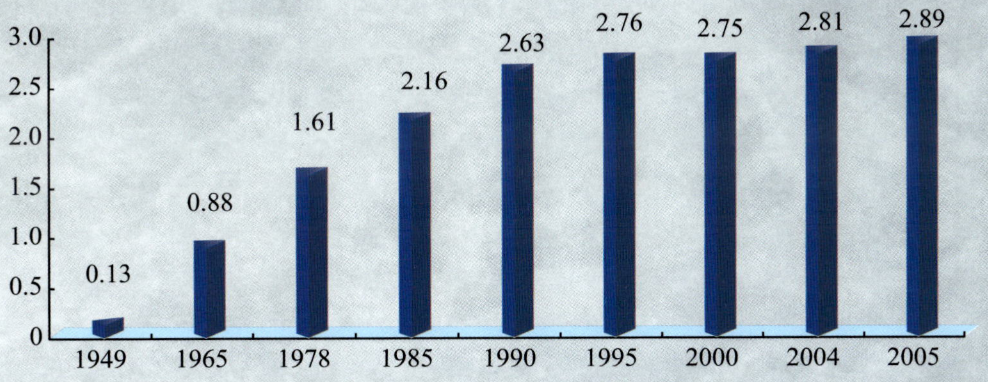

医疗病床数

单位：万张

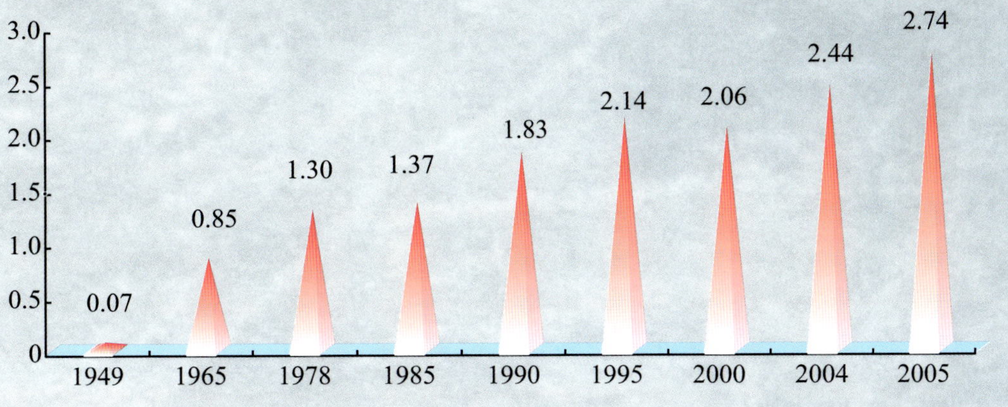

“九五”期间与“十五”期间地区生产总值增速比较

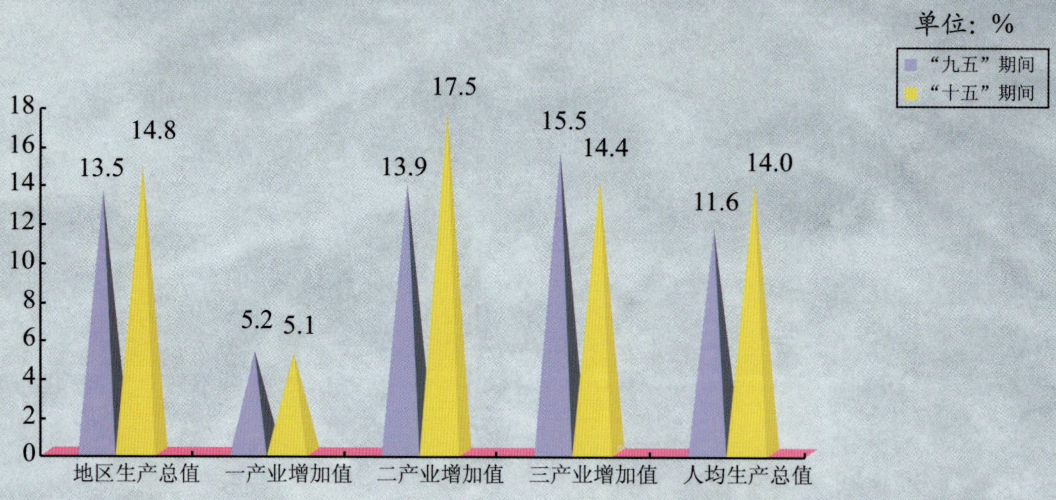

“九五”期间与“十五”期间主要指标平均增速比较

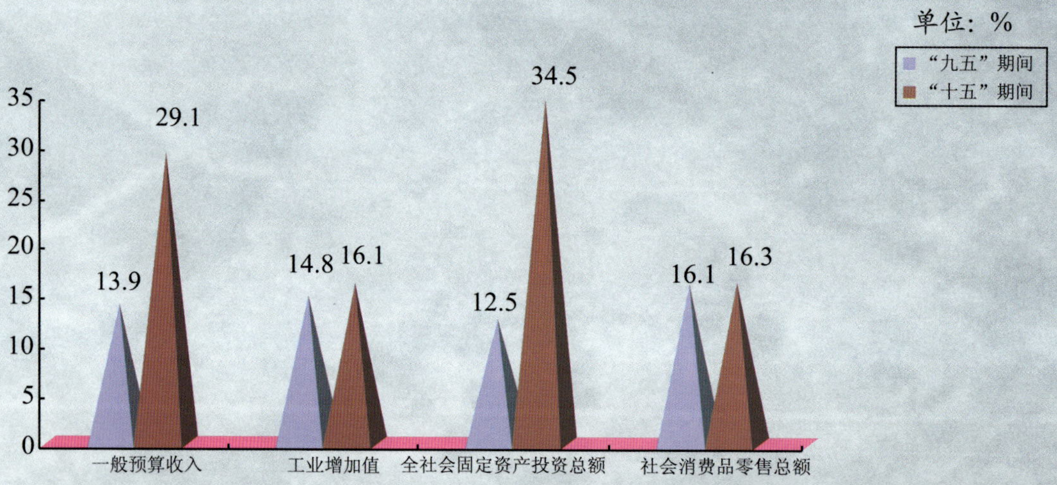

“九五”期间与“十五”期间城乡居民收入平均增速比较

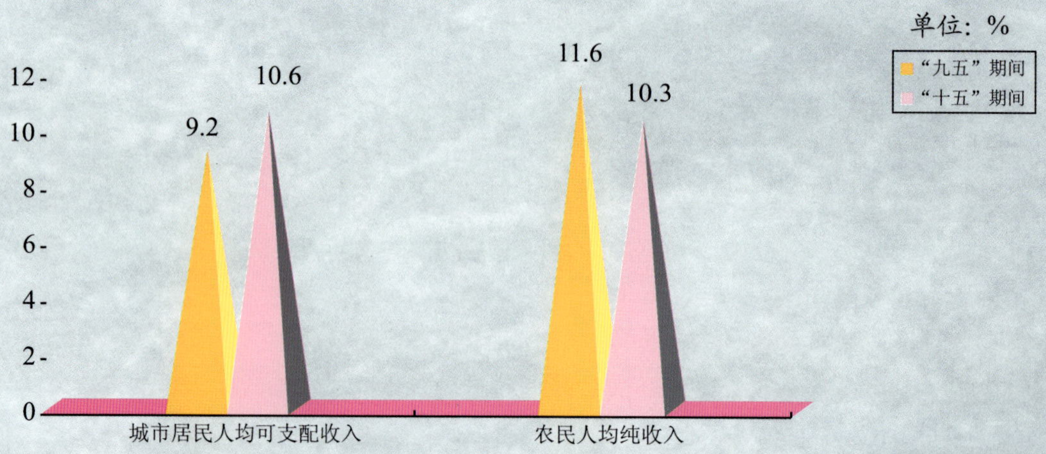

1 综　合

长沙统计年鉴

1－1 自 然 环 境

位置：

长沙位于中国东南部，湖南省东部偏北，湘江下游和长浏盆地西缘。地域范围为东经111°53′～114°15′，北纬27°51′～28°41′。东临江西省宜春地区和萍乡市，南接株洲、湘潭两市，西连娄底、益阳两市，北抵岳阳、益阳两市。

地貌：

长沙地形复杂，湘江两岸形成地势低平的冲积平原，其东西两侧及东南面为地势较高的低山、丘陵。东有属于湘赣边雁阵式山系的大围山，其主峰七星岭，海拔1607.9米，为全市最高处，望城县乔口镇西侧湛湖海拔23.5米，为全市最低处。市区地势为南高北低，南郊的金盆岭、豹子岭，海拔在100米以上。北郊的浏阳河、捞刀河和湘江的汇合处，海拔仅30米，成为市区最低点。

面积：

长沙东西长约230公里，南北宽约88公里。全市土地面积11819.5平方公里，其中市区面积556.3平方公里，建成区面积167.7平方公里。

河流：

长沙市区属湘江水系。湘江自湘潭昭山流经长沙县西南边境，然后由南向北纵贯市区，经望城县乔口出境。经过市境的长度有74公里，其间流入湘江的支流有15条，其中较大的有浏阳河、捞刀河、靳江、沩水。

气候：

长沙属亚热带季风气候。由于位居盆地内部，距海较远，受冬夏季风转换，地势向北倾斜等因素的影响，气候温和，四季分明。长沙平均气温为17.2℃，年平均无霜期为275天，积温为5457℃，年平均日照时数为1677小时，年降水量1390毫米。2005年长沙市年平均气温17.5℃，极端最高温度为38.6℃，极端最低温度为－6.1℃，降雨量1638毫米。

自然资源：

长沙市地下矿藏种类多，以非金属矿具特色。已查明的有铁、锰、钒、铜、铅、锌、硫、磷、海泡石、重晶石、菊花石、煤等50余种，矿点300多处。植被以亚热带常绿阔叶林为主，有自然生长和引进栽培树102科、977种，其中常绿树462种，落叶树515种，乔木457种，灌木414种，竹藤类106种。主要林木有松、杉、栎、樟、楠、椿、茶、油茶、柑橘、毛竹等。1985年市八届人大常委会通过，市人民政府公布香樟为市树，杜鹃花为市花。

1－2 行 政 区 划

单位：个

年份地区	市辖区数	市辖县（市）数	土地面积（平方公里）	镇 数	街道办事处数	居民委员会数	乡 数	村民委员会数
1949	5		112		6	59	18	11
1965	4	1	3995		25	201	60	1145
1978	5	2	3995	7	39	329	84	1096
1990	5	4	11818.5	21	35	535	210	2987
2000	5	4	11819.46	75	50	763	46	3111
2001	5	4	11819.46	76	52	542	44	2786
2002	5	4	11819.46	79	54	568	39	2727
2003	5	4	11819.46	81	54	523	38	2677
2004	5	4	11819.46	81	54	560	38	1276
2005	5	4	11819.46	79	55	569	37	1281
芙蓉区	1		42.4		12	56	1	18
天心区	1		73.64	1	9	68		12
岳麓区	1		139.07	1	9	70	1	33
开福区	1		187.01	3	13	107		40
雨花区	1		114.21	1	8	80	1	38
长沙县		1	1997.15	16		36	4	236
望城县		1	1361.32	16		39	3	179
宁乡县		1	2905.92	18		33	17	392
浏阳市		1	4998.74	23	4	80	10	333

1－3 国民经济主要综合指标

指 标	单 位	1949年	1965年	1978年	1990年	1995年	2000年	2004年	2005年
一、土地面积	平方公里	112.0	3995.0	3995.0	11818.0	11819.5	11819.5	11819.5	11819.5
#市 区	平方公里	112.00	177.07	352.00	367.00	556.33	556.33	556.33	556.33
#建成区	平方公里	6.70	20.93	53.04	101.00	115.00	118.82	142.00	167.70
二、年末户籍总人口	万人	309.24	365.73	458.23	550.05	562.82	583.19	610.38	620.92
常住总人口	万人	…	…	…	…	…	613.87	629.00	639.30
三、地区生产总值	亿元	2.87△	7.02	16.85	102.40	332.75	715.34	1296.66	1519.90
第一产业	亿元	…	…	5.61	24.38	45.58	74.11	103.33	112.59
第二产业	亿元	…	…	7.44	40.58	140.34	278.19	541.68	642.15
#工业	亿元	…	…	6.37	34.34	106.57	223.18	396.90	469.28
第三产业	亿元	…	…	3.79	37.44	146.83	363.04	651.65	765.16
人均生产总值	元/人	…	…	370	1871	5930	11699	20625	23968
四、工业总产值	亿元	0.58	7.97	23.85	117.70	407.95	620.49	1006.06	1300.62
五、农林牧渔业总产值	亿元	1.7	2.98	7.38	36.52	86.84	116.79	172.07	187.13
#农 业	亿元	1.51	2.43	…	…	42.66	62.80	82.52	92.64
六、粮食产量	万吨	74.3	101.01	189.81	264.13	244.80	262.33	252.04	262.28
七、耕地面积	千公顷	274.27	265.87	255.91	247.93	245.77	242.32	246.79	246.90
八、全社会固定资产投资	亿元	0.05△	0.54	2.41	18.12	104.95	202.32	668.09	881.42
#城镇及以上固定资产投资	亿元	…	…	…	…	…	153.34	590.60	791.16
新增固定资产	亿元	0.05※	0.46	1.32	8.25	49.37	88.34	298.33	343.72
竣工房屋面积	万平方米	7.02※	34.28	81.41	109.77	314.55	343.54	946.28	931.57
#住 宅	万平方米	1.19※	13.09	41.17	91.95	168.87	198.51	542.01	534.03
九、货物运输量	万吨	…	…	…	6165	6419	5910	11066	10991
货物周转量	亿吨公里	…	…	…	26.26	60.13	140.48	101.18	100.38
旅客运输量	万人	…	…	…	…	8935	9052	11580	10895
旅客周转量	亿人公里	…	…	…	…	34.90	34.83	97.83	99.57
十、邮电业务总量	万元	121	451	704	13870	89069	349844	650301	835453
十一、社会消费品零售总额	亿元	0.92	3.52	7.72	51.39	165.80	349.30	640.33	743.43
十二、进出口总额	亿美元	…	…	…	…	…	16.44	24.54	26.83
#出口总额	亿美元	…	…	…	…	…	10.51	13.67	15.95

1-3 续表

指　标	单　位	1949 年	1965 年	1978 年	1990 年	1995 年	2000 年	2004 年	2005 年
十三、实际使用外商直接投资金额	亿美元	…	…	…	…	…	1.77	5.01	9.02
十四、城市居民消费价格总指数	%	109.63◆	97.72	99.63	101.5	117.1	101.7	103.2	101.9
城市居民商品零售价格指数	%	105.64★	97.90	99.94	100.2	114.0	100.7	101.3	100.4
十五、财政一般预算收入	万元	…	…	…	…	179864	344491	806555	1080572
财政一般预算支出	万元	…	…	…	…	216021	414336	1005542	1330503
十六、高等学校数	所	2	9	8	21	21	23	39	45
高等学校在校学生数	人	2685	19412	18895	46041	64866	125582	329424	394399
中等职业学校数	所	16	21	23	40	42	40	112	104
中等职业学校在校学生数	人	2296	7771	9782	25626	55438	84113	116187	112698
普通中学在校学生数	万人	1.13	7.54	33.11	24.21	28.41	38.42	39.57	34.52
小学在校学生数	万人	14.71	59.37	68.01	57.07	62.37	46.65	31.80	33.87
十七、艺术表演团体	个	9	19	13	12	12	13	12	12
十八、图书出版量	万册	1626△	2549	1983	32135	33677	24844	31165	30483
杂志出版量	万份	245△	221	2680	5144	7636	10404	18958	10925
报纸出版量	万份	6786△	17000	30057	40325	55721	62354	78802	75309
十九、卫生机构数	个	34	1035	1195	1346	1100	1036	1440	1519
#医院、卫生院	个	14	138	248	297	205	263	258	260
医疗病床数	张	747	8454	12976	18349	21378	20590	24360	27395
卫生技术人员	人	1253	8779	16068	26307	27553	27460	28142	28943
#医生	人	…	…	7247	12423	12107	12345	11412	12088
二十、城市居民人均可支配收入	元	131△	216	327	1770	4860	7530	11021	12434
农村居民人均可支配收入	元	41	96	127	768	1704	2941	4179	4735
农民人均纯收入	元	48△	103	143	820	1737	3005	4315	4908
二十一、金融机构各项存款	亿元	…	…	…	…	306.02	826.18	1960.23	2322.33
#城乡居民储蓄余额	亿元	0.0073	0.27	1.14	42.42	183.27	373.22	800.89	954.42
金融机构各项贷款	亿元	…	…	…	…	240.84	631.57	1851.38	2055.35

注:1. 土地面积按当年实际情况整理。2. ※为 1950 年数,★为 1951 年数,△为 1952 年数,◆为 1953 年数。3. 工、农业总产值 1990 年以前按不变价格计算;1990 年以后按现行价格计算。4. 邮电业务总量 1949－1978 年按 1970 年不变价格计算;1990－2001 年按 1990 年不变价格计算;2002 年、2003 年、2004 年按 2000 年不变价格计算,5. 2003 年开始因教育制度改革,现行中等职业学校包括普通中专、职业高中,2002 年以前年份的数据是中等专业学校数据。6. 2004 年利用外资数据口径调整。7. 地区生产总值、社会消费品零售总额历史数据根据全国第一次经济普查结果进行调整。8. 人均生产总值 2000 年以前按户籍人口计算,2000 年以后按常住人口计算。9. 地区生产总值分行业历年数据仍按原行业分类标准整理,新口径三次产业增加值分别为 113.98 亿元、642.15 亿元、763.78 亿元。

1－4 国民经济主要指标平均递增速度

单位:%

指 标	1949 年~1965 年	1965 年~1978 年	1949 年~2005 年	1978 年~2005 年	1995 年~2000 年	2000 年~2005 年
一、年末户籍总人口	1.1	1.7	1.3	1.1	0.7	1.3
二、地区生产总值	4.3	5.1	8.5	12.8	13.5	14.8
第一产业	…	…	…	5.3	5.2	5.1
第二产业	…	…	…	14.5	13.9	17.5
#工业	…	…	…	14.0	14.8	16.1
第三产业	…	…	…	15.3	15.5	14.4
人均生产总值	…	…	…	11.5	11.6	14.0
三、工业总产值	18.3	9.9	14.5	14.5	14.4	19.4
四、农林牧渔业总产值	3.2	3.6	4.4	5.2	5.5	5.6
#农 业	2.8	4.4	3.3	3.5	7.3	2.9
五、粮食产量	1.9	5.0	2.3	1.2	1.4	-0.004
六、全社会固定资产投资	…	…	…	23.6	12.5	34.5
固定资产投资额	25.9※	9.4	…	…	…	…
新增固定资产	23.4※	3.4	14.6△	22.5	12.6	34.3
竣工房屋面积	19.5※	1.8	6.8△	8.1	0.7	27.3
#住宅	25.5※	1.2	7.4△	9.2	4.5	26.3
七、社会消费品零售总额	9.1	6.8	12.7	18.4	16.1	16.3
八、财政一般预算收入	…	…	…	…	13.9	29.1
财政一般预算支出	…	…	…	…	13.9	26.3
九、高等学校数	9.9	-0.9	5.7	6.6	1.8	14.4
高等学校在校学生数	13.2	-0.2	9.3	11.9	14.1	25.7
普通中学在校学生数	12.6	12.1	6.3	0.2	6.2	-2.1
小学在校学生数	9.1	1.1	1.5	-2.5	-5.6	-6.2
十、艺术表演团体	4.8	-2.9	0.5	-0.3	1.6	-1.6
十一、图书出版量	3.5△	-1.9	5.7△	10.7	-5.9	4.2
杂志出版量	-1.1△	21.6	7.4△	5.3	6.4	1.0
报纸出版量	7.3△	4.5	4.6△	3.5	2.3	3.8
十二、卫生机构数	23.8	1.1	7.0	0.9	-1.2	8.0
#医院、卫生院	15.4	4.6	5.4	0.2	5.1	-0.2
医疗病床数	16.4	3.4	6.6	2.8	-0.7	5.9
卫生技术人员	12.9	4.8	5.8	2.2	-0.1	1.1
#医 生	…	…	…	1.9	0.4	-0.4
十三、城市居民人均可支配收入	3.9△	4.1	9.0△	14.4	9.2	10.6
农民人均纯收入	6.0△	2.6	9.1△	14.0	11.6	10.3
城乡居民储蓄余额	27.2※	10.1	23.9※	28.3	15.3	20.7

注:1、※表示以 1950 年为基期,△表示以 1952 年为基期。
2、因统计方法制度改革,2004 年起不再计算不变价工业总产值,2004 年起定基指数含价格因素。

1-5 主要指标日均水平

指　　标	单　位	1949年	1965年	1978年	1990年	1995年	2000年	2002年	2003年	2004年	2005年
一、地区生产总值	万元	78.53△	192.44	461.52	2805	9116	19598	25281	29513	35525	41641
二、工业总产值	万元	15.87	218.33	627.18	3196	9341	17000	19680	22014	27563	35633
三、农林牧渔业总产值	万元	46.63	81.64	267.56	1001	2479	3200	3568	3758	4714	5127
四、粮食总产量	吨	2036	2767	5200	7236	6707	7187	5808	5928	6905	7186
五、全社会固定资产投资	万元	5.60△	14.89	66.13	496	2875	5543	9933	13561	18304	24149
#固定资产投资完成额	万元	1.50※	13.02	52.98	288	2400	3876	8034	11889	16049	…
竣工房屋面积	平方米	192※	939	2230	3007	8618	9412	17957	20615	25925	25522
#住　宅	平方米	33※	359	1128	1265	4622	5439	9816	11442	14850	14631
六、邮电:函　件	万件	1.65※	5.28	5.88	17.68	30.52	23.01	47.38	49.32	10.09	13.48
电　报	万份	0.05※	0.10	0.21	0.52	0.21	0.04	0.01	0.01	0.002	…
七、社会消费品零售总额	万元	25	96	252	1408	4543	9570	12925	14830	17543	20368
八、城市生活用水	万吨	0.10	4.33	12.81	34.15	47.23	58.21	66.30	80.46	82.48	86.41
九、城市公共汽车乘客人数	万人次	1.65	11.29	45.06	72.76	64.77	92.64	95.79	157.96	208.51	214.14
十、出　　生	人	…	352	193	242	113	170	147	136	154	185
死　　亡	人	…	94	83	103	101	114	100	110	102	117
结　　婚	对	…	…	…	140	110	110	98	116	130	125
离　　婚	对	…	…	…	14	20	17	15	20	28	28
十一、出版报纸	万份	18.59△	46.58	82.35	110.48	150.38	170.83	194.98	240.59	215.90	206.33
出版杂志	万份	0.67△	0.58	7.34	14.09	20.92	28.50	29.71	33.95	51.94	29.93
出版图书	万册	4.45△	6.98	5.43	88.04	92.27	68.07	89.19	80.97	85.38	83.52

注:1、※为1950年数,△为1952年数。

2、1949年、1965年工农业总产值按不变价格计算,其他年份按现价计算。

3、2005年开始电报业务已经近于终结。

1-6 主要指标人均水平

指标	单位	1949年	1965年	1978年	1990年	1995年	2000年	2003年		2004年		2005年	
								按户籍人口计算	按常驻人口计算	按户籍人口计算	按常驻人口计算	按户籍人口计算	按常驻人口计算
一、地区生产总值	元	89△	194	370	1855	5710	11262	17995	17164	21395	20625	24688	23968
二、工业总产值	元	19	221	503	2132	6811	10464	13423	12802	16600	16003	21126	20510
三、农林牧渔业总产值	元	55	82	215	667	1548	2004	2291	2185	2839	2737	3040	2951
四、粮食产量	公斤	240	280	417	480	435	450	361	345	416	401	426	414
五、全社会固定资产投资完成额	元	6.34△	15.04	53.02	331	1870	3471	8269	7886	11023	10627	14317	13900
竣工房屋面积	平方米	0.02※	0.09	0.18	0.20	0.56	0.59	1.31	1.25	1.56	1.51	1.51	1.47
六、社会消费品零售总额	元	30	96	201	934	2955	5993	9043	8625	10565	10185	12075	11723
七、职工工资	元	439△	585	601	2135	5319	10137	16987	16987	18944	18944	21499	21499
八、人民生活													
农民纯收入	元	48△	103	143	721	1737	3005	3745	3745	4315	4315	4908	4908
城市居民可支配收入	元	131△	216	327	1770	4860	7530	9933	9933	11021	11021	12434	12434
城市居民人均购买主要商品:													
粮 食	公斤	…	…	…	134.1	106.8	95.8	93.7	93.7	92.5	92.5	95.6	95.6
油脂类	公斤	…	…	…	7.8	7.7	9.8	11.0	11.0	15.1	15.1	13.6	13.6
鲜 菜	公斤	…	…	…	134.9	115.5	115.4	132.5	132.5	126.0	126.0	121.7	121.7
猪 肉	公斤	…	…	…	24.2	19.2	17.9	21.0	21.0	23.4	23.4	24.8	24.8
煤 炭	公斤	…	…	…	159.2	37.4	20.3	42.1	42.1	33.5	33.5	38.4	38.4
液化气	公斤	…	…	…	22.2	29.7	35.4	38.8	38.8	36.4	36.4	31.0	31.0
九、城市住房建筑面积	平方米	…	…	…	…	…	18.60	23.22	23.22	25.30	25.30	27.20	27.20
十、城乡居民储蓄余额	元	…	…	25	771	3266	6400	11713	11217	13121	12733	15503	15050
十一、年末医疗病床数	张/千人	0.24	2.34	2.85	3.34	3.8	3.53	3.89	3.72	3.99	3.87	4.45	4.32

注:1、※为1950年数,△为1952年数。
2、1949年、1965年工农业总产值按不变价格计算。
3、1999年以后职工工资均为在岗职工平均工资。
4、2003年以前的除城乡居民调查指标、职工工资、城市住宅居住面积以外的指标按户籍人口计算。

1－7 长沙市主要经济指标占湖南省的比重(2005年)

	单　　位	2005年 湖南省	2005年 长沙市	长沙市占湖南省 的比重(%)
一、地区生产总值	亿元	6511.34	1519.90	23.5
第一产业	亿元	1274.15	113.98	8.9
第二产业	亿元	2596.71	642.15	24.7
第三产业	亿元	2640.48	763.77	28.9
人均生产总值	元	10426	23968	(比湖南省高)13542
二、工业增加值	亿元	2189.91	469.28	21.4
三、规模工业增加值	亿元	1629.79	352.33	21.6
四、农林牧渔业总产值	亿元	2056.24	187.13	9.1
五、粮食产量	万吨	2856.55	262.28	9.2
六、全社会固定资产投资	亿元	2563.96	881.42	34.4
七、社会消费品零售总额	亿元	2459.12	743.43	30.2
八、财政一般预算收入	亿元	395.27	108.06	27.3
九、进出口总额	亿美元	60.05	26.83	44.7
#出口总额	亿美元	37.47	15.95	42.6
十、实际使用外商直接投资	亿美元	20.72	9.02	43.5
十一、年末金融机构存款余额	亿元	6590	2322	35.2
#城乡居民储蓄存款余额	亿元	4154	954	23.0
十二、年末金融机构贷款余额	亿元	4590	2055	44.8
十三、城市居民人均可支配收入	元	9524	12434	(比湖南省高)2910
城市居民人均消费性支出	元	7505	9660	(比湖南省高)2155
十四、农民人均可支配收入	元	2989	4735	(比湖南省高)1746
农民人均纯收入	元	3118	4908	(比湖南省高)1790
农民人均生活消费支出	元	2756	4166	(比湖南省高)1410

注:规模工业增加值为年报口径。

2 国民经济核算

长沙统计年鉴

2－1 历年总产出

（按当年价格计算）

单位：万元

年份	总产出	第一产业	第二产业	工业	建筑业
1978	445167	94885	261262	228923	32339
1979	512800	100294	298835	263262	35573
1980	566778	99522	330929	290431	40498
1981	597597	102508	343903	301612	42291
1982	653134	115616	364941	313445	51496
1983	716729	133258	386077	328343	57734
1984	848086	140045	467896	388263	79633
1985	1070680	166053	591822	482327	109495
1986	1231664	180977	685235	556770	128465
1987	1544336	212304	861354	700625	160729
1988	2013436	274536	1132867	948752	184115
1989	2292734	307534	1284368	1121732	162636
1990	2498218	365244	1328070	1166550	161520
1991	2942165	368160	1572739	1371512	201227
1992	3807618	409372	2074753	1801621	273132
1993	5028164	480104	2860695	2444544	416151
1994	6595639	725156	3600830	3036926	563904
1995	8240569	868362	4454041	3406708	1047333
1996	10256270	1011363	5687635	4502675	1184960
1997	12039809	1114485	6648486	5344290	1304196
1998	13451981	1137967	7455518	5880203	1575315
1999	14471584	1146479	7981480	6270220	1711260
2000	15929378	1167935	8718097	6871687	1846410
2001	18281541	1239986	9891380	7318347	2573033
2002	20803475	1302245	11033144	7799745	3233399
2003	24524774	1371608	13608130	9597570	4010560
2004	29107181	1701842	16060819	11325426	4735393
2005	34462515	1850208	19472806	13389433	6083373

注：历史数据按经济普查结果调整，行业分类按《国民经济行业分类》GB/T4754－1994 标准。

2－1 续表

单位:万元

年 份	第三产业	运 输邮电业	批 零餐饮业	金 融保险业	房地产业	其 它服务业
1978	89020	13371	44740	5811	2472	22626
1979	113671	14681	67286	7748	3508	20448
1980	136327	16532	85098	8281	3826	22590
1981	151186	17016	88469	10396	4803	30502
1982	172577	18756	97993	15478	7162	33188
1983	197394	19496	107028	15768	7284	47818
1984	240145	29057	129045	16099	8864	57080
1985	312805	33065	168113	19685	10424	81518
1986	365452	41562	186341	36243	10994	90312
1987	470678	51710	219776	49340	11618	138234
1988	606033	64103	284396	65060	13068	179406
1989	700832	74676	311346	86466	13728	214616
1990	804904	83888	370881	89610	15809	244716
1991	1001266	104325	499593	92454	19098	285796
1992	1323493	131979	670888	131440	23284	365902
1993	1687365	156154	898097	162164	33950	437000
1994	2269653	198468	1125958	252566	44842	647819
1995	2918166	268451	1479267	304331	62621	803496
1996	3557272	380222	1634927	368767	80094	1093262
1997	4276838	502581	1833517	469979	93396	1377365
1998	4858496	569160	1917848	450031	113360	1808097
1999	5343625	629051	1973462	466289	129017	2145806
2000	6043346	564692	2115542	493440	198579	2671093
2001	7150175	886577	2224348	500138	278584	3260528
2002	8468086	1012094	2436837	505376	357754	4156025
2003	9545036	1110567	2609552	528518	421431	4874968
2004	11344520	1296139	2857997	566267	640735	5983382
2005	13139501	1431856	3295936	625135	725616	7060958

2-2 历年总产出构成

单位:%

年份	总产出	第一产业	第二产业	工业	建筑业	第三产业	运输邮电业	批零餐饮业	金融保险业	房地产业	其它服务业
1978	100	21.3	58.7	51.4	7.3	20.0	3.0	10.1	1.3	0.6	5.0
1979	100	19.6	58.2	51.3	6.9	22.2	2.9	13.1	1.5	0.7	4.0
1980	100	17.6	58.3	51.2	7.1	24.1	2.9	15.0	1.5	0.7	4.0
1981	100	17.2	57.6	50.5	7.1	25.2	2.8	14.8	1.7	0.8	5.1
1982	100	17.7	55.9	48.0	7.9	26.4	2.9	14.9	2.4	1.1	5.1
1983	100	18.6	53.9	45.8	8.1	27.5	2.7	14.9	2.2	1.0	6.7
1984	100	16.5	55.2	45.8	9.4	28.3	3.4	15.2	1.9	1.0	6.8
1985	100	15.5	55.3	45.1	10.2	29.2	3.1	15.7	1.8	1.0	7.6
1986	100	14.7	55.6	45.2	10.4	29.7	3.4	15.1	2.9	0.9	7.4
1987	100	13.7	55.8	45.4	10.4	30.5	3.3	14.2	3.2	0.8	9.0
1988	100	13.6	56.3	47.1	9.2	30.1	3.2	14.1	3.2	0.6	9.0
1989	100	13.4	56.0	48.9	7.1	30.6	3.3	13.6	3.7	0.6	9.4
1990	100	14.6	53.2	46.7	6.5	32.2	3.4	14.8	3.6	0.6	9.8
1991	100	12.5	53.5	46.6	6.9	34.0	3.5	17.0	3.2	0.6	9.7
1992	100	10.7	54.5	47.3	7.2	34.8	3.5	17.6	3.5	0.6	9.6
1993	100	9.5	56.9	48.6	8.3	33.6	3.1	17.9	3.2	0.7	8.7
1994	100	11.0	54.6	46.0	8.6	34.4	3.0	17.1	3.8	0.7	9.8
1995	100	10.5	54.1	41.4	12.7	35.4	3.3	17.9	3.7	0.8	9.7
1996	100	9.8	55.5	43.9	11.6	34.7	3.7	15.9	3.6	0.8	10.7
1997	100	9.3	55.2	44.4	10.8	35.5	4.2	15.2	3.9	0.8	11.4
1998	100	8.5	55.4	43.7	11.7	36.1	4.2	14.3	3.3	0.8	13.5
1999	100	7.9	55.2	43.4	11.8	36.9	4.3	13.7	3.2	0.9	14.8
2000	100	7.4	54.7	43.1	11.6	37.9	3.5	13.3	3.1	1.2	16.8
2001	100	6.8	54.1	40.0	14.1	39.1	4.8	12.2	2.7	1.5	17.9
2002	100	6.3	53.0	37.5	15.5	40.7	4.9	11.7	2.4	1.7	20.0
2003	100	5.6	55.5	39.1	16.4	38.9	4.5	10.6	2.2	1.7	19.9
2004	100	5.8	55.2	38.9	16.3	39.0	4.5	9.8	1.9	2.2	20.6
2005	100	5.4	56.5	38.9	17.6	38.1	4.2	9.6	1.8	2.1	20.4

2－3 历年总产出环比指数

（按可比价格计算，以上年为100）

年 份	总产出	第一产业	第二产业		
				工 业	建筑业
1978					
1979	111.4	105.7	113.3	115.0	102.0
1980	106.8	99.2	109.5	110.3	103.0
1981	105.0	99.3	103.1	103.2	102.4
1982	110.0	112.4	106.1	104.2	121.2
1983	109.2	107.0	107.0	106.4	111.6
1984	114.0	104.4	118.0	114.4	142.2
1985	115.6	108.1	119.0	119.5	116.8
1986	112.8	106.0	114.2	113.1	119.9
1987	117.9	103.0	120.3	121.2	115.5
1988	113.6	104.5	117.8	118.8	112.4
1989	107.0	102.8	106.6	109.7	88.6
1990	105.3	102.3	102.7	103.2	99.1
1991	112.7	103.5	115.4	115.7	113.6
1992	113.5	102.9	112.8	111.8	120.1
1993	114.5	105.5	118.0	116.2	130.5
1994	114.8	106.3	117.8	117.6	119.4
1995	115.9	106.4	121.3	116.1	153.2
1996	115.4	108.4	115.2	116.6	108.6
1997	114.5	107.8	115.5	117.1	107.6
1998	114.0	103.5	115.5	115.0	118.5
1999	110.6	103.1	110.9	111.5	107.8
2000	111.8	104.7	112.8	112.0	116.9
2001	113.8	106.0	112.2	107.8	128.5
2002	113.4	102.4	110.6	107.4	120.5
2003	116.1	105.1	119.9	119.0	122.7
2004	117.2	111.4	120.6	121.1	119.3
2005	116.0	106.5	118.7	117.0	123.2

单位:%

第三产业	运 输 邮电业	批 零 餐饮业	金 融 保险业	房地 产业	其 它 服务业
115.6	102.0	117.8	133.3	141.9	109.7
111.1	102.5	116.0	106.9	109.1	107.2
116.9	102.9	114.9	123.4	123.4	125.6
115.9	108.6	107.7	146.3	146.6	119.6
115.9	102.9	116.7	100.1	99.9	130.8
115.9	148.3	116.1	98.5	117.3	111.4
115.9	118.0	114.7	109.0	104.8	121.6
115.9	108.3	112.4	174.7	100.1	110.3
124.6	114.6	122.0	124.2	96.2	137.4
111.6	118.6	114.0	106.6	90.9	109.7
110.1	110.4	107.6	114.8	90.7	113.9
111.8	111.6	112.2	102.1	113.5	114.9
112.7	107.1	120.7	96.5	113.0	108.3
119.6	111.0	126.5	124.7	117.4	109.3
112.3	115.7	112.1	103.1	120.4	114.3
112.5	106.8	111.6	126.6	107.2	112.0
109.6	120.3	111.0	99.9	124.9	105.9
118.1	121.7	107.2	133.8	118.3	132.8
114.6	126.6	106.1	109.1	110.7	126.5
114.1	120.3	104.6	103.6	120.1	127.9
111.8	111.1	108.9	103.5	123.1	116.7
111.6	119.4	104.0	105.7	126.0	117.5
117.6	129.8	109.7	100.6	128.8	123.6
119.3	123.1	108.8	100.8	129.8	127.8
112.9	122.2	107.1	104.6	118.4	115.0
113.3	119.6	106.6	106.5	121.4	115.7
113.4	111.0	116.1	107.0	108.9	113.6

2-4 历年总产出定基指数

（按可比价格计算，以1978年为100）

年份	总产出	第一产业	第二产业		
				工业	建筑业
1978	100	100	100	100	100
1979	111.4	105.7	113.3	115.0	102.0
1980	119.0	104.9	124.1	126.8	105.1
1981	125.0	104.2	127.9	130.9	107.6
1982	137.5	117.1	135.7	136.4	130.4
1983	150.2	125.3	145.2	145.1	145.5
1984	171.2	130.8	171.3	166.0	206.9
1985	197.9	141.4	203.8	198.4	241.7
1986	223.2	149.9	232.7	224.4	289.8
1987	263.2	154.4	279.9	272.0	334.7
1988	299.0	161.3	329.7	323.1	376.2
1989	319.9	165.8	351.5	354.4	333.3
1990	336.9	169.6	361.0	365.7	330.3
1991	379.7	175.5	416.6	423.1	375.2
1992	431.0	180.6	469.9	473.0	450.6
1993	493.5	190.5	554.5	549.6	588.0
1994	566.5	202.5	653.2	646.3	702.1
1995	656.6	215.5	792.3	750.4	1075.6
1996	757.7	233.6	912.7	875.0	1168.1
1997	867.6	251.8	1054.2	1024.6	1256.9
1998	989.1	260.6	1217.6	1178.3	1489.4
1999	1093.9	268.7	1350.3	1313.8	1605.6
2000	1223.0	281.3	1523.1	1471.5	1876.9
2001	1391.8	298.2	1708.9	1586.3	2411.8
2002	1578.3	305.4	1890.0	1703.7	2906.2
2003	1832.4	321.0	2266.1	2027.4	3565.9
2004	2147.6	357.6	2732.9	2455.2	4254.1
2005	2491.2	380.8	3244.0	2872.6	5241.1

单位:%

第三产业	运输邮电业	批零餐饮业	金融保险业	房地产业	其它服务业
100	100	100	100	100	100
115.6	102.0	117.8	133.3	141.9	109.7
128.4	104.6	136.6	142.5	154.8	117.6
150.1	107.6	157.0	175.8	191.0	147.7
174.0	116.9	169.1	257.2	280.0	176.6
201.7	120.3	197.3	257.5	279.7	231.0
233.8	178.4	229.1	253.6	328.1	257.3
271.0	210.5	262.8	276.4	343.8	312.9
314.1	228.0	295.4	482.9	344.1	345.1
391.4	261.3	360.4	599.8	331.0	474.2
436.8	309.9	410.9	639.4	300.9	520.2
480.9	342.1	442.1	734.0	272.9	592.5
537.6	381.8	496.0	749.4	309.7	680.8
605.9	408.9	598.7	723.2	350.0	737.3
724.7	453.9	757.4	901.8	410.9	805.9
813.8	525.2	849.0	929.8	494.7	921.1
915.5	560.9	947.5	1177.1	530.3	1031.6
1003.4	674.8	1051.7	1175.9	662.3	1092.5
1185.0	821.2	1127.4	1573.4	783.5	1450.8
1358.0	1039.6	1196.2	1716.6	867.3	1835.3
1549.5	1250.6	1251.2	1778.4	1041.6	2347.3
1732.3	1389.4	1362.6	1840.6	1282.2	2739.3
1933.2	1658.9	1417.1	1945.5	1615.6	3218.7
2273.4	2153.3	1554.6	1957.2	2080.9	3978.3
2712.2	2650.7	1691.4	1972.9	2701.0	5084.3
3062.1	3239.2	1811.5	2063.7	3198.0	5846.9
3469.4	3874.1	1931.1	2197.8	3882.4	6764.9
3934.3	4300.3	2242.0	2351.6	4227.9	7684.9

2-5 历年生产总值

（按当年价格计算）

年 份	生产总值（GDP）	第一产业	第二产业		
				工 业	建筑业
1978	168453	56092	74436	63735	10701
1979	213830	66329	100585	87584	13001
1980	231716	65819	111424	96623	14801
1981	257289	70974	123181	106641	16540
1982	286247	77973	135101	112880	22221
1983	323103	91952	146343	120864	25479
1984	364037	100688	161664	129822	31842
1985	450774	120844	197301	155838	41463
1986	514749	131395	222520	174528	47992
1987	634135	147543	275363	214193	61170
1988	825712	194304	356294	288687	67607
1989	932540	212031	393832	330194	63638
1990	1023956	243772	405796	343378	62418
1991	1189012	241941	484759	410114	74645
1992	1498739	266151	626843	522893	103950
1993	1935420	301613	830974	687474	143500
1994	2609009	358777	1132512	937517	194995
1995	3327521	455780	1403433	1065652	337781
1996	4157722	583757	1731447	1369267	362180
1997	5037611	687320	2056865	1671931	384934
1998	5709136	707519	2336161	1877559	458602
1999	6280205	713285	2521526	2042102	479424
2000	7153383	741104	2781935	2231776	550159
2001	8112564	783636	3138755	2414568	724187
2002	9227729	791826	3597436	2705355	892081
2003	10772233	832886	4449437	3325205	1124232
2004	12966593	1033327	5416800	3969036	1447764
2005	15199001	1125890	6421484	4692784	1728700

注：1、历史数据按经济普查结果调整，行业分类按《国民经济行业分类》GB/T4754－1994 标准。

2、2000 年以前人均生产总值按户籍人口计算，2000 年以后按常住人口计算。

单位:万元

第三产业	运输邮电业	批零餐饮业	金融保险业	房地产业	其它服务业	人均生产总值(元/人)
37925	8417	13427	4090	1978	10013	370
46916	9002	19072	5811	2807	10224	464
54473	9939	23967	6211	3061	11295	496
63134	10267	25976	7797	3843	15251	544
73173	11802	27438	11609	5730	16594	596
84808	12058	31188	11826	5827	23909	662
101685	16537	37443	12074	7091	28540	737
132629	19833	48934	16764	8339	38759	900
160834	24937	54039	27907	8795	45156	1012
211229	29992	64834	37992	9294	69117	1227
275114	37180	85372	50596	10035	91931	1526
326677	43006	93404	66579	10983	112705	1718
374388	48991	112377	69000	12647	131373	1871
462312	62071	153974	71596	15994	158677	2155
605745	80035	209877	93536	18534	203763	2703
802833	105875	274691	117513	27024	277730	3485
1117720	126546	366270	178916	35650	410338	4680
1468308	184223	516085	224019	49846	494135	5930
1842518	257171	617100	270892	63915	633440	7356
2293426	337992	749793	306628	74623	824390	8842
2665456	382181	852130	336268	90688	1004189	9939
3045394	417239	952207	362988	103562	1209398	10834
3630344	525950	1086770	389800	159062	1468762	11699
4190173	584865	1215367	400167	223285	1766489	13149
4838467	649131	1390327	403000	286847	2109162	14763
5489910	709677	1565903	430689	337988	2445653	17164
6516466	776313	1822651	469797	514253	2933452	20625
7651627	852656	2107859	518636	580742	3591734	23968

2-6 历年生产总值构成

单位:%

年份	总产出	第一产业	第二产业	工业	建筑业	第三产业	运输邮电业	批零餐饮业	金融保险业	房地产业	其它服务业
1978	100	33.3	44.2	37.8	6.4	22.5	5.0	8.0	2.4	1.2	5.9
1979	100	31.0	47.1	41.0	6.1	21.9	4.2	8.9	2.7	1.3	4.8
1980	100	28.4	48.1	41.7	6.4	23.5	4.3	10.3	2.7	1.3	4.9
1981	100	27.6	47.9	41.4	6.5	24.5	4.0	10.1	3.0	1.5	5.9
1982	100	27.2	47.2	39.4	7.8	25.6	4.1	9.6	4.1	2.0	5.8
1983	100	28.5	45.3	37.4	7.9	26.2	3.7	9.7	3.7	1.8	7.3
1984	100	27.7	44.4	35.7	8.7	27.9	4.5	10.3	3.3	1.9	7.9
1985	100	26.8	43.8	34.6	9.2	29.4	4.4	10.9	3.7	1.8	8.6
1986	100	25.5	43.2	33.9	9.3	31.3	4.8	10.5	5.4	1.7	8.9
1987	100	23.3	43.4	33.8	9.6	33.3	4.7	10.2	6.0	1.5	10.9
1988	100	23.5	43.2	35.0	8.2	33.3	4.5	10.3	6.1	1.2	11.2
1989	100	22.8	42.2	35.4	6.8	35.0	4.6	10.0	7.1	1.2	12.1
1990	100	23.8	39.6	33.5	6.1	36.6	4.8	11.0	6.7	1.2	12.9
1991	100	20.3	40.8	34.5	6.3	38.9	5.2	13.0	6.0	1.3	13.4
1992	100	17.8	41.8	34.9	6.9	40.4	5.3	14.1	6.2	1.2	13.6
1993	100	15.6	42.9	35.5	7.4	41.5	5.5	14.2	6.1	1.4	14.3
1994	100	13.8	43.4	35.9	7.5	42.8	4.9	14.0	6.9	1.4	15.6
1995	100	13.7	42.2	32.0	10.2	44.1	5.5	15.5	6.7	1.5	14.9
1996	100	14.0	41.6	32.9	8.7	44.4	6.2	14.9	6.5	1.5	15.3
1997	100	13.6	40.8	33.2	7.6	45.6	6.7	14.9	6.1	1.5	16.4
1998	100	12.4	40.9	32.9	8.0	46.7	6.7	14.9	5.9	1.6	17.6
1999	100	11.4	40.2	32.5	7.7	48.4	6.6	15.2	5.8	1.6	19.2
2000	100	10.4	38.9	31.2	7.7	50.7	7.4	15.2	5.4	2.2	20.5
2001	100	9.7	38.7	29.8	8.9	51.6	7.2	15.0	4.9	2.8	21.7
2002	100	8.6	39.0	29.3	9.7	52.4	7.0	15.1	4.4	3.1	22.8
2003	100	7.7	41.3	30.9	10.4	51.0	6.6	14.6	4.0	3.1	22.7
2004	100	8.0	41.8	30.6	11.2	50.2	6.0	14.1	3.6	3.9	22.6
2005	100	7.4	42.3	30.9	11.4	50.3	5.6	13.9	3.4	3.8	23.6

2-7 历年生产总值环比指数

（按可比价格计算，以上年为100）

单位：%

年份	生产总值（GDP）	第一产业	第二产业	工业	建筑业	第三产业	运输邮电业	批零餐饮业	金融保险业	房地产业	其它服务业	人均生产总值
1978												
1979	115.4	110.0	120.0	120.0	120.0	117.2	123.2	109.4	118.1	141.9	128.9	114.3
1980	114.7	110.1	121.3	120.7	127.4	111.3	121.7	108.1	108.3	109.1	113.8	113.1
1981	111.2	109.5	110.0	110.0	110.0	115.9	121.5	109.8	127.8	123.4	116.9	109.9
1982	112.4	109.5	110.0	107.7	131.7	120.6	114.4	106.3	138.5	146.6	139.7	110.6
1983	114.2	109.5	110.0	109.7	112.3	126.9	109.7	120.5	110.7	112.1	164.9	112.3
1984	112.3	109.8	110.0	105.6	143.1	118.2	119.5	110.9	131.8	117.4	121.2	111.4
1985	112.2	109.2	109.9	109.0	115.0	118.3	112.6	115.7	137.1	104.8	117.6	110.4
1986	109.4	105.5	111.6	109.4	122.8	110.8	112.7	105.0	124.1	103.5	110.5	107.7
1987	110.4	100.5	115.4	115.6	114.9	114.1	113.6	108.7	116.3	102.8	120.5	108.7
1988	113.7	103.3	117.1	118.3	111.2	118.4	107.6	116.9	126.0	106.7	121.7	108.8
1989	104.5	102.0	108.4	112.3	88.7	102.0	100.2	105.2	97.1	94.5	103.5	104.0
1990	104.6	103.8	102.9	103.6	98.5	107.3	112.2	102.3	103.4	104.1	112.6	103.7
1991	108.7	94.1	113.9	113.9	113.9	112.9	113.0	120.0	107.5	112.0	109.6	107.8
1992	117.2	101.7	122.6	120.6	135.9	120.0	117.5	128.7	110.3	113.8	118.3	116.6
1993	118.2	105.6	120.7	120.7	120.6	121.5	120.5	119.2	115.9	126.0	126.4	118.0
1994	113.4	105.0	116.4	117.3	110.9	113.6	101.8	108.4	118.8	107.2	121.3	113.0
1995	114.0	104.9	115.4	110.6	145.5	116.0	127.9	122.4	110.6	124.9	108.4	113.3
1996	114.0	108.0	115.4	117.7	104.7	114.5	119.9	116.0	110.9	118.3	112.3	113.2
1997	115.9	108.2	116.5	119.1	102.8	117.7	124.2	114.9	107.5	110.7	123.2	115.0
1998	113.9	102.5	114.5	113.9	118.3	116.8	121.2	113.6	108.4	120.1	121.0	113.0
1999	111.5	103.4	110.7	111.2	108.2	114.7	111.0	115.6	107.7	123.1	116.9	110.5
2000	112.2	104.0	112.5	112.6	112.0	113.9	117.0	113.3	105.7	126.0	114.6	110.7
2001	113.5	104.9	113.6	109.1	131.6	115.3	110.7	113.9	104.4	128.4	119.4	112.5
2002	114.5	101.8	114.8	113.0	120.8	116.6	113.0	117.6	102.6	129.8	118.8	113.0
2003	115.3	104.8	120.9	120.3	122.9	112.8	108.2	112.6	105.8	118.4	115.0	114.8
2004	116.0	107.2	120.8	121.4	119.0	113.6	111.5	114.9	104.6	122.1	113.9	115.8
2005	114.9	106.9	117.6	117.0	119.4	113.8	109.9	113.7	107.3	108.9	116.8	113.9

2-8 历年生产总值定基指数

（按可比价格计算，以1978年为100）

年份	生产总值（GDP）	第一产业	第二产业		
				工业	建筑业
1978	100	100	100	100	100
1979	115.4	110.0	120.0	120.0	120.0
1980	132.4	121.1	145.6	144.8	152.9
1981	147.2	132.6	160.2	159.3	168.2
1982	165.5	145.2	176.2	171.6	221.5
1983	189.0	159.0	193.8	188.2	248.7
1984	212.2	174.6	213.2	198.7	355.9
1985	238.1	190.7	234.3	216.6	409.3
1986	260.5	201.2	261.5	237.0	502.6
1987	287.6	202.2	301.8	274.0	577.5
1988	327.0	208.9	353.4	324.1	642.2
1989	341.7	213.1	383.1	364.0	569.6
1990	357.4	221.2	394.2	377.1	561.1
1991	388.5	208.1	449.0	429.5	639.1
1992	455.3	211.6	550.5	518.0	868.5
1993	538.2	223.4	664.5	625.2	1047.4
1994	610.3	234.6	773.5	733.4	1161.6
1995	695.7	246.1	892.6	811.1	1690.1
1996	793.1	265.8	1030.1	954.7	1769.5
1997	919.2	287.6	1200.1	1137.0	1819.0
1998	1047.0	294.8	1374.1	1295.0	2151.9
1999	1167.4	304.8	1521.1	1440.0	2328.4
2000	1309.8	317.0	1711.2	1621.4	2607.8
2001	1486.6	332.5	1943.9	1768.9	3431.9
2002	1702.2	338.5	2231.6	1998.9	4145.7
2003	1962.6	354.7	2698.0	2404.7	5095.1
2004	2276.6	380.2	3259.2	2919.3	6063.2
2005	2615.8	406.4	3832.8	3415.6	7239.5

单位:%

第三产业	运输邮电业	批零餐饮业	金融保险业	房地产业	其它服务业	人均生产总值
100	100	100	100	100	100	100
117.2	123.2	109.4	118.1	141.9	128.9	114.3
130.4	149.9	118.3	127.9	154.8	146.7	129.3
151.1	182.1	129.9	163.5	191.0	171.5	142.1
182.2	208.3	138.1	226.4	280.0	239.6	157.2
231.2	228.5	166.4	250.6	313.9	395.1	176.5
273.3	273.1	184.5	330.3	368.5	478.9	196.6
323.3	307.5	213.5	452.8	386.2	563.2	217.0
358.2	346.6	224.2	561.9	399.7	622.3	233.7
408.7	393.7	243.7	653.5	410.9	749.9	254.0
483.9	423.6	284.9	823.4	438.4	912.6	276.4
493.6	424.4	299.7	799.5	414.3	944.5	287.5
529.6	476.2	306.6	826.7	431.3	1063.5	298.1
597.9	538.1	367.9	888.7	483.1	1165.6	321.4
717.5	632.3	473.5	980.2	549.8	1378.9	374.8
871.8	761.9	564.4	1136.1	692.7	1742.9	442.3
990.4	775.6	611.8	1349.7	742.6	2114.1	499.8
1148.9	992.0	748.8	1492.8	927.5	2291.7	566.3
1315.5	1189.4	868.6	1655.5	1097.2	2573.6	641.1
1548.3	1477.2	998.0	1779.7	1214.6	3170.7	737.3
1808.4	1790.4	1133.7	1929.2	1458.7	3836.5	833.1
2074.2	1987.3	1310.6	2077.7	1795.7	4484.9	920.6
2362.5	2325.1	1484.9	2196.1	2262.6	5139.7	1019.1
2724.0	2573.9	1691.3	2292.7	2905.2	6136.8	1146.5
3176.2	2908.5	1989.0	2352.3	3770.9	7290.5	1295.5
3582.8	3147.0	2239.6	2488.7	4464.7	8384.1	1487.2
4070.1	3508.9	2573.3	2603.2	5451.4	9549.5	1722.2
4631.8	3856.3	2925.8	2793.2	5936.6	11153.8	1961.6

2-9 历年生产总值(支出法)

(按当年价格计算)

单位:万元

年份	生产总值(GDP)	最终消费	居民消费	农村居民	城镇居民	政府消费	资本形成总额	固定资本形成总额	存货增加	货物和服务净流出
1978	168453	172284	148449	90300	58149	23835	25139	13202	11937	-28970
1979	213830	195851	169757	99247	70510	26094	36380	23846	12534	-18401
1980	231716	206529	178792	104594	74198	27737	42262	29101	13161	-17075
1981	257289	224473	191815	112488	79327	32658	42860	29041	13819	-10044
1982	286247	242481	205422	129065	76357	37059	54528	40018	14510	-10762
1983	323103	266839	222561	139564	82997	44278	66275	43772	22503	-10011
1984	364037	310906	253169	153520	99649	57737	72934	47180	25754	-19803
1985	450774	363593	306265	186515	119750	57328	114712	65232	49480	-27531
1986	514749	404309	330827	198362	132465	73482	138607	87772	50835	-28167
1987	634135	464652	378087	227320	150767	86565	183887	110839	73048	-14404
1988	825712	574394	472492	276756	195736	101902	260415	185088	75327	-9097
1989	932540	626774	517780	284874	232906	108994	287779	206652	81127	17987
1990	1023956	671614	551512	297910	253602	120102	315923	223335	92588	36419
1991	1189012	750219	599488	316895	282593	150731	375134	278238	96896	63659
1992	1498739	887244	683049	358103	324946	204195	445048	331721	113327	166447
1993	1935420	1116510	863978	451008	412970	252532	555844	415519	140325	263066
1994	2609009	1431179	1109662	549491	560171	321517	808398	534270	274128	369432
1995	3327521	1740592	1325481	658868	666613	415111	1111454	784506	326948	475475
1996	4157722	2110832	1566483	766006	800477	544349	1453339	1072228	381111	593551
1997	5037611	2504380	1880989	895894	985095	623391	1784578	1304841	479737	748653
1998	5709136	2788818	2077880	977425	1100455	710938	2054219	1546063	508156	866099
1999	6280205	3016682	2280621	1016441	1264180	736061	2222696	1709202	513494	1040827
2000	7153383	3783604	2894838	912951	1981887	888766	2174095	1889719	284376	1195684
2001	8112564	4168323	3111904	976855	2135049	1056419	2871775	2462173	409602	1072466
2002	9227729	4599966	3423539	1028848	2394691	1176427	3491433	3198273	293160	1136330
2003	10772233	5097756	3692596	1055639	2636957	1405160	4727966	4212633	515333	946511
2004	12966593	5838538	4133537	1166155	2967382	1705001	6556619	5921855	634764	571436
2005	15199001	6630455	4669704	1266780	3402924	1960751	8186399	7691424	494975	382147

注:历史数据按经济普查结果调整。

2-10 历年生产总值构成(支出法)

单位:%

年份	生产总值(GDP)	最终消费	居民消费	农村居民	城镇居民	政府消费	资本形成总额	固定资本形成总额	存货增加	货物和服务净流出
1978	100	102.3	88.1	53.6	34.5	14.2	14.9	7.8	7.1	-17.2
1979	100	91.6	79.4	46.4	33.0	12.2	17.0	11.1	5.9	-8.6
1980	100	89.1	77.1	45.1	32.0	12.0	18.3	12.6	5.7	-7.4
1981	100	87.2	74.5	43.7	30.8	12.7	16.7	11.3	5.4	-3.9
1982	100	84.7	71.8	45.1	26.7	12.9	19.1	14.0	5.1	-3.8
1983	100	82.6	68.9	43.2	25.7	13.7	20.5	13.5	7.0	-3.1
1984	100	85.4	69.5	42.2	27.3	15.9	20.0	12.9	7.1	-5.4
1985	100	80.7	68.0	41.4	26.6	12.7	25.4	14.4	11.0	-6.1
1986	100	78.5	64.2	38.5	25.7	14.3	27.0	17.1	9.9	-5.5
1987	100	73.3	59.6	35.8	23.8	13.7	29.0	17.5	11.5	-2.3
1988	100	69.6	57.2	33.5	23.7	12.4	31.5	22.4	9.1	-1.1
1989	100	67.2	55.5	30.5	25.0	11.7	30.9	22.2	8.7	1.9
1990	100	65.6	53.9	29.1	24.8	11.7	30.8	21.8	9.0	3.6
1991	100	63.1	50.4	26.6	23.8	12.7	31.5	23.4	8.1	5.4
1992	100	59.2	45.6	23.9	21.7	13.6	29.7	22.1	7.6	11.1
1993	100	57.7	44.6	23.3	21.3	13.1	28.7	21.4	7.3	13.6
1994	100	54.9	42.6	21.1	21.5	12.3	31.0	20.5	10.5	14.1
1995	100	52.3	39.8	19.8	20.0	12.5	33.4	23.6	9.8	14.3
1996	100	50.8	37.7	18.4	19.3	13.1	35.0	25.8	9.2	14.2
1997	100	49.7	37.3	17.8	19.5	12.4	35.4	25.9	9.5	14.9
1998	100	48.8	36.4	17.1	19.3	12.4	36.0	27.1	8.9	15.2
1999	100	48.0	36.3	16.2	20.1	11.7	35.4	27.2	8.2	16.6
2000	100	52.9	40.5	12.8	27.7	12.4	30.4	26.4	4.0	16.7
2001	100	51.4	38.4	12.0	26.4	13.0	35.4	30.4	5.0	13.2
2002	100	49.8	37.1	11.1	26.0	12.7	37.9	34.7	3.2	12.3
2003	100	47.3	34.3	9.8	24.5	13.0	43.9	39.1	4.8	8.8
2004	100	45.0	31.9	9.0	22.9	13.1	50.6	45.7	4.9	4.4
2005	100	43.6	30.7	8.3	22.4	12.9	53.9	50.6	3.3	2.5

2-11 历年最终消费指数

（按可比价格计算）

单位:%

年 份	最终消费		居民消费						政府消费	
					农村居民		城镇居民			
	环比	定基	环比	定基	环比	定基	环比	定基	环比	定基
1978		100		100		100		100		100
1979	103.9	103.9	104.7	104.7	99.9	99.9	112.1	112.1	99.5	99.5
1980	110.9	115.2	110.7	115.9	111.5	111.4	109.5	122.7	112.5	111.9
1981	108.8	125.3	107.4	124.5	107.7	120.0	107.1	131.4	117.9	131.9
1982	104.7	131.2	103.8	129.2	111.2	133.4	93.3	122.6	110.0	145.1
1983	116.0	152.2	114.3	147.7	114.0	152.1	114.6	140.5	126.0	182.8
1984	116.2	176.9	113.4	167.5	109.7	166.9	119.7	168.2	130.0	237.6
1985	106.0	187.5	109.7	183.7	110.1	183.8	108.9	183.2	90.0	213.8
1986	106.5	199.7	103.5	190.1	101.9	187.3	106.0	194.2	122.8	262.5
1987	103.0	205.7	102.4	194.7	102.7	192.4	102.0	198.1	105.6	277.2
1988	108.2	222.6	109.3	212.8	106.5	204.9	113.6	225.0	103.0	285.5
1989	100.8	224.4	101.2	215.4	95.1	194.9	109.9	247.3	98.8	282.1
1990	102.1	229.1	101.5	218.6	99.6	194.1	103.8	256.7	105.0	296.2
1991	104.6	239.6	101.8	222.5	99.6	193.3	104.3	267.7	117.5	348.0
1992	110.0	263.6	106.0	235.9	105.1	203.2	106.9	286.2	126.0	438.5
1993	115.3	303.9	115.9	273.4	115.4	234.5	116.4	333.1	113.3	496.8
1994	107.7	327.3	107.9	295.0	102.4	240.1	114.0	379.7	107.0	531.6
1995	108.1	353.8	104.2	307.4	106.8	256.4	101.6	385.8	121.5	645.9
1996	111.2	393.4	110.5	339.7	106.0	271.8	115.2	444.4	113.2	731.2
1997	113.5	446.5	114.7	389.6	112.3	305.2	116.9	519.5	110.0	804.3
1998	111.9	499.6	112.8	439.5	109.6	334.5	115.7	601.1	109.0	876.7
1999	109.8	548.6	109.6	481.7	105.4	352.6	113.3	681.0	110.3	967.0
2000	108.9	597.4	109.2	526.0	103.7	365.6	113.6	773.6	108.0	1044.4
2001	110.9	662.5	108.9	572.8	105.3	385.0	110.8	857.1	117.5	1227.2
2002	109.1	722.8	108.6	622.1	102.2	393.5	111.7	957.4	110.6	1357.3
2003	112.3	811.7	109.9	683.7	105.5	415.1	111.9	1071.3	119.5	1622.0
2004	111.9	908.3	107.9	737.7	102.0	423.4	110.5	1183.8	122.9	1993.4
2005	112.4	1020.9	111.9	825.5	107.6	455.6	113.5	1343.6	113.9	2270.5

2-12 历年资本形成总额指数

（按可比价格计算）

单位:%

年份	资本形成总额		固定资本形成总额		存货增加	
	环比	定基	环比	定基	环比	定基
1978		100		100		100
1979	131.5	131.5	164.2	164.2	95.4	95.4
1980	122.9	161.6	129.2	212.1	111.1	106.0
1981	101.6	164.2	99.9	211.9	105.1	111.4
1982	123.3	202.5	133.6	283.1	101.8	113.4
1983	128.2	259.6	115.3	326.4	163.5	185.4
1984	109.7	284.8	107.5	350.9	114.1	211.5
1985	142.6	406.1	125.3	439.7	174.1	368.2
1986	115.8	470.3	128.9	566.8	98.4	362.3
1987	118.9	559.2	113.2	641.6	128.8	466.6
1988	123.9	692.8	146.1	937.4	90.2	420.9
1989	102.1	707.3	103.1	966.5	99.5	418.8
1990	104.6	739.8	103.0	995.5	108.8	455.7
1991	111.2	822.7	116.6	1160.8	98.0	446.6
1992	110.3	907.4	110.9	1287.3	108.8	485.9
1993	114.4	1038.1	114.8	1477.8	113.4	551.0
1994	122.2	1268.6	108.1	1597.5	164.2	904.7
1995	122.2	1550.2	130.5	2084.7	106.0	959.0
1996	119.9	1858.7	124.9	2603.8	107.8	1033.8
1997	117.4	2182.1	116.8	3041.2	119.3	1233.3
1998	115.6	2522.5	119.0	3619.0	106.4	1312.2
1999	109.8	2769.7	112.2	4060.5	102.5	1345.0
2000	113.0	3129.8	117.3	4763.0	98.8	1328.9
2001	124.5	3896.6	122.0	5810.9	142.5	1893.7
2002	120.0	4675.9	128.2	7449.6	71.1	1346.4
2003	136.3	6373.3	132.6	9878.2	175.8	2367.0
2004	130.3	8304.4	131.1	12950.3	123.8	2930.3
2005	121.5	10089.8	126.7	16408.0	76.5	2241.7

2-13 历年居民消费水平及指数

年 份	按当年价格计算（元/人）			按可比价格计算					
				环比指数（以上年为100）			定基指数（以1978年为100）		
	居民消费水 平	农村居民消费水平	城镇居民消费水平	居民消费水 平	农村居民消费水平	城镇居民消费水平	居民消费水 平	农村居民消费水平	城镇居民消费水平
1978	337	248	635				100	100	100
1979	380	273	726	99.5	99.8	104.7	99.5	99.8	104.7
1980	390	287	727	111.7	111.1	101.2	111.1	110.9	106.0
1981	414	306	751	106.3	106.9	104.0	118.1	118.6	110.2
1982	439	347	700	103.0	110.1	92.6	121.6	130.6	102.0
1983	470	371	741	112.7	112.7	112.2	137.0	147.2	114.4
1984	521	409	836	110.4	110.0	108.3	151.2	161.9	123.9
1985	429	499	942	109.5	110.5	105.1	165.6	178.9	130.2
1986	572	522	1031	102.4	100.1	105.9	169.6	179.1	137.9
1987	731	587	1162	101.3	100.6	102.2	171.8	180.2	140.9
1988	895	703	1455	108.8	105.0	113.3	186.9	189.2	159.6
1989	959	711	1678	100.8	100.2	100.9	188.4	189.6	161.0
1990	1008	734	1791	101.7	100.1	103.4	191.6	189.8	166.5
1991	1091	790	1906	102.3	100.4	103.9	196.0	190.6	173.0
1992	1235	907	2053	107.3	106.9	106.9	210.3	203.8	184.9
1993	1556	1167	2443	115.7	116.0	114.1	243.3	236.4	211.0
1994	1984	1453	3095	107.9	103.1	111.5	262.5	243.7	235.3
1995	2345	1776	3432	105.3	106.6	102.6	276.4	259.8	241.4
1996	2736	2111	3819	110.5	109.8	109.0	305.4	285.3	263.1
1997	3239	2519	4379	114.9	113.2	114.9	350.9	323.0	302.3
1998	3531	2788	4627	110.5	109.7	113.6	387.7	354.3	343.4
1999	3814	2951	4985	108.4	102.1	112.6	420.3	361.7	386.7
2000	4734	2695	7267	108.6	104.5	109.6	456.4	378.0	423.8
2001	5044	2863	7742	106.1	105.1	105.1	484.2	397.3	445.4
2002	5477	3100	8169	108.7	109.7	106.3	526.3	435.8	473.5
2003	5884	3308	8547	106.8	106.1	105.9	562.1	462.4	501.4
2004	6575	3800	9221	110.1	112.3	105.8	618.9	519.3	530.5
2005	7364	4330	9961	110.9	112.8	107.0	686.4	585.8	567.6

注:1、历史数据按经济普查结果调整。

2、2000年以前居民消费水平按户籍人口计算,2000年以后按常住人口计算。

2-14 生产总值构成项目(2005年)

单位:万元

指标	增加值	劳动者报酬	生产税净额	#补贴	固定资产折旧	营业盈余
地区生产总值	15199001	5493741	2653310	11380	2039107	5012843
第一产业	1139776	995898	13668	6548	65454	64756
农业	590055	497335	4813	4467	41779	46128
林业	48354	43442	1298	474	1353	2261
畜牧业	439166	399658	5807	888	19192	14509
渔业	48315	43294	1565	553	2489	967
农林牧渔服务业	13886	12169	185	166	641	891
第二产业	6421484	1886090	1568204	500	568802	2398388
工业	4692784	1128729	1388739	500	488264	1687052
采掘业	187197	66870	32474		17087	70766
制造业	4369091	1029340	1348927	500	414089	1576735
电力煤气及水的生产和供应业	136496	32519	7338		57088	39551
建筑业	1728700	757361	179465		80538	711336
第三产业	7637741	2611753	1071438	4332	1404851	2549699
交通运输、仓储和邮政业	602497	99752	37943		272460	192342
交通运输和仓储业	581987	90763	36690		269917	184617
邮政业	20510	8989	1253		2543	7725
信息传输、计算机服务和软件业	499709	96780	20659		244333	137937
信息传输	323628	52102	15621		181726	74179
计算机服务和软件业	176081	44678	5038		62607	63758
批发和零售业	1806600	404534	636912	4332	137007	628147
住宿和餐饮业	451409	175333	71984		73586	130506
金融保险业	518636	115608	40362		16878	345788
银行业	440714	73315	34445		12014	320940
保险业	64948	36160	5339		1630	21819
其他金融活动	12974	6133	578		3234	3029
房地产业	580742	89279	118652		262710	110101
房地产开发与经营业	297919	68610	112916		31537	84856
其它房地产活动	61255	20669	5736		9605	25245
城镇居民自有住房	120923				120923	
农村居民自有住房	100645				100645	
租赁和商务服务业	466704	110604	49498		88341	218261
科学研究、技术服务和地质勘查业	305624	137795	20677		43842	103310
水利、环境和公共设施管理业	96513	36219	2486		10737	47071
居民服务和其它服务业	336423	81372	17949		16939	220163
教育	679877	439498	3173		77666	159540
卫生、社会保障和社会福利业	312179	193246	3505		27634	87794
文化、体育和娱乐业	385245	112462	39938		64106	168739
公共管理和社会组织	595583	519271	7700		68612	

2－15　生产总值构成项目(2004年经济普查数据)

单位：万元

指　　标	增加值	劳动者报酬	生产税净额	#补贴	固定资产折旧	营业盈余
地区生产总值	12966593	4683956	2260636	46083	1765601	4256400
第一产业	1045950	914504	17159	5220	56629	57658
农业	524798	441808	8803	3561	34226	39961
林业	47056	42276	1263	378	1317	2200
畜牧业	418540	380887	5534	708	18291	13828
渔业	42933	38471	1391	441	2212	859
农林牧渔服务业	12623	11062	168	132	583	810
第二产业	5416800	1588881	1324528	35644	480908	2022483
工业	3969036	954601	1174228	35644	413458	1426749
采掘业	157892	56402	27390	400	14412	59688
制造业	3694167	870330	1140549	32901	350122	1333166
电力煤气及水的生产和供应业	116977	27869	6289	2343	48924	33895
建筑业	1447764	634280	150300		67450	595734
第三产业	6503843	2180571	918949	5219	1228064	2176259
交通运输、仓储和邮政业	560137	92739	35275		253304	178819
交通运输和仓储业	541069	84382	34110		250940	171637
邮政业	19068	8357	1165		2364	7182
信息传输、计算机服务和软件业	415455	80463	17176		203136	114680
信息传输	265318	42368	12880		149754	60316
计算机服务和软件业	150137	38095	4296		53382	54364
批发和零售业	1567600	351017	552653	5219	118882	545048
住宿和餐饮业	383674	149024	61182		62545	110923
金融保险业	469797	104721	36561		15289	313226
银行业	399213	66411	31201		10883	290718
保险业	58832	32755	4836		1477	19764
其他金融活动	11752	5555	524		2929	2744
房地产业	514253	74388	97591		250551	91723
房地产开发与经营业	244196	56238	92554		25850	69554
其它房地产活动	53791	18150	5037		8435	22169
城镇居民自有住房	118552				118552	
农村居民自有住房	97714				97714	
租赁和商务服务业	380921	90274	40400		72104	178143
科学研究、技术服务和地质勘查业	251294	113300	17001		36049	84944
水利、环境和公共设施管理业	80254	30117	2067		8928	39142
居民服务和其它服务业	276980	66995	14778		13946	181261
教育	553826	358014	2584		63267	129961
卫生、社会保障和社会福利业	255215	157984	2865		22591	71775
文化、体育和娱乐业	312724	91544	32588		51978	136614
公共管理和社会组织	481713	419991	6228		55494	

3 人口、就业和职工工资

长沙统计年鉴

3-1 历 年 人 口 数

单位:人

年份	年末总人口		年末总人口性别		总人口中非农业人口
	合计	#市区	男	女	
1949	3092437	383480	1627510	1464927	…
1950	3145165	413635	1651036	1494129	541516
1951	3196041	457535	1689104	1506937	541220
1952	3258889	516649	1765075	1493814	594811
1953	3303293	553645	1751683	1551610	613308
1954	3387651	611273	1787749	1599902	677017
1955	3424900	616425	1797081	1627819	681060
1956	3495470	672224	1850703	1644767	735358
1957	3503470	673291	1854666	1648804	751649
1958	3483494	663049	1825598	1657896	794300
1959	3492082	722762	1838482	1653600	871173
1960	3424156	761761	1795656	1628500	898527
1961	3377929	726486	1768523	1609406	853456
1962	3389151	721271	1776645	1612506	800737
1963	3495649	748797	1822271	1673378	826516
1964	3569849	764357	1861086	1708763	835599
1965	3657335	767725	1906015	1751320	838458
1966	3738916	770835	1950918	1787998	833097
1967	3810119	786500	1986179	1823940	826945
1968	3905884	763400	2030386	1875498	812115
1969	4001407	749700	2079936	1921471	792368
1970	4056467	742284	2105841	1950626	759390
1971	4130870	759730	2147639	1983231	819740
1972	4203286	779922	2183495	2019791	830731
1973	4290576	799715	2234648	2055928	857908
1974	4366094	824109	2270621	2095473	882576
1975	4433412	827874	2308774	2124638	886884
1976	4481192	827582	2331700	2149492	894068

3－1 续表

单位:人

年份	年末总人口		年末总人口性别		总人口中非农业人口
	合计	#市区	男	女	
1977	4521943	823848	2353927	2168016	891943
1978	4582271	948305	2387967	2194304	940265
1979	4643351	992761	2420686	2222665	1003276
1980	4700086	1019438	2449155	2250931	1039452
1981	4766041	1046890	2489027	2277014	1072702
1982	4844868	1072350	2527992	2316876	1105302
1983	4913280	1097558	2562729	2350551	1135401
1984	4969539	1123923	2593427	2376112	1247495
1985	5042168	1157176	2631652	2410516	1292901
1986	5127298	1192667	2680097	2447201	1276052
1987	5212346	1226819	2721147	2491199	1317406
1988	5346897	1263481	2790048	2556849	1373221
1989	5444511	1301171	2838683	2605828	1401767
1990	5500533	1326825	2861410	2639123	1429440
1991	5535603	1349865	2881298	2654305	1449901
1992	5553843	1372749	2888636	2665207	1480589
1993	5554172	1387087	2887752	2666600	1511184
1994	5594385	1422651	2912803	2681582	1556040
1995	5628222	1454461	2919369	2708853	1601864
1996	5675339	1603804	2950934	2724405	1673328
1997	5719062	1634412	2960697	2758365	1709754
1998	5768787	1669081	2987038	2781749	1736934
1999	5824692	1714606	3011434	2813258	1809828
2000	5831894	1754142	3015303	2816591	1864206
2001	5870933	1807670	3030648	2840285	1918942
2002	5954592	1889773	3065775	2888817	1991046
2003	6017624	1962561	3093901	2923723	2058257
2004	6103844	2024646	3137629	2966215	2125741
2005	6209248	2086476	3186039	3023209	2180688

注:历年人口数是公安户籍人口。

3-2 历年人口自然变动情况

年 份	年内出生人数（人）	出生率（‰）	年内死亡人数（人）	死亡率（‰）	年内自然增长人数（人）	自然增长率（‰）
1954	131963	39.45	55897	16.71	76066	22.74
1956	105956	30.62	38032	10.99	67924	19.63
1957	115144	32.9	35906	10.26	79238	22.64
1958	102730	29.41	67454	19.31	35276	10.1
1960	74321	21.49	94529	27.34	-20208	-5.84
1961	43524	12.8	71606	21.05	-28082	-8.26
1962	111205	32.87	39432	11.65	71773	21.21
1963	159097	46.22	32012	9.3	127085	36.92
1965	126297	35.5	34359	9.51	93938	26
1971	99124	24.21	31826	7.77	67298	16.44
1973	100011	23.55	31069	7.32	68942	16.23
1974	91174	21.06	34589	7.99	56585	13.07
1975	91494	20.8	33273	7.56	58221	13.23
1976	78301	17.57	32546	7.3	45755	10.27
1977	76402	16.97	33773	7.5	42629	9.47
1978	70593	15.51	30800	6.77	39793	8.74
1979	72294	15.67	31970	6.93	40324	8.74
1980	66900	14.32	31670	6.78	35230	7.54
1981	73936	15.62	30853	6.52	43083	9.1
1982	87006	18.11	31928	6.64	55078	11.46
1983	78950	16.18	33772	6.92	45178	9.26
1984	72092	14.59	33442	6.77	38650	7.82
1985	76747	15.33	33236	6.64	43511	8.69
1986	83611	16.44	32137	6.32	51474	10.12
1987	89952	17.4	33857	6.55	56095	10.85
1988	87708	16.61	35382	6.7	52326	9.91
1989	100791	18.7	36904	6.8	63887	11.8
1990	88309	16.1	37683	6.8	50626	9.3
1991	59771	10.83	36717	6.65	23054	4.18
1992	42654	7.69	37281	6.72	5373	0.97
1993	33420	6.02	36436	6.56	-3016	-0.54
1994	35592	6.39	35621	6.39	-29	-0.01
1995	41370	7.37	36742	6.55	4628	0.82
1996	47944	8.48	35842	6.34	12102	2.14
1997	49607	8.71	34933	6.13	14674	2.58
1998	52969	9.22	37124	6.46	15845	2.76
1999	55873	9.64	38162	6.58	17711	3.06
2000	62026	10.64	41506	7.12	20520	3.52
2001	53994	9.23	31587	5.4	22407	3.83
2002	53746	9.09	36363	6.15	17383	2.94
2003	49683	8.3	40064	6.69	9619	1.61
2004	56062	9.25	37273	6.15	18789	3.1
2005	67537	10.97	42788	6.95	24749	4.02

注:1、上表数据为市公安局户籍人口数据。

2、市计生委提供的相关数据为:出生率11.54‰,死亡率7.12‰,自然增长率4.42‰。

3-3 历年市区人口自然变动情况

年　份	年内出生人数（人）	出生率（‰）	年内死亡人数（人）	死亡率（‰）	年内自然增长人数（人）	自然增长率（‰）
1950	10356	25.98	5256	13.19	5100	12.79
1952	20076	41.22	6552	13.45	13524	27.77
1954	26861	46.12	6981	11.99	19880	34.13
1956	25303	39.27	6426	9.97	18877	29.3
1957	30306	45.05	6250	9.29	24056	35.76
1958	21682	32.45	7231	10.82	14451	21.63
1960	19431	26.18	8555	11.53	10876	14.65
1961	12814	17.22	10876	14.62	1938	2.6
1962	22248	30.73	7382	10.2	14866	20.54
1963	28618	37.88	6091	8.05	22527	29.78
1965	14028	18.31	4704	6.14	9324	12.17
1971	10638	14.16	5139	6.84	5499	7.32
1972	9739	12.65	5196	6.75	4543	5.9
1973	9795	12.4	4939	6.25	4856	6.15
1974	9476	11.67	5443	6.7	4033	4.97
1975	10737	13	5297	6.41	5440	6.59
1976	9384	11.34	5503	6.65	3881	4.69
1977	10416	12.61	5907	7.15	4509	5.46
1978	11600	13.09	5981	6.75	5619	6.34
1979	12502	12.88	5755	5.93	6747	6.95
1980	10098	10.04	6005	5.97	4093	4.07
1981	14382	13.92	6639	6.43	7743	7.49
1982	17287	16.31	6673	6.3	10614	10.01
1983	15576	14.36	6879	6.34	8697	8.02
1984	14139	12.73	6783	6.11	7356	6.62
1985	14546	12.75	7258	6.36	7288	6.39
1986	14359	12.23	6677	5.53	7682	6.54
1987	17779	14.7	7244	5.99	10535	8.71
1988	16962	13.62	8019	6.44	8943	7.18
1989	15966	12.5	7818	6.1	8148	6.4
1990	14920	11.4	7822	6	7098	5.4
1991	10801	8.07	7599	5.68	3202	2.39
1992	9245	6.79	7993	5.87	1252	0.92
1993	8490	6.15	7504	5.44	986	0.71
1994	9760	6.95	7070	5.03	2690	1.91
1995	9799	6.81	7510	5.22	2289	1.59
1996	12508	8.18	7697	5.03	4811	3.15
1997	10400	6.42	7259	4.48	3141	1.94
1998	11631	7.04	8428	5.1	3203	1.94
1999	12775	7.55	10211	6.04	2564	1.52
2000	16533	9.53	10581	6.1	5952	3.43
2001	13735	7.71	5948	3.34	7787	4.37
2002	12286	6.65	7284	3.94	5002	2.71
2003	14334	7.44	5635	2.93	8699	4.52
2004	15768	7.91	7275	3.65	8493	4.26
2005	16037	7.8	7218	3.51	8819	4.29

3－4 历年县(市)人口自然变动情况

年份	年内出生人数（人）	出生率（‰）	年内死亡人数（人）	死亡率（‰）	年内自然增长人数（人）	自然增长率（‰）
1954	105102	38.04	48916	17.7	56186	20.34
1956	80653	15.28	31606	11.22	49047	17.42
1957	84838	30.01	29656	10.5	55182	19.63
1958	81048	28.69	60223	21.32	20825	7.37
1960	54890	20.21	85974	31.66	31084	－11.45
1961	30710	11.56	60730	22.86	－30020	－11.3
1962	88957	33.45	32050	12.05	56907	21.4
1963	130479	48.19	25921	9.57	104558	38.62
1965	114269	40.13	29655	10.41	84614	29.71
1971	88486	26.47	26687	6.34	61799	18.49
1972	91082	26.81	27979	8.24	63103	18.57
1973	90216	26.1	26130	7.56	64086	18.54
1974	81698	23.23	29146	8.29	52552	14.94
1975	80757	22.6	27976	7.83	52781	14.77
1976	68917	18.99	27043	7.45	41874	11.54
1977	65986	17.95	27866	7.58	38120	10.37
1978	58993	16.09	24819	6.77	34174	9.32
1979	59792	16.42	26215	7.2	33577	9.22
1980	56802	15.5	25665	7	31137	8.49
1981	59554	16.01	24214	6.54	35340	9.55
1982	69719	18.61	25255	6.74	44464	11.87
1983	63374	16.7	26893	7.09	36481	9.62
1984	57953	15.13	26659	6.96	31294	8.17
1985	62201	16.09	25978	6.72	36223	9.37
1986	69252	17.71	25460	6.51	43792	11.2
1987	72173	18.23	26613	6.72	45560	11.5
1988	70746	17.54	27363	6.78	43383	10.75
1989	84825	20.6	29086	7	55739	13.6
1990	73389	17.6	29861	7.2	43528	10.5
1991	48970	11.72	29118	6.97	19852	4.75
1992	33409	7.99	29288	7	4121	0.99
1993	24930	5.97	28932	6.93	－4002	－0.96
1994	25832	6.2	28551	6.85	－2719	－0.65
1995	31571	7.57	29232	7.01	2339	0.56
1996	35436	8.6	28145	6.83	7291	1.77
1997	39207	9.61	27674	6.79	11533	2.83
1998	41338	10.1	28696	7.01	12642	3.09
1999	43098	10.5	27951	6.81	15147	3.69
2000	45493	11.11	30925	7.55	14568	3.56
2001	40259	9.91	25639	6.31	14620	3.6
2002	41460	10.2	29079	7.16	12381	3.04
2003	35349	8.72	34429	8.48	920	0.24
2004	40294	9.91	29998	7.38	10296	2.53
2005	51500	12.56	35570	8.67	15930	3.89

3-5 历年计划生育情况

单位:人

年份	计划内生育率(%)	已婚育龄妇女	已落实节育措施人数	节育率(%)	有一子女育龄妇女人数	已领独生子女证(对)	领证率(%)
1980	72.62	636467	538117	84.55	104240	49446	47.43
1981	73.53	659267	556807	84.46	118706	61433	51.75
1982	69.04	710965	608098	85.53	135451	83853	61.91
1983	70.94	750229	653919	87.16	157472	104442	66.32
1984	68.71	790499	690817	87.39	177205	118010	66.6
1985	70.49	818855	722933	88.29	192701	127607	66.22
1986	70.91	858473	744817	86.76	216053	135519	62.72
1987	72.13	910133	815513	89.6	237870	144567	61.2
1988	72.41	963351	862340	89.51	262167	160844	61.35
1989	63.37	1008878	895987	88.81	…	162357	16.09
1990	68.9	1051259	948723	90.3	…	181953	17.31
1991	80.3	1083592	994278	91.7	…	187256	17.28
1992	97.27	1109091	1025914	92.5	…	197764	17.83
1993	99.27	1122068	1047554	93.36	…	212443	18.93
1994	99.37	1138915	1056082	92.73	391508	220772	19.38
1995	96.29	1148673	1056779	92	446396	218407	19.11
1996	99.32	1178074	1073664	91.14	476914	237342	20.15
1997	98.03	1220766	1115654	89.67	495804	240706	19.72
1998	98.47	1232828	1103804	89.53	530862	221305	18.49
1999	97.73	1234699	1111651	90.03	560329	208970	37.29
2000	98	1252258	1122565	89.64	584109	197693	33.85
2001	97.82	1216453	1097351	90.21	598690	195612	32.67
2002	97.77	1227225	1110639	90.5	593854	180916	30.46
2003	97.84	1242152	1126205	90.66	573853	177604	30.95
2004	97.89	1271326	1140033	89.67	675558	182902	27.07
2005	96.75	1306840	1174849	89.9	728547	231678	31.8

3-6 历年婚姻登记情况

单位:对

年份	登记结婚		离婚总数			
	合计	#涉外婚	合计	登记离婚	调解离婚	判决离婚
1980	37635	7	…	666	…	…
1981	52812	2	…	706	…	…
1982	48954	10	…	776	…	…
1983	37903	3	1879	761	981	137
1984	44115	15	2327	885	1203	239
1985	44710	11	2099	763	1174	162
1986	55830	16	2545	952	1414	179
1987	53378	35	3157	1068	1831	258
1988	48000	57	4053	1324	2347	382
1989	56329	65	4753	1377	2739	637
1990	51366	95	4968	1372	2903	693
1991	48159	144	4999	1465	2696	838
1992	43702	246	5395	1765	2772	858
1993	38103	307	5755	2029	2847	878
1994	34463	361	6996	2120	3534	1342
1995	40178	468	7448	2628	3327	1493
1996	39672	551	7970	2831	3520	1619
1997	39910	512	7424	3810	2436	1178
1998	39947	576	6553	3232	2115	1206
1999	37140	596	7420	3365	1835	928
2000	39977	710	6291	3782	1486	1023
2001	39365	749	5875	3376	1465	1034
2002	35950	907	5639	4337	591	711
2003	42297	500	7152	4997	1048	1107
2004	47581	98	10064	6887	1143	2034
2005	45622	88	10048	7983	1012	1053

注:从 1999 年起,调解离婚、判决离婚数用新口径,即未包括调解和判决不离人数。

3－7 1998－2005年在岗职工年末人数

单位:人

年份	合计	#国有经济单位	#集体经济单位	指数（以1998年为100）
1998	732766	550708	126434	100
1999	693863	535512	101672	94.7
2000	662207	520517	86025	90.4
2001	593964	424294	49917	81.1
2002	625839	422085	47406	85.4
2003	598370	396717	41593	81.7
2004	631679	378460	45649	86.2
2005	684154	331003	41990	93.4

注:因为统计制度改革,在岗职工指标从1998年年报开始使用。

3－8 1998－2005年在岗职工工资总额

单位:万元

年份	合计	#国有经济	#集体经济	指数（以1998年为100）
1998	559561.1	448996.4	68186.5	100
1999	596986.2	488345.2	61330.4	106.7
2000	670168.4	558285.7	57381.4	119.8
2001	733897.6	566844.1	38262.2	131.2
2002	901246.7	665533.6	42438.6	161.1
2003	1019924.2	742005.3	41233.6	182.3
2004	1190856.8	827192.7	48577.4	212.8
2005	1455835.0	853310.5	63498.3	260.2

3－9 1998－2005年在岗职工平均工资

单位:元

年份	合计	#国有经济	#集体经济	指数（以1998年为100）
1998	7586	8076	5384	100
1999	8582	9065	6079	113.1
2000	10137	10722	6683	133.6
2001	12265	13256	7577	161.7
2002	14342	15692	8817	189.1
2003	16987	18639	9830	223.9
2004	18944	21851	10561	249.7
2005	21499	25859	15230	283.4

3－10　1998－2005年市区在岗职工人数

单位：人

年　份	年末人数	#国有经济	#集体经济	年平均人数	#国有经济	#集体经济
1998	552018	413821	90024	557168	419059	90158
1999	527978	407195	72023	531626	411780	71598
2000	506733	399340	61010	505917	398603	61628
2001	444879	312621	34056	449278	315141	34794
2002	479088	309750	34484	481051	310829	35206
2003	449920	290791	30887	452303	292311	31101
2004	458026	277199	24713	456312	276817	25229
2005	489713	249645	21400	485936	249553	21424

3－11　1998－2005年市区国有单位年末在岗职工人数

单位：人

年　份	合　计	#工　业	#交通运输与邮电	#商业、饮食服务、物资	#科研、文教卫生和社会福利
1998	413821	99199	20683	45727	110855
1999	407195	89612	21718	42456	112151
2000	399340	84344	22111	38099	110592
2001	312621	46053	17008	19877	105092
2002	309750	42517	16050	18790	107821
2003	290791	34164	21516	16937	102790
2004	277199	30864	20812	16169	99745
2005	249645	28804	14477	13697	101802

3-12 1998-2005年市区国有单位在岗职工平均工资

单位:元

年份	合计	#工业	#交通运输与邮电	#商业、饮食服务、物资	#科研、文教卫生和社会福利
1998	7935	7085	8526	8018	10161
1999	9553	7644	9799	8456	11817
2000	11429	9094	12449	9875	15308
2001	14305	10800	13488	11981	18580
2002	16876	12560	16104	13320	21574
2003	19920	16039	16393	15537	25218
2004	23457	19438	20774	18631	27992
2005	26463	20808	22914	21877	30872

3-13 1998-2005年市区集体所有制单位年末在岗职工人数

单位:人

年份	合计	#工业	#交通运输与邮电	#商业、饮食服务、物资	#科研、文教卫生和社会福利
1998	90024	43317	2994	14342	1767
1999	72023	38802	2870	10845	1547
2000	61010	31321	2129	9513	1504
2001	34056	17079	548	3438	1104
2002	34484	15756	652	3182	1188
2003	30887	13876	416	2790	1031
2004	24713	11692	471	1975	1094
2005	21400	7363	603	1664	2395

3－14　单位从业人员和劳动报酬情况(2005年)

行　业	年末人数(人)						
	单位从业人员						离开本单位仍保留劳动关系的职工
	合计	#女性	#使用农村劳动力	在岗职工	#长期职工	其他从业人员	
总　计	**729738**	**267255**	**111734**	**684154**	**609152**	**45584**	**79158**
企　业	514572	172207	105940	474359	415883	40213	70368
事　业	151332	74559	5033	146795	135676	4537	6615
机　关	63834	20489	761	63000	57593	834	2175
一、国有单位	360468	138437	30995	331003	302874	29465	43663
企　业	159055	50693	25451	134484	122355	24571	35722
事　业	137579	67255	4783	133519	122926	4060	5766
机　关	63834	20489	761	63000	57593	834	2175
二、城镇集体单位	47315	17899	10894	41990	38386	5325	15014
企　业	37744	12452	10731	32592	29352	5152	14174
事　业	9571	5447	163	9398	9034	173	840
机　关							
三、其他单位	321955	110919	69845	311161	267892	10794	20481
企　业	317773	109062	69758	307283	264176	10490	20472
事　业	4182	1857	87	3878	3716	304	9

3－14 续表

行　业	平均人数(人)				劳动报酬和生活费(千元)				在岗职工年平均工资(元)
	单位从业人员			离开本单位仍保留劳动关系的职工	单位从业人员劳动报酬			离开本单位仍保留劳动关系的职工生活费	
	合计	在岗职工	其他从业人员		合计	在岗职工工资总额	其他从业人员劳动报酬		
总　计	**725365**	**677171**	**48194**	**81423**	**15149020**	**14558350**	**590670**	**418109**	**21499**
企　业	510884	468926	41958	72313	9102032	8634613	467419	325170	18414
事　业	150898	145551	5347	6862	4304791	4196995	107796	64574	28835
机　关	63583	62694	889	2248	1742197	1726742	15455	28365	27542
一、国有单位	360407	329990	30417	44926	8917211	8533103	384106	262492	25859
企　业	159512	134882	24630	36580	3136803	2869576	267227	171512	21275
事　业	137312	132414	4898	6098	4038211	3936787	101424	62615	29731
机　关	63583	62694	889	2248	1742197	1726742	15455	28365	27542
二、城镇集体单位	46781	41693	5088	15167	684511	634983	49528	45303	15230
企　业	37372	32446	4926	14412	509137	462289	46848	43376	14248
事　业	9409	9247	162	755	175374	172694	2680	1927	18676
机　关									
三、其他单位	318177	305488	12689	21330	5547298	5390262	157036	110314	17645
企　业	314000	301598	12402	21321	5456092	5302748	153344	110282	17582
事　业	4177	3890	287	9	91206	87514	3692	32	22497

3－15 年末分行业在岗职工人数

单位:人

行　业	2003 年	2004 年	2005 年
总　计	**598370**	**631679**	**684154**
#国有经济单位	396717	378460	331003
集体经济单位	41593	45649	41990
按国民经济行业分			
(一)农、林、牧、渔业	2913	2804	3003
(二)采矿业	6434	10751	11596
(三)制造业	127853	146675	166184
(四)电力、燃气及水的生产和供应业	9702	7436	7569
(五)建筑业	68965	72073	94224
(六)交通运输、仓储和邮政业	30084	28839	29279
(七)信息传输、计算机服务和软件业	12647	9895	9943
(八)批发和零售业	41023	49481	44314
(九)住宿和餐饮业	20896	22459	31506
(十)金融业	20407	21696	19249
(十一)房地产业	9838	12269	22051
(十二)租赁和商务服务业	13540	15428	15762
(十三)科学研究、技术服务和地质勘查业	24917	24395	23121
(十四)水利、环境和公共设施管理业	6483	7216	7430
(十五)居民服务和其他服务业	1966	2295	2388
(十六)教育	82925	82419	80410
(十七)卫生、社会保障和社会福利业	30868	32060	33868
(十八)文化、体育和娱乐业	19483	15345	15498
(十九)公共管理和社会组织	67426	68143	66759
(二十)国际组织			

注:从 2003 年开始启用国民经济行业新分类标准,以前年份无同口径数据。

3－16 年末城镇单位按行业分组的女性从业人员(2005年)

单位:人

行业	合计	国有经济	城镇集体	其他经济
总计	**267255**	**138437**	**17899**	**110919**
(一)农、林、牧、渔业	799	417	217	165
(二)采矿业	1958	91	293	1574
(三)制造业	65772	13237	5899	46636
(四)电力、燃气及水的生产和供应业	2911	1934	20	957
(五)建筑业	18277	5625	1639	11013
(六)交通运输、仓储和邮政业	9747	6845	839	2063
(七)信息传输、计算机服务和软件业	4050	413	6	3631
(八)批发和零售业	21261	4798	771	15692
(九)住宿和餐饮业	17058	5582	1194	10282
(十)金融业	12012	4697	780	6535
(十一)房地产业	6135	1154	190	4791
(十二)租赁和商务服务业	5773	2635	564	2574
(十三)科学研究、技术服务和地质勘查业	7280	6442	29	809
(十四)水利、环境和公共设施管理业	3093	2645	74	374
(十五)居民服务和其他服务业	834	442	2	390
(十六)教育	40183	36724	1968	1491
(十七)卫生、社会保障和社会福利业	21968	18253	3096	619
(十八)文化、体育和娱乐业	6261	4777	298	1186
(十九)公共管理和社会组织	21883	21726	20	137
(二十)国际组织				

3-17 在岗职工人数与工资(2005年)

地区或行业	年末人数（人）	年平均人数（人）	年工资总额（万元）	年平均工资（元）
总　计	**684154**	**677171**	**1455835**	**21499**
市　区	489713	485936	1089144.3	22413
县　（市）	194441	191235	366690.7	19175
长沙县	69675	68277	143627.9	21036
望城县	41103	40695	66169.3	16260
宁乡县	43075	42683	76937.9	18025
浏阳市	40588	39580	79955.6	20201
按经济类型分				
国有经济单位	331003	329990	853310.5	25859
集体经济单位	41990	41693	63498.3	15230
其他各种经济类型单位	311161	305488	539026.2	17645
按国民经济行业分				
（一）农、林、牧、渔业	3003	2806	4611.7	16435
（二）采矿业	11596	11369	14618.5	12858
（三）制造业	166184	163770	268971.8	16424
（四）电力、燃气及水的生产和供应业	7569	7603	18497.6	24329
（五）建筑业	94224	91616	143678	15683
（六）交通运输、仓储和邮政业	29279	30012	65584.2	21853
（七）信息传输、计算机服务和软件业	9943	9832	39395.6	40069
（八）批发和零售业	44314	44661	80990.7	18135
（九）住宿和餐饮业	31506	31296	46121	14737
（十）金融业	19249	18954	61128.5	32251
（十一）房地产业	22051	21592	40038.1	18543
（十二）租赁和商务服务业	15762	15825	27499.4	17377
（十三）科学研究、技术服务和地质勘查业	23121	22839	54827.6	24006
（十四）水利、环境和公共设施管理业	7430	7483	18364.1	24541
（十五）居民服务和其他服务业	2388	2381	4443.5	18662
（十六）教育	80410	79895	231973	29035
（十七）卫生、社会保障和社会福利业	33868	33420	114621.1	34297
（十八）文化、体育和娱乐业	15498	15519	40346.8	25998
（十九）公共管理和社会组织	66759	66298	180123.8	27169
（二十）国际组织				

3-18 国有单位职工人数与工资(2005年)

地区或行业	在岗职工(人)		离开单位仍保留劳动关系的职工(人)		在岗职工工资总额(万元)	离开单位仍保留劳动关系的职工生活费(万元)
	年末人数	平均人数	年末人数	平均人数		
总 计	**331003**	**329990**	**43663**	**44926**	**853310.5**	**26249.2**
中 央	65197	65111	5073	5457	188359.6	4984.3
省 属	117588	116629	12509	12705	300136.1	7940.8
地 区	69839	70469	21031	21236	160888.9	8563.8
县 属	76135	75575	4941	5419	198697.6	4701.8
总计中:市 区	249645	249553	36771	37374	660384.7	20962.3
县 (市)	81358	80437	6892	7552	192925.8	5286.9
长沙县	16975	16688	1534	1585	46616.9	671.5
望城县	20936	20840	1429	1608	41996.3	1041
宁乡县	19511	19457	1692	1744	44533.9	1314.5
浏阳市	23936	23452	2237	2615	59778.7	2259.9
按国民经济行业分组						
(一)农、林、牧、渔业	1251	1217	113	128	2266	37
农业	545	546			759.7	
林业	177	147	31	46	406.4	9.3
畜牧业	142	142	3	3	312.2	1.2
渔业	46	46			66.9	
农、林、牧、渔服务业	341	336	79	79	720.8	26.5
(二)采矿业	480	454	73	73	570.8	20.8
煤炭开采和洗选业	451	427	26	26	542.3	3.4
有色金属矿采选业	29	27	47	47	28.5	17.4
(三)制造业	33180	32986	14581	14821	61062.1	5918.2
农副食品加工业	343	335	67	67	761.2	59.2
食品制造业	172	176	141	140	276.6	51.6
饮料制造业	28	28			46.3	
烟草制品业	2121	2126	519	535	12756	53.9
纺织业	5130	5275	1693	1754	10238.9	576.2
纺织服装、鞋、帽制造业	825	798	341	339	1609.2	259.2
木材加工及木、竹、藤、棕、草制品业	162	162	157	157	228	57.5
印刷业和记录媒介的复制	2184	2123	506	453	2822.7	304
化学原料及化学制品制造业	306	308	273	334	451.9	122.4
医药制造业	141	140			167.6	
橡胶制品业	273	277	122	123	219.8	27.8
塑料制品业	23	23			45	
非金属矿物制品业	2570	2547	360	360	4398.9	164.9
有色金属冶炼及压延加工业	513	487	504	566	797.5	69.4
金属制品业	1734	1777	461	426	1881	434.6
通用设备制造业	7618	7398	3592	3619	11397.3	1264
专用设备制造业	3740	3741	1779	1740	5692.4	931.3
交通运输设备制造业	2155	2165	1044	1116	3022.2	485.8
电气机械及器材制造业	1513	1479	428	444	2417	324.9
通信设备、计算机及其他电子设备制造业	342	342	283	300	475.8	186
仪器仪表及文化、办公用机械制造业	1108	1100	2215	2252	1100.1	487.5
工艺品及其他制造业	179	179	96	96	256.7	58

3－18 续表 1

地区或行业	在岗职工(人)		离开单位仍保留劳动关系的职工(人)		在岗职工工资总额(万元)	离开单位仍保留劳动关系的职工生活费(万元)
	年末人数	平均人数	年末人数	平均人数		
(四)电力、燃气及水的生产和供应业	5308	5310	474	476	13628.2	510
电力、热力的生产和供应业	3204	3206	329	328	8214.6	335.5
水的生产和供应业	2104	2104	145	148	5413.6	174.5
(五)建筑业	20801	20869	5957	6262	37240	2578.4
房屋和土木工程建筑业	18881	18975	5168	5432	32835.2	2406.7
建筑安装业	898	864	551	594	2111.1	85.6
建筑装饰业	222	224	93	90	335.7	15.6
其他建筑业	800	806	145	146	1958	70.5
(六)交通运输、仓储和邮政业	20148	20832	4686	4797	45766.8	2612.1
道路运输业	6499	6457	1061	1064	9467.1	684.4
城市公共交通业	3749	4524	1823	1886	9451.3	1214.2
水上运输业	3052	3072	1498	1540	9715.9	494.5
航空运输业	1338	1338			5352	
装卸搬运和其他运输服务业	893	845	114	114	1720.1	47.2
仓储业	453	453	106	106	1004	64.7
邮政业	4164	4143	84	87	9056.4	107.1
(七)信息传输、计算机服务和软件业	1689	1682	65	62	5460.4	44.1
电信和其他信息传输服务业	1265	1258	64	61	4358	43.5
计算机服务业	15	15			64.6	
软件业	409	409	1	1	1037.8	0.6
(八)批发和零售业	10697	10734	2854	2914	25045.8	1612.3
批发业	7767	7806	1734	1723	19496.3	948.4
零售业	2930	2928	1120	1191	5549.5	663.9
(九)住宿和餐饮业	10488	10393	715	726	14677.7	396.6
住宿业	7221	7247	686	697	9784.2	378.9
餐饮业	3267	3146	29	29	4893.5	17.7
(十)金融业	9032	8991	654	640	27068.9	964.6
银行业	8841	8800	654	640	26468	964.6
证券业	18	18			77.4	
保险业	157	157			499.2	
其他金融活动	16	16			24.3	
(十一)房地产业	4104	4100	1429	1447	10077.4	455.9
房地产开发经营	2456	2450	92	98	6271.5	43.1
物业管理	950	950	11	11	2531.8	13.2
其他房地产活动	698	700	1326	1338	1274.1	399.6
(十二)租赁和商务服务业	7706	7807	2163	2240	14522.3	872
租赁业	462	452	622	656	658	248.4
商务服务业	7244	7355	1541	1584	13864.3	623.6
(十三)科学研究、技术服务和地质勘查业	20106	19847	3176	3278	48949.4	2098.1
研究与试验发展	7361	7293	1051	1070	15161.1	613.5
自然科学研究与试验发展	972	964	204	207	1824.5	73
工程和技术研究与试验发展	3880	3808	538	557	7608.3	236.6
农业科学研究与试验发展	1846	1859	233	229	3845.1	242.2
医学研究与试验发展	548	549	75	76	1583.1	59.7

3－18 续表 2

地区或行业	在岗职工(人)		离开单位仍保留劳动关系的职工(人)		在岗职工工资总额(万元)	离开单位仍保留劳动关系的职工生活费(万元)
	年末人数	平均人数	年末人数	平均人数		
社会人文科学研究与试验发展	115	113	1	1	300.1	2
专业技术服务业	10050	9824	1306	1363	27650	960
气象服务	327	321			941.4	
地震服务	148	148			538	
测绘服务	654	642	52	51	1327.7	61.9
技术检测	937	926	8	29	2380.8	50.6
环境监测	168	165	17	8	358.9	11.6
工程技术与规划管理	7551	7357	595	641	21499.4	567.2
其他专业技术服务	265	265	634	634	603.8	268.7
科技交流和推广服务业	455	454	99	118	818.6	62
技术推广服务	254	254	8	8	480.4	2.1
科技中介服务	170	169	8	8	275.4	1.3
其他科技服务	31	31	83	102	62.8	58.6
地质勘查业	2240	2276	720	727	5319.7	462.6
矿产地质勘查	1325	1368	430	436	2929.1	330.3
基础地质勘查	235	235	11	12	576.4	13.4
地质勘查技术服务	680	673	279	279	1814.2	118.9
(十四)水利、环境和公共设施管理业	5535	5582	377	385	14032.5	234.5
水利管理业	818	797	110	116	1606.5	82
环境管理业	2312	2381	93	95	7227.9	74.6
公共设施管理业	2405	2404	174	174	5198.1	77.9
(十五)居民服务和其他服务业	1260	1255	181	193	2885.5	72.4
居民服务业	272	272		1	831.6	2.4
其他服务业	988	983	181	192	2053.9	70
(十六)教育	73421	72985	1749	2185	218132.2	2895.7
学前教育	1300	1284	8	12	3058.4	17.7
初等教育	4208	4063	105	119	6893.4	105.1
中等教育	26963	26924	501	907	83704	952.1
高等教育	38045	37858	1110	1115	118314	1801.7
其他教育	2905	2856	25	32	6162.4	19.1
(十七)卫生、社会保障和社会福利业	27376	27023	1622	1459	102525.4	1607.2
卫生	26356	26023	1617	1454	100619.5	1602.9
社会保障业	427	427	1	1	770.7	0.6
社会福利业	593	573	4	4	1135.2	3.7
(十八)文化、体育和娱乐业	12036	11988	400	390	30542.4	417.5
新闻出版业	3957	3911	95	96	11606.3	161.2
广播、电视、电影和音像业	3765	3774	137	138	10449.2	126.6
文化艺术业	2974	2967	132	125	5691.9	109.1
体育	851	842	19	18	1724.9	10.6
娱乐业	489	494	17	13	1070.1	10
(十九)公共管理和社会组织	66385	65935	2394	2450	178856.7	2901.8
中国共产党机关	1457	1449	6	6	4967.6	16.7
国家机构	63295	62875	2376	2432	169169.7	2867.3
人民政协和民主党派	690	686	2	2	1850.4	2.9
群众团体、社会团体和宗教组织	943	925	10	10	2869	14.9

3－19 城镇集体所有制单位职工人数与工资(2005年)

地区或行业	在岗职工(人)		离开单位仍保留劳动关系的职工(人)		在岗职工工资总额(万元)	离开单位仍保留劳动关系的职工生活费(万元)
	年末人数	平均人数	年末人数	平均人数		
总　计	**41990**	**41693**	**15014**	**15167**	**63498.3**	**4530.3**
市　区	21400	21424	11830	12083	35050.8	4146.3
县　(市)	20590	20269	3184	3084	28447.5	384
长沙县	4711	4695	6	6	8670.8	1.2
望城县	6880	6801	2968	2884	7062.9	322.2
宁乡县	5827	5762	47	44	8529.1	17.7
浏阳市	3172	3011	163	150	4184.7	42.9
(一)农、林、牧、渔业	658	658	80	80	824.9	25.8
农业	10	10	1	1	16.7	0.1
农、林、牧、渔服务业	648	648	79	79	808.2	25.7
(二)采矿业	2632	2574	70	70	3746	51.7
煤炭开采和洗选业	2196	2149			3109.7	
黑色金属矿采选业	42	32			75	
有色金属矿采选业	303	302	70	70	458	51.7
非金属矿采选业	91	91			103.3	
(三)制造业	12978	12926	9263	9226	16760.8	2511.6
农副食品加工业	116	116			131	
食品制造业	14	14			27.2	
饮料制造业	76	76			64	
纺织业	464	469	376	382	729.2	64.2
纺织服装、鞋、帽制造业	1281	1265	246	250	1422.8	46.6
皮革、毛皮、羽毛(绒)及其制品业	116	116			259.6	
木材加工及木、竹、藤、棕、草制品业	20	20			14	
家具制造业	104	104			99.8	
造纸及纸制品业	353	353			374.1	
印刷业和记录媒介的复制	510	512	365	373	756.2	146.8
文教体育用品制造业	99	99	97	97	170.1	39.2
化学原料及化学制品制造业	1566	1494	72	25	1679.6	13.5
医药制造业	16	16			28.8	
塑料制品业	189	201	371	381	207.7	109.7
非金属矿物制品业	3365	3375	3019	3058	3515.4	485.6
黑色金属冶炼及压延加工业	64	63			80.8	
金属制品业	466	465	158	163	937.8	82.8
通用设备制造业	1161	1160	292	295	1819	80.8
专用设备制造业	145	147	672	682	184.5	142.3
交通运输设备制造业	1049	1039	268	276	1306.3	64.9
电气机械及器材制造业	1071	1088	1480	1349	1869.8	975.6
通信设备、计算机及其他电子设备制造业	118	121	1027	1061	161	133.9
仪器仪表及文化、办公用机械制造业	194	196	344	349	287.4	67.4
工艺品及其他制造业	421	417	476	485	634.7	58.3
(四)电力、燃气及水的生产和供应业	30	30			54	
电力、热力的生产和供应业	30	30			54	
(五)建筑业	7813	7720	1505	1634	11451.7	392.8
房屋和土木工程建筑业	7318	7224	1257	1385	10344.6	269.6
建筑安装业	332	333	147	148	719.6	113.1
建筑装饰业	163	163	101	101	387.5	10.1

3-19 续表

地区或行业	在岗职工(人)		离开单位仍保留劳动关系的职工(人)		在岗职工工资总额(万元)	离开单位仍保留劳动关系的职工生活费(万元)
	年末人数	平均人数	年末人数	平均人数		
(六)交通运输、仓储和邮政业	2198	2217	1081	1005	2729.8	411.7
道路运输业	455	455	395	403	829.6	343.3
城市公共交通业	3	3			2.9	
水上运输业	537	561	605	521	469.2	52.2
装卸搬运和其他运输服务业	1171	1166			1395.1	
仓储业	32	32	81	81	33	16.2
(七)信息传输、计算机服务和软件业	14	14			35.5	
计算机服务业	14	14			35.5	
(八)批发和零售业	1404	1511	1276	1373	2052	544.5
批发业	554	655	432	443	896.1	163.3
零售业	850	856	844	930	1155.9	381.2
(九)住宿和餐饮业	2158	2135	309	331	2462.6	213
住宿业	1901	1871	309	331	2031	213
餐饮业	257	264			431.6	
(十)金融业	1300	1286			2336.9	
银行业	1292	1278			2329	
其他金融活动	8	8			7.9	
(十一)房地产业	528	526	258	263	735.7	60.8
房地产开发经营	85	81	6	6	121.5	5.1
物业管理	203	203	243	248	239	47.2
其他房地产活动	240	242	9	9	375.2	8.5
(十二)租赁和商务服务业	1018	1021	755	764	2421	155.1
商务服务业	1018	1021	755	764	2421	155.1
(十三)科学研究、技术服务和地质勘查业	94	94	19	19	162.3	11.9
研究与试验发展	34	34	14	14	49.3	9.7
专业技术服务业	43	43	5	5	84.3	2.2
科技交流和推广服务业	17	17			28.7	
(十四)水利、环境和公共设施管理业	244	240	13	11	641.4	14.1
水利管理业	99	95	13	11	143.1	14.1
公共设施管理业	145	145			498.3	
(十五)居民服务和其他服务业	3	3	2	2	3.2	2
其他服务业	3	3	2	2	3.2	2
(十六)教育	2726	2742	2	2	5458.1	0.4
学前教育	173	173	2	2	296.7	0.4
初等教育	2469	2475			5013.5	
高等教育	37	35			64.4	
其他教育	47	59			83.5	
(十七)卫生、社会保障和社会福利业	5406	5209	201	204	9028.9	114.9
卫生	5256	5058	201	204	8856.6	114.9
社会福利业	150	151			172.3	
(十八)文化、体育和娱乐业	750	751	180	183	2491.1	20
新闻出版业	83	84	180	183	173.7	20
广播、电视、电影和音像业	622	622			2237.5	
文化艺术业	27	27			25.9	
娱乐业	18	18			54	
(十九)公共管理和社会组织	36	36			102.4	
群众团体、社会团体和宗教组织	36	36			102.4	

3－20　其他各种经济单位职工人数与工资(2005年)

地区或行业	在岗职工(人)		离开单位仍保留劳动关系的职工(人)		在岗职工工资总额(万元)	离开单位仍保留劳动关系的职工生活费(万元)
	年末人数	平均人数	年末人数	平均人数		
总　　计	**311161**	**305488**	**20481**	**21330**	**539026.2**	**11031.4**
按登记注册类型分组						
(一)内资	265716	260590	19578	20399	461331.2	10575
股份合作	15284	14965	1044	1047	24136.4	262.8
联营	1125	1104			2171	
有限责任公司	177747	174388	13697	14030	291963.4	6888.7
股份有限公司	63246	61979	4686	5109	126937.7	3348.4
其他	8314	8154	151	213	16122.7	75.1
(二)港、澳、台商投资	21403	21052	692	716	31289.1	288.5
(三)外商投资	24042	23846	211	215	46405.9	167.9
市　区	218668	214959	18842	19718	393708.8	10539.4
县　(市)	92493	90529	1639	1612	145317.4	492
长沙县	47989	46894	205	180	88340.2	182.5
望城县	13287	13054	12	12	17110.1	2
宁乡县	17737	17464	1332	1337	23874.9	269.6
浏阳市	13480	13117	90	83	15992.2	37.9
按国民经济行业分组						
(一)农、林、牧、渔业	1094	931			1520.8	
农业	223	217			306.1	
畜牧业	673	516			782	
农、林、牧、渔服务业	198	198			432.7	
(二)采矿业	8484	8341	583	584	10301.7	140.2
煤炭开采和洗选业	7788	7671	583	584	9103.8	140.2
非金属矿采选业	696	670			1197.9	
(三)制造业	120026	117858	9831	10025	191148.9	4469.7
农副食品加工业	2878	2741	337	346	3657.2	275.1
食品制造业	9108	9063	304	307	13476.7	138.4
饮料制造业	3481	3493	325	324	6527.9	265.6
纺织业	3192	3217	1568	1576	5302.9	446.7
纺织服装、鞋、帽制造业	1823	1923			2572.3	
皮革、毛皮、羽毛(绒)及其制品业	1246	1226			1267.7	
木材加工及木、竹、藤、棕、草制品业	1780	1782			2220.9	
家具制造业	414	422			635.4	
造纸及纸制品业	1137	1139	31	31	1348	3.1
印刷业和记录媒介的复制	2129	2130	97	97	3125.3	14.7
文教体育用品制造业	204	190	267	270	175.7	80.9
石油加工、炼焦及核燃料加工业	153	152			273.2	
化学原料及化学制品制造业	13524	13090	1341	1359	17120	651.9
医药制造业	3986	3938	215	216	5761	200
橡胶制品业	161	128			269.7	
塑料制品业	3725	3661	597	608	5597.1	244.9
非金属矿物制品业	9021	9001	920	927	12873.6	293.3

3－20 续表 1

地区或行业	在岗职工(人)		离开单位仍保留劳动关系的职工(人)		在岗职工工资总额(万元)	离开单位仍保留劳动关系的职工生活费(万元)
	年末人数	平均人数	年末人数	平均人数		
黑色金属冶炼及压延加工业	233	233			325.1	
有色金属冶炼及压延加工业	4984	4835		45	8029.8	45
金属制品业	1997	1891	945	950	3056.9	148.1
通用设备制造业	8733	8529	1854	1876	11037.7	878.2
专用设备制造业	17309	16391	111	110	39745.1	86.8
交通运输设备制造业	11404	11612	26	26	17207.7	5.2
电气机械及器材制造业	6143	6040	444	455	11193.9	350.9
通信设备、计算机及其他电子设备制造业	9044	8858	430	483	15265.7	334.8
仪器仪表及文化、办公用机械制造业	1931	1887			2693	
工艺品及其他制造业	286	286	19	19	389.4	6
（四）电力、燃气及水的生产和供应业	2231	2263	12	10	4815.4	3.3
电力、热力的生产和供应业	808	808	12	10	1559.8	3.3
燃气生产和供应业	1047	1079			2498.6	
水的生产和供应业	376	376			757	
（五）建筑业	65610	63027	889	910	94986.3	530.3
房屋和土木工程建筑业	54330	52413	603	595	78931.4	417.9
建筑安装业	4552	4432	286	315	6581.7	112.4
建筑装饰业	4159	4086			6551.8	
其他建筑业	2569	2096			2921.4	
（六）交通运输、仓储和邮政业	6933	6963	76	109	17087.6	103.2
铁路运输业	1743	1742	16	16	5571.6	30.4
道路运输业	511	542	11	11	785.7	3.7
城市公共交通业	2030	2030	47	80	2639.9	66.5
航空运输业	2157	2157			7291	
装卸搬运和其他运输服务业	472	472	2	2	782.4	2.6
仓储业	20	20			17	
（七）信息传输、计算机服务和软件业	8240	8136	344	371	33899.7	496.9
电信和其他信息传输服务业	3864	3834	343	370	20881	495.9
计算机服务业	952	933			3199.8	
软件业	3424	3369	1	1	9818.9	1
（八）批发和零售业	32213	32416	4158	4233	53892.9	2152.1
批发业	11491	11602	1604	1619	21624.9	955.5
零售业	20722	20814	2554	2614	32268	1196.6
（九）住宿和餐饮业	18860	18768	920	945	28980.7	371.7
住宿业	9730	9767	463	502	15956	302.8
餐饮业	9130	9001	457	443	13024.7	68.9
（十）金融业	8917	8677	545	561	31722.7	1208.2
银行业	6524	6311	519	530	23694	1136
证券业	318	316			1448.2	
保险业	1817	1792	2	2	5516.2	2.1
其他金融活动	258	258	24	29	1064.3	70.1
（十一）房地产业	17419	16966	2480	2768	29225	1307.8

3－20 续表 2

地区或行业	在岗职工(人)		离开单位仍保留劳动关系的职工(人)		在岗职工工资总额(万元)	离开单位仍保留劳动关系的职工生活费(万元)
	年末人数	平均人数	年末人数	平均人数		
房地产开发经营	14335	14106	2052	2340	25461.3	1082.7
物业管理	2556	2373	276	279	3001.9	129.9
房地产中介服务	171	173			354.1	
其他房地产活动	357	314	152	149	407.7	95.2
(十二)租赁和商务服务业	7038	6997	64	66	10556.1	55.6
租赁业	38	37			52.1	
商务服务业	7000	6960	64	66	10504	55.6
(十三)科学研究、技术服务和地质勘查业	2921	2898	395	404	5715.9	88.5
研究与试验发展	103	103			131.8	
工程和技术研究与试验发展	37	37			42	
农业科学研究与试验发展	33	33			39.8	
医学研究与试验发展	33	33			50	
专业技术服务业	2671	2641	395	404	5347.7	88.5
技术检测	41	41			102.5	
工程技术与规划管理	2505	2472	18	18	5100.8	10.5
其他专业技术服务	125	128	377	386	144.4	78
科技交流和推广服务业	147	154			236.4	
技术推广服务	87	94			150.3	
科技中介服务	29	29			43.3	
其他科技服务	31	31			42.8	
(十四)水利、环境和公共设施管理业	1651	1661	1	1	3690.2	1
水利管理业	32	32	1	1	92.2	1
环境管理业	14	14			26.9	
公共设施管理业	1605	1615			3571.1	
(十五)居民服务和其他服务业	1125	1123	46	143	1554.8	32.9
居民服务业	537	532	17	17	723.4	11.4
其他服务业	588	591	29	126	831.4	21.5
(十六)教育	4263	4168	6	7	8382.7	1.1
学前教育	85	76	5	5	108.2	1
中等教育	612	594	1	1	1830	0.1
高等教育	3122	3063			5692.1	
其他教育	444	435		1	752.4	
(十七)卫生、社会保障和社会福利业	1086	1188	1	1	3066.8	0.1
卫生	1031	1132			2940.5	
社会保障业	23	24	1	1	48.5	0.1
社会福利业	32	32			77.8	
(十八)文化、体育和娱乐业	2712	2780			7313.3	
新闻出版业	291	292			556.1	
广播、电视、电影和音像业	1083	1185			3289.9	
文化艺术业	83	83			226.5	
娱乐业	1255	1220			3240.8	
(十九)公共管理和社会组织	338	327	130	192	1164.7	68.8
群众团体、社会团体和宗教组织	61	59			137.8	
基层群众自治组织	277	268	130	192	1026.9	68.8

3－21　市区职工人数与工资(2005年)

行　　业	在岗职工平均人数（人）	离开单位仍保留劳动关系的职工平均人数（人）	在岗职工工资总额（万元）	离开单位仍保留劳动关系的职工生活费（万元）
总　　计	**485936**	**69175**	**1089144.3**	**35648**
(一)农、林、牧、渔业	1721	4	2968	1.3
(二)采矿业	497	70	858.4	51.7
(三)制造业	78997	28291	136173.1	11184.7
(四)电力、燃气及水的生产和供应业	5878	256	15278.2	237.5
(五)建筑业	85131	8675	133836.2	3416.5
(六)交通运输、仓储和邮政业	22667	5218	51966.9	2867.3
(七)信息传输、计算机服务和软件业	8754	372	36258.5	497.5
(八)批发和零售业	42250	8456	75661.7	4266.3
(九)住宿和餐饮业	28710	1946	42987.5	931.2
(十)金融业	16292	1126	55384.9	2062.5
(十一)房地产业	19266	4453	35021.4	1807.7
(十二)租赁和商务服务业	12784	2621	21201.3	997.7
(十三)科学研究、技术服务和地质勘查业	21187	3247	51429.9	2023.3
(十四)水利、环境和公共设施管理业	6311	243	16421.1	161.6
(十五)居民服务和其他服务业	2362	338	4426.7	107.3
(十六)教育	54436	1423	164202.8	2346.8
(十七)卫生、社会保障和社会福利业	22915	1164	85114.5	1318.2
(十八)文化、体育和娱乐业	14508	485	38348.5	370.4
(十九)公共管理和社会组织	41270	787	121604.7	998.5
(二十)国际组织				

3－22　市区国有单位职工人数与工资(2005 年)

行　　业	在岗职工平均人数(人)	离开单位仍保留劳动关系的职工平均人数(人)	在岗职工工资总额(万元)	离开单位仍保留劳动关系的职工生活费(万元)
总　　计	**249553**	**37374**	**660384.7**	**20962.3**
(一)农、林、牧、渔业	658	3	1334.6	1.2
(二)采矿业	15		35.8	
(三)制造业	24640	11874	48601.5	4635.4
(四)电力、燃气及水的生产和供应业	4265	256	11538.6	237.5
(五)建筑业	20320	6262	36404.1	2578.4
(六)交通运输、仓储和邮政业	15074	4625	33453.8	2404.6
(七)信息传输、计算机服务和软件业	828	1	3123.9	0.6
(八)批发和零售业	9621	2869	22416.8	1604.3
(九)住宿和餐饮业	9138	672	13314.9	347.5
(十)金融业	8268	574	25214.4	868.8
(十一)房地产业	3487	1432	8265.1	447.9
(十二)租赁和商务服务业	5528	2226	9231.3	855.5
(十三)科学研究、技术服务和地质勘查业	18304	2825	45713.6	1924.4
(十四)水利、环境和公共设施管理业	4472	232	12147.8	147.2
(十五)居民服务和其他服务业	1236	193	2868.7	72.4
(十六)教育	51032	1415	157352.6	2345.4
(十七)卫生、社会保障和社会福利业	20678	1018	80299.2	1211.1
(十八)文化、体育和娱乐业	11076	302	28715.6	350.4
(十九)公共管理和社会组织	40913	595	120352.4	929.7
(二十)国际组织				

3－23 市区城镇集体所有制单位职工人数与工资(2005 年)

行　　业	在岗职工平均人数（人）	离开单位仍保留劳动关系的职工平均人数（人）	在岗职工工资总额（万元）	离开单位仍保留劳动关系的职工生活费（万元）
总　　计	**21424**	**12083**	**35050.8**	**4146.3**
(一)农、林、牧、渔业	132	1	112.6	0.1
(二)采矿业	373	70	511.3	51.7
(三)制造业	6975	7292	10275.1	2306.2
(四)电力、燃气及水的生产和供应业	30		54	
(五)建筑业	5760	1581	8788.1	373.3
(六)交通运输、仓储和邮政业	630	484	1425.5	359.5
(七)信息传输、计算机服务和软件业	14		35.5	
(八)批发和零售业	1511	1373	2052	544.5
(九)住宿和餐饮业	2107	331	2434.6	213
(十)金融业	261		444.9	
(十一)房地产业	500	253	687.1	52
(十二)租赁和商务服务业	529	336	2052.4	91.2
(十三)科学研究、技术服务和地质勘查业	94	19	162.3	11.9
(十四)水利、环境和公共设施管理业	178	10	583.1	13.4
(十五)居民服务和其他服务业	3	2	3.2	2
(十六)教育	267	2	444.6	0.4
(十七)卫生、社会保障和社会福利业	1300	146	2416.9	107.1
(十八)文化、体育和娱乐业	724	183	2465.2	20
(十九)公共管理和社会组织	36		102.4	
(二十)国际组织				

3－24 市区其他所有制单位职工人数与工资(2005 年)

行业	在岗职工平均人数(人)	离开单位仍保留劳动关系的职工平均人数(人)	在岗职工工资总额(万元)	离开单位仍保留劳动关系的职工生活费(万元)
总计	**214959**	**19718**	**393708.8**	**10539.4**
(一)农、林、牧、渔业	931		1520.8	
(二)采矿业	109		311.3	
(三)制造业	47382	9125	77296.5	4243.1
(四)电力、燃气及水的生产和供应业	1583		3685.6	
(五)建筑业	59051	832	88644	464.8
(六)交通运输、仓储和邮政业	6963	109	17087.6	103.2
(七)信息传输、计算机服务和软件业	7912	371	33099.1	496.9
(八)批发和零售业	31118	4214	51192.9	2117.5
(九)住宿和餐饮业	17465	943	27238	370.7
(十)金融业	7763	552	29725.6	1193.7
(十一)房地产业	15279	2768	26069.2	1307.8
(十二)租赁和商务服务业	6727	59	9917.6	51
(十三)科学研究、技术服务和地质勘查业	2789	403	5554	87
(十四)水利、环境和公共设施管理业	1661	1	3690.2	1
(十五)居民服务和其他服务业	1123	143	1554.8	32.9
(十六)教育	3137	6	6405.6	1
(十七)卫生、社会保障和社会福利业	937		2398.4	
(十八)文化、体育和娱乐业	2708		7167.7	
(十九)公共管理和社会组织	321	192	1149.9	68.8
(二十)国际组织				

3－25 离休、退休人员人数(2005 年)

单位:人

	合计	#女性	离休人员	退休人员
总计	**301279**	**139189**	**9687**	**291592**
一、城镇单位	297243	137322	9687	287556
(一)企业	208858	99626	4036	204822
1. 内资企业	207321	98772	4017	203304
(1)国有企业	128332	57438	3302	125030
(2)集体企业	49336	28045	329	49007
(3)其它企业	29653	13289	386	29267
2. 港、澳、台及外资企业	1537	854	19	1518
(二)事业	71024	31263	3678	67346
(三)机关	17361	6433	1973	15388
二、其他	4036	1867		4036

3－26 离休、退休人员保险福利费用构成情况(2005 年)

单位:万元

行业	合计	离休金	退休金	医疗卫生费	其他费用
总计	**318398.1**	**19045.8**	**266280.9**	**16764.7**	**16306.7**
一、城镇单位	315863	19045.8	263745.8	16764.7	16306.7
(一)企业	157812.6	6710.2	137174.7	8946.1	4981.6
1. 内资企业	156788.6	6675.8	136207.5	8935.8	4969.5
(1)国有企业	105932.8	5579.3	87639.8	8340.2	4373.5
(2)集体企业	31496.4	478.6	30403	322.4	292.4
(3)其它企业	19359.4	617.9	18164.7	273.2	303.6
2. 港、澳、台及外资企业	1024	34.4	967.2	10.3	12.1
(二)事业	123594.3	7997.4	101706.9	4359.9	9530.1
(三)机关	34456.1	4338.2	24864.2	3458.7	1795
二、其他	2535.1		2535.1		

3－27 全社会从业人员(2005年)

单位:万人

行业	合计	城镇	乡村
从业人员合计	**358.92**	**126.59**	**232.33**
一、按就业身份			
在岗职工	68.42	68.42	
个体工商户	36.47	20.8	15.67
私营企业从业人员	48.27	24.9	23.37
农村从业人员	193.29		193.29
其他从业人员	4.55	4.55	
离开单位仍保留劳动关系的职工	7.92	7.92	
二、按经济类型分			
国有经济	40.42	40.42	
集体经济	6.23	6.23	
私营及个体经济	84.74	45.7	39.04
其他经济	227.53	34.24	193.29
三、按产业分			
一产业	125.74	0.54	125.2
二产业	104.45	42.62	61.83
三产业	128.73	83.43	45.3

4 固定资产投资、建筑业

长沙统计年鉴

4-1 历年固定资产投资按项目性质、用途分类

单位:万元

年份	按项目性质分				按用途分		
	基本建设	更新改造	城镇集体及其它	房地产开发	生产性建设	非生产性建设	#住宅
总计	**12421983**	**4551611**	**1224730**	**6013976**	**1364588**	**1068804**	**5025890**
1950	549				148	401	127
1951	2816				1030	1786	338
1952	1828				546	1282	544
1953	3947				1339	2608	197
1954	3842				1506	2336	732
1955	4520				2223	2297	915
1956	5226				2419	2807	927
1957	4705				2318	2387	813
1958	8850				7185	1665	177
1959	12001				8942	3059	955
1960	15958				11717	4241	788
1961	3551				2274	1277	196
1962	1581				1113	468	161
1963	2237				1310	927	431
1964	4852		440		3226	2066	900
1965	4365		386		3162	1589	622
1966	4864		490		4121	1233	433
1967	3092		472		2818	746	229
1968	2632		420		2152	900	231
1969	3333		558		2651	1240	372
1970	3851		601		3798	654	288
1971	4081		644		3542	1183	265
1972	8393		687		7903	1177	542
1973	10005	716	731		8527	2925	1490
1974	11755	461	541		9514	3243	1440
1975	13898	565	652		11480	3635	1349
1976	14926	331	596		12550	3303	1393
1977	12291	459	715		9511	3954	1574
1978	17355	907	1076		12021	7317	3269
1979	20831	3947	1133		12249	13662	8055
1980	26808	6709	4526		20850	17193	10905
1981	26195	8490	4549		19744	19490	12859

4－1 续表

年份	按项目性质分				按用途分		
	基本建设	更新改造	城镇集体及其它	房地产开发	生产性建设	非生产性建设	#住宅
1982	29049	12141	6685		24012	23863	14183
1983	27347	20035	5941		27785	25538	13630
1984	34186	21846	4322		28541	31813	16121
1985	47881	34767	7446		48570	41524	18861
1986	61682	33983	8929		56636	47958	19335
1987	57541	30802	11430		54657	45116	18641
1988	64064	44637	15709		79149	45261	16247
1989	75319	29108	12934		72212	45149	18021
1990	64098	31403	9786		63925	41362	16254
1991	78694	41773	11965		82832	49600	24116
1992	126866	77635	23097	37602	142064	123136	68739
1993	169923	101502	26973	110618	213502	195514	117735
1994	252111	122572	19773	122277	276814	239919	134355
1995	384730	236186	25440	229657			193965
1996	478687	229143	43015	195679			182731
1997	522409	250450	20853	157374			162080
1998	635004	221346	42157	174078			281600
1999	615723	252996	32383	225765			282935
2000	724858	318703	40775	330238			238246
2001	1228733	313587	87130	631878			396807
2002	1538278	438381	137921	817883			566393
2003	2112133	723661	278144	1225551			831982
2004	2827529	942369	332705	1755376			1339396
2005		1238674		2563500			2282295

说明：因国家报表制度取消按“项目性质”有关指标分组，部分年份有关指标缺失。

4-2 历年固定资产投资、新增固定资产及竣工房屋面积

单位:万元

年份	固定资产投资额		新增固定资产		房屋竣工面积(万 m^2)	
	合计	#市区	合计	#市区	合计	#市区
总计	**24212300**	**18746213**	**13873080**	**11051836**	**8572.12**	**4604.32**
1950	549	465	549	465	7.02	1.19
1951	2816	2736	1845	1765	11.74	1.92
1952	1828	1730	1630	1532	17.84	8.11
1953	3947	3797	3479	3329	31.67	7.93
1954	3842	3577	3327	3062	40.06	13.47
1955	4520	4307	3901	3687	47.18	15.30
1956	5226	4917	4043	3733	50.45	16.07
1957	4705	4336	4424	4099	58.48	23.65
1958	8850	7513	7207	6134	64.30	6.78
1959	12001	10075	9138	7551	79.09	20.92
1960	15958	13154	12053	10010	79.57	20.8
1961	3551	3212	2415	2143	22.1	5.30
1962	1581	1037	1368	967	11.39	2.54
1963	2237	1734	1645	1198	9.83	5.31
1964	5292	4364	4039	3366	23.64	10.08
1965	4751	3654	4615	3993	34.28	13.09
1966	5354	2912	3839	2960	30.18	10.37
1967	3564	1703	3631	969	18.61	4.56
1968	3052	2230	2486	1785	21.97	6.10
1969	3891	3699	3306	2742	22.43	6.21
1970	4452	3527	2871	2280	22.29	6.13
1971	4725	3866	1791	1302	23.42	5.02
1972	9080	7913	5096	4494	33.27	8.67
1973	11452	9031	6358	5198	55.34	23.43
1974	12757	10502	6927	5469	42.33	18.30
1975	15115	13162	7402	6420	43.98	16.26
1976	15853	14226	5891	5487	50.78	18.13
1977	13465	11999	13517	12533	58.63	21.35
1978	19338	15460	13202	10485	81.41	41.17
1979	25911	22331	18846	15261	116.75	81.59
1980	38043	32150	29101	25288	180.17	109.92
1981	39234	32235	29041	25984	169.77	114.18

4－2 续表

年 份	固定资产投资额		新增固定资产		房屋竣工面积(万 m^2)	
	合 计	#市区	合 计	#市区	合 计	#市区
1982	47875	41878	40018	31582	182.83	114.17
1983	53323	47161	40772	36434	208.32	120.17
1984	60354	53262	47180	41748	170.20	95.38
1985	90094	80012	64883	57605	186.78	93.49
1986	104594	92115	61507	54382	183.62	94.12
1987	99773	82812	75918	63473	178.11	76.79
1988	124410	97916	72322	59022	147.54	61.08
1989	117361	104388	98524	90968	143.13	61.64
1990	105287	93023	82545	74365	109.77	91.95
1991	132432	117253	113889	99600	131.37	55.72
1992	265200	241509	158962	143582	196.38	114.36
1993	409016	361367	240534	223206	213.38	116.41
1994	516733	457287	268878	237979	215.65	136.56
1995	876013	744446	493739	462822	314.55	168.87
1996	946524	877722	599994	555437	269.19	161.76
1997	951086	804219	620944	505469	259.56	135.57
1998	1072585	907871	683627	538812	333.86	185.63
1999	1126867	976976	785031	728914	401.03	282.04
2000	1414574	1340870	883380	826963	343.54	198.51
2001	2261328	1847913	1107918	828550	435.83	258.30
2002	2932463	2209442	1710366	1407213	655.42	358.30
2003	4339489	2913082	2419902	1865769	785.81	417.64
2004	5857979	3996135	2983264	1932250	946.28	542.01
2005	7911578	5506268	3437205	240.35	931.57	612.26

4-3 主要年份全社会固定资产投资完成情况

单位:万元

指　　标	1997 年	1998 年	1999 年	2000 年	2001 年	2002 年	2003 年	2004 年	2005 年
全社会固定资产投资	**1239759**	**1484337**	**1648488**	**2023194**	**2798029**	**3625747**	**4949713**	**6680876**	**8814166**
一、城镇投资合计	1022154	1172569	1219514	1533449	2381395	3120627	4373774	5905978	7911578
基本建设	522409	635004	615723	724858	1228733	1538278	2112133	2827529	
更新改造	250450	221346	252996	318703	313587	438381	723661	942369	1238674
城镇集体及其它	20853	61046	32383	40775	87130	137921	278144	332705	
房地产开发	157374	174078	225765	330238	631878	817883	1225551	1755376	2563500
城镇私人建房	71068	81095	92647	118875	120067	80921	34285	47999	
跨区项目						107243			
二、农村投资合计	217605	311768	389483	439096	416634	505120	575939	774898	902588
#农村个人	134636	198165	245890	298665	265757	347283	382579	444081	516306

4-4 历年国有及民间投资情况

单位:万元

年份	全社会投资	国有	民间投资		
			合计	#集体	#个体
1979年	33109	24778	8331	3200	5131
1980年	49665	33517	16148	7175	8973
1981年	54243	34685	19558	8561	10997
1982年	60749	41190	19559	9685	9874
1983年	73354	47382	25972	12422	13550
1984年	88663	56032	32631	14111	18520
1985年	125655	82648	43007	19516	23491
1986年	136742	95665	41077	21330	19747
1987年	138980	88343	50637	25003	25634
1988年	166314	108701	57613	27765	29848
1989年	169625	104427	65198	32407	32791
1990年	181209	95501	85708	38706	47002
1991年	214801	120467	94334	41965	52369
1992年	368464	247474	120990	58570	62420
1993年	566259	334655	197995	100082	73827
1994年	686636	408461	227761	96819	92856
1995年	1049543	624367	245430	73273	118481
1996年	1171025	688967	313008	109419	148133
1997年	1239759	711195	351964	96308	205704
1998年	1484337	920319	463704	126955	279260
1999年	1648488	1013028	561138	158021	338537
2000年	2023194	1113413	787656	204096	424555
2001年	2798029	1370056	814754	225598	402705
2002年	3625747	1646219	1727379	194818	561035
2003年	4949713	2012591	2682577	243485	679585
2004年	6680876	2256470	4078114	478166	947923
2005年	8814166	2701981	5819174		
总计	38599534	16982532	18951417	2427456	4632948
“九五”时期	7566803	4446922	2477470	694799	1396189
“十五”时期	26868531	9987317	15121998	1142067	2591248

4-5 城镇以上固定资产投资完成情况(2005年)

指　　标	单位	总计	中央	地方	省	市	县(市)	其他
计划总投资	万元	25357548	1475853	23881695	3411652	4264268	2736903	13416912
本年新开工项目计划总投资	万元	6817077	361247	6455830	1082074	782622	1073677	3517457
自开始建设累计完成投资	万元	7978170	588160	7390010	1091528	1543564	1570648	3184270
本年计划投资	万元	10662450	361087	10301363	1151364	1567628	1354219	6196952
本年完成投资	万元	7911578	368460	7543118	1024168	1227687	1051078	4210000
#500万元以下项目	万元	178717	1293	177424	8143	13273	17994	138014
#国有经济控股	万元	3162005	324851	2837154	493627	771947	786188	767192
#住宅投资	万元	2282295	20408	2261887	272441	322080	135390	1519423
内资	万元	7586380	367120	7219260	914513	1210394	1049408	4014760
国有	万元	2596099	312717	2283382	427535	717286	655444	483117
集体	万元	244924	9500	235424	478	3530	57671	173076
股份合作	万元	187232		187232	65377	10477	15907	95471
联营	万元	112083	3000	109083	10950	7990	48538	41605
国有联营	万元	28642		28642	6950	6490	14972	230
集体联营	万元	18401	3000	15401	4000	1500	3420	6481
国有与集体联营	万元	9360		9360			9360	
其他联营	万元	55680		55680			20786	34894
有限责任公司	万元	2989572	28347	2961225	223594	379629	196728	2132924
国有独资公司	万元	101549		101549	12097	21129	67813	510
其他有限责任公司	万元	2888023	28347	2859676	211497	358500	128915	2132414
股份有限公司	万元	633383	13556	619827	173504	51750	34189	360384
私营	万元	577597		577597	11075	38882	26071	500403
其他内资	万元	245490		245490	2000	850	14860	227780
港澳台投资	万元	90372	1275	89097	18902	8965	1670	59560
港澳台合资经营	万元	51529	1275	50254	17783	5415		27056
港澳台合作经营	万元	377		377				377
港澳台独资	万元	35766		35766	1119	3550	1170	29927
港澳台股份有限	万元	2700		2700			500	2200
外商投资	万元	202830	65	202765	90753	8328		103684
外商合资经营	万元	87864	65	87799		5000		82799
外商合作经营	万元	650		650				650
外商独资	万元	107679		107679	88353	3328		15998
外商股份有限	万元	6637		6637	2400			4237
个体经营	万元	31996		31996				31996
个体户	万元	28936		28936				28936
个人合伙	万元	3060		3060				3060
按性质分※	万元							
新建※	万元	5550754	109819	5413886	271803	447706	656426	1501500
扩建※	万元	896936	66836	830100	83705	179268	155365	411762
改建和技术改造※	万元	1238674	149968	1088706	326157	131799	88781	541969
按构成分	万元							
建筑工程	万元	4869864	169905	4699959	491343	723823	814195	2655474
安装工程	万元	467765	36065	431700	114428	54037	28997	228497
设备工器具购置	万元	859072	78986	780086	250699	66879	42163	420150
#用于更新的设备	万元	144167	35549	108618	12969	10285	2322	83042
其他费用	万元	1714877	83504	1631373	167698	382948	165723	905879
按行业分	万元							
(一)农、林、牧、渔业	万元	46245		46245	5100	4000	9610	27535
农业	万元	23165		23165		4000	4540	14625
林业	万元	1150		1150			1050	100
畜牧业	万元	5130		5130				5130
渔业	万元	1680		1680				1680
农、林、牧、渔服务业	万元	15120		15120	5100		4020	6000

4－5 续表 1

指　　标	单位	总计	中央	地方				
					省	市	县(市)	其他
(二)采矿业	万元	30570		30570	10900		500	19170
煤炭开采和洗选业	万元	14400		14400	10900			3500
黑色金属矿采选业	万元	4240		4240				4240
有色金属矿采选业	万元	450		450				450
非金属矿采选业	万元	11480		11480			500	10980
(三)制造业	万元	1386471	63042	1323429	281834	131299	110280	800016
农副食品加工业	万元	58153		58153		3800	9030	45323
食品制造业	万元	22646		22646	330	550	1500	20266
饮料制造业	万元	25123		25123	757	1750		22616
烟草制品业	万元	64022	59152	4870		4870		
纺织业	万元	23535		23535		3000	400	20135
纺织服装、鞋、帽制造业	万元	31798		31798		1528	1100	29170
皮革、毛皮、羽毛(绒)及其制品业	万元	12690		12690				12690
木材加工及木、竹、藤、棕、草制	万元	10710		10710	1100		3000	6610
家具制造业	万元	10837		10837		542		10295
造纸及纸制品业	万元	19464		19464			1520	17944
印刷业和记录媒介的复制	万元	47863		47863	34116		2450	11297
文教体育用品制造业	万元	9100		9100	820		400	7880
石油加工、炼焦及核燃料加工业	万元	5820		5820				5820
化学原料及化学制品制造业	万元	104631		104631	8905	2060	17543	76123
医药制造业	万元	121641		121641	11980	15775	20320	73566
橡胶制品业	万元	1980		1980	400			1580
塑料制品业	万元	29723		29723			2300	27423
非金属矿物制品业	万元	165261		165261	68445	6580	6550	83686
黑色金属冶炼及压延加工业	万元	4152		4152				4152
有色金属冶炼及压延加工业	万元	75708		75708	20597	10328	1312	43471
金属制品业	万元	19315	65	19250			10340	8910
通用设备制造业	万元	116743		116743	15837	24521	6185	70200
专用设备制造业	万元	95749		95749	4150	24306	3498	63795
交通运输设备制造业	万元	128948	2450	126498	94699	3550	4406	23843
电气机械及器材制造业	万元	72366		72366	6632	3973		61761
通信设备、计算机及其他电子设备	万元	50626	1375	49251	834	16166		32251
仪器仪表及文化、办公用机械制造	万元	26489		26489	9232	8000	680	8577
工艺品及其他制造业	万元	27598		27598	3000		17746	6852
废弃资源和废旧材料回收加工业	万元	3780		3780				3780
(四)电力、燃气及水的生产和供应业	万元	225392	52201	173191	73618	34283	13130	52160
电力、热力的生产和供应业	万元	167235	52201	115034	73618	10468	12230	18718
燃气生产和供应业	万元	17662		17662		13400		4262
水的生产和供应业	万元	40495		40495		10415	900	29180
(五)建筑业	万元	127614	1298	126316	2105	3094	45051	76066
房屋和土木工程建筑业	万元	100371	1298	99073	1000	2342	45051	50680
建筑安装业	万元	22263		22263	485	520		21258
建筑装饰业	万元	1280		1280	620			660
其他建筑业	万元	3700		3700		232		3468
(六)交通运输、仓储和邮政业	万元	257224	15650	241574	26978	12495	103473	98628
道路运输业	万元	81093		81093	3910	3380	38873	34930
城市公共交通业	万元	115715	15650	100065		5115	60700	34250
水上运输业	万元	5410		5410	4750			660
航空运输业	万元	3900		3900			3900	
装卸搬运和其他运输服务业	万元	23368		23368	18318			5050
仓储业	万元	27738		27738		4000		23738
(七)信息传输、计算机服务和软件业	万元	84268	50561	33707	17655		4100	11952
电信和其他信息传输服务业	万元	78938	50561	28377	16965		4100	7312
计算机服务业	万元	5330		5330	690			4640

4－5 续表 2

指　　标	单位	总计	中央	地方	省	市	县(市)	其他
(八)批发和零售业	万元	523181	13300	509881	42564	25439	22737	419141
批发业	万元	368995	8800	360195	42124	9182	18885	290004
零售业	万元	154186	4500	149686	440	16257	3852	129137
(九)住宿和餐饮业	万元	218476		218476	14659	4370	15100	184347
住宿业	万元	103621		103621	12559	3920	15100	72042
餐饮业	万元	114855		114855	2100	450		112305
(十)金融业	万元	27922	3500	24422	18970		1492	3960
银行业	万元	8622	3500	5122	970		392	3760
其他金融活动	万元	19300		19300	18000		1100	200
(十一)房地产业※	万元	2982654	9500	2946105	6437	60995	90247	251975
房地产业※	万元	2982654	9500	2946105	6437	60995	90247	251975
(十二)租赁和商务服务业	万元	123233		123233	9110	980	57518	55625
租赁业	万元	130		130				130
商务服务业	万元	123103		123103	9110	980	57518	55495
(十三)科学研究、技术服务和地质勘查业	万元	116375	41406	74969	23949	2040	26988	21992
研究与试验发展	万元	51034	41406	9628	1570	400	6778	880
专业技术服务业	万元	19129		19129	12489	480		6160
科技交流和推广服务业	万元	35812		35812		650	20210	14952
地质勘查业	万元	10400		10400	9890	510		
(十四)水利、环境和公共设施管理业	万元	804570	1970	802600	14870	390803	186928	209999
水利管理业	万元	70490		70490	4600	16680	23200	26010
环境管理业	万元	21409		21409	500	12185	6224	2500
公共设施管理业	万元	712671	1970	710701	9770	361938	157504	181489
(十五)居民服务和其他服务业	万元	45643		45643	400	4877	5900	34466
居民服务业	万元	37436		37436	400	4877	5900	26259
其他服务业	万元	8207		8207				8207
(十六)教育	万元	243125	31686	211439	104753	42927	19860	43899
教育	万元	243125	31686	211439	104753	42927	19860	43899
(十七)卫生、社会保障和社会福利业	万元	137061	50280	86781	21199	17331	11612	36639
卫生	万元	125309	50280	75029	16155	16231	9112	33531
社会保障业	万元	5678		5678	890	1100	1000	2688
社会福利业	万元	6074		6074	4154		1500	420
(十八)文化、体育和娱乐业	万元	70784		70784	14396	7668	7076	41644
新闻出版业	万元	3016		3016	246			2770
广播、电视、电影和音像业	万元	4726		4726			4726	
文化艺术业	万元	15404		15404	13786	668	950	
体育	万元	1564		1564	364		1200	
娱乐业	万元	46074		46074		7000	200	38874
(十九)公共管理和社会组织	万元	460770	7017	453753	84527	57158	176349	135719
中国共产党机关	万元	17839		17839	17300			539
国家机构	万元	337670	7017	330653	56777	52076	145339	76461
人民政协和民主党派	万元	2600		2600	2600			
群众团体、社会团体和宗教组织	万元	4550		4550				4550
基层群众自治组织	万元	98111		98111	7850	5082	31010	54169
本年新增固定资产	万元	3437205	85295	3351910	492426	447177	543046	1855214
施工项目个数	个	2431	52	2379	196	183	460	1540
#500 万元以下项目	个	515	4	511	24	34	57	396
#本年新开工	个	1997	32	1965	142	137	315	1371
本年投产项目个数	个	1329	8	1321	88	92	199	942
本年施工房屋面积※	万 m^2	3069.95	63.49	1092.91	165.13	125.41	125.72	676.65
#住宅※	万 m^2	1690.29	4.28	173.25	61.38	17.28	19.11	75.48
本年竣工房屋面积※	万 m2	931.57	16.19	400.22	74.01	49.99	29.31	246.91
#住宅※	万 m^2	534.03	3.48	108.71	42.22	17.28	12.03	37.18

说明:1. 表中注有※的指标因统计制度原因,房地产投资无法进行分组,故本年完成投资按性质分和按行业分以及施工房屋面积与竣工房屋面积除总计外,按中央、地方等分组中未含房地产。

2. 本年完成投资按行业分中房地产业包含城镇工矿区私人建房投资。

4－6　城镇以上固定资产投资资金来源(2005 年)

指　　标	单位	总计	中央	地方				
					省	市	县(市)	其他
本年资金来源合计	**万元**	**8837180**	**381477**	**8455703**	**1117257**	**1214047**	**1111246**	**4987125**
上年末结余资金	万元	546164	20441	525723	62176	147694	32491	282943
本年资金来源小计	万元	8291016	361036	7929980	1055081	1066353	1078755	4704182
国家预算内资金	万元	114738	7480	107258	29736	44378	24294	8850
国内贷款	万元	709424	5852	703572	93936	206355	68157	333489
债券	万元	6900		6900			100	6800
利用外资	万元	126417	830	125587	59383	15774		50430
#外商直接投资	万元	91334		91334	57467	8177		25690
自筹资金	万元	6263300	343515	5919785	756367	610001	905708	3635159
#企事业单位自有资金	万元	5144830	294800	4850030	626417	391163	692716	3127684
其他资金来源	万元	1070237	3359	1066878	115659	189845	80496	669454
本年各项应付款合计	万元	554279	7701	546578	108230	197396	88719	145733
#工程款	万元	158676	6391	152285	32003	17620	30096	67866
设备器材款	万元	54189		54189	49642	650	443	3454

4－7　主要年份更新改造投资完成主要指标

单位:万元

	1997 年	1998 年	1999 年	2000 年	2001 年	2002 年	2003 年	2004 年	2005 年
一、本年完成投资额合计	250450	221346	252996	318703	313587	438381	723661	942369	1238674
按隶属关系分									
中央部属	97717	172819	160774	135945	112949	127476	102509	164903	149968
省　　属	4032	9374	6721	3285	45582	98948	117315	140096	326157
市县属及其他	148701	39153	85501	179473	155056	211957	503837	637370	762549
按构成分									
建筑安装工程	61074	58989	77169	166120	113130	148174	393327	521878	959315
设备工器具购置	173489	146324	140804	136576	180591	240907	242539	331781	121960
其他费用	15887	16033	35023	16007	19866	49300	87795	88710	157399
按产业分									
第一产业					72	312			550
第二产业	158366	76214	86864	186365	183906	333612	519701	779416	1151002
第三产业	92084	145132	166132	132338	129609	104457	203960	162953	87122
按用途分									
#增　　产	87312	29417	62520	151144	113238	216884			
节约能源	184			1301	2794	1792			
增加品种	58466	14805	13650	14347	41160	18894			
提高质量	2322	7262	4444	2237	2880	19582			
二、本年新增固定资产	250677	99463	136975	253727	235225	191519	327935	371891	583362
三、项目个数(个)									
施工项目	175	184	183	103	129	209	287	290	475
竣工项目	86	102	101	54	50	84	98	64	193
四、房屋建筑面积(万 m^2)									
施工面积	26.57	13.48	26.94	18.05	31.43	92.99	130.3	275.68	241.76
竣工面积	17.75	4.82	8.41	14.2	10.39	21.81	34.53	41.95	74.21

4-8 主要年份房地产开发及商品房销售主要指标

指标	单位	1998年	1999年	2000年	2001年	2002年	2003年	2004年	2005年
一、完成投资额	万元	174078	225765	330238	631878	817883	1225551	1755376	2563500
#住宅	万元	77797	131260	151091	305549	442655	732833	1167921	2011118
二、新增固定资产	万元	121802	205616	166677	377131	525566	743987	932398	828971
三、建筑面积									
施工房屋面积	万 m^2	339.01	336.68	385.32	634.01	833.94	1102.12	1462.41	1913.57
竣工房屋面积	万 m^2	98.38	156.27	147.73	214.99	332.12	443.24	591.9	515.16
四、商品房销售情况									
商品房销售额	万元	67692	137043	178455	305217	418141	666279	1072486	1162249
商品房销售面积	万 m^2	39.97	79.97	92.72	163.90	232.10	325.82	519.95	536.99
五、土地开发情况									
本年购置土地面积	万 m^2	35.1	28.91	49.56	262.86	544.43	789.72	807.63	1007.59
本年完成开发土地面积	万 m^2	118.08	61.66	176.23	221.25	358.58	562.14	543.46	246.81
土地开发投资额	万元	26757	39059	85418	92344	130367	216418	224325	196384

4－9 房地产开发投资完成情况(2005 年)

指　　标	单位	总计	中央	地方				
					省	市	县(市)	其他
计划总投资	万元	12982245	93300	12888945	1531124	2397797	515413	8392651
本年计划投资	万元	4253350	39450	4213900	373688	637778	208534	2962700
本年完成投资	万元	2563500	27049	2536451	250144	427928	143127	1685067
#商品房建设投资额	万元	554490	5250	549240	41447	56962	35889	394239
#土地开发投资额	万元	196384	4000	192384	30893	68100	12228	75073
#土地购置费	万元	595985	3888	592097	69952	120931	18988	377845
#国有经济控股	万元	420002	9450	410552	44137	112104	58147	177964
内资	万元	2438720	27049	2411671	235132	415869	143127	1587358
国有	万元	151717		151717	21985	76763	32390	20579
集体	万元	13469		13469				12800
股份合作	万元	23535		23535		2500	5825	15210
联营	万元							
国有与集体联营	万元							
有限责任公司	万元	1716548	27049	1689499	184169	265339	76868	1134773
国有独资公司	万元	24309		24309	9500	13000	1809	
其他有限责任公司	万元	1692239	27049	1665190	174669	252339	75059	1134773
股份有限公司	万元	146092		146092	17903	32385		95804
私营	万元	360733		360733	11075	38882	26071	283539
其他内资	万元	26626		26626			1973	24653
港澳台投资	万元	59407		59407	13012	5259		41136
港澳台合资经营	万元	40100		40100	12223	5259		22618
港澳台合作经营	万元	377		377				377
港澳台独资	万元	18930		18930	789			18141
外商投资	万元	63773		63773	2000	6800		54973
外商合资经营	万元	58583		58583		5000		53583
外商独资	万元	5190		5190	2000	1800		1390
个体经营	万元	1600		1600				1600
个人合伙	万元	1600		1600				1600
按构成分								
建筑工程	万元	1643755	16734	1627021	153647	218640	113131	1126479
安装工程	万元	95385	150	95235	8624	20886	4170	55814
设备工器具购置	万元	33534		33534	3921	5433	477	23508
其他费用	万元	790826	10165	780661	83952	182969	25349	479266
按工程用途分								
住宅	万元	2011118	17821	1993297	203460	296977	106333	1373974
#经济适用房	万元	58300		58300	7646	25564	2900	20190
办公楼	万元	40162		40162	9240	5528	2850	22544
商业营业用房	万元	237279	270	237009	21646	32774	17093	151772
其他	万元	274941	8958	265983	15798	92649	16851	136777
本年新增固定资产	万元	828971	1500	827471	120588	136011	68335	488490
本年购置土地面积	万 m^2	1007.59	5.61	1001.98	133.92	294.45	24.52	534.86
本年土地成交价款	万元	568368	3888	564480	71648	119940	18868	346088
本年完成开发土地面积	万 m^2	246.81		246.81	7.90	75.64	56.48	106.30
本年资金来源合计	万元	3410925	29368	3381557	337695	491698	159109	2367027
上年末结余资金	万元	361466	11304	350162	42085	54770	12544	240344
本年资金来源小计	万元	3049459	18064	3031395	295610	436928	146565	2126683
国家预算内资金	万元	8030		8030		7580	450	
国内贷款	万元	387892		387892	41347	65080	19398	260432
利用外资	万元	33618		33618	2751	1427		29440
#外商直接投资	万元	20178		20178	2751	1427		16000
自筹资金	万元	1851223	18064	1833159	175880	234847	86275	1323607
#企事业单位自有资金	万元	1128798	14842	1113956	100945	61432	43512	896017
其他资金来源	万元	768696		768696	75632	127994	40442	513204
#定金及预付款	万元	561762		561762	58482	76972	31869	386015
本年各项应付款合计	万元	168607		168607	24571	34068	8373	95095
#工程款	万元	95268		95268	12646	12005	6934	58983
设备器材款	万元	1737		1737		570	443	724

4－10 房地产施工竣工及销售主要指标(2005年)

指　　标	单位	合计	住宅	#经济适用房	办公楼	商业营业用　房	其他
房屋施工面积	万 m^2	1913.57	1512.77	79.06	53.18	222.97	124.65
#新开工面积	万 m^2	779.54	603.67	32.13	28.43	85.77	61.68
房屋竣工面积	万 m^2	51.52	421.83	51.49	9.20	67.09	17.03
商品房屋销售建筑面积	万 m^2	536.99	468.99	41.57	10.94	48.73	8.33
#销售给个人	万 m^2	452.95	403.59	41.53	5.27	38.38	5.71
商品房空置面积	万 m^2	51.96	30.71	1.87	1.37	13.21	6.67
#空置一年至三年(含一年)	万 m^2	32.98	20.76		1.18	7.51	3.53
空置三年以上(含三年)	力 m^2	0.61	0.61				
竣工房屋价值	万 m^2	647889	501931	39835	18630	98029	29299
商品房屋销售额	万 m^2	1162249	908356	57714	38306	193491	22096
#销售给个人	万 m^2	940680	769154	57714	19932	136460	15134

4-11 农村非农户固定资产投资完成情况(2005年)

指　　标	单位	总计						
			中央	地方				
					省	市	县(市)	其他
计划总投资	万元	707943	820	707123	36483	59400	137126	474114
本年新开工项目计划总投资	万元	594762	820	593942	21683	46600	119526	406133
自开始建设累计完成投资	万元	413799	820	412979	22921	22383	94728	272947
本年计划投资	万元	410184	820	409364	21848	2350	103336	281830
本年完成投资	万元	386282	820	385462	18461	12913	91971	262117
#500万元以下项目	万元	37538	820	36718	1308	200	10001	25209
#国有经济控股	万元	112310	370	111940	13053	7431	38301	53155
#住宅投资	万元	43698	370	43328			870	42458
内资	万元	377883	820	377063	18461	9643	91450	257509
国有	万元	104730	370	104360	11653	7231	35921	49555
集体	万元	51419	450	50969	418		30244	20307
股份合作	万元	6531		6531			4241	2290
联营	万元	6800		6800			4180	2620
国有联营	万元	1700		1700			1700	
集体联营	万元	1080		1080				1080
国有与集体联营	万元	1500		1500			1500	
其他联营	万元	2520		2520			980	1540
有限责任公司	万元	42247		42247	5090	2412	10267	24478
国有独资公司	万元	1510		1510	1400		110	
其他有限责任公司	万元	40737		40737	3690	2412	10157	24478
股份有限公司	万元	34667		34667	1300		5657	27710
私营	万元	79049		79049				79049
其他内资	万元	52440		52440			940	51500
港澳台投资	万元	641		641			521	120
港澳台独资	万元	641		641			521	120
外商投资	万元	5988		5988		3270		2718
外商合作经营	万元	500		500				500
外商独资	万元	4418		4418		3270		1148
外商股份有限	万元	1070		1070				1070
个体经营	万元	1770		1770				1770
个体户	万元	50		50				50
个人合伙	万元	1720		1720				1720
按性质分								
新建	万元	178337	820	177517	13378	7781	49156	107202
扩建	万元	62782		62782	768	3270	32032	26712
改建和技术改造	万元	114688		114688	3500	1662	10383	99143

说明:此资料包括范围属于农村投资统计范围,根据投资统计制度属于计划投资50万元以上项目的投资,不含农户投资。

4-11 续表 1

指　　标	单位	总计	中央	地方	省	市	县(市)	其他
按构成分								
建筑工程	万元	265545	370	265175	17077	4340	68939	174819
安装工程	万元	37745		37745	200	4285	2739	30521
设备工器具购置	万元	41480		41480	815	368	2507	37790
#用于更新的设备	万元	9806		9806	615			9191
其他费用	万元	41512	450	41062	369	3920	17786	18987
按行业分								
(一)农、林、牧、渔业	万元	16656		16656			6320	10336
农业	万元	2880		2880				2880
林业	万元	1070		1070			120	950
畜牧业	万元	1406		1406				1406
农、林、牧、渔服务业	万元	11300		11300			6200	5100
(二)采矿业	万元	2800		2800				2800
煤炭开采和洗选业	万元	1960		1960				1960
非金属矿采选业	万元	840		840				840
(三)制造业	万元	138191		138191	5415	1862	14380	116534
农副食品加工业	万元	3990		3990		1172		2818
食品制造业	万元	3510		3510			400	3110
饮料制造业	万元	8305		8305			480	7825
纺织业	万元	2280		2280			1500	780
纺织服装、鞋、帽制造业	万元	400		400				400
木材加工及木、竹、藤、棕、草制	万元	2817		2817			2027	790
家具制造业	万元	2650		2650			1150	1500
造纸及纸制品业	万元	3496		3496				3496
印刷业和记录媒介的复制	万元	4008		4008	615			3393
文教体育用品制造业	万元	1920		1920	1300			620
化学原料及化学制品制造业	万元	30790		30790			5182	25608
医药制造业	万元	5090		5090	3000	200	950	940
化学纤维制造业	万元	700		700				700
橡胶制品业	万元	360		360				360
塑料制品业	万元	4160		4160				4160
非金属矿物制品业	万元	12272		12272			510	11762
黑色金属冶炼及压延加工业	万元	3600		3600				3600
有色金属冶炼及压延加工业	万元	2650		2650				2650
金属制品业	万元	2230		2230			2000	230
通用设备制造业	万元	4040		4040				4040
专用设备制造业	万元	434		434				434
交通运输设备制造业	万元	29179		29179	500		181	28498
电气机械及器材制造业	万元	9310		9310		490		8820
(四)电力、燃气及水的生产和供应业	万元	12350		12350			730	11620
电力、热力的生产和供应业	万元	1250		1250			500	750
燃气生产和供应业	万元	800		800				800
水的生产和供应业	万元	10300		10300			230	10070

4－11 续表 2

指　　标	单位	总计	中央	地方				
					省	市	县(市)	其他
(五)建筑业	万元	11067		11067	540	7231	1126	2170
房屋和土木工程建筑业	万元	9597		9597	540	7231	1126	700
其他建筑业	万元	1470		1470				1470
(六)交通运输、仓储和邮政业	万元	30229		30229	350		24590	5289
道路运输业	万元	26349		26349	350		21940	4059
城市公共交通业	万元	2080		2080			1450	630
仓储业	万元	1800		1800			1200	600
(八)批发和零售业	万元	12745		12745	700			12045
批发业	万元	2110		2110	700			1410
零售业	万元	10635		10635				10635
(十一)房地产业	万元	61206		61206			15160	46046
房地产业	万元	61206		61206			15160	46046
(十二)租赁和商务服务业	万元	1950		1950			500	1450
租赁业	万元	490		490				490
商务服务业	万元	1460		1460			500	960
(十三)科学研究、技术服务和地质勘查业	万元	8470	370	8100				8100
研究与试验发展	万元	5700		5700				5700
科技交流和推广服务业	万元	2400		2400				2400
地质勘查业	万元	370	370					
(十四)水利、环境和公共设施管理业	万元	13739		13739			8800	4939
水利管理业	万元	3100		3100			800	2300
公共设施管理业	万元	10639		10639			8000	2639
(十五)居民服务和其他服务业	万元	2400		2400		550		1850
居民服务业	万元	2400		2400		550		1850
(十六)教育	万元	17211		17211	3218	3270	5953	4770
教育	万元	17211		17211	3218	3270	5953	4770
(十七)卫生、社会保障和社会福利业	万元	1310		1310	320		540	450
卫生	万元	1310		1310	320		540	450
(十九)公共管理和社会组织	万元	55958	450	55508	7918		13872	33718
国家机构	万元	37165		37165	7500		7830	21835
基层群众自治组织	万元	18793	450	18343	418		6042	11883
本年新增固定资产	万元	255139	820	254319	3768	3772	55608	191171
施工项目个数	个	390	2	388	18	5	97	268
#500 万元以下项目	个	159	2	157	10		41	106
#本年新开工	个	373	2	371	17	4	94	256
本年投产项目个数	个	155		155			39	116
本年施工房屋面积	万 m^2	94.01	0.64	93.37	4.04	2.75	7.34	79.24
#住宅	万 m^2	28.94	0.64	28.30			0.15	28.15
本年竣工房屋面积	万 m^2	50.15	0.64	49.51			2.48	47.03
#住宅	万 m^2	27.61	0.64	26.97			0.14	26.83

4－12 农村非农户固定投资投资资金来源(2005年)

指 标	单位	总计	中央	地方				
					省	市	县(市)	其他
本年资金来源合计	万元	408904	820	408084	18461	14773	97238	277612
上年末结余资金	万元	14733		14733		100	600	14033
本年资金来源小计	万元	394171	820	393351	18461	14673	96638	263579
国家预算内资金	万元	1508	450	1058	248		120	690
国内贷款	万元	17046		17046			2160	14886
自筹资金	万元	313880		313880	17193	14673	76419	205595
#企事业单位自有资金	万元	276934		276934	9693	14673	66491	186077
其他资金来源	万元	61737	370	61367	1020		17939	42408
本年各项应付款合计	万元	4210	270	3940		200	500	3240
#工程款	万元	2470	270	2200		200	200	1800
设备器材款	万元	800		800				800

4－13 固定资产投资主要新增生产能力(或效益)(2005年)

指　　标	单位	数　量
新建公路	公里	6.2
#高速公路	公里	－
一级公路	公里	－
改建公路	公里	－
#二级公路	公里	－
医院病床	张	－
宾馆、旅馆、招待所客房数	间	－
	平方米	－
城市排水管道铺设长度	公里	19.32
高等院校学生席位	个	－
	平方米	－
中等院校学生席位	个	5600
	平方米	67000
小学校学生席位	个	－
	平方米	－
城市道路扩建长度	公里	69.75
城市道路扩建面积	万平方米	147.25
城市防洪堤长度	公里	11.1

4－14 主要年份建筑业生产主要指标完成情况

项　　目	单位	1998年	1999年	2000年	2001年	2002年	2003年	2004年	2005年
一、企业个数	个	296	276	270	240	276	293	478	445
二、建筑业总产值	万元	1218646	1131531	1233842	1819916	2372581	3302864	4905041	5793596
1. 建筑工程产值	万元	1089202	1013753	1132600	1647265	1983462	2830648	4084230	4836578
2. 安装工程产值	万元	80503	65258	59649	108528	196146	172305	313637	301454
3. 其他产值	万元	48941	52520	41593	64123	192973	299911	507174	655564
三、竣工产值	万元	1000014	866771	854500	1238154	1863684	2617615	3179761	3976719
四、单位工程施工个数	个	5376	4505	4665	4396	5775	—	—	—
#本年新开工	个	3043	2293	2130	2558	3583	—	—	—
#实行投标承包个数	个	1795	2501	2227	2836	3815	—	—	—
五、单位工程竣工个数	个	2758	2740	2130	2641	3682	—	—	—
六、房屋建筑施工面积	万m^2	1325.58	1353.87	1348.70	1673.40	2150.16	3434.15	5157.39	5597.62
#本年新开工面积	万m^2	663.07	593.08	628.20	972.12	1201.37	1970.87	2813.89	3017.74
#实行投标承包面积	万m^2	751.89	792.94	837.70	1152.94	1674.58	2803.37	4342.58	4767.81
七、房屋建筑竣工面积	万m^2	575.06	602.07	598.84	750.59	974.63	1473.58	2195.54	2431.57
八、自有机械设备净值	万元	173603	174323	193725	194586	319690	361762	375249	330386
九、自有机械设备年末总台数	台	82565	78039	74726	83823	85924	100282	109062	105340
十、自有机械设备年末总功率	万千瓦	142.29	139.73	155.82	158.31	160.77	189.11	—	—
#施工机械总功率	万千瓦	115.75	112.78	128.28	130.03	137.25	165.03	226.49	178.43
十一、计算劳动生产率平均人数	万人	25.28	22.54	21.77	27.09	27.93	33.79	42.34	45.08

说明：由于统计指标口径调整，从2004年起，自有机械设备净值和自有机械设备年末总台数均为自有施工机械设备净值和自有施工机械设备年末总台数。

4－15 建筑业企业生产情况(2005年)

项　目	企业个数(个)	建筑业总产值(万元)	#装饰装修产　值	#在外省完成的产值
总　计	**445**	**5793596**	**437353**	**1803360**
#国有及国有控股企业	88	2804559	110282	1436520
一、按登记注册类型分组				
内资企业	436	5765086	416218	1788212
国有企业	52	2110802	79100	1151980
集体企业	43	233396	11056	2770
股份合作企业	13	56422	4573	
联营企业	3	14685		
国有联营企业	1	12000		
国有与集体联营企业	1	1833		
其他联营企业	1	852		
有限责任公司	202	1870812	111239	306720
国有独资公司	6	57402	6033	7645
其他有限责任公司	196	1813410	105206	299075
股份有限公司	32	1124609	159103	322398
私营企业	90	354213	51147	4343
私营独资企业	1	40	40	
私营合伙企业	3	50134	6843	
私营有限责任公司	77	275669	42192	3935
私营股份有限公司	9	28370	2071	408
其他企业	1	147		
港、澳、台商投资企业	7	22989	21134	14111
合资经营企业(港或澳、台资)	5	7027	5173	
港、澳、台商独资经营企业	2	15962	15962	14111
外商投资企业	2	5521		1037

按构成分的建筑业总产值(万元)			竣工产值(万元)	房屋建筑施工面积(m^2)		
建筑工程产值	安装工程产值	其他产值			#本年新开工面积	#实行投标承包面积
4836578	**301454**	**655564**	**3976719**	**55976161**	**30177360**	**47678092**
2457979	173938	172642	1915806	21428681	9766823	19459404
4830438	279151	655497	3946894	55966765	30167964	47678092
1872904	145316	92583	1468108	18358447	8195640	17041487
199779	15859	17757	156618	3149141	1732051	2658487
48524	680	7218	57964	1055760	488762	913760
14685			856			
12000			856			
1833						
852						
1561316	78409	231087	1234898	17096427	9486957	13948387
54461	2899	42	53559	369810	120049	308170
1506855	75510	231045	1181339	16726617	9366908	13640217
890225	13710	220673	765617	12634016	7779593	10405806
242858	25177	86179	262687	3670729	2483449	2708653
		40	40			
9783	300	40051	34634	165270	133000	165270
210399	24063	41207	211689	3075769	2083842	2147574
22676	814	4880	16324	429690	266607	395809
147			147	2245	1512	1512
5536	17386	67	24909	9396	9396	
5536	1425	67	8793	9396	9396	
	15962		16115			
605	4916		4916			

4－15 续表 1

项　　目	企业个数（个）	建筑业总产值（万元）	#装饰装修产　　值	#在外省完成的产值
中外合作经营企业	1	605		605
外资企业	1	4916		433
二、按国民经济行业分组				
房屋和土木工程建筑业	267	5489732	320595	1767316
房屋工程建筑	193	4125268	270271	1154800
土木工程建筑	74	1364464	50324	612517
铁路、道路、隧道和桥梁工程建筑	32	792661	44814	249311
水利和港口工程建筑	15	420332	63	320203
工矿工程建筑	3	87911		25478
架线和管道工程建筑	13	42154	891	13252
其他土木工程建筑	11	21406	4557	4274
建筑安装业	80	179796	24931	24266
建筑装饰业	77	108289	88548	10151
其他建筑业	21	15780	3279	1627
工程准备	11	10009	3279	1159
提供施工设备服务	1	1230		
其他未列明的建筑活动	9	4541		468
三、按企业资质等级分组				
施工总承包	244	5379256	304682	1698092
特级	8	1895460	22638	975587
一级	51	2300294	218814	640773
二级	104	931652	43112	78242
三级	81	251850	20119	3490
专业承包	201	414340	132670	105269
一级	22	194284	79136	79378
二级	71	146514	38284	23563
三级	100	68120	15251	2328
不分等级	8	5421		

按构成分的建筑业总产值(万元)			竣工产值(万元)	房屋建筑施工面积(m^2)		
建筑工程产值	安装工程产值	其他产值			#本年新开工面积	#实行投标承包面积
605						
	4916		4916			
4707727	187829	594176	3741015	55303688	29928013	47112602
3595153	87430	442685	2911262	55068276	29755258	46928199
1112574	100398	151491	829753	235412	172755	184403
701633		91028	521025	32270	32270	
352641	12576	55116	193532	17032	17032	15759
26983	59396	1532	68628	28812	17057	28812
11875	28427	1853	33083	4490	3024	3024
19444		1962	13485	152808	103372	136808
40354	105428	34015	142801	581870	158744	565490
76247	8197	23845	81822			
12250		3530	11081	90603	90603	
8059		1950	8111			
1230						
2961		1580	2969	90603	90603	
4605984	168530	604742	3697168	55347711	29833351	47166398
1718022	23994	153444	1330267	17852643	9224586	16343273
1926494	116704	257096	1535983	23309264	12170198	20292116
736931	21100	173621	628165	10266301	6024134	7746074
224537	6733	20580	202753	3919503	2414433	2784935
230594	132923	50823	279551	628450	344009	511694
138042	38943	17300	109897	69074	19638	69074
62341	67152	17021	116043	365776	130771	251520
26520	26829	14772	50598	193600	193600	191100
3690		1731	3013			

4－15 续表 2

项　　目	房屋建筑竣工面积（m^2）	年末自有施工机械设备			计算劳动生产率的平均人数（人）	期末从业人员（人）	工程技术人员（人）	持有一级资质证书的项目经理（人）
		净值（万元）	总台数（台）	总功率（千瓦）				
总　　计	**24315695**	**330386**	**105340**	**1784302**	**450834**	**441327**	**64291**	**2246**
#国有及国有控股企业	7215238	137972	30912	652909	160127	146940	21689	1221
一、按登记注册类型分组								
内资企业	24310695	328410	104755	1766020	448921	439399	64001	2221
国有企业	5968751	96330	25070	476032	116372	108892	15093	789
集体企业	1604726	22668	12664	199288	31944	34191	4616	61
股份合作企业	733826	2061	1261	18742	6060	6268	1161	16
联营企业		532	62	1372	785	338	104	11
国有联营企业		512	57	1127	490	180	60	11
国有与集体联营企业		13	3	200	204	126	42	
其他联营企业		7	2	45	91	32	2	
有限责任公司	7963649	130896	40553	652392	167092	168810	24789	878
国有独资公司	119661	10805	2177	39413	6143	4843	868	40
其他有限责任公司	7843988	120091	38376	612979	160949	163967	23921	838
股份有限公司	6099325	48325	14046	252385	95937	88208	12736	328
私营企业	1938282	27591	10984	165186	30703	32597	5455	130
私营独资企业		2	2	64	7	18	12	1
私营合伙企业	42070	2658	921	9001	2213	1864	401	18
私营有限责任公司	1672135	20237	8473	133855	24846	26307	3887	95
私营股份有限公司	224077	4694	1588	22266	3637	4408	1155	16
其他企业	2136	7	115	623	28	95	47	8
港、澳、台商投资企业	5000	1716	279	17042	1280	1364	244	25
合资经营企业（港或澳、台资）	5000	298	107	2042	550	634	124	20
港、澳、台商独资经营企业		1418	172	15000	730	730	120	5
外商投资企业		260	306	1240	633	564	46	
中外合作经营企业		60	6	240	201	174	24	

4－15 续表 3

项　　目	房屋建筑竣工面积（m^2）	年末自有施工机械设备			计算劳动生产率的平均人数（人）	期末从业人员（人）	工程技术人员（人）	持有一级资质证书的项目经理（人）
		净值（万元）	总台数（台）	总功率（千瓦）				
外资企业		200	300	1000	432	390	22	
二、按国民经济行业分组								
房屋和土木工程建筑业	24070039	315091	98309	1682322	427886	420582	59753	2015
房屋工程建筑	23956888	200768	75103	1240209	343439	338291	49556	1301
土木工程建筑	113151	114323	23206	442113	84447	82291	10197	714
铁路、道路、隧道和桥梁工程建筑	10500	58437	11755	140401	53340	51048	5884	419
水利和港口工程建筑	2833	52238	8700	273882	21879	22511	2824	179
工矿工程建筑	18091	730	356	7819	4792	4784	357	65
架线和管道工程建筑	4381	1322	2116	12133	2978	2658	879	44
其他土木工程建筑	77346	1596	279	7878	1458	1290	253	7
建筑安装业	210938	6761	4343	66987	12985	10968	2463	91
建筑装饰业		3977	2138	21664	7715	7337	1504	132
其他建筑业	34718	4556	550	13329	2248	2440	571	8
工程准备		3960	451	11504	1741	1908	487	3
提供施工设备服务		239	15	510	100	126	13	1
其他未列明的建筑活动	34718	358	84	1315	407	406	71	4
三、按企业资质等级分组								
施工总承包	24040828	298854	95620	1645668	421640	412655	58748	1946
特级	6748496	94181	20949	435711	115650	104010	14600	503
一级	9832122	107133	32412	556708	178645	171958	19624	1077
二级	4988037	74573	29151	443099	96731	102696	19057	322
三级	2472173	22967	13108	210150	30614	33991	5467	44
专业承包	274867	31532	9720	138634	29194	28672	5543	300
一级	57346	7019	2097	32451	10820	8065	1938	204
二级	148921	18873	3671	63348	10924	12174	2166	72
三级	68600	4213	3800	37732	6870	7774	1366	18
不分等级		1427	152	5103	580	659	73	6

4－16　主要年份建筑业财务状况

项　　目	单位	1996 年	1997 年	1998 年	1999 年	2000 年	2001 年	2002 年	2003 年	2004 年	2005 年
一、年末资产负债											
流动资产合计	万元	596555	721844	773872	842162	914211	1240078	1441196	2034223	2497515	2837325
固定资产合计	万元	235460	295765	329651	357784	360626	451926	614357	657031	744062	853474
固定资产原价	万元	326641	412690	454623	501104	527837	659004	871018	939419	1016557	1014513
#生产经营用	万元	275206	339645	366331	407392	419152	501100	682669	773510	842984	829613
累计折旧	万元	92806	120653	131457	158983	189469	231044	300016	346382	375197	373969
#本年折旧	万元	18167	29164	26340	34140	38804	40402	54481	53952	70832	69070
资产合计	万元	895295	1098922	1200437	1300265	1370595	1806199	2227650	2878833	3506609	3983250
流动负债合计	万元	565987	752969	683504	816824	853779	1050956	1191476	1742514	2045453	2233802
长期负债合计	万元	46200	82382	146494	132489	119862	116959	150192	144163	184479	300389
所有者权益合计	万元	283108	263571	370439	350952	396954	638284	885982	992156	1276677	1449059
#实收资本	万元	224821	282286	265289	255868	292067	518656	669256	832230	1073970	1058647
二、损益及分配											
工程结算收入	万元	926638	958859	973142	1005881	1091927	1598212	2148431	2990005	4435990	5373740
工程结算成本	万元	814059	852544	874874	912404	975647	1423143	1907419	2678074	3976472	4840714
工程结算税金	万元	27736	28775	26893	28465	32791	59999	76314	107282	150500	192859
工程结算利润	万元	84843	77540	71375	65012	83489	115070	164698	204649	288449	328120
管理费用	万元	56307	58050	52831	60977	67681	85033	108210	142310	172786	197115
利润总额	万元	16269	12467	8402	2388	17429	31698	55111	54713	114030	120833
#应交所得税	万元	4347	4265	4459	4544	5028	8633	20169	18455	31436	35207
应付利润	万元	1960	1776	3158	1769	2279	4220	15889	26681	49120	33505
三、工资福利费											
本年应付工资总额	万元	160312	175691	164392	159746	168895	223499	249534	338100	544287	658688
本年应付福利费总额	万元	18294	16679	21500	155216	16917	22705	26104	36159	61906	73090
四、建筑业增加值	万元	308305	322262	308404	310130	343269	470101	585824	610186	965292	1140502
五、亏损企业个数	个	32	48	44	44	33	39	57	45	114	100

说明：建筑业增加值的统计口径为总承包和专业承包建筑企业。

4－17 建筑业企业财务状况(2005年)

单位:万元

指标	流动资产合计	固定资产合计	固定资产原价	#生产经营用	累计折旧	#本年折旧	资产总计	流动负债合计	长期负债合计
总计	**2837325**	**853474**	**1014513**	**829613**	**373969**	**69070**	**3983250**	**2233802**	**300389**
#国有及国有控股企业	1634805	431844	529140	449686	222187	36434	2262757	1453446	251527
一、按登记注册类型分组									
内资企业	2812700	849579	1010315	825825	373398	68848	3950897	2219610	300375
国有企业	1232151	329921	375357	333818	163336	27283	1721780	1136776	237581
集体企业	100906	59038	61351	45312	19296	3641	170401	88414	2538
股份合作企业	25766	8355	9978	7990	2416	744	35025	16220	
联营企业	3239	1305	1362	1172	347	95	4614	2271	230
国有联营企业	1687	851	950	760	159	27	2569	1424	
国有与集体联营企业	1206	203	387	387	183	65	1410	748	
其他联营企业	346	251	25	25	4	3	636	99	230
有限责任公司	946714	263163	360796	275178	125279	25864	1277670	685081	21894
国有独资公司	38273	19401	37509	32678	18599	2379	60065	30092	4606
其他有限责任公司	908442	243762	323287	242499	106680	23485	1217606	654989	17288
股份有限公司	321715	128735	132094	109436	42709	6977	488614	169906	36718
私营企业	182158	59048	69363	52909	20010	4242	252728	120942	1415
私营独资企业	431	3	2	2			433	74	10
私营合伙企业	23820	10154	11450	4906	1574	579	37366	18359	
私营有限责任公司	150420	42029	47683	38103	15052	3236	199739	98791	1370
私营股份有限公司	7488	6863	10228	9897	3384	427	15190	3719	36
其他企业	51	14	14	12	6	1	64	1	
港、澳、台商投资企业	15497	3590	3691	3381	354	169	22921	12084	14
合资经营企业(港或澳、台资)	13505	374	415	268	200	37	15037	10002	13
港、澳、台商独资经营企业	1992	3216	3276	3113	153	132	7884	2082	1
外商投资企业	9128	305	508	408	218	53	9432	2109	
中外合作经营企业	1436	60	60	8	15	6	1496	1333	

4－17 续表1　　　　单位：万元

指　　标	流动资产合计	固定资产合计	固定资产原价	#生产经营用	累计折旧	#本年折旧	资产总计	流动负债合计	长期负债合计
外资企业	7692	244	447	400	203	48	7936	775	
二、按国民经济行业分组									
房屋和土木工程建筑业	2588945	790350	940109	774710	351640	65177	3641057	2024590	294654
房屋工程建筑	1686665	454099	528411	420308	164378	29886	2348648	1270388	113806
土木工程建筑	902280	336251	411698	354403	187262	35291	1292409	754202	180848
铁路、道路、隧道和桥梁工程建筑	570909	182117	212625	181776	109700	19736	783515	424813	149285
水利和港口工程建筑	228041	122585	159261	135678	65690	13354	370272	245249	30593
工矿工程建筑	45246	12844	19264	18772	6646	904	59023	50311	56
架线和管道工程建筑	44087	12138	13557	12113	4309	1003	58102	23943	15
其他土木工程建筑	13998	6568	6991	6064	917	294	21498	9886	899
建筑安装业	147704	32364	36390	24090	12038	2316	202567	127835	4107
建筑装饰业	81623	19671	24387	17623	6222	1100	107766	66068	1513
其他建筑业	19053	11088	13627	13190	4070	477	31859	15310	115
工程准备	11802	5110	7267	7253	3625	308	18195	9647	50
提供施工设备服务	2570	239	335	305	96	51	2809	2509	
其他未列明的建筑活动	4681	5740	6026	5632	349	119	10855	3154	65
三、按企业资质等级分组									
施工总承包	2520043	755467	882525	716715	327801	60754	3541450	1983401	290624
特级	904338	299376	288938	262094	127552	21492	1341127	782830	205439
一级	1051035	255500	356108	267923	121483	22716	1372138	784416	72238
二级	455667	150378	183377	148860	65117	14010	660514	337403	7743
三级	109003	50213	54102	37839	13649	2536	167671	78752	5204
专业承包	317282	98007	131988	112898	46168	8316	441800	250402	9765
一级	126011	31159	42516	35138	12299	2480	164372	119830	1041
二级	110864	39597	60419	54441	26167	4152	160700	71615	4652
三级	76765	20143	22561	16839	6236	1557	105937	57052	3822
不分等级	3643	7109	6493	6480	1466	128	10791	1904	250

4－17 续表 2

单位:万元

指标	所有者权益合计	实收资本	工程结算收入	工程结算成本	工程结算税金及附加	工程结算利润	管理费用	#税金	财务费用	营业利润
总计	**1449059**	**1058647**	**5373740**	**4840714**	**192859**	**328120**	**197115**	**7899**	**23793**	**118156**
#国有及国有控股企业	557785	401400	2601144	2378005	88718	132145	110988	2713	13500	16222
一、按登记注册类型分组										
内资企业	1430912	1041845	5349742	4821666	191969	324113	194500	7829	23719	116720
国有企业	347423	287216	1996908	1831990	66492	97021	83140	1423	10631	10860
集体企业	79450	54014	208901	184928	8650	12787	7384	1003	1151	4606
股份合作企业	18805	14409	52110	45525	1941	4396	1250	105	119	3068
联营企业	2114	1725	14674	12722	770	1182	989	4	27	136
国有联营企业	1145	1033	12000	10641	643	716	610		29	77
国有与集体联营企业	661	392	1834	1364	98	372	330	3		42
其他联营企业	307	300	840	717	28	95	50		－1	16
有限责任公司	570696	407999	1691791	1508177	64084	114068	60547	3064	6395	48854
国有独资公司	25367	17961	57384	48715	2501	6043	5130	69	152	830
其他有限责任公司	545329	390038	1634407	1459462	61582	108025	55418	2996	6243	48025
股份有限公司	281990	188530	1065064	962555	37300	64520	27736	1177	3398	34050
私营企业	130371	87891	320148	275630	12729	30137	13451	1052	1998	15145
私营独资企业	350	350	40	34	1	1	1			
私营合伙企业	19007	6367	50484	43668	1696	5109	1556	49	705	3015
私营有限责任公司	99579	70713	240847	208107	9726	21799	10799	952	984	10306
私营股份有限公司	11435	10461	28778	23821	1306	3228	1096	51	309	1824
其他企业	63	63	147	139	5	3	2	1		1
港、澳、台商投资企业	10823	10603	14483	12004	591	1835	1866	32	73	18
合资经营企业(港或澳、台资)	5023	4802	7728	7073	233	369	461	27	7	24
港、澳、台商独资经营企业	5800	5800	6756	4932	358	1466	1405	5	67	－6
外商投资企业	7324	6199	9515	7044	299	2172	750	38	1	1418
中外合作经营企业	163	507	4598	4089	172	338	396	35		－58
外资企业	7160	5691	4916	2955	127	1834	354	3	1	1476

4－17 续表 3

单位:万元

指　　标	所有者权益合计	实收资本	工程结算收入	工程结算成本	工程结算税金及附加	工程结算利润	管理费用	#税金	财务费用	营业利润
二、按国民经济行业分组										
房屋和土木工程建筑业	1321813	959200	5090234	4603661	181939	295053	175757	6931	22499	106529
房屋工程建筑	964454	725904	3743470	3393561	139823	202419	105606	5407	14357	87544
土木工程建筑	357359	233296	1346764	1210101	42116	92634	70151	1524	8142	18985
铁路、道路、隧道和桥梁工程建筑	209416	118090	784894	717050	25961	40842	28746	858	5680	7075
水利和港口工程建筑	94430	73380	420131	370579	11365	37765	29669	270	2120	8752
工矿工程建筑	8657	10104	85487	76581	2900	6005	5883	152	283	506
架线和管道工程建筑	34144	21846	43482	35043	1471	6619	4439	174	20	2274
其他土木工程建筑	10713	9877	12770	10847	419	1403	1414	70	40	379
建筑安装业	70626	58104	151771	124785	5614	19788	13958	480	709	5721
建筑装饰业	40185	30701	119311	102462	4746	11494	6344	400	474	5068
其他建筑业	16434	10643	12425	9807	560	1784	1057	89	111	838
工程准备	8498	8100	7878	6376	383	1020	597	58	25	467
提供施工设备服务	300	300	1230	873	51	232	67	9	33	133
其他未列明的建筑活动	7637	2243	3316	2557	127	532	393	22	53	238
三、按企业资质等级分组										
施工总承包	1267425	918430	4989311	4519861	178264	282578	167330	6632	22294	102426
特级	352858	267037	1814348	1670333	57586	86408	59572	554	6724	25147
一级	515484	340373	2088769	1887624	76390	122649	67340	2216	10300	47919
二级	315369	241608	870018	775414	33741	57146	32721	2908	4035	21654
三级	83715	69412	216176	186490	10547	16375	7697	953	1236	7707
专业承包	181634	140217	384429	320853	14594	45542	29785	1267	1499	15730
一级	43500	33423	185607	162658	6676	15948	11384	434	461	4700
二级	84433	66974	130015	105806	5284	18029	11211	335	462	6618
三级	45064	36862	64069	49080	2387	10501	6900	487	568	3663
不分等级	8637	2959	4739	3309	247	1064	291	12	8	748

4－17 续表 4

单位:万元

指　　标	利润总额	应交所得税	应付利润	劳动、失业保险费	住房公积金及住房补贴	本年应付工资总额	#主营业务应付工资总额	应付福利费总额	#主营业务应付福利费总额	应收工程款	#竣工工程
总　计	**120833**	**35207**	**33505**	**18433**	**3927**	**658688**	**652408**	**73090**	**72312**	**876322**	**394509**
#国有及国有控股企业	17774	5683	5862	15019	3421	206867	203598	27010	26518	514163	174240
一、按登记注册类型分组											
内资企业	119412	35119	33505	18383	3908	655808	649612	72829	72064	865014	392279
国有企业	8323	2094	2756	9134	1897	161766	158903	21323	20908	374162	87647
集体企业	4643	1217	1789	388	153	39484	38656	3625	3560	45979	30155
股份合作企业	3065	943	1470	95	3	9794	9706	1200	1189	12075	7886
联营企业	148	24	7	62		579	576	59	59	120	17
国有联营企业	77			62		228	228	32	32		
国有与集体联营企业	42	14				184	184	26	26	104	
其他联营企业	29	11	7			167	164	1	1	17	17
有限责任公司	49188	15135	12319	7008	1529	220761	218701	20765	20532	291828	177871
国有独资公司	698	216	－64	271	675	6106	6029	1721	1660	20048	14388
其他有限责任公司	48490	14919	12383	6737	854	214655	212672	19044	18871	271780	163483
股份有限公司	38529	11822	9647	1117	281	179996	179893	21562	21547	65799	27838
私营企业	15515	3883	5516	580	46	43379	43127	4279	4252	75051	60866
私营独资企业						2	2				
私营合伙企业	3337	1120	1519	22		3740	3740	460	458	6924	6924
私营有限责任公司	10360	2477	3844	270	38	34964	34800	3149	3124	62915	49674
私营股份有限公司	1818	286	153	288	8	4673	4585	670	670	5213	4268
其他企业	1					50	50	18	18		
港、澳、台商投资企业	23	52		3	2	1815	1810	224	223	9412	2230
合资经营企业(港或澳、台资)	29	52		3	2	513	508	42	41	7638	2230
港、澳、台商独资经营企业	－6					1302	1302	182	182	1774	
外商投资企业	1398	35		46	17	1065	986	37	26	1897	
中外合作经营企业	－58					379	379				

4－17 续表 5　　单位:万元

指　　标	利润总额	应　交所得税	应付利润	劳动、失业保险费	住房公积金及住房补贴	本年应付工资总　额	#主营业务应付工资总额	应　付福利费总　额	#主营业务应付福利费总额	应　收工程款	#竣工工程
外资企业	1456	35		46	17	687	607	37	26	1897	
二、按国民经济行业分组											
房屋和土木工程建筑业	109020	32440	31207	17471	3650	632847	627045	70258	69526	823334	364028
房屋工程建筑	93420	28240	26343	5648	1463	520948	517062	56519	56079	602666	263116
土木工程建筑	15599	4200	4864	11823	2186	111899	109982	13740	13448	220668	100911
铁路、道路、隧道和桥梁工程建筑	6737	3056	1515	8461	1009	62223	62152	7952	7943	135804	80135
水利和港口工程建筑	5384	273	2503	1730	782	33651	32363	3999	3818	60573	10066
工矿工程建筑	674	196	50	863	206	10389	10389	1008	1008	11839	7112
架线和管道工程建筑	2269	571	403	415	189	4168	3619	619	518	6743	2162
其他土木工程建筑	535	105	393	354		1470	1460	161	159	5708	1436
建筑安装业	5695	1216	887	730	248	14236	13931	1629	1597	27970	15491
建筑装饰业	5020	1480	1304	210	30	8678	8521	911	899	15858	8551
其他建筑业	1099	71	108	23		2927	2911	292	291	9162	6439
工程准备	732	34	31	15		2448	2436	162	161	6096	4123
提供施工设备服务	133	21	62	3		96	96	9	9	1421	1421
其他未列明的建筑活动	235	16	16	6		383	380	122	121	1645	895
三、按企业资质等级分组											
施工总承包	104952	31841	30260	16203	3429	622814	617512	68923	68292	804881	361451
特级	23158	6246	6377	4702	1379	192532	190997	27532	27329	261148	48416
一级	52533	16404	14093	7900	1455	263431	262230	25243	25016	291395	152067
二级	21595	7309	7717	3109	525	122982	120766	12257	12159	193758	122114
三级	7667	1882	2073	493	69	43869	43519	3891	3789	58580	38855
专业承包	15881	3366	3245	2231	498	35874	34895	4167	4020	71441	33058
一级	4833	1343	1438	1639	205	13578	13247	1532	1469	29747	7935
二级	6333	1333	1109	228	176	13556	13063	1489	1418	22406	11855
三级	3691	626	671	356	110	8273	8130	1029	1017	14669	10377
不分等级	1025	64	27	8	7	468	455	117	117	4620	2890

5 财政、金融、保险

长沙统计年鉴

5－1 主要年份财政收支情况

单位:万元

年份	辖区内财政总收入	#财政总收入	上划中央两税	地方财政收入	一般预算收入	国土收入	所得税净上划收入	一般预算支出
1994	…	231865	91711	140154	134875	5282		152093
1995	518409	287494	98314	189180	179864	9316		216021
1996	675251	374213	119022	255191	245965	9226		273809
1997	787809	375994	119610	256384	250306	6078		280728
1998	910694	422279	119613	302666	294507	8159		329659
1999	991512	454291	130630	323661	316691	6970		362715
2000	1096493	504342	150260	354082	344491	9591		414336
2001	1239745	617997	170220	447777	421620	26157		523252
2002	1369867	754759	204719	550040	460682	35768	53590	625493
2003	1612343	1027631	234356	793275	598930	114311	80034	784168
2004	2051400	1331234	287636	1043598	806555	104542	132501	1005542
2005	2524803	1730364	336548	1393816	1080572	135778	177466	1330503

注:财政总收入＝上划中央两税＋地方财政收入;地方财政收入＝一般预算收入＋国土收入＋所得税净上划收入。

5－2 主要年份财政收支增长速度

单位:%

年 份	辖区内财政总收入	#市财政总收入	上划中央两税	地方财政收入	#一般预算收入	一般预算支出
1995	…	24.0	7.2	35.0	33.4	42.0
1996	30.3	30.2	21.1	34.9	36.8	26.8
1997	16.7	0.5	0.5	0.5	1.8	2.5
1998	15.6	12.3		18.1	17.7	17.4
1999	8.9	7.6	9.2	6.9	7.5	10.0
2000	10.6	11.0	15.0	9.4	8.8	14.2
2001	13.1	22.5	13.3	26.5	22.4	26.3
2002	10.5	22.1	20.3	22.8	22.0	19.5
2003	17.7	36.2	14.5	44.2	33.2	25.4
2004	27.2	29.5	22.7	31.6	34.7	28.2
2005	23.1	30.0	17.0	33.6	34.0	32.3

5-3 财 政 收 入

单位:万元

指　　标	2005 年	2004 年	2005 年比 2004 年增长(%)
上划中央“两税”	336548	287636	17.0
一般预算收入	1080572	806555	34.0
增值税	98173	86106	14.0
营业税	369477	295486	25.0
企业所得税	47485	42978	10.5
企业所得税退税		-11	
个人所得税	41137	35223	16.8
资源税	500	506	-1.2
固定资产投资方向调节税			
城市维护建设税	94298	68169	38.3
房产税	35925	25399	41.4
印花税	13591	8579	58.4
城镇土地使用税	3409	2617	30.3
土地增值税	1057	977	8.2
车船使用和牌照税	2412	1771	36.2
屠宰税			
筵席税			
农业税		5974	-100.0
农业特产税	8274	3293	151.3
牧业税			
耕地占用税	39248	27765	41.4
契税	108019	45196	139.0
国有资产经营收益	45208	12628	258.0
国有企业计划亏损补贴	-500	-580	-13.8
行政性收费收入	80492	68720	17.1
罚没收入	33704	28055	20.1
海域场地矿区使用费收入			
专项收入	52167	41507	25.7
其他收入	6496	6197	4.8
基金收入	167725	129358	29.7

5-4 财 政 支 出

单位:万元

指　标	2005年	2004年	2005年比2004年增减(%)
一般预算支出	1330503	1005542	32.3
基本建设支出	131244	80757	62.5
企业挖潜改造资金	52298	37287	40.3
地质勘探费	26	27	-3.7
科技三项费用	32803	23564	39.2
流动资金			
农业支出	59493	48472	22.7
林业支出	5444	3674	48.2
水利和气象支出	19360	14546	33.1
工业交通等部门的事业费	6069	3829	58.5
流通部门事业费	4622	3210	44.0
文体广播事业费	28868	22761	26.8
教育支出	138657	120346	15.2
科学支出	3489	3014	15.8
医疗卫生支出	35637	29125	22.4
其他部门的事业费	62637	34995	79.0
抚恤和社会福利救济	53945	40288	33.9
行政事业单位离退休支出	47609	35284	34.9
社会保障补助支出	58646	50366	16.4
国防支出	889	602	47.7
行政管理费	148149	121307	22.1
外交外事支出	630	653	-3.5
武装警察部队支出			
公检法司支出	98479	82753	19.0
城市维护费	187161	116677	60.4
政策性补贴支出	4332	5217	-17.0
支援不发达地区支出	5396	3108	73.6
海域开发建设和场地使用费支出	18	8	125.0
车辆税费支出	215	252	-14.7
债务利息支出			
专项支出	48896	37711	29.7
其他支出	95491	85709	11.4
总预备费			
基金支出	194171	153075	26.8

5-5 主要年份金融统计指标

单位:亿元

年份	各项存款余额	#企业存款	#城乡居民储蓄存款	各项贷款余额	#短期贷款	#中长期贷款	金融机构现金收入	金融机构现金支出
1994	235.31	92.38	132.80	180.85	145.33	24.21	551.17	524.00
1995	306.02	118.31	176.21	240.84	176.71	31.56	744.79	702.28
1996	399.57	171.89	218.20	350.59	233.68	57.65	975.52	925.51
1997	449.56	199.83	241.43	379.24	277.16	72.28	1089.89	1026.96
1998	594.69	236.92	269.43	468.90	279.30	111.78	1458.91	1385.18
1999	723.57	318.54	346.12	588.87	382.74	159.03	1713.90	1653.39
2000	826.18	375.55	373.22	631.57	378.29	184.48	2071.52	1999.02
2001	986.84	437.35	444.10	778.28	447.47	264.61	2700.00	2628.25
2002	1232.98	511.05	544.99	1207.42	555.09	550.23	3256.52	3199.36
2003	1598.70	675.87	704.85	1629.42	680.13	859.68	3879.22	3816.46
2004	1960.23	796.00	800.89	1851.38	775.58	1016.02	4693.52	4617.28
2005	2322.32	906.64	954.42	2055.35	751.94	1209.74	5224.37	5132.34

5-6 主要年份金融机构个人消费贷款

单位:亿元

指标	2000年	2001年	2002年	2003年	2004年	2005年
贷款余额合计	18.15	34.39	60.82	108.38	148.28	173.04
#单位住房贷款	2.15	1.65	1.67	0.88	0.01	0.53
个人住房贷款	13.48	26.3	46.71	77.55	118.56	142.42
个人汽车贷款	1.63	1.41	4.97	10.65	9.14	7.14
个人助学贷款	0.11	0.32	0.56	0.93	1.33	2.32

5-7 金融机构存贷款(本外币)

单位:亿元

指　　标	2005年	比年初±额	指　　标	2005年	比年初±额
各项存款	2322.32	341.94	各项贷款	2055.36	258.84
一、企业存款	906.64	108.64	一、短期贷款	751.94	17.96
(1)活期存款	664.18	46.86	二、中长期贷款	1209.74	204.29
(2)定期存款	242.46	61.78	三、其它贷款	11.61	-2.91
二、财政存款	80.56	0.19	四、票据融资	69.16	38.69
三、机关团体存款	113.61	29.19	五、各项垫款	12.91	0.81
四、储蓄存款	954.42	153.53			
(1)活期储蓄	366.30	53.71			
(2)定期储蓄	588.12	99.81			
五、其他类存款	267.09	50.39			

5-8 金融机构存贷款(人民币)

单位:亿元

指　　标	2005年	比年初±额	指　　标	2005年	比年初±额
各项存款	2266.88	346.03	各项贷款	2004.83	269.18
一、企业存款	892.76	104.71	一、短期贷款	744.81	31.92
(1)活期存款	654.16	44.42	1、工业贷款	201.61	37.90
(2)定期存款	238.60	60.29	2、商业贷款	87.84	10.84
二、财政存款	80.56	0.19	3、农业贷款	88.16	19.89
三、机关团体存款	113.61	29.19	4、三资企业贷款	0.66	-1.16
四、储蓄存款	919.83	159.29	5、私营企业及个体贷款	3.85	-0.59
(1)活期储蓄	360.43	53.19	6、其他短期贷款	362.70	-34.96
(2)定期储蓄	559.40	106.10	二、中长期贷款	1187.02	197.30
五、其他类存款	260.12	52.65	1、基本建设贷款	650.46	61.59
			2、技术改造贷款	47.22	30.38
			3、其他中长期贷款	489.34	105.34
			三、票据融资	69.15	38.67
			四、其他贷款	3.84	1.29

5－9　金融机构现金收入

单位：万元

指　　标	2005 年	比上年增减	比上年增减(%)
收入合计	52243666	5308510	11.3
商品销售收入	6423819	1859726	40.8
服务业收入	2187799	152078	7.5
税款收入	317329	－6345	－2.0
城乡个体经营收入	2267492	322320	16.6
储蓄存款收入	35412369	2477293	7.5
其他金融机构收入	278408	－201089	－41.9
居民归还贷款收入	692689	75613	12.3
汇兑收入	270773	－135883	－33.4
有价证券收入	72732	－96833	－57.1
其他收入	4320257	861631	24.9

5－10　金融机构现金支出

单位：万元

指　　标	2005 年	比上年增减	比上年增减(%)
支出合计	51323418	5144644	11.1
一、工资性支出	4684802	1049988	28.9
1、国家工资及奖金支出	2545908	686702	36.9
2、国家对个人其他支出	637206	177645	38.7
3、部队存款支出	103592	5582	5.7
4、其他单位工资性支出	1398096	180059	14.8
二、农副品采购支出	1496544	589986	65.1
三、工矿及其它产品采购支出	542110	115663	27.1
四、行政企事业管理费支出	2498214	474554	23.5
五、城乡个体经营支出	2615698	462786	21.5
六、储蓄存款支出	34896778	2525813	7.8
七、其他金融机构支出	94088	－156965	－62.5
八、居民提取贷款支出	669435	158147	30.9
九、汇兑支出	126054	－192014	－60.4
十、有价证券支出	101184	－6431	－6.0
十一、其他支出	3598511	123117	3.5
回笼差额(－)	920247	163867	21.7

5－11　主要年份保险业务总收支

单位：万元

指　　标	1990 年	1995 年	1996 年	1997 年	1998 年
一、保费收入	5743	25872	30100	56900	63359
企业财产险	1863	4139	4446	6219	5789
运输工具及责任险	2355	11467	13000	14467	14889
货物运输险	787	468	567	1168	995
家庭财产险	329	605	499	743	553
农业险	21	3	9		32
人身险	367	5399	9302	33651	40674
其它	21	3791	2277	652	427
二、赔付支出					
1、赔款支出	2341	13659	13385	15907	16467
企业财产险	451	1776	1913	4319	3650
运输工具及责任险	1340	6531	6762	8553	9581
货物运输险	145	232	290	919	346
家庭财产险	172	220	143	200	267
农业险	8	2		5	18
人身险	211	4147	3521	1431	2135
其它	14	751	756	480	470
2、返还、给付支出	4804	6101	5839	15798	18136
财产险	413	735	593	798	937
人身险	4391	5366	5246	15000	17199
三、退保金	162	1726	1858	2414	1716

5－11 续表

单位:万元

指　　标	2000 年	2001 年	2002 年	2003 年	2004 年	2005 年
一、保费收入	96368	123507	218907	259431	274949	286564
企业财产险	7064	7512	8436	7289	9038	9199
运输工具及责任险	19682	23768	29559	36109	49229	52946
货物运输险	3254	3529	4025	4133	3196	3258
家庭财产险	426	947	1665	1742	2770	1954
农业险	66	145			196	－76
人身险	63978	85197	169828	203266	204866	210388
其它	1898	2409	5394	6892	5654	8895
二、赔付支出						
1、赔款支出	20332	25374	27609	32327	44714	58674
企业财产险	2455	2139	3932	2646	2732	5741
运输工具及责任险	10986	12899	16311	20776	30904	37811
货物运输险	1076	2111	672	135	1484	1400
家庭财产险	61	102	87	117	152	137
农业险	79	69			55	42
人身险	4713	6742	5103	5665	6857	10166
其它	962	1312	1504	2988	2530	3377
2、返还、给付支出	4716	12713	26282	15116	23315	17015
财产险	587	851	938	998	905	1558
人身险	4129	11862	25344	14118	22410	15457
三、退保金	3931	5735	6453	12138	21533	26969

6 物价指数

长沙统计年鉴

6-1 历年物价总指数

（以上年价格为100）

年份	商品零售价格指数	居民消费价格指数	服务项目价格指数
1951	105.64		
1952	97.37		
1953	107.63	109.63	105.68
1954	104.75	104.75	100.46
1955	100.87	100.16	100.15
1956	100.16	99.90	94.42
1957	103.87	104.92	96.17
1958	98.49	98.56	99.71
1959	100.96	100.81	99.29
1960	103.00	102.73	100.00
1961	128.84	123.64	100.50
1962	92.22	93.23	103.39
1963	84.85	85.76	95.01
1964	95.40	95.29	94.20
1965	97.90	97.72	95.90
1966	100.10	99.44	92.80
1967	100.92	100.67	98.10
1968	99.67	99.70	100.00
1969	100.52	100.47	100.00
1970	99.32	99.38	100.00
1971	99.83	99.85	100.00
1972	99.85	99.85	99.90
1973	100.29	99.79	94.70
1974	99.79	99.62	97.93
1975	100.06	100.05	100.00
1976	100.00	99.89	97.80
1977	100.09	99.54	93.99
1978	99.94	99.63	96.43
1979	101.32	101.34	101.73
1980	107.70	107.22	101.68
1981	101.64	101.73	102.88
1982	101.80	101.74	101.10
1983	101.40	101.80	106.90
1984	103.50	103.70	106.10
1985	112.70	112.20	107.40
1986	105.30	105.40	106.50
1987	109.80	109.60	107.70
1988	124.90	123.70	111.20
1989	115.40	115.80	120.30
1990	100.20	101.50	113.30
1991	106.50	106.90	110.30
1992	111.80	114.00	128.50
1993	118.40	119.70	127.60
1994	119.00	123.80	133.70
1995	114.00	117.10	119.20
1996	105.40	106.90	111.60
1997	100.80	103.50	112.30
1998	98.50	101.20	112.60
1999	98.40	100.20	112.60
2000	100.70	101.70	111.10
2001	98.20	98.40	103.10
2002	98.60	99.20	102.20
2003	99.20	100.90	101.10
2004	101.30	103.20	102.40
2005	100.40	101.90	102.90

6-2 重要年份定基物价指数

年　份	基　期	居民消费价格指数	商品零售价格指数
1952	以1950年为100		102.86
1957	以1950年为100	124.00	121.70
	以1952年为100	120.55	118.31
1965	以1950年为100	136.52	136.06
	以1952年为100	132.73	132.27
	以1957年为100	110.10	111.80
1970	以1950年为100	138.58	138.90
	以1952年为100	134.73	135.03
	以1957年为100	111.76	114.14
	以1965年为100	101.51	102.09
1978	以1950年为100	135.95	138.75
	以1952年为100	132.17	134.88
	以1957年为100	109.63	114.01
	以1965年为100	99.58	101.98
	以1970年为100	98.10	99.89
1980	以1950年为100	147.72	151.40
	以1952年为100	143.62	147.18
	以1957年为100	119.12	124.41
	以1965年为100	108.20	111.28
	以1970年为100	106.60	109.00
	以1978年为100	108.66	109.12
1990	以1950年为100	308.76	309.10
	以1952年为100	291.94	300.50
	以1957年为100	249.00	253.98
	以1965年为100	227.73	230.48
	以1970年为100	224.12	225.87
	以1978年为100	223.70	223.01
	以1980年为100	205.89	204.35
2003	以1950年为100	722.46	595.17
	以1952年为100	702.41	572.78
	以1957年为100	582.6	484.15
	以1965年为100	529.18	433.04
	以1970年为100	521.35	424.19
	以1978年为100	531.43	424.64
	以1980年为100	489.07	389.16
	以1990年为100	237.64	190.48
	以1995年为100	112.37	99.60
	以2000年为100	100.10	98.84
2004	以1950年为100	745.58	602.91
	以1952年为100	724.89	580.23
	以1957年为100	601.24	490.44
	以1965年为100	546.11	438.67
	以1970年为100	538.03	429.70
	以1978年为100	548.44	430.16
	以1980年为100	504.72	394.22
	以1990年为100	245.24	192.96
	以1995年为100	115.97	100.89
	以2000年为100	103.30	100.12
2005	以1950年为100	759.75	605.32
	以1952年为100	738.66	582.55
	以1957年为100	612.66	492.40
	以1965年为100	556.49	440.42
	以1970年为100	548.25	431.42
	以1978年为100	558.86	431.88
	以1980年为100	514.31	395.79
	以1990年为100	249.90	193.73
	以1995年为100	118.17	101.29
	以2000年为100	105.26	100.52

6-3 商品零售价格指数(2005年)

项目	以上年价格为100 长沙市	#市区	项目	以上年价格为100 长沙市	#市区
商品零售价格总指数	**101.7**	**100.4**			
一、食品类	103.6	104.8	15.其它食品	99.8	99.7
1.粮食	101.1	101.2	二、饮料、烟酒类	100.1	100.2
2.淀粉及薯类	103.7	100.00	三、服装、鞋帽类	98.7	96.4
3.干豆类及豆制品	104.3	101.1	四、纺织品类	99.5	97.6
4.油脂	97.1	94.9	五、家用电器及音像器材	98.1	98.7
5.肉禽及其制品	101.1	100.7	六、文化办公用品	98.4	97.3
6.蛋	109.4	108.8	七、日用品	100.9	100.6
7.水产品	106.8	105.2	八、体育娱乐用品	96.9	94.5
8.菜	121.9	128.5	九、交通、通信用品	92.6	89.4
#鲜菜		132.1	十、家具	98.4	97.2
9.调味品	105.5	107.8	十一、化妆品类	100.4	100.4
10.糖	101.7	100.8	十二、金银珠宝类	103.8	107.4
11.干鲜瓜果	95.8	94.6	十三、中西药品及医疗保健用品类	97.3	96.4
12.糕点饼干面包	94.8	89.5	十四、书报杂志及电子出版物	101.2	101.6
13.奶及奶制品	105.4	110.2	十五、燃料类	124.5	117.5
14.在外用膳食品	101.1	102.8	十六、建筑材料及五金电料类	105.8	103.30

说明:2005年湖南省对居民消费价格指数、商品零售价格指数实行下算一级的制度,长沙市的居民消费价格指数和商品零售价格指数是根据全省农村居民消费价格指数和我市城市居民消费价格指数、按照一定权数计算而进行反馈的。
本表数据为省反馈数据。

6－4 居民消费价格指数(2005 年)

项　　目	以上年价格为 100		项　　目	以上年价格为 100	
	长沙市	#市区		长沙市	#市区
居民消费价格总指数	**102.30**	**101.90**			
一、食品	102.70	104.40	3. 鞋袜帽	96.90	91.00
1. 粮食	101.20	100.30	4. 衣着加工服务	100.00	100.00
2. 淀粉及薯类	102.30	100.00	四、家庭设备用品及维修服务	101.00	100.90
3. 干豆类及豆制品	104.90	101.00	1. 耐用消费品	99.10	99.60
4. 油脂	95.40	94.70	2. 室内装饰	99.30	98.10
5. 肉禽及其制品	100.80	101.30	3. 床上用品	98.00	92.60
6. 蛋	109.80	108.70	4. 家庭日用杂品	102.10	101.50
7. 水产品	107.10	105.30	5. 家庭服务及加工维修服务	110.30	110.40
8. 菜	118.40	129.20	五、医疗保健和个人用品	98.90	98.50
9. 调味品	105.20	107.80	1. 医疗保健	97.70	97.40
10. 糖	101.90	100.80	2. 个人用品及服务	101.70	102.00
11. 茶及饮料	100.90	101.70	六、交通和通讯	98.90	97.00
12. 干鲜瓜果	96.60	94.70	1. 交通	100.30	99.10
13. 糕点饼干面包	95.70	91.60	2. 通信	97.30	95.40
14. 奶及奶制品	105.60	110.60	七、娱乐教育文化用品及服务	103.60	103.50
15. 在外用膳食品	101.30	102.90	1. 文娱用耐用消费品及服务	96.10	95.80
16. 其他食品及食品加工服务	99.80	99.70	2. 教育	106.00	106.00
二、烟酒及用品	99.80	99.90	3. 文化娱乐用品	102.20	103.80
1. 烟草	100.70	101.80	4. 旅游及外出	98.10	96.90
2. 酒	98.30	96.80	八、居住	107.40	105.60
3. 吸烟饮酒用品	99.70	99.90	1. 建房及装饰材料	104.70	103.50
三、衣着	99.00	96.20	2. 租房	101.20	100.00
1. 服装	99.60	97.70	3. 自有住房	102.00	103.00
2. 衣着材料	102.50	104.20	4. 水、电、燃料	113.20	108.70

说明:2005 年湖南省对居民消费价格指数、商品零售价格指数实行下算一级的制度,长沙市的居民消费价格指数和商品零售价格指数是根据全省农村居民消费价格指数和我市城市居民消费价格指数、按照一定权数计算而进行反馈的。

本表中以上年价格为 100 的长沙市数据为省反馈数据。

6－5　城市居民消费价格定基指数(2005年)

（以2000年价格为100）

项　　目	以2000年价格为100	项　　目	以2000年价格为100
居民消费价格总指数	**105.26**		
一、食品	110.94	3.鞋袜帽	77.83
1.粮食	113.25	4.衣着加工服务	104.90
2.淀粉及薯类	95.30	四、家庭设备用品及维修服务	98.08
3.干豆类及豆制品	139.26	1.耐用消费品	91.91
4.油脂	105.63	2.室内装饰	96.94
5.肉禽及其制品	122.90	3.床上用品	93.13
6.蛋	148.87	4.家庭日用杂品	112.15
7.水产品	102.23	5.家庭服务及加工维修服务	112.78
8.菜	121.56	五、医疗保健和个人用品	102.24
9.调味品	118.33	1.医疗保健	106.55
10.糖	103.86	2.个人用品及服务	92.44
11.茶及饮料	99.97	六、交通和通讯	84.46
12.干鲜瓜果	96.98	1.交通	97.04
13.糕点饼干面包	98.86	2.通信	75.83
14.奶及奶制品	114.32	七、娱乐教育文化用品及服务	113.56
15.在外用膳食品	94.63	1.文娱用耐用消费品及服务	84.16
16.其他食品及食品加工服务	94.95	2.教育	122.26
二、烟酒及用品	97.22	3.文化娱乐用品	124.98
1.烟草	99.16	4.旅游及外出	88.58
2.酒	93.29	八、居住	118.25
3.吸烟饮酒用品	99.90	1.建房及装饰材料	121.07
三、衣着	90.99	2.租房	100.00
1.服装	95.03	3.自有住房	97.45
2.衣着材料	110.18	4.水、电、燃料	125.83

6-6 城市商品零售价格定基指数(2005年)

(以2000年价格为100)

项　目	以2000年价格为100	项　目	以2000年价格为100
商品零售价格总指数	**100.52**		
一、食品类	111.88	15. 其它食品	104.42
1. 粮食	120.38	二、饮料、烟酒类	100.42
2. 淀粉及薯类	95.60	三、服装、鞋帽类	96.64
3. 干豆类及豆制品	137.22	四、纺织品类	98.99
4. 油脂	116.66	五、家用电器及音像器材	88.26
5. 肉禽及其制品	119.28	六、文化办公用品	93.78
6. 蛋	128.00	七、日用品	101.18
7. 水产品	114.66	八、体育娱乐用品	88.40
8. 菜	121.23	九、交通、通信用品	76.30
#鲜菜	125.39	十、家具	96.83
9. 调味品	107.28	十一、化妆品类	99.83
10. 糖	100.78	十二、金银珠宝类	141.33
11. 干鲜瓜果	96.49	十三、中西药品及医疗保健用品类	87.93
12. 糕点饼干面包	102.18	十四、书报杂志及电子出版物	102.08
13. 奶及奶制品	112.39	十五、燃料类	144.63
14. 在外用膳食品	96.53	十六、建筑材料及五金电料类	112.92

6-7 居民消费价格指数(分月)(2005年)

(以上年同月为100)

项　　目	一月	二月	三月	四月	五月	六月	七月	八月	九月	十月	十一月	十二月
居民消费价格总指数	**103.1**	**105.4**	**104.1**	**102.4**	**102.5**	**102.9**	**102.6**	**101.3**	**100.1**	**100.6**	**101.1**	**101.6**
一、食品	105.7	110.6	106.7	102.8	102.9	103.8	102.5	99.1	98.3	99.7	100.6	100.3
1. 粮食	116.0	110.3	101.7	98.1	98.6	99.6	99.6	99.6	99.4	99.1	97.7	98.2
2. 淀粉及薯类	100.8	103.0	101.4	105.5	102.4	101.1	100.0	100.1	101.4	108.7	102.5	102.0
3. 干豆类及豆制品	110.0	112.6	108.2	105.1	104.2	103.0	102.9	103.6	103.4	103.9	101.5	101.4
4. 油脂	103.1	103.7	100.9	99.0	98.6	99.4	95.3	90.4	89.2	89.2	89.2	89.0
5. 肉禽及其制品	109.2	114.8	113.8	106.3	106.8	106.0	100.4	94.0	92.4	91.8	90.5	89.6
6. 蛋	114.2	119.9	120.4	116.2	118.1	117.1	113.5	105.5	100.1	99.4	101.1	100.0
7. 水产品	122.1	122.1	109.7	104.2	103.6	102.0	102.6	100.3	101.5	106.0	110.4	107.6
8. 菜	101.3	131.0	120.4	112.9	110.4	124.9	123.6	116.4	109.2	117.7	127.7	129.9
9. 调味品	99.9	100.2	99.8	99.5	103.6	104.9	107.6	108.5	108.0	109.6	110.1	110.1
10. 糖	99.8	99.5	99.3	99.9	100.6	102.3	102.1	103.1	103.1	103.3	103.8	106.4
11. 茶及饮料	101.2	101.1	100.2	99.8	100.2	100.3	100.5	101.1	101.5	101.9	101.8	101.3
12. 干鲜瓜果	96.4	101.4	95.9	91.2	89.4	92.9	104.1	90.5	93.7	99.5	106.6	105.1
13. 糕点饼干面包	95.9	96.0	95.9	95.6	96.0	96.4	96.2	96.4	95.3	95.3	94.5	94.3
14. 奶及奶制品	105.6	105.5	105.2	104.2	106.1	106.2	105.9	105.6	105.6	105.4	106.5	106.4
15. 在外用膳食品	100.9	101.8	101.1	100.6	101.5	101.3	101.3	101.1	100.7	101.6	101.3	101.7
16. 其它食品及食品加工服务	101.2	101.0	100.3	99.4	99.4	99.9	99.9	100.1	99.6	99.0	99.2	98.5
二、烟酒及用品	99.5	99.8	99.9	99.8	100.0	99.8	100.1	100.2	100.4	99.5	99.2	99.3
三、衣着	100.3	100.5	99.4	98.7	98.2	98.2	98.8	98.4	98.7	99.0	99.1	99.0
四、家庭设备用品及维修服务	100.3	100.6	100.7	100.8	100.8	101.1	101.5	101.2	101.3	101.1	101.7	101.3
五、医疗保健和个人用品	97.8	98.0	98.5	99.5	98.2	98.5	99.0	99.2	99.2	99.4	99.7	99.7
1. 医疗保健	96.6	96.6	97.3	98.4	96.7	96.9	97.7	98.2	98.2	98.4	98.8	98.8
2. 个人用品及服务	100.8	101.3	101.2	101.8	101.8	102.3	102.2	101.8	101.8	101.9	102.1	101.2
六、交通和通讯	96.4	100.3	98.9	97.6	98.5	98.5	99.1	99.7	99.8	99.2	99.3	99.8
七、娱乐教育文化用品服务	104.7	106.5	106.2	104.8	104.6	105.5	105.8	105.6	99.3	100.4	100.4	100.6
八、居住	106.5	107.6	108.6	108.3	108.7	108.5	107.9	107.1	108.3	106.0	106.5	105.0

说明:本表数据为省反馈数据,包括县(市)、区数据。

6-8 城市居民消费价格指数(分月)(2005年)

(以上年同月为100)

项目	一月	二月	三月	四月	五月	六月	七月	八月	九月	十月	十一月	十二月
居民消费价格总指数	**101.6**	**105.1**	**102.8**	**101.4**	**101.3**	**102.1**	**102.1**	**101.1**	**100.1**	**101.0**	**101.8**	**102.1**
一、食品	104.9	111.9	106.5	103.8	104.1	105.5	104.6	101.2	100.4	102.5	103.9	104.2
1.粮食	114.5	108.6	100.9	98.0	97.9	99.3	99.0	97.7	97.3	97.1	97.5	98.7
2.淀粉及薯类	100.0	100.0	103.1	103.1	97.2	97.2	97.2	103.1	100.0	100.0	100.0	100.0
3.干豆类及豆制品	109.4	109.2	105.1	100.9	99.6	98.2	98.2	99.5	98.8	98.4	98.0	98.5
4.油脂	98.6	96.8	95.4	97.4	97.0	98.5	96.3	91.7	90.3	90.3	91.9	93.0
5.肉禽及其制品	107.9	114.2	112.1	107.6	108.0	107.3	101.5	94.6	92.5	92.0	92.0	90.8
6.蛋	116.2	119.1	121.4	112.7	119.1	117.4	113.1	104.8	98.5	96.6	96.8	97.6
7.水产品	118.5	115.9	107.5	102.6	104.4	101.5	100.9	98.1	100.4	104.1	107.0	106.9
8.菜	103.3	149.6	129.5	122.0	118.1	138.7	136.8	125.5	117.2	130.2	145.0	143.1
9.调味品	99.3	99.9	99.2	98.7	106.6	107.8	112.2	114.1	113.1	113.9	114.7	114.7
10.糖	102.7	99.6	98.8	98.9	100.1	103.5	98.8	101.8	101.2	100.7	101.5	102.1
11.茶及饮料	102.5	102.3	100.5	99.7	100.7	100.7	101.1	102.2	102.7	103.4	103.3	101.8
12.干鲜瓜果	84.9	88.3	84.3	88.7	90.0	90.2	100.0	94.1	100.8	106.3	106.0	110.1
13.糕点饼干面包	92.1	92.4	92.1	91.6	92.3	93.1	93.2	93.2	90.9	90.8	89.1	88.6
14.奶及奶制品	111.3	111.1	110.6	108.5	110.5	110.6	110.0	110.2	110.1	109.9	112.2	111.9
15.在外用膳食品	103.0	104.9	103.4	102.4	103.1	102.7	102.7	102.2	101.6	103.3	102.6	103.4
16.其它食品及食品加工服务	102.6	102.2	100.9	99.0	99.0	100.2	100.3	100.3	99.4	98.1	98.2	97.0
二、烟酒及用品	100.0	100.3	99.8	99.6	99.9	99.6	100.1	101.0	101.2	99.4	99.0	98.9
三、衣着	99.9	99.2	97.6	96.0	95.0	95.1	96.2	95.4	95.5	95.0	94.8	94.5
四、家庭设备用品及维修服务	100.3	100.6	100.5	100.6	100.4	101.3	101.9	101.4	101.4	100.9	101.4	100.5
五、医疗保健和个人用品	97.3	97.4	97.9	99.9	97.9	98.4	98.6	98.6	98.6	98.8	99.5	99.7
1.医疗保健	96.1	96.1	97.0	99.1	96.6	96.9	97.2	97.4	97.4	97.6	98.5	99.4
2.个人用品及服务	100.9	101.4	101.1	102.1	102.1	103.0	103.2	102.4	102.3	102.6	102.7	100.4
六、交通和通讯	95.5	97.3	96.9	95.7	96.8	96.6	96.5	97.5	98.0	96.8	97.7	98.6
七、娱乐教育文化用品服务	101.7	106.6	105.4	103.2	102.9	104.3	104.9	104.9	100.2	102.3	102.4	103.1
八、居住	104.2	104.7	104.6	104.7	104.8	105.2	105.0	105.2	106.2	106.9	108.2	107.9

6-9 商品零售价格指数(分月)(2005年)

(以上年同月为100)

项目	一月	二月	三月	四月	五月	六月	七月	八月	九月	十月	十一月	十二月
商品零售价格总指数	**102.1**	**103.7**	**102.6**	**101.5**	**101.2**	**101.7**	**102.3**	**101.0**	**100.5**	**100.9**	**101.4**	**101.3**
一、食品类	105.9	111.8	107.0	103.1	103.0	104.5	103.9	100.3	99.3	101.1	102.3	102.5
1. 粮食	116.3	110.6	101.5	97.9	98.1	99.1	99.4	99.5	99.4	98.8	97.8	98.2
2. 淀粉及薯类	102.0	104.4	103.1	106.3	103.5	102.7	102.0	103.2	103.6	109.4	102.8	102.2
3. 干豆类及豆制品	109.4	111.7	107.7	104.5	103.4	102.1	102.4	103.5	103.0	103.4	101.0	100.9
4. 油脂	102.2	102.6	100.9	100.8	100.4	100.7	97.8	93.2	92.1	92.0	91.9	92.3
5. 肉禽及其制品	108.9	113.9	112.6	106.4	107.3	106.3	101.3	94.7	92.7	92.2	91.3	90.5
6. 蛋	113.3	118.8	119.3	115.0	117.2	116.7	113.3	105.9	100.3	99.0	101.2	100.1
7. 水产品	120.1	119.3	109.3	103.7	102.6	101.5	102.8	100.9	102.4	106.4	109.9	108.2
8. 菜	103.3	138.9	127.1	114.7	111.1	129.8	131.3	118.4	108.6	119.4	133.0	135.7
9. 调味品	100.2	100.5	100.2	99.9	103.6	105.2	107.9	108.8	108.3	110.1	110.9	110.7
10. 糖	100.9	99.9	99.6	100.2	100.8	102.5	101.1	102.5	102.5	102.5	103.1	105.1
11. 干鲜瓜果	94.8	99.8	93.9	90.6	89.3	91.4	101.7	90.1	93.8	99.6	105.5	105.1
12. 糕点饼干面包	95.1	95.1	95.0	94.8	95.2	95.6	95.2	95.8	94.3	94.2	93.4	93.2
13. 奶及奶制品	105.4	105.2	105.0	103.9	105.7	105.8	105.5	105.3	105.3	105.0	106.1	106.0
14. 在外用膳食品	101.0	101.9	101.2	100.6	101.3	101.1	101.1	100.9	100.5	101.4	101.1	101.6
15. 其它食品	101.3	101.0	100.4	99.4	99.4	100.0	99.9	100.2	99.7	99.1	99.1	98.5
二、饮料、烟酒	100.0	100.3	100.1	99.9	100.2	100.1	100.3	100.5	100.6	100.0	99.7	99.6
三、服装、鞋帽类	100.1	99.9	98.9	98.3	97.8	97.9	98.4	98.2	98.4	98.7	98.8	98.8
四、纺织品类	99.4	99.1	99.5	99.3	99.1	99.1	99.1	99.1	99.2	99.5	100.5	100.7
五、家用电器及音像器材	97.8	97.8	98.1	97.9	98.3	98.5	98.7	97.8	97.5	97.9	98.0	98.2
六、文化办公用品	98.5	98.9	98.9	98.5	98.0	97.3	100.2	98.4	98.1	98.1	98.2	97.9
七、日用品	100.5	100.1	100.3	100.5	100.0	100.2	101.0	100.7	101.3	101.4	102.1	102.3
八、体育娱乐用品	96.6	96.8	96.9	96.6	95.9	96.1	96.9	96.8	95.8	97.5	98.4	99.0
九、交通、通信用品	91.5	92.5	91.4	91.3	91.7	92.2	93.4	93.7	93.6	93.2	93.3	93.3
十、家具	97.1	97.5	98.1	98.2	98.2	98.6	99.9	99.5	98.1	98.1	98.2	99.4
十一、化妆品类	100.7	100.7	100.1	100.1	100.1	101.7	102.3	99.9	99.9	99.9	100.1	99.8
十二、金银珠宝类	104.2	104.1	103.1	102.2	102.7	103.6	103.8	103.6	103.8	105.0	104.7	105.3
十三、中西药品及医疗保健用品类	96.2	96.4	97.0	98.7	96.2	96.6	97.6	97.4	97.5	97.7	98.5	98.3
十四、书报杂志及电子出版物	101.0	100.5	100.3	100.9	100.5	100.7	103.1	102.8	102.0	100.8	100.8	100.7
十五、燃料类	120.4	125.9	127.0	124.7	125.7	126.0	128.2	128.8	124.6	123.4	121.8	119.0
十六、建筑材料及五金电料类	102.9	102.6	105.2	107.0	107.5	106.8	105.1	104.9	108.0	106.6	107.2	105.8

说明:本表数据为省反馈数据,包括县(市)、区数据。

6－10 城市商品零售价格指数(分月)(2005 年)

(以上年同月为 100)

项　目	一月	二月	三月	四月	五月	六月	七月	八月	九月	十月	十一月	十二月
商品零售价格总指数	**100.1**	**102.3**	**100.6**	**100.0**	**99.5**	**99.9**	**101.1**	**99.9**	**99.5**	**100.0**	**100.9**	**101.1**
一、食品类	104.4	112.5	106.6	104.0	104.1	105.8	105.0	101.6	100.8	102.9	104.5	105.1
1. 粮食	113.8	108.7	102.0	99.5	99.2	100.2	99.9	98.6	98.4	98.2	98.4	99.3
2. 淀粉及薯类	100.0	100.0	103.1	103.1	97.2	97.2	97.2	103.1	100.0	100.0	100.0	100.0
3. 干豆类及豆制品	109.5	109.3	105.2	100.9	99.6	98.2	98.2	99.5	98.8	98.4	98.0	98.5
4. 油脂	98.5	96.6	95.3	97.3	96.9	98.6	96.6	92.1	90.8	90.8	92.3	93.4
5. 肉禽及其制品	107.6	112.9	110.8	106.7	107.1	106.3	101.0	94.3	92.2	91.5	91.6	90.7
6. 蛋	116.0	119.0	121.4	112.9	119.3	117.6	113.1	104.9	98.5	96.7	96.9	97.8
7. 水产品	118.0	115.4	107.4	102.7	104.4	101.6	101.0	98.2	100.4	103.8	106.6	106.6
8. 菜	102.8	148.4	128.8	121.4	117.6	138.1	136.2	125.0	116.7	129.5	144.1	142.3
#鲜菜	104.4	153.9	132.2	124.2	120.0	143.1	141.0	128.3	118.8	133.0	149.4	147.3
9. 调味品	99.3	99.9	99.2	98.7	106.6	107.8	112.2	114.0	113.1	113.9	114.7	114.7
10. 糖	103.0	100.0	99.1	99.2	100.3	103.8	98.5	101.6	101.1	100.6	101.4	101.7
11. 干鲜瓜果	84.7	88.1	84.0	88.6	89.9	90.0	100.0	93.9	100.8	106.4	106.1	110.3
12. 糕点饼干面包	90.1	90.3	90.1	89.5	90.5	91.2	91.5	91.5	88.5	88.4	86.7	86.4
13. 奶及奶制品	111.2	110.8	110.3	108.2	110.1	110.2	109.6	109.7	109.7	109.5	111.6	111.3
14. 在外用膳食品	102.9	104.7	103.3	102.2	102.9	102.5	102.5	102.0	101.4	103.0	102.4	103.2
15. 其它食品	102.6	102.3	101.0	99.0	99.0	100.2	100.3	100.3	99.4	98.1	98.2	96.9
二、饮料、烟酒	100.6	100.8	99.9	99.5	100.0	99.8	100.3	101.3	101.5	100.2	99.8	99.4
三、服装、鞋帽类	100.1	99.1	97.5	96.0	95.1	95.2	96.1	95.7	95.9	95.4	95.3	95.1
四、纺织品类	98.6	97.6	97.9	97.6	97.2	97.2	97.1	97.2	97.2	97.0	98.1	98.4
五、家用电器及音像器材	98.5	98.5	98.6	98.3	98.9	99.0	99.2	98.7	97.7	98.4	99.3	99.7
六、文化办公用品	97.7	98.5	98.5	98.0	96.3	94.8	100.5	97.1	96.5	96.5	96.7	96.6
七、日用品	100.8	99.6	100.1	100.6	99.6	99.8	101.4	100.8	101.5	100.8	101.5	101.1
八、体育娱乐用品	93.4	94.1	94.4	93.8	92.6	92.9	94.6	94.3	92.3	95.8	97.6	98.7
九、交通、通信用品	88.2	90.2	88.4	88.3	88.5	88.4	90.2	90.4	90.8	90.0	90.1	90.0
十、家具	94.9	95.5	96.9	96.9	96.9	97.5	99.9	99.4	96.5	96.5	96.7	98.9
十一、化妆品类	101.5	101.5	100.0	100.0	100.0	102.8	104.0	99.1	99.1	99.1	99.1	98.2
十二、金银珠宝类	108.2	108.1	106.4	104.7	105.7	107.0	106.6	106.8	107.4	109.4	109.0	109.3
十三、中西药品及医疗保健用品类	94.8	94.9	95.5	98.8	95.2	95.5	95.9	96.3	96.2	96.4	98.0	99.3
十四、书报杂志及电子出版物	101.3	100.9	99.3	100.7	99.8	100.2	105.1	104.4	103.6	101.1	101.1	101.4
十五、燃料类	111.6	117.4	115.6	115.1	114.5	115.3	119.4	120.7	118.0	119.4	121.1	121.1
十六、建筑材料及五金电料类	102.9	101.4	102.7	102.8	102.8	103.2	102.4	102.7	103.6	103.7	105.9	105.9

6－11　主要商品零售平均价格(2005 年)

单位:元

项　目	规格等级	单　位	年平均价	年末价
面　粉	富强粉	千克	3.083	3.133
大　米	标一晚籼米	千克	2.509	2.429
菜籽油	精菜油散装	千克	7.450	7.200
猪　肉	去骨统肉	千克	13.879	12.771
白　糖	白砂糖一级	千克	4.777	5.233
饼　干	混合饼干散装	千克	14.533	14.533
甲级卷烟	硬盒白沙牌烟	盒	4.921	4.900
果　酒	北京夜光杯中国红葡萄酒瓶装	瓶	15.618	15.600
皮　鞋	江苏产森达 40 码男鞋	双	188.500	160.000
内　衣	三枪牌男式全棉套装	套	89.667	90.667
白市布	90cm	米	8.000	8.000
涤棉布	90cm45S×45S 白细布	米	8.708	9.000
纯毛华达呢	新疆 144cm(2201)	米	134.000	134.000
空　调	KFR－33GW/JFD 格力空调	台	2033.667	2106.667
微波炉	WG900YESL23－K6 型格兰仕微波炉	台	840.000	838.333
自行车	260 中华玫瑰园自行车	辆	476.000	476.000
洗衣机	小天鹅 50－885FG	台	1996.000	1988.333
彩色电视机	P3438S 型康佳彩电	台	2987.167	2986.333
电冰箱	新飞 BCD－211 型冰箱	台	1663.472	1676.667
肥　皂	长沙马头	条	2.561	2.567
洗衣粉	汰渍 350 克　广州产	袋	2.617	2.733
牙　膏	中华 120 克	支	2.700	2.700
金饰品	24K 金项链	克	159.667	181.000
液化石油汽	民用(14.5 公斤/瓶装)	千克	5.290	5.860
水　泥	坪塘二厂产　普通水泥	袋	16.000	16.000

6－12 原材料、燃料、动力购进价格指数(2005年)

（以上年价格为100）

项　　目	2005年	项　　目	2005年
总指数	**109.36**		
1.燃料、动力类	118.30	5.木材及纸浆类	106.02
2.黑色金属材料类	105.06	6.建筑材料类及非金属矿类	105.68
#钢材	102.98	7.其他工业原材料及半成品类	103.08
其它	107.78	8.农副产品类	101.10
3.有色金属材料类	113.56	9.纺织原料类	101.56
4.化工原料类	110.13		

6－13 工业品出厂价格指数(2005年)

（以上年价格为100）

项　　目	2005年	项　　目	2005年
总指数	**105.96**		
一、按轻重工业分		耐用消费品	100.72
1.轻工业	101.83	三、按工业行业分	
以农产品为原料	101.38	1.冶金工业	109.38
以非农产品为原料	102.50	2.电力工业	103.75
2.重工业	108.74	3.煤炭及炼焦工业	132.56
采掘工业	132.85	4.石油工业	123.43
原料工业	110.78	5.化学工业	109.24
加工工业	102.55	6.机械工业	100.75
二、按两大部类分		7.建筑材料工业	103.18
1.生产资料	107.38	8.森林工业	100.05
采　掘	132.40	9.食品工业	101.07
原　料	110.57	10.纺织工业	100.32
加　工	102.47	11.缝纫工业	101.19
2.生活资料	101.21	12.皮革工业	107.70
食　品	101.24	13.造纸工业	102.08
衣　着	103.50	14.文教艺术用品工业	100.46
一般日用品	100.91	15.其它工业	101.46

6－14 房地产价格指数(2005年)

项　目	以上年同期为100	项　目	以上年同期为100
一、土地出让价格指数	106.2	(3)其它住宅	
(一)居民住宅用地	106.9	2. 非住宅	
1. 高档住宅用地	103.1	三、房屋租赁总计	101.6
2. 普通住宅用地	110.5	(一)住宅	102.1
3. 经济适用房用地	104.2	1. 普通住宅	100.3
(二)工业用地仓储	107.5	2. 高档住宅	103.3
(三)商业、旅游、娱乐	109.0	(1)别墅	104.8
(四)其他用地	107.3	(2)高档公寓	103.5
二、房地产销售价格指数	102.9	3. 经济适用房	
(一)商品房	103.1	4. 廉租房	101.3
1. 住宅	104.9	(二)办公楼	99.1
(1)经济适用房	106.7	1. 写字楼	96.4
(2)普通住宅	104.3	2. 普通办公用房	101.0
①多层住宅	104.0	(三)商业、娱乐用房	101.9
②高层住宅	104.8	(四)厂房仓库房	102.6
③其它		1. 工业厂房	100.0
(3)高档住宅	105.1	2. 仓库	104.3
①别　墅	108.4	(五)其它	
②高档公寓	103.9	四、物业管理总计	99.8
(二)非住宅	97.5	(一)住宅	99.7
1. 办公楼	102.2	1. 普通住宅	99.4
(1)写字楼	102.2	2. 高档住宅	100.2
(2)普通办公用房		3. 经济适用房	100.0
2. 商业用房	96.9	(二)办公楼	100.0
3. 工业仓储用房		1. 写字楼	100.0
4. 其它	102.0	2. 普通办公用房	100.0
(三)二手房	102.4	(三)商业、娱乐用房	100.0
1. 住宅	102.6	(四)厂房仓库房	100.0
(1)高档住宅	104.0	1. 工业厂房	100.0
(2)多屋住宅	103.1	2. 仓库	

7 人民生活

长沙统计年鉴

7－1 历年城市居民调查户基本情况

年　　份	调查户数（户）	平均每户家庭人口（人）	平均每一就业者负担人数（人）	月人均家庭总收入（元）	#可支配收入（元）	月人均消费性支出（元）	人均住房使用面积（m^2）
1980	100	3.7	1.68	44.26	43.47	39.41	7.67
1981	100	3.75	1.61	45.74	44.94	42.32	8.31
1982	100	3.75	1.6	47.05	46.25	41.68	8.93
1983	100	3.72	1.65	50.01	48.39	44.59	9.33
1984	100	3.7	1.67	55.92	55.01	47.63	10.1
1985	150	3.49	1.77	70.65	69.54	65.16	11.18
1986	150	3.44	1.82	81.99	80.87	74.59	11.85
1987	150	3.39	1.8	92.87	91.8	82.69	11.95
1988	200	3.46	1.76	118.89	117.8	114.72	11.51
1989	200	3.38	1.76	138.69	136.59	119.71	11.69
1990	200	3.3	1.71	148.74	147.51	124.64	12.07
1991	200	3.28	1.73	165.49	164.21	139.95	12.9
1992	200	3.2	1.76	208.1	206.8	162.79	13.53
1993	200	3.13	1.7	271.81	270.52	216.23	13.33
1994	200	3.39	1.6	341.58	339.08	291.85	13.22
1995	200	3.36	1.69	408.98	405.02	344.25	13.11
1996	200	3.31	1.65	470.22	440.74	391.4	13.93
1997	200	3.13	1.62	522.52	490.01	455.75	15.89
1998	200	3.07	1.57	558.43	522.84	465.38	16.66
1999	200	3.07	1.66	610.72	573.56	530.36	17.22
2000	200	3.07	1.64	670.92	627.48	587.55	18.23
2001	400	3.04	1.69	732.98	683.95	617.51	17.88
2002	400	2.99	1.85	802.87	751.72	654.52	17.82
2003	400	3.06	1.92	888.15	827.71	694.2	18.17
2004	400	3.05	1.85	993.93	918.38	752.63	18.8
2005	400	2.85	2.09	1114.26	1036.16	804.99	21.26

注：从 2002 年起，由于报表制度的变动，人均可支配收入应剔除出售财物收入、从 1996 年开始工资中扣除的各项社会保障支出，以及从 1997 年起的自有房房租折算收入。因此，本年鉴按新制度重新整理的（1980—2002 年）各年的可支配收入额与原来相应年度出版的年鉴数据不一致，均以本年鉴数据为准。

7-2 历年城市居民调查户消费性支出情况

单位:元

年份	全年人平消费性支出	食品支出	衣着支出	用品支出	燃料支出	非商品支出
1980	472.92	251.76	66.84	105	7.44	41.88
1981	507.9	286.69	66.61	106.92	7.68	40
1982	500.11	297.21	63.35	91.25	8.85	39.45
1983	535.13	316.86	73	96.07	8.77	40.43
1984	571.59	333.77	75.3	106.06	9.25	47.21
1985	781.95	424.8	112.76	173.87	11.29	59.23
1986	895.08	489.45	124.47	197.63	11.96	71.57
1987	992.32	561.3	129.4	204.93	11.41	85.28
1988	1376.64	672.13	173.07	402.32	12.25	116.87
1989	1436.52	788.83	184.73	307.2	17.79	137.97
1990	1495.68	823.29	202.33	287.72	22.06	160.28
1991	1679.4	879.93	227.33	357.18	24.01	190.95

年份	全年人平消费性支出	食品支出	衣着支出	家庭设备用品及服务支出	医疗保健支出	交通与通讯支出	教育、文化娱乐、服务支出	居住支出	杂项商品与服务支出
1992	1953.48	1003.4	279.11	192.23	41.82	54.19	209.56	96.17	77
1993	2594.76	1231.77	385.36	350.65	63.85	92.51	216.72	154	99.9
1994	3502.2	1631.27	480.54	349.4	79.85	244.79	414	191.03	111.32
1995	4131	2031.19	513.42	372.25	123.91	257.41	439.72	262.95	130.15
1996	4696.8	2232.78	544.73	421.61	177.78	259.58	554.83	326.48	179.01
1997	5469.01	2408.21	645.88	394.89	186.45	432.4	856.45	356.62	188.11
1998	5584.51	2373.27	623.44	328.6	203.83	381.4	878.38	569.29	226.3
1999	6364.34	2454.35	765	575.22	228.58	482.08	943.56	661.06	254.49
2000	7050.55	2454.14	682.88	777.38	265.72	581.84	1057.01	964.47	267.11
2001	7410.13	2511.51	714.8	623.1	393.6	727.55	1289.36	852.51	297.7
2002	7854.24	2535.96	777	565.8	489.96	795.24	1402.8	1035.84	251.64
2003	8330.4	2629.44	778.08	558.24	607.92	1115.4	1574.88	792	274.44
2004	9031.6	3017.27	850.22	484.81	662.11	1195.27	1606.43	924.38	291.11
2005	9659.84	3229.71	969.53	613.96	788.21	1209.39	1685.70	851.56	311.78

注:从2002年起由于报表制度的变动,人均消费性支出不包括在外就学子女费用和1997年开始的自有房房租折算支出,以及各类社会保障支出。旅游消费也从杂项商品与服务支出中按相关指标相应地调整到娱乐文教、食品、交通与通讯支出项目中。因此,本年鉴按新制度重新整理的(1988-2002年)各年的消费支出与分类支出额与原来相应年度出版的年鉴数据不一致,均以本年鉴数据为准。

7－3 历年城市居民家庭全年人平主要食品、衣着及日用品消费量

指　标	单位	1980 年	1981 年	1982 年	1983 年	1984 年	1985 年	1986 年	1987 年	1988 年	1989 年	1990 年	1991 年	1992 年
粮食	公斤	146.8	143.1	144	144.3	142.4	139.5	138.8	135.1	137.1	137.2	134.1	119.2	114.1
油脂类	公斤	5.4	4.7	5.2	5.7	5.9	5.4	5.4	7.3	8.1	5.3	7.8	7.5	9
鲜菜	公斤	168	151.9	160	161.8	162	182.4	153.6	156.5	149.6	137.3	134.9	138.7	127.2
猪肉	公斤	22.6	27.2	26.3	28	26.7	29	28.6	29.8	28.4	24	24.2	23.6	20.1
家禽	公斤	1	1	1.2	1.6	1.6	2.3	2.8	1.7	2.3	2.6	2.2	3.3	3.5
鲜蛋	公斤	4.3	4.6	4.9	4.3	5.8	6.1	6	4.9	5.3	6	5.6	6.5	7.2
鱼	公斤	9	7.5	6.7	8.3	8.2	9.3	11.6	10.4	9.5	9.4	9.1	8.4	8
酒	公斤	3.2	3	3.1	4	4.1	5.4	6.4	5.8	5.3	4.1	3.9	3.7	3.2
糕点	公斤	4.3	4.5	4.6	4.6	4.4	4.4	4.3	4	3.8	3.5	3.6	3.6	3.2
鲜瓜果	公斤										32.3	31.8	36.9	35.2
碳酸饮料	公斤													0.8
茶叶	公斤										0.1	0.3	0.3	0.3
鲜乳品	公斤										0.8	0.6	1.5	1.9
奶粉	公斤													0.5
鞋类	双/人										2.5	2.8	3.1	3
男式服装	件/人													2.4
女式服装	件/人													2.9
煤炭	公斤/人	194	193.5	211.5	210	212.5	235	194.1	182.7	173.6	172.7	159.2	261.9	110.6
液化石油汽	公斤/人	4.2	4.9	5.9	6.7	8.4	10.9	12.3	15.3	17.1	19.3	22.2	22.2	24.7
管道煤气	立方米/人													
水	吨/人													28.6
电	度/人													115.1

7-3 续表

指　标	单位	1993 年	1994 年	1995 年	1996 年	1997 年	1998 年	1999 年	2000 年	2001 年	2002 年	2003 年	2004 年	2005 年
粮食	公斤	108.4	107.7	106.8	105.5	101.8	101.4	93.7	95.9	96.6	93	93.7	92.5	95.6
油脂类	公斤	7.6	7.8	7.7	8.1	10.3	10	9.1	9.8	9.9	10.8	11	15.1	13.6
鲜菜	公斤	126.3	116.3	115.5	130.2	112.5	113.4	110.1	115.4	120.7	129.1	132.5	126	121.7
猪肉	公斤	19.7	18.1	19.2	19.2	18.5	18.8	17	17.9	17.1	21.2	21	23.4	24.8
家禽	公斤	4.1	5.8	6	7.3	9	9.5	10.2	10.6	11.3	9.9	7.7	6.7	7.6
鲜蛋	公斤	7.5	7.4	7.8	7.2	7.6	7.2	6.7	7.3	7	6.4	7.1	6.6	7.2
鱼	公斤	8.1	7.6	8.1	8.1	8.1	7.9	8.7	9.1	9	8.6	9.4	9	9.9
酒	公斤	3.7	4.8	5.3	4.3	3.8	4.4	4.3	4.8	4.4	4.1	3.9	4.4	5.6
糕点	公斤	3.4	4.1	3.7	3.9	4.1	3.8	3.9	3.9	3.5	3.5	3.6	3	3.9
鲜瓜果	公斤	29.6	32.7	36	34.8	42.7	50.3	51.6	55.5	59.3	57.6	59.9	56.9	51.0
碳酸饮料	公斤	0.8	0.7	0.7	0.7	0.7	0.7	1	1.4	1.1	1.8	1.4	1.2	0.9
茶叶	公斤	0.3	0.3	0.2	0.2	0.2	0.2	0.2	0.2	0.3	0.3	0.3	0.2	0.4
鲜乳品	公斤	0.9	0.3	0.1	0.3	1	1.7	2	3.4	4.5	7.8	12.4	13.5	10.5
奶粉	公斤	0.5	0.5	0.5	0.5	0.7	0.8	1	1	1.2	1.2	1	0.9	1.4
鞋类	双/人	3	2.9	3	3	3	2.9	3.1	2.9	2.9	3.1	3	2.6	3.1
男式服装	件/人	2.4	2.3	2.2	2.5	2.9	2.3	3	2.6	2.9	3	2.6	2.6	2.8
女式服装	件/人	3	3.2	3.3	3.5	4.3	4.2	4.9	4.5	4.7	4.8	4.2	4.3	3.7
煤炭	公斤/人	67.1	69.6	37.4	31.3	31	25.6	20.6	20.3	32.9	34	42.1	33.5	38.4
液化石油汽	公斤/人	25.4	26.1	29.7	36.5	34.9	33.6	34.4	35.4	39.5	40.3	38.8	36.4	31.0
管道煤气	立方米/人		0.3	1.3	4	6.5	13.5	14.2	15.3	23.6	22.8	17.5	24.1	35.5
水	吨/人	24.2	29.1	26.8	36.5	41.6	42.5	41.3	43.5	54.1	49.8	49.1	58.2	54.7
电	度/人	124.9	149.7	169.2	173	172.8	239.3	266.4	307.3	372.2	419	571.7	495.3	626.9

7－4　历年年末城市居民家庭平均每百户耐用消费品拥有量

指　标	单位	1980年	1981年	1982年	1983年	1984年	1985年	1986年	1987年	1988年	1989年	1990年	1991年	1992年
成套家俱	套						4	7	7	12	22	22	33	112
摩托车	辆				2	2	2	2	1	1	1	1		1
自行车	辆	60	83	106	103	128	119	131	149	156	165	175	167	166
助力车	辆													
家用汽车	辆													
洗衣机	台		1	7	18	32	56	65	73	83	86	90	89	91
电风扇	台	20	57	86	101	125	158	197	228	251	266	281	281	300
电冰箱	台				1	1	5	9	17	45	61	68	80	85
冰　柜	台													1
彩色电视机	台				2	5	13	21	29	61	64	68	78	89
影碟机	台													
录放像机	台										1	2	7	11
家用电脑	台													
组合音响	套										2	2	5	7
录音机	台	1	7	10	16	24	36	50	55	66	67	73	69	76
摄像机	架													
照相机	架	3	2	3	1	2	11	15	17	23	25	27	31	28
钢　琴	架													0.5
中高档乐器	件						5	6	13	8	9	9	7	10
微波炉	台													
空调器	台										1		1	2
淋浴热水器	台													22
抽排油烟机	台													15
电炊具	台						24	19	19	17	17	18	20	23
消毒碗柜	台													
饮水机	台													
吸尘器	台													4
健身器材	套													
固定电话	部													6(1)
移动电话	部													

注：以上固定电话数据中，1992年至1998年包含公费电话，其中括号中的数为剔除公费电话后的纯私费电话数。

7－4 续表

指　标	单位	1993 年	1994 年	1995 年	1996 年	1997 年	1998 年	1999 年	2000 年	2001 年	2002 年	2003 年	2004 年	2005 年
成套家俱	套	47	55	62	67	77	79	90	83	84	86	91	96	96
摩托车	辆	1	2	3	7	10	14	16	12	16	14	18	18	19
自行车	辆	177	217	209	200	157	178	175	138	112	88	81	86	58
助力车	辆										2	3	9	8
家用汽车	辆									0.5	0.8	0.8	1	4
洗衣机	台	97	97	103	105	98	101	102	102	102	101	102	102	101
电风扇	台	295	269	277	262	269	287	275	257	253	239	234	238	228
电冰箱	台	86	87	87	88	91	97	100	93	96	96	97	94	94
冰　柜	台	2	3	3	4	2	2	4	6	4	6	8	8	7
彩色电视机	台	91	90	93	95	103	113	123	130	132	132	134	142	135
影碟机	台					13	30	45	51	62	60	66	70	78
录放像机	台	10	16	20	23	29	31	36	32	24	19	20	18	18
家用电脑	台					6	9	14	22	27	32	38	36	49
组合音响	套	9	11	13	15	17	28	36	37	40	41	41	45	41
录音机	台	80	82	85	100	50	51	61	52	51	46	47	43	39
摄像机	架					1	1	1			2	2	1	6
照相机	架	30	39	42	35	38	44	51	46	49	55	55	59	59
钢　琴	架	0.5	0.5	0.5	1	2	2	2		2	4	4	5	3
中高档乐器	件	13	11	10	11	11	13	17	14	13	12	9	8	12
微波炉	台					3	8	23	40	46	58	60	71	64
空调器	台	10	13	18	26	38	45	63	71	79	95	106	114	124
淋浴热水器	台	22	36	44	45	52	63	72	74	81	82	82	88	90
抽排油烟机	台	19	34	32	34	23	30	34	31	22	37	26	25	45
电炊具	台	31	33	35	40	55	67	92	103	104	84	86	106	84
消毒碗柜	台										18	21	24	26
饮水机	台										27	27	32	37
吸尘器	台	3	5	4	4	4	5	8	8	8	8	8	7	13
健身器材	套					4	6	11	11	9	4	4	5	9
固定电话	部	7(1)	22(13)	29(18)	45(33)	64(58)	72(71)	83(82)	85	93	99	98	98	93
移动电话	部					2	3	10	26	49	84	109	141	149

注：以上固定电话数据中，1992 年至 1998 年包含公费电话，其中括号中的数为剔除公费电话后的纯私费电话数。

7－5 城市居民调查户基本情况(2005年)

指标	合计	按人平月可支配收入比例分组				
		最低收入户	低收入户	中等收入户	高收入户	最高收入户
一、调查户数	400	40	40	240	40	40
二、家庭人口数	1142	128	113.2	704.8	103.6	92.4
平均每户(人/户)	2.85	3.2	2.83	2.93	2.59	2.29
三、有收入者人数	831.6	66.8	73.2	524.8	89.2	77.6
(一)就业人口数	544.4	30.8	40	352	58.8	62.8
平均每户(人/户)	1.36	0.76	1	1.47	1.46	1.55
1.国有经济单位职工人数	263.8	6.8	13.6	169	41.2	33.2
2.城镇集体经济单位职工人数	46	2	2	36	4	2
3.其它各种经济类型单位职工人数	72.6	6	3.2	43.8	6.4	13.2
4.个体经营者人数	54.8	4	5.6	36	4	5.2
5.个体被雇者人数	42	1.2	5.2	31.2	3.2	1.2
6.离退休再就业者人数	9.6	0.8	—	4.8	—	4
7.其他就业者人数	55.6	10	10.4	31.2	—	4
(二)离退休者人数	218.4	14.8	20.8	139.2	29.2	14.4
(三)其他有收入者人数	68.8	21.2	12.4	33.6	1.2	0.4
四、无收入者人数	310.4	61.2	40	180	14.4	14.8
五、期末家庭人口数	1140.8	128	116	700.8	104	92
六、户均非家庭人口在家用餐人次数	8.96	8.37	3.46	8.33	17.63	10.17
七、户均家庭人口在外用餐人次数	17.08	14.22	6.45	17.86	18.1	24.71
八、平均每一就业者负担人数	2.09	4.19	2.82	1.99	1.77	1.48
九、人平可支配收入(元)	12433.88	3186.19	5277.92	11429.45	21247.62	31966.6

7-6 年末城市居民调查户主要消费品拥有量(2005年)

指　　标	单位	合　计	按人平月可支配收入比例分组				
			最　低 收入户	低 收入户	中　等 收入户	高 收入户	最　高 收入户
成套家俱	套	382	28	26	243	41	44
摩托车	辆	74	4	5	52	7	6
自行车	辆	230	18	24	148	21	19
助力车	辆	31	—	3	26	1	1
家用汽车	辆	17	—	—	9	2	6
洗衣机	台	402	37	35	243	45	42
电风扇	台	911	79	75	558	99	100
电冰箱	台	376	31	36	230	40	39
冰　柜	台	29	3	2	21	1	2
彩色电视机	台	539	45	45	324	62	63
影碟机	台	312	21	17	195	35	44
录放像机	台	71	1	1	50	11	8
家用电脑	台	194	5	8	125	25	31
组合音响	套	163	6	9	100	23	25
录音机	台	157	8	6	104	20	19
摄像机	架	22	—	—	10	6	6
照相机	架	236	10	10	144	32	40
钢　琴	架	11	—	1	8	1	1
其它中高档乐器	件	46	1	2	28	5	10
微波炉	台	254	11	11	165	34	33
空调器	台	494	14	25	307	75	73
电炊具	台	337	8	17	222	46	44
淋浴热水器	台	360	27	23	227	43	40
抽排烟机	台	181	10	9	114	24	24
消毒碗柜	台	103	2	3	66	18	14
饮水机	台	149	7	7	82	27	26
吸尘器	台	50	—	3	33	4	10
健身器材	套	34	—	—	21	6	7
固定电话	部	373	35	34	226	39	39
移动电话	部	596	21	29	391	74	81

7-7 城市居民家庭人平现金收支情况(2005年)

单位:元

指标	合计	按人平月可支配收入比例分组				
		最低收入户	低收入户	中等收入户	高收入户	最高收入户
一、家庭总收入	13371.08	3486.59	5707.77	12467.25	22461.55	33329.04
二、出售财物收入	2.41	0.68	4.98	1.75	7.43	1.09
1. 出售住房收入						
2. 出售其他物品收入	2.41	0.68	4.98	1.75	7.43	1.09
三、借贷收入	3142.48	785.4	937.29	2613.64	5253.25	10838.48
1. 提取储蓄存款	2644.14	678.78	776.4	2282.28	3658.41	9324.13
2. 借入款	313.8	106.62	145.84	256.21	554.32	982.7
3. 收回借出款	50.26		4.5	22.95	68.07	366.88
4. 收回储蓄性保险金	0.42			0.68		
5. 兑售有价证券						
6. 收回投资本金	20.42			19.55		103.55
7. 住房贷款	104.15		10.06	18.45	972.45	50.3
8. 汽车贷款						
9、教育贷款						
10. 其他贷款						
11. 其它借贷收入	9.29		0.49	13.52		10.92
四、家庭总支出	13303.52	3912.84	6105.04	12637.03	21318.07	31381.8
五、借贷支出	2418.68	41.07	176.04	1615.56	5457	11261.33
1. 存入储蓄款	1804.97	27.94	139.54	1220.48	3904.33	8472
2. 借出款	72.45		0.18	17.12	4.93	764.33
3. 归还借款	153.37	13.13	32.36	169.39	334.52	170.53
4. 储蓄性保险支出	101.51			60.34	139.39	642.14
5. 购买有价证券	5.99		3.6	7.08		15.59
6. 其他投资支出	1.88			0.2		21.84
7. 归还住房贷款	187.86			131.12	659.81	587.39
8. 归还汽车贷款	31.44				256.73	103.18
9. 归还教育贷款	1.15				12.8	
10. 归还其他贷款	4.79			0.85	47.25	
11. 其它借贷支出	53.27		0.36	8.98	97.24	484.33

7－8　城市居民家庭人平现金收入情况(2005 年)

单位:元

指　　标	合　计	按人平月可支配收入比例分组				
		最　低 收入户	低 收入户	中　等 收入户	高 收入户	最　高 收入户
家庭总收入	13371.08	3486.61	5707.77	12467.25	22461.52	33329.04
#可支配收入	12433.88	3186.19	5277.92	11429.45	21247.62	31966.6
(一)工薪收入	8814.58	1756.19	3145.25	8314.14	14444.84	23154.85
1.工资及补贴收入	8279.33	1118.72	2654.96	7845.82	14152.91	21919.78
2.其他劳动收入	535.25	637.47	490.29	468.32	291.93	1235.07
(二)经营净收入	1109.14	178.04	320.17	972.95	1569.8	3908.24
(三)财产性收入	280.22	185.85	70.93	259.42	638.35	425.07
1.利息收入	13.29	1.27	0.43	10.93	7.47	70.53
2.股息与红利收入	27.69			27.25	85.91	38.22
3.保险收益	0.13	1.16				
4.其他投资收入	5.34		9	2.94	21.39	8.95
5.出租房屋收入	228.39	183.42	61.14	210.21	519.87	307.37
6.知识产权收入	0.08				0.87	
7.其他财产性收入	5.3		0.36	8.09	2.84	
(四)转移性收入	3167.14	1366.53	2171.42	2920.74	5808.53	5840.88
1.养老金或离退休金	2328.9	583.43	1293.42	2186.06	4804.14	4361.67
2.社会救济收入	82.78	370.82	228.34	29.96	0.97	
3.辞退金						
4.赔偿收入	23.37			37.74		
5.保险收入	10.19	26.73	0.66	11.48		
#失业保险金	6.65	26.73		5.86		
6.赡养收入	146.32	88.64	177.89	161.6	88.4	136.41
7.捐赠收入	313.34	137.81	258.19	271.13	606.29	623.52
8.亲友搭伙费	30.5	2.33	40.4	31.52	5.83	78
9.提取住房公积金	20.96			7.85		200.42
10.记帐补贴	159.73	135.84	159.52	156.52	173.46	202.98
11.其它转移性收入	51.05	20.93	13	26.88	129.44	237.88

7-9 城市居民家庭人平现金支出情况(2005年)

单位:元

指标	合计	按人平月可支配收入比例分组				
		最低收入户	低收入户	中等收入户	高收入户	最高收入户
家庭总支出	13303.5	3912.84	6105.03	12637.03	21318.08	31381.79
一、消费性支出	9659.85	3526.36	5312.2	9491.28	14471.16	19457.85
#服务性消费支出	3138.9	1022.39	1625.43	2990.74	4735.84	7300.65
二、购房与建房支出	1337.26		6.25	781.27	3381.3	6822.53
1.购房	1300.08		6.25	721.22	3381.3	6822.53
2.建房	37.18			60.05		
三、转移性支出	1527.66	210.95	501	1474.03	2401.97	4056.81
1.交纳的税赋	28.02			21.99	31.74	143.74
2.捐赠支出	1094.09	158.89	354.33	1053.25	1758.77	2875.23
3.购买彩票	11.95	7.61	4.47	6.1	72.12	4.69
4.赡养支出	312.59	34.44	129.9	309.03	439.98	809.89
#在外就学子女费用	121.67	26.65	33.69	116.28	175.48	343.18
5.各种非储蓄性保险支出	24.74	0.93	1.26	22.13	1.22	133.26
其中:车辆保险支出	8.64					107.6
6.其它转移性支出	56.27	9.08	11.04	61.53	98.14	90
四、财产性支出	29.29	10.97	15.26	31.16	54.93	28.89
1.非生产性利息支出						
2.其它	29.29	10.97	15.26	31.16	54.93	28.89
五、社会保障支出	749.44	164.56	270.32	859.29	1008.72	1015.71
1.个人交纳的养老基金	303.16	137.43	160.05	335.25	399.34	354.61
2.个人交纳的住房公积金	287.42	14.76	37.37	332.76	446.17	446.53
3.个人交纳的医疗基金	118.65	9.6	56.86	141.5	127.34	161.18
4.个人交纳的失业基金	32.18	2.77	8.57	38.25	35.69	51.52
5.其它社会保障支出	8.03		7.47	11.53	0.18	1.87

7－10　城市居民家庭人平消费支出情况(2005年)

单位:元

指　　标	合　计	按人平月可支配收入比例分组				
		最　低 收入户	低 收入户	中　等 收入户	高 收入户	最　高 收入户
全年人平消费性支出	9659.84	3526.36	5312.2	9491.27	14471.16	19457.86
#服务性消费支出	3138.9	1022.39	1625.43	2990.74	4735.84	7300.65
旅游花费	363.21	6.21	187.04	313.85	555.48	1243.54
一、食品	3229.71	1502.56	2182.43	3271.8	4634.52	5027.77
二、衣着	969.53	164.81	400.65	970.83	1498.42	2187.62
三、家庭设备用品及服务	613.96	141.37	208.9	580.84	1181.38	1388.14
其中耐用消费品支出	248.43	41.43	44.38	208.05	631.07	668.69
四、医疗保健	788.21	378.03	419.11	715.97	1516.68	1551.75
五、交通与通讯	1209.39	301.19	488.21	1199.89	1920.86	2636.03
其中通信支出	715.36	181.08	324.15	705.1	1202.1	1473.98
六、教育文化娱乐及服务	1685.7	521.55	936.14	1617.61	2066.98	4329.08
其中文化娱乐服务支出	448.22	32.6	169.08	395.16	704.9	1492.2
其中教育支出	935.44	462.45	710.03	939.27	895.97	1888.96
七、居住	851.56	445.65	557.93	851.92	1136.9	1455.55
八、杂项商品及服务	311.78	71.2	118.83	282.41	515.42	881.92

7－11 城市居民家庭人平主要食品及水电燃料消费量(2005 年)

指　　标	单位	合　计	按人平月可支配收入比例分组				
			最　低 收入户	低 收入户	中　等 收入户	高 收入户	最　高 收入户
粮食	公斤	69.54	66.3	73.74	68.24	76.43	71.33
油脂类	公斤	13.6	11.19	11.84	14.18	14.61	13.57
猪肉	公斤	24.76	19.28	23.82	25.88	28.02	21.31
牛肉	公斤	2.07	0.88	1.7	2.23	2.75	2.18
羊肉	公斤	0.64	0.3	0.31	0.72	0.93	0.68
家禽	公斤	7.6	3.3	5.91	8.06	9.93	9.52
蛋类	公斤	8.16	5.01	7.11	8.45	10.85	8.6
鱼	公斤	9.9	6.47	9.03	10.52	10.78	9.97
鲜菜	公斤	121.67	98.2	120.87	125.08	133.64	115.92
白酒	公斤	1.39	0.34	0.87	1.54	1.71	1.99
果酒	公斤	0.13	0.02	0.1	0.14	0.15	0.15
啤酒	公斤	3.72	0.78	1.76	3.93	6.99	4.97
碳酸饮料	公斤	0.92	0.27	0.47	1.09	1.17	0.72
瓶装饮用水	公斤	1.86	0.22	1.41	1.85	2.57	4
茶叶	公斤	0.37	0.22	0.31	0.4	0.34	0.45
干鲜瓜果类	公斤	54.74	23.36	39.34	55.14	84.25	81.32
糕点类	公斤	3.88	1.4	2.92	3.89	4.99	7.18
鲜乳品	公斤	10.53	1.97	6.69	11.17	15.67	16.43
奶粉	公斤	1.42	0.51	0.55	1.37	2.59	2.82
酸奶	公斤	4.16	0.79	2.01	3.87	7.23	10.32
水	吨	54.67	28.75	30.1	56.36	76.37	83.55
电	度	626.86	273.68	391.62	638.07	1019.35	881.87
煤炭	公斤	38.37	88.22	77.67	31.96	10.66	1.09
液化石油汽	公斤	30.99	27.27	29.59	32.98	26.06	28.18
管道煤气	立方米	35.54	1.99	11.68	39.46	63.94	49.51

7－12 城市居民家庭人平主要食品支出额(2005年)

单位:元

指　　标	合　计	按人平月可支配收入比例分组				
		最　低 收入户	低 收入户	中　等 收入户	高 收入户	最　高 收入户
粮食	240.85	198.64	230.31	236.95	309.12	266.4
油脂类	137.07	105.34	114.97	143.4	151.36	143.69
猪肉	334.36	249.21	306.93	351.77	381.1	300.75
牛肉	42.76	17.45	33.83	46.38	57.03	45.3
羊肉	11.82	5.34	5.49	13.17	17.15	12.29
家禽	122.94	52.23	88.33	130.81	168.47	152.58
蛋类	62.68	34.33	48.26	64.62	89.16	67.86
鱼	103.68	57.37	89.03	111.35	119.11	110.2
鲜菜	314.75	230.48	301.77	324.37	368.62	314.33
白酒	71.06	12.39	33.01	74.25	94.46	148.88
果酒	5.12	0.57	3.45	5.74	6.97	6.71
啤酒	19.42	3.51	8.52	19.87	41.05	27.31
碳酸饮料	5.38	1.56	2.63	6.47	6.92	3.94
瓶装饮用水	4.95	0.5	3.73	4.81	6.96	11.54
茶叶	17.27	5.81	9.39	18.08	31.51	20.75
干鲜瓜果类	221.09	73	140.44	224.67	341.26	364.76
糕点类	54.49	17.11	36.32	53.7	82.97	103.23
鲜乳品	64.84	11.49	37.77	68.39	99.09	106.96
奶粉	44.84	13.03	14.31	42.78	100.85	79.65
酸奶	28.21	5.38	12.37	26.27	50.73	69.23
购自食堂	76.1	31.98	35.03	72.84	80.78	207.87
购自饮食业	502.85	70.05	156.3	463.94	972.42	1304.63

7－13 城市居民家庭人平主要设备用品及水电燃料消费额(2005 年)

单位:元

指标	合计	按人平月可支配收入比例分组				
		最低收入户	低收入户	中等收入户	高收入户	最高收入户
成套家俱	11.33			2.83	98.41	8.73
摩托车	6.53	27.94			37.44	
助力车	19.78		26.11	21.14		51.71
自行车	1.73			2.79		
洗衣机	26.14	8.05		19	79.52	78.38
电风扇	7.57	4.59	2.33	6.74	20.98	9.48
电冰箱	17.04			16.48	22.37	60.05
彩色电视机	48.07		8.35	35.48	16.5	296.42
影碟机	9.25			11.59	5.82	19.3
录放像机						
家用电脑	73.18			81.26	119.61	150.46
组合音响	1.58			2.55		
录音机	1.39		0.77	0.67	9.99	
摄像机	10.92			12.88	32.67	
照相机	20			11.01		164.11
微波炉	3.99		2.68	5.31	4.86	
空调器	53.23	21.35	13.32	29.13	123.58	253.23
淋浴热水器	25.06	2.27		20.02	100.86	41.27
抽排油烟机	3.34			5.39		
固定电话机	5.99	1.09	4.1	6.09	3.54	17.17
移动电话	114.8	19.79	24.2	103.27	192.59	359.94
水	78.15	41.08	43.27	80.43	108.8	120.61
电	351.33	151.66	218.85	359.37	565.62	490.28
煤炭	14.15	31.34	29.55	11.82	4.08	0.55
液化石油气	155.44	136.12	149.38	165.57	130.68	139.63
管道煤气	41.63	1.98	13.69	44.32	75.84	72.09

7-14 年末城市居民家庭居住情况(2005年)

指　　标	单 位	合 计	比重(%)
总　计	**户**	**400**	**100**
一、按人均可支配收入分组房屋使用面积			
1. 最低收入户人均 14.44m^2	户	40	10
2. 低收入户人均 16.25m^2	户	40	10
3. 中等收入户人均 20.94m^2	户	240	60
4. 高收入户人均 27.38m^2	户	40	10
5. 最高收入户人均 32.21m^2	户	40	10
二、按房屋产权分			
1. 租赁公房	户	25	6.25
2. 租赁私房	户	16	4
3. 原有私房	户	43	10.75
4. 房改私房	户	262	65.5
5. 商品房	户	51	12.75
6. 其他	户	3	0.75
三、按住宅建筑式样分			
1. 单栋配套楼房	户	4	1
2. 单元式配套住宅	户	361	90.25
(1)一居室	户	19	4.75
(2)二居室	户	196	49
(3)三居室	户	129	32.25
(4)四居室及以上	户	17	4.25
3. 普通楼房	户	16	4
4. 普通平房及其他	户	19	4.75
四、按饮水情况分			
1. 自来水	户	370	92.5
2. 矿泉水	户	2	0.5
3. 纯净水	户	28	7
4. 井、河水及其他	户		—

7－14 续表

指　　标	单　位	合　计	比重(%)
五、按生活用水情况分			
1. 独用自来水	户	392	98
2. 公用自来水	户	8	2
3. 井、河水及其他	户		—
六、按卫生设备拥有情况分			
1. 无卫生设备	户	17	4.25
2. 有厕所浴室	户	367	91.75
3. 有厕所无浴室	户	14	3.5
4. 公用卫生设备	户	2	0.5
七、按取暖设备拥有情况分			
1. 无取暖设备	户	173	43.25
2. 空调设备	户	221	55.25
3. 暖气	户	6	1.5
4. 其他	户		—
八、按炊用燃料使用情况分			
1. 管道煤气	户	70	17.5
2. 液化石油气	户	307	76.75
3. 煤	户	22	5.5
4. 其他	户	1	0.25
九、按通信设备使用情况分			
1. 无电话	户	11	2.75
2. 固定电话	部	373	93.25
3. 移动电话	部	596	149
4. 使用互联网	条	125	31.25
十、除了现住房，还有几处其他住房	套	68	17
1. 出租房	套	40	10
2. 偶尔居住房	套	12	3
3. 其它用途房	套	16	4

7－15　城市居民分区家庭人平现金收入情况(2005年)

指　　标	合　计	芙蓉区	天心区	岳麓区	开福区	雨花区
家庭总收入	13371.08	13933.01	12012.43	13419.41	12823.73	14620.76
#可支配收入	12433.88	12966.86	11502	12522.14	12227.82	12966.57
(一)工薪收入	8814.58	9424.37	6187.39	9342.94	8383.08	10584.97
1.工资及补贴收入	8279.33	8533.69	5844.48	8846.24	7869.86	10160.09
2.其他劳动收入	535.25	890.68	342.91	496.7	513.22	424.88
(二)经营净收入	1109.14	861.77	1914.23	918.89	1302.44	621.08
(三)财产性收入	280.22	411.15	167.66	557.69	87.53	195.06
1.利息收入	13.29	10.79	4.14	10.8	16.58	23.04
2.股息与红利收入	27.69	4.5	71.96			61.05
3.保险收益	0.13	0.65				
4.其他投资收入	5.34	3.42	4.6		13.15	5.22
5.出租房屋收入	228.39	391.56	86.96	546.89	43.99	93.81
6.知识产权收入	0.08					0.37
7.其他财产性收入	5.3	0.23			13.81	11.57
(四)转移性收入	3167.14	3235.72	3743.15	2599.89	3050.68	3219.65
1.养老金或离退休金	2328.9	2316.36	2912.53	1707.71	2167.26	2535.94
2.社会救济收入	82.78	99.01	116.25	62.8	114.37	25.75
3.辞退金						
4.赔偿收入	23.37	10.79		111.17	1.4	
5.保险收入	10.19	4.91	6.88	19.89	8.71	11.17
#失业保险金	6.65	4.91	6.88	16.08	0.8	5.37
6.赡养收入	146.32	93.09	246.58	188.11	130.63	87.03
7.捐赠收入	313.34	424.28	179.68	296.2	415.49	247.47
8.亲友搭伙费	30.5	12.03	64.31	36.43	19.1	23.81
9.提取住房公积金	20.96	5.42			43.37	52.02
10.记帐补贴	159.73	173.15	145.36	146.91	123.92	205.96
11.其它转移性收入	51.05	96.68	71.56	30.67	26.43	30.5

7－16 城市居民分区家庭人平现金支出情况(2005年)

指 标	合 计	芙蓉区	天心区	岳麓区	开福区	雨花区
家庭总支出	13303.5	16182.7	10152.28	12672.07	11831.81	15321.62
一、消费性支出	9659.85	10407.72	7883.78	9791.62	9485.34	10590.23
#服务性消费支出	3138.9	3472.44	2457.07	3127.64	3072.02	3505.82
二、购房与建房支出	1337.26	3165.06	1007.81	294.21	482.15	1603.75
1. 购房	1300.08	3164.43	1007.81	96.9	482.15	1603.75
2. 建房	37.18	0.63		197.31		
三、转移性支出	1527.66	1734.93	887.82	1901.6	1401.04	1695.7
1. 交纳的税赋	28.02	6.59	0.91	78.95	21.07	34.77
2. 捐赠支出	1094.09	1283.12	617.55	1251.34	1024.96	1268.81
3. 购买彩票	11.95	35.61	1.22	5.94	3.02	12.64
4. 赡养支出	312.59	309.48	159.81	525.94	286.45	290.28
#在外就学子女费用	121.67	139.57	46.87	286.38	105.76	42.08
5. 各种非储蓄性保险支出	24.74	34.87	2.96	10.42	39.87	32.97
其中:车辆保险支出	8.64	11.13		5.61	13.74	11.91
6. 其它转移性支出	56.27	65.26	105.37	29.01	25.67	56.23
四、财产性支出	29.29	88.58	11.58	13.24	12.35	18.46
1. 非生产性利息支出						
2. 其它	29.29	88.58	11.58	13.24	12.35	18.46
五、社会保障支出	749.44	786.41	361.29	671.4	450.93	1413.48
1. 个人交纳的养老基金	303.16	391.58	176.56	237.83	201.17	485.91
2. 个人交纳的住房公积金	287.42	222.68	120.44	260.74	136.81	665.24
3. 个人交纳的医疗基金	118.65	134.4	40.38	113.1	95.64	200.61
4. 个人交纳的失业基金	32.18	27.97	18.44	35.52	17.18	59.82
5. 其它社会保障支出	8.03	9.78	5.47	24.21	0.13	1.9

7－17　城市居民分区家庭人平消费支出情况(2005年)

指　　标	合　计	芙蓉区	天心区	岳麓区	开福区	雨花区
全年人平消费支出	9659.84	10407.73	7883.78	9791.61	9485.34	10590.24
一、食品	3229.71	3399.13	2870.49	3351.08	3167.25	3342.79
二、衣着	969.53	1039.12	873.43	977.47	947.97	1002.65
三、家庭设备用品及服务	613.96	659.96	354.93	711.2	636.09	696.73
四、医疗保健	788.21	827.23	686.61	853.61	734.31	835.58
五、交通与通讯	1209.39	1145	937.95	1088.02	1249.66	1584.21
六、教育文化娱乐及服务	1685.7	2040.78	1241.29	1535.33	1662.88	1898.98
七、居住	851.56	986.33	676.04	818.16	837.84	922.64
八、杂项商品及服务	311.78	310.18	243.04	456.74	249.34	306.66

7－18 2000—2005年农村居民家庭调查户基本情况

项　目	单位	2000年	2001年	2002年	2003年	2004年	2005年
一、调查户数	户	560	560	560	770	770	1000
常住人口	人	2249	2255	2232	2999	2993	3901
年末人均住房面积	平方米	44.13	42.67	44.43	48.43	48.95	49.42
二、全年人均总收入	元	4558.39	4678.84	4969.95	5572.05	6719.57	7395.06
（一）工资性收入	元	1107.3	1273.12	1414.2	1446.49	1706.43	2082.14
（二）家庭经营收入	元	2935.69	2939.1	2954	3505.19	4287.22	4456.38
1.农业收入	元	1017.52	1019.19	945.91	1199.36	1441.15	1239.05
2.林业收入	元	36.58	22.05	23.34	63.19	47.96	61.08
3.牧业收入	元	1198.03	1155	1198.95	1464.18	1967.2	1958.27
4.渔业收入	元	58.4	47.53	56.93	70.7	79.02	74.09
5.二、三产业收入	元	625.16	695.33	728.87	707.76	751.87	1123.89
（三）转移性收入	元	471.08	424.12	501.52	492.11	538.9	576.88
（四）财产性收入	元	44.32	42.5	100.24	128.26	187.02	279.67
三、全年人均纯收入	元	3005	3218	3462	3745	4315	4908
人均可支配性收入	元	2941	3153	3385	3647	4179	4735
四、全年人均总支出	元	4162.65	4252.11	4634.59	5098.81	6189.62	6773.50
（一）家庭经营费用支出	元	1061.21	979.99	995.22	1298.53	1863.33	1934.15
1.种植业生产支出	元	225.53	215.83	208.57	332.46	447.93	336.98
2.林业生产支出	元	1.97	5.88	12.18	15.12	8.96	8.26
3.牧业生产支出	元	693.31	585.82	604.29	796.16	1201.45	1203.10
4.渔业生产支出	元	15.02	11.96	18.64	20.33	29.52	21.98
5.二、三产业支出	元	140.4	160.5	139.36	134.45	175.47	363.48
（二）购置生产用固定资产支出	元	71.83	74.4	69.74	117.00	121.54	141.00
（三）税费支出	元	76.13	72.58	66.17	54.56	31.9	15.83
（四）生活消费支出	元	2584.16	2718.56	2971.92	3172.11	3646.61	4166.23
（五）其　他	元	369.48	406.58	531.54	456.61	526.24	514.08

7－19 农村居民家庭人均收入(2005 年)

单位:元

项目	全市	芙蓉区	天心区	岳麓区	开福区
全年人均总收入	7395.06	8433.65	8603.06	7925.18	9588.84
(一)工资性收入	2082.14	2503.13	3039.06	2751.52	2205.27
1.在非企业组织中劳动得到收入	196.28	465.38	402.76	686.09	284.41
2.在本乡地域内劳动得到收入	1102.94	1879.15	2097.62	1915.01	1492.27
3.外出从业得到收入	782.92	158.61	538.68	150.43	428.59
(二)家庭经营收入	4456.38	1684.28	2811.95	2916.25	5107.06
1.第一产业收入	3332.49	877.93	1519.96	1277.85	4044.69
(1)农业收入	1239.05	610.84	661.73	1101.32	595.71
(2)林业收入	61.08	4.11		1.13	13.00
(3)牧业收入	1958.27	246.40	745.12	134.61	3405.01
(4)渔业收入	74.09	16.58	113.11	40.80	30.98
2.第二产业收入	404.12	91.77	75.00	718.63	271.32
(1)工业收入	222.82	34.81	17.57	34.38	38.83
①工业产品收入	82.41				
②工业服务性收入	140.41	34.81	17.57	34.38	38.83
(2)建筑业收入	181.29	56.96	57.43	684.26	232.48
3.第三产业收入	719.77	714.58	1216.99	919.76	791.05
(1)交通、运输、邮电业收入	247.63	155.59	478.22	426.75	234.82
(2)批零贸易业、饮食业收入	210.39	215.76	127.03	303.81	143.55
(3)社会服务业收入	119.45	180.82	116.14	47.06	216.14
(4)文教卫生业收入	28.58	6.33	321.20	9.38	
(5)其他行业收入	88.86	156.08	163.45	132.72	184.19
(三)财产性收入	279.67	3656.06	2195.38	1775.04	1379.44
(四)转移性收入	576.88	590.18	556.67	482.38	897.08

单位:元

雨花区	长沙县	望城县	宁乡县	浏阳市
9636.92	9224.14	6523.18	6685.93	7138.43
2627.32	1761.66	1936.25	1743.57	2543.76
423.90	295.88	179.68	182.63	101.12
2059.83	1042.64	806.72	694.23	1503.91
143.59	423.14	949.86	866.71	938.73
5239.73	6604.12	4017.50	4247.17	3803.64
3620.05	5614.15	2674.41	3483.54	2427.74
1055.28	1511.22	1300.54	1185.79	1199.30
28.57	100.47	25.65	41.29	88.35
2453.76	3909.14	1249.37	2185.02	1082.27
82.44	93.32	98.84	71.43	57.82
599.13	336.83	620.69	132.67	583.19
91.65	202.79	99.41	25.75	528.60
	77.22	53.58	1.65	197.35
91.65	125.58	45.84	24.11	331.25
507.48	134.03	521.28	106.92	54.59
1020.55	653.15	722.40	630.96	792.70
170.06	122.50	350.32	157.69	341.07
511.32	301.12	172.08	239.07	134.84
147.37	157.64	139.80	53.96	145.12
10.26	3.08	1.30	23.96	58.54
179.39	58.09	55.16	84.76	109.40
1447.66	232.99	74.74	176.32	142.62
322.21	625.36	494.69	518.88	648.41

7-20 农村居民家庭人均支出(2005年)

单位:元

项目	全市	芙蓉区	天心区	岳麓区	开福区
全年人均总支出	6773.50	6372.90	6406.13	7417.29	8200.57
(一)家庭经营费用支出	1934.15	335.21	1022.38	284.93	1778.17
1.第一产业生产费用支出	1570.68	245.39	541.66	178.30	1507.40
(1)农业生产费用支出	336.98	84.78	138.60	62.69	118.71
(2)林业生产费用支出	8.62	0.96	2.40	1.42	1.72
(3)牧业生产费用支出	1203.10	159.65	366.51	76.69	1386.50
(4)渔业生产费用支出	21.98		34.15	37.51	0.46
2.第二产业生产费用支出	164.22	71.25	130.56	64.86	139.90
3.第三产业生产费用支出	199.26	18.58	350.16	41.78	130.87
(1)交通运输邮电业生产费用支出	80.30	0.19	205.14	1.05	41.57
(2)批零贸易餐饮业生产费用支出	57.08	4.87	25.47		55.85
(3)社会服务业生产费用支出	33.98	6.33	34.75	23.99	18.07
(4)文教卫生业生产费用支出	13.05	0.63	21.86	3.36	1.46
(5)其他行业生产费用支出	14.85	6.55	62.94	13.37	13.93
(二)购置生产性固定资产支出	141.00	7.01	64.74	410.63	86.83
(三)建造生产性固定资产雇工支出	2.21				
(四)税费支出	15.83	13.34	9.23	11.20	3.51
(五)生活消费支出	4166.23	5637.53	4884.95	6150.82	5653.38
#服务性支出	1350.49	2356.94	1532.35	2449.05	1695.59
1.食品消费支出	1775.54	2238.49	1529.65	2032.05	1964.01
(1)食品消费品支出	1499.86	1888.84	1402.67	1566.94	1761.95
(2)食品消费服务性支出	275.68	349.65	126.99	465.11	202.06
①在外饮食	266.94	349.27	126.44	463.05	199.55
②食品加工费	7.55		0.24	1.88	2.43
③其他服务性支出	1.19	0.38	0.30	0.19	0.08
2.衣着消费支出	222.42	481.46	373.28	385.58	286.19
3.居住消费支出	636.10	680.90	580.53	1260.91	1186.09
4.家庭设备、用品消费支出	205.75	340.72	491.82	569.51	497.16
5.交通和通讯消费支出	439.44	508.52	856.60	633.34	579.52
6.文化教育、娱乐消费支出	568.93	957.77	826.64	856.33	532.32
7.医疗保健消费支出	239.77	359.59	195.11	360.20	332.11
8.其他商品和服务消费支出	78.28	70.07	31.31	52.90	275.98

单位:元

雨花区	长沙县	望城县	宁乡县	浏阳市
7785.59	8110.23	5999.75	6405.08	6609.34
1699.32	3254.01	1343.17	1855.00	1770.56
1169.94	2925.08	1152.82	1619.70	1159.53
68.49	351.92	321.14	334.84	397.78
7.57	16.03	5.82	8.86	7.03
1089.18	2514.12	797.57	1259.65	740.55
4.70	43.00	28.28	16.35	14.16
263.73	120.75	82.96	56.05	339.12
265.66	208.18	107.40	179.25	271.91
23.60	72.13	87.82	34.34	134.53
227.37	54.43	2.59	110.45	31.10
4.13	48.21	9.69	17.88	58.28
	1.26	0.48	0.89	40.04
10.55	32.15	6.81	15.69	7.96
19.81	107.30	125.63	151.72	157.51
0.38	4.99	4.18	2.35	
24.38	5.30	21.38	21.15	14.51
5475.80	4106.26	4069.17	3916.73	4135.56
1954.83	1328.41	1255.60	1194.93	1405.22
1936.71	1544.29	2020.58	1731.70	1775.74
1618.64	1401.57	1775.36	1556.03	1321.50
318.07	142.73	245.22	175.67	454.24
317.28	130.36	233.33	167.84	446.57
0.33	10.67	9.60	6.06	7.67
0.46	1.69	2.28	1.77	0.00
388.69	180.30	205.77	160.74	279.03
728.70	580.03	532.11	546.60	727.72
334.57	263.17	185.95	182.56	146.38
835.43	454.70	350.25	450.93	408.76
883.66	731.93	518.45	617.32	407.52
272.44	282.05	213.27	193.56	257.04
95.60	69.80	42.80	33.32	133.36

7-21 农村居民家庭人均纯收入来源(2005年)

单位:元

项目	全市	芙蓉区	天心区	岳麓区	开福区
一、全年纯收入	4908.37	7425.02	7250.35	7156.42	7129.43
(一)工资性收入	2082.14	2503.13	3039.06	2751.52	2205.27
1.在非企业组织中劳动得到收入	196.28	465.38	402.76	686.09	284.41
(1)乡村干部收入	125.20	361.20	186.22	458.53	188.41
(2)乡村教师收入	41.42		43.23	166.25	77.52
(3)行政事业单位等职工收入	29.66	104.18	173.31	61.31	18.48
2.在本乡地域内劳动得到收入	1102.94	1879.15	2097.62	1915.01	1492.27
(1)在企业中劳动得到收入	559.77	1457.15	1104.14	540.66	953.94
①乡镇企业收入	302.32	940.78	445.41	291.02	521.28
②其他企业收入	257.46	516.36	658.73	249.64	432.67
(2)在国家投资基建项目得到收入	13.41		15.54		16.30
(3)提供其他劳务收入	529.75	422.00	977.94	1374.35	522.03
3.外出从业得到收入	782.92	158.61	538.68	150.43	428.59
(1)在乡外县内从业得到收入	184.40	144.05	413.68	108.94	132.64
(2)在县外省内从业得到收入	295.51	8.23	75.00	4.50	178.83
(3)在省外国内从业得到收入	303.01	6.33	50.00	36.99	117.12
(二)家庭经营纯收入	2310.07	846.92	1670.95	2422.61	3053.35
1.第一产业纯收入	1613.61	210.44	866.72	1041.29	2336.17
(1)农业收入	826.75	115.13	451.83	983.39	336.92
(2)牧业收入	683.39	75.62	338.91	57.39	1957.46
2.非农产业纯收入	696.45	636.48	804.23	1381.32	717.18
#第三产业纯收入	492.09	685.37	863.59	729.64	609.89
(三)财产性纯收入	279.67	3656.06	2195.38	1775.04	1379.44
(四)转移性纯收入	236.50	418.92	344.96	207.25	491.38
二、全年现金纯收入	4455.95	7662.17	7301.37	7239.28	6886.54
三、全年实物纯收入	452.42	-237.15	-51.02	-82.86	242.89

单位:元

雨花区	长沙县	望城县	宁乡县	浏阳市
7358.27	5184.36	4749.11	4371.08	4796.38
2627.32	1761.66	1936.25	1743.57	2543.76
423.90	295.88	179.68	182.63	101.12
205.78	232.08	108.35	134.69	28.59
109.27	44.88	42.83	18.89	47.28
108.86	18.92	28.49	29.04	25.26
2059.83	1042.64	806.72	694.23	1503.91
1134.24	374.88	551.15	330.64	790.21
366.71	160.65	260.59	93.66	565.34
767.53	214.23	290.56	236.97	224.87
68.99	49.81	0.21	4.92	5.66
856.60	617.95	255.36	358.67	708.04
143.59	423.14	949.86	866.71	938.73
10.26	195.09	118.81	258.31	155.43
13.46	151.84	746.08	296.46	195.44
119.87	76.21	84.97	311.94	587.86
3185.43	2876.97	2560.35	2254.08	1861.75
2437.16	2261.81	1443.86	1754.64	1197.19
983.45	918.87	945.44	823.11	758.19
1355.00	1212.19	409.01	844.21	314.50
748.27	615.16	1116.49	499.44	664.56
597.45	413.23	583.83	431.34	503.40
1447.66	232.99	74.74	176.32	142.62
97.86	312.73	177.76	197.11	248.25
7515.26	4838.91	3853.18	3901.32	4418.25
-156.99	345.45	895.93	469.76	378.13

7-22 农村居民家庭人平现金收入(2005年)

单位:元

项目	全市	芙蓉区	天心区	岳麓区	开福区
一、期内现金收入	6682.04	8426.39	8599.38	7909.29	9196.50
(一)工资性收入	2082.01	2503.13	3039.06	2751.52	2205.27
1.在非企业组织中劳动得到收入	196.28	465.38	402.76	686.09	284.41
2.在本乡地域内劳动得到收入	1102.81	1879.15	2097.62	1915.01	1492.27
3.外出从业得到收入	782.92	158.61	538.68	150.43	428.59
(1)在乡外县内从业得到收入	184.40	144.05	413.68	108.94	132.64
(2)在县外省内从业得到收入	295.51	8.23	75.00	4.50	178.83
(3)在省外国内从业得到收入	303.01	6.33	50.00	36.99	117.12
(二)家庭经营现金收入	3743.56	1677.02	2808.27	2900.35	4714.71
1.第一产业现金收入	2619.67	870.67	1516.28	1261.96	3652.35
(1)农业现金收入	616.98	603.58	658.05	1091.18	347.92
①出售农产品收入	565.74	552.66	407.04	1081.15	305.57
②农业服务性收入	51.24	50.92	251.01	10.03	42.35
(2)林业现金收入	39.78	4.11		1.13	12.28
(3)牧业现金收入	1895.63	246.40	745.12	130.26	3269.75
(4)渔业现金收入	67.29	16.58	113.11	39.40	22.39
2.第二产业现金收入	404.12	91.77	75.00	718.63	271.32
(1)工业收入	222.82	34.81	17.57	34.38	38.83
(2)建筑业收入	181.29	56.96	57.43	684.26	232.48
3.第三产业现金收入	719.77	714.58	1216.99	919.76	791.05
(1)交通、运输、邮电业收入	247.63	155.59	478.22	426.75	234.82
(2)批零贸易业、饮食业收入	210.39	215.76	127.03	303.81	143.55
(3)社会服务业收入	119.45	180.82	116.14	47.06	216.14
(4)文教卫生业收入	28.58	6.33	321.20	9.38	
(5)其他行业收入	88.86	156.08	163.45	132.72	184.19
(三)财产性收入	279.60	3656.06	2195.38	1775.04	1379.44
(四)转移性收入	576.88	590.18	556.67	482.38	897.08
二、非收入现金所得	1232.76	761.51	2327.87	3050.82	2057.38

单位:元

雨花区	长沙县	望城县	宁乡县	浏阳市
9628.60	8378.84	5431.88	5935.52	6589.52
2627.32	1761.66	1936.25	1743.12	2543.76
423.90	295.88	179.68	182.63	101.12
2059.83	1042.64	806.72	693.79	1503.91
143.59	423.14	949.86	866.71	938.73
10.26	195.09	118.81	258.31	155.43
13.46	151.84	746.08	296.46	195.44
119.87	76.21	84.97	311.94	587.86
5231.46	5758.82	2926.46	3497.20	3254.82
3611.78	4768.84	1583.37	2733.57	1878.93
1046.96	722.01	367.84	498.71	763.75
910.19	680.73	327.88	432.57	722.68
136.78	41.28	39.96	66.14	41.08
28.57	87.74	23.97	38.16	29.60
2453.81	3866.48	1117.37	2128.01	1033.50
82.44	92.61	74.19	68.68	52.08
599.13	336.83	620.69	132.67	583.19
91.65	202.79	99.41	25.75	528.60
507.48	134.03	521.28	106.92	54.59
1020.55	653.15	722.40	630.96	792.70
170.06	122.50	350.32	157.69	341.07
511.32	301.12	172.08	239.07	134.84
147.37	157.64	139.80	53.96	145.12
10.26	3.08	1.30	23.96	58.54
179.39	58.09	55.16	84.76	109.40
1447.61	232.99	74.48	176.32	142.53
322.21	625.36	494.69	518.88	648.41
2122.63	1272.55	919.32	1312.47	1062.29

7-23 农村居民家庭人平现金支出(2005年)

单位:元

项目	全市	芙蓉区	天心区	岳麓区	开福区
一、期内现金支出	6033.98	6276.29	6321.41	7288.22	7761.50
(一)生产费用支出	1914.92	342.22	1087.12	695.56	1851.56
1.家庭经营费用支出	1771.72	335.21	1022.38	284.93	1764.74
(1)第一产业生产费用支出	1418.60	245.39	541.66	178.30	1493.96
①农业生产费用支出	320.11	84.78	138.60	62.69	118.71
②林业生产费用支出	8.62	0.96	2.40	1.42	1.72
③牧业生产费用支出	1067.89	159.65	366.51	76.69	1373.06
④渔业生产费用支出	21.98		34.15	37.51	0.46
(2)第二产业生产费用支出	157.55	71.25	130.56	64.86	139.90
①工业生产费用支出	113.38		109.12		0.76
②建筑业生产费用支出	44.17	71.25	21.44	64.86	139.14
(3)第三产业生产费用支出	195.56	18.58	350.16	41.78	130.87
①交通运输邮电业生产费用	76.60	0.19	205.14	1.05	41.57
②批零贸易餐饮业生产费用	57.08	4.87	25.47		55.85
③社会服务业生产费用支出	33.98	6.33	34.75	23.99	18.07
④文教卫生业生产费用支出	13.05	0.63	21.86	3.36	1.46
⑤其他行业生产费用支出	14.85	6.55	62.94	13.37	13.93
2.购置生产性固定资产支出	141.00	7.01	64.74	410.63	86.83
3.建造生产性固定资产雇工支出	2.21				
(二)税费支出	15.83	13.34	9.23	11.20	3.51
(三)生活消费支出	3589.15	5540.91	4800.23	6021.76	5227.74
#服务性支出	1350.49	2356.94	1532.35	2449.05	1695.59
1.食品消费支出	1205.25	2141.88	1444.93	1902.99	1538.37
(1)购买食品支出	929.57	1792.23	1317.94	1437.87	1336.31
(2)食品消费服务性支出	275.68	349.65	126.99	465.11	202.06
①在外饮食	266.94	349.27	126.44	463.05	199.55
②食品加工费	7.55		0.24	1.88	2.43
③其他服务	1.19	0.38	0.30	0.19	0.08
2.衣着	222.42	481.46	373.28	385.58	286.19
3.居住	629.31	680.90	580.53	1260.91	1186.09
4.家庭设备、用品及服务	205.75	340.72	491.82	569.51	497.16
5.交通和通讯	439.44	508.52	856.60	633.34	579.52
6.文化教育、娱乐用品及服务	568.93	957.77	826.64	856.33	532.32
7.医疗保健	239.77	359.59	195.11	360.20	332.11
8.其他商品和服务	78.28	70.07	31.31	52.90	275.98
(四)财产性支出	8.85	0.62	0.68	8.00	17.83
(五)转移性支出	505.23	379.20	424.16	551.71	660.86
二、非消费性支出	1295.51	1368.90	1778.06	3540.10	1367.23

单位:元

雨花区	长沙县	望城县	宁乡县	浏阳市
7647.90	7373.01	4949.77	5543.81	6020.30
1719.52	3100.37	1323.91	1786.88	1835.70
1699.32	2988.08	1194.10	1632.81	1678.19
1169.94	2659.15	1003.74	1397.51	1101.10
68.49	351.92	308.42	334.84	349.18
7.57	16.03	5.82	8.86	7.03
1089.18	2248.20	661.22	1037.46	730.73
4.70	43.00	28.28	16.35	14.16
263.73	120.75	82.96	56.05	317.30
194.30	91.57	23.78	6.30	287.10
69.43	29.18	59.18	49.75	30.21
265.66	208.18	107.40	179.25	259.79
23.60	72.13	87.82	34.34	122.41
227.37	54.43	2.59	110.45	31.10
4.13	48.21	9.69	17.88	58.28
	1.26	0.48	0.89	40.04
10.55	32.15	6.81	15.69	7.96
19.81	107.30	125.63	151.72	157.51
0.38	4.99	4.18	2.35	
24.38	5.30	21.38	21.15	14.51
5338.11	3634.96	3168.26	3277.64	3638.89
1954.83	1328.41	1255.60	1194.93	1405.22
1799.02	1072.99	1133.51	1092.62	1294.10
1480.95	930.27	888.29	916.95	839.86
318.07	142.73	245.22	175.67	454.24
317.28	130.36	233.33	167.84	446.57
0.33	10.67	9.60	6.06	7.67
0.46	1.69	2.28	1.77	0.00
388.69	180.30	205.77	160.74	279.03
728.70	580.03	518.27	546.60	712.69
334.57	263.17	185.95	182.56	146.38
835.43	454.70	350.25	450.93	408.76
883.66	731.93	518.45	617.32	407.52
272.44	282.05	213.27	193.56	257.04
95.60	69.80	42.80	33.32	133.36
	7.22	2.56	22.21	0.67
565.89	625.16	433.66	435.93	530.54
1180.93	895.08	1020.87	1797.42	1032.94

7－24　农村居民家庭人平粮食收支情况(2005年)

单位:公斤

项　　目	全　市	芙蓉区	天心区	岳麓区	开福区
一、期内粮食收入合计	896.71	215.09	315.52	145.02	561.28
(一)家庭经营生产粮食	556.00		16.28	0.40	133.41
1.谷物	554.03		15.54	0.31	132.41
(1)小麦	1.05				
(2)水稻	538.43		12.84		121.68
(3)玉米	7.67		1.89	0.31	
(4)其他	6.22		0.81		10.73
2.薯类	1.24			0.09	
3.豆类	0.73		0.74		1.00
(二)购入粮食	340.72	215.09	299.23	144.62	427.87
1.谷物	337.72	214.34	296.13	143.56	420.27
(1)小麦	170.94	88.95	143.93	35.97	276.19
(2)水稻	45.75	119.51	120.23	98.43	70.97
(3)玉米	112.12	0.27	22.92	1.19	55.70
2.薯类	0.16	0.04	0.76	0.21	0.04
3.豆类	2.84	0.70	2.34	0.85	7.55
(三)借入粮食					
(四)收回借出粮					
二、期内粮食支出合计	803.46	215.09	335.70	144.98	567.41
(一)主食用粮	280.52	118.81	165.94	110.90	245.00
1.谷物	276.38	118.07	162.84	109.84	236.77
(1)小麦	4.40	2.13	8.66	3.16	27.25
(2)水稻	231.58	110.05	135.11	97.52	163.71
(3)玉米	31.68	0.27	10.02	1.19	28.40
2.薯类	0.59	0.04	0.76	0.21	0.04
3.豆类	3.55	0.70	2.34	0.85	8.19
(二)出售粮食	149.87		16.20	0.36	25.92
1.谷物	149.41		15.47	0.28	25.56
2.薯类	0.22			0.08	
3.豆类	0.24		0.72		0.36
(三)种籽用粮食	5.68	0.47	3.42	1.47	2.73
(四)饲料用粮食	367.39	95.81	150.14	32.25	293.76

单位:公斤

雨花区	长沙县	望城县	宁乡县	浏阳市
510.80	1445.26	795.55	1304.76	376.26
0.40	826.39	641.95	728.76	318.44
0.40	825.94	635.87	728.33	315.92
		0.07	1.78	1.70
0.40	791.86	635.74	700.94	310.95
	5.45		19.94	2.91
	25.28	0.07	5.39	0.36
	0.27	5.25	0.40	0.78
	0.19	0.83	0.03	1.73
510.40	618.87	153.60	576.00	57.83
509.27	614.40	151.85	572.26	55.71
350.92	335.42	61.45	299.01	6.65
119.12	45.31	32.24	57.02	29.15
32.37	227.04	50.65	204.63	11.89
0.11	0.31	0.17	0.14	0.10
1.02	4.16	1.58	3.60	2.02
514.63	1077.56	758.78	1237.33	358.33
149.12	95.51	362.46	401.89	252.28
144.15	90.83	358.38	398.15	248.06
7.99	5.09	2.03	4.21	3.73
115.92	69.49	342.75	291.09	232.18
13.39	9.71	6.62	91.38	4.31
0.11	0.31	1.90	0.14	0.59
4.86	4.37	2.17	3.60	3.63
0.38	196.46	189.18	207.75	81.56
0.38	196.09	188.89	207.40	80.81
	0.22	0.15	0.34	0.20
	0.15	0.15	0.01	0.56
0.27	6.19	6.39	8.68	3.11
364.86	779.36	200.74	619.01	21.39

7－25　农村居民家庭人平主要实物消费量(2005年)

单位:公斤

项目	全市	芙蓉区	天心区	岳麓区	开福区
一、粮食消费量	280.52	118.81	165.94	110.90	245.00
二、油脂类消费量	13.79	16.15	17.73	13.66	16.51
1. 植物油	3.91	7.63	11.76	6.85	8.08
2. 动物油	9.88	8.52	5.96	6.81	8.43
三、烟叶消费量	0.54	0.01	0.28	0.08	0.02
四、豆制品	2.50	3.27	5.43	5.74	1.93
五、蔬菜及菜制品消费量	187.16	121.82	109.64	158.84	138.02
六、瓜类	4.76	16.03	10.94	10.73	3.86
七、水果类	14.12	24.58	18.53	18.03	8.17
八、消费茶叶	1.21	1.43	1.38	0.64	2.74
九、坚果消费量	1.82	0.81	0.23	0.02	0.20
十、肉禽及其制品	37.13	27.09	36.97	27.82	40.43
1. 猪肉	24.90	13.03	19.25	15.62	31.19
2. 牛肉	0.76	0.64	4.64	0.77	0.51
3. 羊肉	0.55	0.47	0.36	0.43	0.43
4. 家禽	7.50	7.64	6.33	4.11	6.38
5. 其他肉禽及制品	3.41	5.30	6.38	6.89	1.93
十一、蛋类及蛋制品	8.80	7.53	6.47	4.29	8.40
十二、奶和奶制品	1.39	5.93	2.56	2.30	2.46
十三、水产品	11.56	9.08	8.47	10.62	11.15
十四、食糖	1.39	1.16	0.75	0.91	1.44
十五、酒	8.83	12.54	14.00	5.04	10.85

单位:公斤

雨花区	长沙县	望城县	宁乡县	浏阳市
149.12	95.51	362.46	401.89	252.28
12.54	15.43	14.72	14.01	11.93
5.57	3.05	3.55	1.41	6.14
6.98	12.38	11.17	12.60	5.80
0.07	0.14	0.19	0.03	1.56
3.62	1.97	2.17	2.10	3.04
190.02	167.80	351.08	152.35	154.40
16.66	6.28	5.31	4.55	2.37
23.96	9.58	13.04	7.51	22.74
0.43	2.29	1.41	1.17	0.51
2.66	2.91	1.98	0.32	2.80
26.10	44.73	34.60	42.81	30.04
16.72	27.52	22.41	32.50	18.53
1.02	0.94	0.64	0.75	0.64
0.31	0.73	0.17	0.37	0.87
4.13	12.41	8.42	7.38	4.92
3.92	3.13	2.96	1.80	5.08
4.98	13.94	9.87	8.64	6.17
5.79	1.02	0.86	1.14	1.59
9.21	15.33	13.14	11.95	8.62
1.33	1.19	1.85	1.46	1.24
11.87	9.22	10.07	10.50	6.05

7－26 农村居民家庭每百户耐用消费品拥有量(2005年)

项　　目	单 位	全 市	芙蓉区	天心区	岳麓区	开福区
1. 大型家具	件	611	560	453	695	444
2. 洗衣机	台	87	135	100	110	76
3. 电风扇	台	328	225	258	420	218
4. 电冰箱	台	51	110	90	95	74
5. 空调机	台	29	55	68	103	56
6. 抽油烟机	台	34	23	40	40	30
7. 吸尘器	台	1			10	
8. 微波炉	台	12	40	20	35	6
9. 热水器	台	39	53	43	60	30
10. 自行车	辆	75	128	108	70	40
11. 摩托车	台	77	48	78	53	62
12. 汽车(生活用)	台	3		3	10	20
13. 电话机	部	94	105	83	90	104
14. 移动电话	部	111	183	143	213	102
#接入互联网的	部	2	23	3	3	
15. 寻呼机	台	2				
16. 彩色电视机	台	124	130	110	138	106
#接入有线电视网的	台	28	130	57	68	38
17. 黑白电视机	台	19				12
#接入有线电视网的	台	2				
18. 录放像机	台	10	10		18	4
19. 摄像机	台	2		3	5	2
20. 影碟机	台	53	63	83	80	52
21. 组合音响	台	28	25	40	55	38
22. 收录机	台	18	30		18	16
23. 照相机	架	12	35	33	28	10
24. 家用计算机	台	8	3	18	40	8
#接入互联网的	台	2		3	23	
25. 中高档乐器	件	1				

雨花区	长沙县	望城县	宁乡县	浏阳市
588	583	609	571	640
103	85	82	75	77
273	377	372	328	293
90	43	38	37	36
105	22	19	11	14
3	36	29	29	18
3				1
30	7	11	4	2
18	29	27	29	18
45	87	77	73	60
100	94	56	87	80
8	2	2	1	3
103	96	91	90	90
155	104	114	88	89
	1	3		
	6			3
125	100	100	134	99
88	1	18	14	32
3	17	21	30	23
		1	2	7
8	22	6	5	8
	2	3	3	3
50	50	49	66	34
50	35	24	24	16
28	28	15	12	16
35	12	4	12	6
10	10	5	3	6
5	1	1	1	1
	2	1	1	

7－27 农村居民抽样调查户人口与就业情况(2005年)

单位:人

项目	全市	芙蓉区	天心区	岳麓区	开福区
一、家庭常住人口	3901	158	148	160	184
二、家庭常住人口年龄状况					
1.6岁及以下	187	7	9	3	9
2.7－15岁	334	11	9	10	16
3.16－18岁	297	17	9	13	15
4.19－22岁	394	20	12	18	12
5.23－25岁	200	6	9	10	6
6.26－30岁	264	11	20	9	16
7.31－40岁	645	12	20	18	31
8.41－50岁	747	46	32	35	36
9.51－60岁	540	22	24	24	25
10.60岁以上	293	6	4	20	18
三、在校学生人数	655	27	25	27	33
四、农村住户劳动力素质状况					
(一)整半劳动力数	2826	108	115	110	133
(二)劳动力文化程度					
1.不识字或识字很少	28		1		
2.小学程度	544	16	16	9	18
3.初中程度	1514	39	54	44	68
4.高中程度	547	43	28	36	41
5.中专	118	4	5	7	2
6.大专及以上	75	6	11	14	4
(三)劳动力受培训情况					
1.受过专业培训的人数	1143	39	53	59	27
2.未受过专业培训的人数	1683	69	62	51	106
五、农村住户劳动力就业状况					
(一)劳动力就业行业情况					
1.一产业就业劳动力	1377	24	32	31	50
2.非农产业就业劳动力	1373	74	71	66	76
(1)二产业就业劳动力	524	13	12	12	18
(2)三产业就业劳动力	849	61	59	54	58
(二)外出就业劳动力文化程度					
1.不识字或识字很少	1		1		
2.小学	39	1		1	2
3.初中	401	11	11	4	13
4.高中	143	7	2	2	5
5.中专	75		2	3	1
6.大专及以上	31	1	3	2	1
(三)外出方式					
1.政府(单位)组织外出人数	37			2	
2.亲属介绍外出人数	321	8	8	6	12
3.自发外出	332	12	11	4	10

单位:人

雨花区	长沙县	望城县	宁乡县	浏阳市
156	752	752	766	825
7	28	35	40	49
13	55	73	70	77
8	54	75	58	48
16	70	82	72	92
13	44	31	43	38
13	49	37	51	58
22	102	151	131	158
33	152	139	131	143
27	125	85	114	94
4	73	44	56	68
29	121	143	123	127
116	560	521	588	575
	15	3	1	8
5	109	89	132	150
48	282	313	345	321
42	103	87	90	77
16	37	18	15	14
5	14	11	5	5
40	164	301	187	273
76	396	220	401	302
54	352	251	349	234
57	199	265	236	329
17	51	120	110	171
40	148	145	126	158
1	4	8	9	13
19	52	85	121	85
26	25	28	16	32
12	28	13	11	5
5	7	7	3	2
12	15	2	4	2
15	40	80	99	53
36	61	59	57	82

8 城市建设、环境保护

长沙统计年鉴

8－1 1996－2005年城市公共交通情况

指标	单位	1996年	1997年	1998年	1999年	2000年	2001年	2002年	2003年	2004年	2005年
一、公共汽车											
年末营运车辆数	辆	719	770	907	921	1150	1248	1351	1785	2357	2507
年末营运线网长度	公里	528	577	610	617.5	704	750	813	1127	1460	1460
年末营运线路条数	条	50	54	54	54	61	66	73	82	97	97
全年客运总量	万人次	24651	24730	26252	29310	33812	36321	34962	57656	76106	78161
二、出租汽车											
营运车辆数	辆	4611	4611	4542	4305	5755	7192	6672	6257	6278	6279

8－2 1996－2005年城市房屋发展状况及住房水平

指标	单位	1996年	1997年	1998年	1999年	2000年	2001年	2002年	2003年	2004年	2005年
一、城市房屋建筑面积	万m^2	4155.77	4387.06	4665.79	4962.69	5283.28	5635.30	6132.40	6624.9	7352	8223
#住宅	万m^2	2143.73	2271.86	2412.62	2639.37	2839.76	3097.40	3447.20	3771.81	4268.3	4776
二、城市人均住房建筑面积	m^2/人	13.25	14.55	17.48	17.95	18.60	19.55	21.50	23.22	25.30	27.20
三、私房户数	户	51291	52814	53227	54627	55580	58193	60345	67603	72631	76480
四、年末私房建筑面积	万m^2	282.1	290.48	293	307.43	202.86	246.61	321.77	282.05	303.03	289.98

8－3　1996－2005年城市自来水、液化气、用电供应情况

指　　标	单位	1996年	1997年	1998年	1999年	2000年	2001年	2002年	2003年	2004年	2005年
一、自来水											
年末水厂个数	个	6	6	6	6	6	6	6	6	6	6
年末供水管道长度	公里	906	940	983	1007	1087	1120	1188	1292	1338	1450
年末供水总量	万吨	33184	34600	36071	35815	37399	39872	36748	38845	39819	41969
#生活用水	万吨	17318	19958	20280	20515	21246	22262	24199	29369	30105	31540
年末水厂生产能力	万吨/日	104	104	107	107	132	157	165	165	165	165
二、液化气											
供气总量	吨	28638	32685	45510	64800	65700	70200	72306	75668	91500	92600
#生活用	吨	27695	31609	43880	62896	63796	68806	70870	74911	90584	91600
用气人口	万人	41.90	78.30	92.80	100.10	106.52	137.80	140.31	142.20	149.05	151.05
液化气储气能力	吨	2800	2800	3700	3700	3700	3700	3800	3800	3800	3800
三、供电											
市区用电总量	万度	191881	208492	226780	261536	313975	343137	375933	439000	430300	501464
#工业用电	万度	93135	93112	91240	111046	131522	156001	175375	201500	194500	193501
居民生活用电	万度	76554	78001	89528	94258	105952	119738	163622	154200	215800	205719

8－4　1996－2005年城市缺房户情况

指　　标	单位	1996年	1997年	1998年	1999年	2000年	2001年	2002年	2003年	2004年	2005年
一、年末缺房户	户	22043	26908	25157	20636	25840	14880	16564	15463	14059	10804
1、无房户	户	7818	9418	9380	7637	9552	5486	6108	5701	5183	3983
2、拥挤户	户	9733	11032	9487	8407	6569	2408	3048	2630	2391	1837
3、不方便户	户	4492	6458	6290	4592	9719	6986	7408	7132	6485	4984
二、年末危险住宅	万 m^2	56.34	57.26	45.45	34.19	24.23	35.41	35.41	33.29	31.73	27.73

8－5 1996－2005年城市环境卫生基本情况

指　标	单位	1996年	1997年	1998年	1999年	2000年	2001年	2002年	2003年	2004年	2005年
一、完成工作量											
收运垃圾	万吨	61	69.5	77.24	77.55	81	86.4	87	131.7	77	77
收运粪便	万吨	2.17	1.60	1.82	1.18	1.10	1.60	3	3	3	3
清扫街道	万 m^2	354.40	435	450	472.58	540	566	912	1200	1741	1912
二、环卫专用设备											
垃圾运输车	辆	124	126	142	147	156	148	160	173	219	182
真空吸粪车	辆	9	9	9	7	9	7	8	1	8	8
洒水车	辆	18	26	28	30	27	29	31	35	65	77
三、环卫设备											
公共厕所	座	421	443	454	454	462	461	431	388	422	455
#本年新建	座	5	2	11	4	10	2	7	13	35	33
垃圾站	个	407	448	480	493	504	504	494	458	487	576
#本年新建	个	8	8	32	7	11	4	5	15	32	42

说明:2003年以前的收运垃圾量含建筑垃圾,从2004年起按照有关部门要求,收运垃圾量调整为生活垃圾无害处理量。

8－6 1996－2005年城市路灯、道路、下水道及桥梁情况

指　标	单位	1996年	1997年	1998年	1999年	2000年	2001年	2002年	2003年	2004年	2005年
一、路灯											
路灯盏数	盏	9259	12329	13032	14600	16259	17309	26411	37215	43215	53468
#汞钠灯	盏	7634	9160	9901	11718	12999	13310	18295	26696	35611	42205
路灯线路长度	公里	329.25	332.83	460.84	788	1256	1638	2862	4486	5520	8239
二、道路											
年末实有道路长度	公里	908	910	973	985	998	1098	1150	1188	1323	1415
年末实有道路面积	万 m^2	766	771	831	858	928	1099	1575	1980	2385	2795
三、年末实有永久性桥梁	座	63	65	67	69	71	71	73	73	76	77
四、年末实有下水道长度	公里	604	606	626	636	636	648	648	770	800	895

8－7　1996－2005年城市园林、绿化情况

指　　标	单位	1996年	1997年	1998年	1999年	2000年	2001年	2002年	2003年	2004年	2005年
城市园林绿化覆盖面积	公顷	5006	5026	5056	5074	5508	5846	6094	6720	6949.4	7368
城市园林绿地面积	公顷	4260	4299	4303	4319	5152	5541	5712	5712	5907	6244
年末实有苗圃面积	公顷	54.7	54.7	54.7	54.7	58	58	58	84.73	322.34	322.34
公共绿地面积	公顷	794	833	837	838	889	1006	1085	1229	1239.8	1380.6
公园处数	处	10	10	10	10	10	11	12	14	14	18
公园面积	公顷	575	575	575	575	575	576	717	904	904	1143
#水域面积	公顷	69.4	69.4	69.4	69.4	69.4	69.4	69.4	69.4	69.4	69.4

8－8　1996－2005年城市环境污染和治理情况

指　　标	单位	1996年	1997年	1998年	1999年	2000年	2001年	2002年	2003年	2004年	2005年
一、工业废水排放总量	万吨	6110	6607	6222	6037.56	5532.9	4992.2	4310.73	4006.71	4047	4065
工业废水排放达标量	万吨	4745	4130	4198	4381.94	4212.6	3956.9	3556.8	3510.01	3552	3562
二、工业废气排放总量	万标m^3	1978627	2209200	2422925	2405157	2624324	3252834	2762532	2501271	2679022	3078324
三、工业粉尘排放量	万吨	0.77	10.63	8.17	8.2	7.81	4.81	7.11	7.22	9.39	10.06
工业粉尘去除量	万吨	2.02	4	8.06	8.93	11.19	9.32	13.37	13.34	11.03	11.83
四、工业固体废物产生量	万吨	75.75	116.56	137.6	133.91	137.53	133.95	111.83	112.72	107.7	109.7
#综合利用	万吨	47.85	81.9	99	96	101.79	120.83	105.64	99.67	94	98.4
五、工业锅炉数	台	457	441	445	433	407	392	351	318	324	307
#达标数	台	422	382	391	386	359	321	285	245	257	243
六、工业炉窑数	台	374	488	514	496	465	477	430	371	262	222
#达标数	台	260	213	237	251	232	149	150	309	124	117

9 农　　业

长沙统计年鉴

9－1 历年农、林、牧、渔业总产值

（按现行价格计算） 单位：万元

年 份	合 计	农 业	林 业	牧 业	渔 业	服务业
1978	97658					
1980	99524					
1983	133455					
1984	139627					
1985	165803					
1986	180977					
1987	212304					
1988	274536					
1989	307534					
1990	365244					
1991	368160					
1992	409372					
1993	480104	237282	16083	205582	21157	
1994	725156	351689	17108	328777	27582	
1995	868362	426578	28951	375241	37592	
1996	1011363	509820	40193	416774	44576	
1997	1114485	561705	41906	460042	50832	
1998	1137969	596651	43425	446164	51729	
1999	1146402	635440	41800	413206	55956	
2000	1167935	628013	43598	442543	53781	
2001	1239985	672704	47407	464641	55233	
2002	1302245	700436	57148	486981	57680	
2003	1371608	694002	70917	527412	61035	18242
2004	1720668	825189	73635	734973	68050	18821
2005	1871313	926445	76257	771539	75967	21105

注：2003 年开始农林牧渔服务业从规模以下工业中划归农业统计，同时种植业中的农民家庭兼营商品性工业产值划入规模以下工业中。

（按不变价格计算） 单位:万元

年　份	合　计	农　业	林　业	牧　业	渔　业	服务业
			（按1952年不变价格计算）			
1949	17020	15081	390	1356	193	
1952	21728	18337	734	2084	573	
1957	27743	22819	504	4001	419	
			（按1957年不变价格计算）			
1957	27743	22819	504	4001	419	
1962	24328	21436	527	2084	281	
1965	29799	24251	663	4499	386	
1970	38426	31441	639	6115	231	
1971	43127	35736	1137	5982	272	
			（按1970年不变价格计算）			
1971	43127	35736	1137	5982	272	
1972	62622	50111	1576	10618	317	
1973	66813	54094	1730	10637	352	
1974	67157	54138	1777	10849	393	
1975	67676	54516	1675	11096	389	
1976	70920	57176	1536	11753	455	
1977	73598	59758	1771	11603	466	
1978	73800	58941	1911	12475	473	
1979	78000	61738	1726	13968	568	
1980	77400	59996	1789	14927	688	
			（按1980年不变价格计算）			
1980	98260	73690	3079	20109	1382	
1981	102770	76279	3380	21494	1617	
1982	115532	85345	3406	24870	1911	
1983	125664	93427	3253	26879	2105	
1984	129025	92077	3588	30767	2593	
1985	139379	93056	3819	39692	2812	
1986	147691	97645	3586	43193	3267	
1987	152161	100216	4491	43812	3642	
1988	159036	100182	4570	50212	4072	
1989	163414	102263	5623	51134	4394	
1990	167152	104672	4217	53793	4470	
			（按1990年不变价格计算）			
1990	393694	222433	12668	143383	15210	
1991	407495	231266	13740	145338	17151	
1992	419479	222100	14341	163178	19860	
1993	442505	219393	15467	184955	22690	
1994	470439	227779	16548	201545	24567	
1995	500336	236182	23768	212214	28172	
1996	542354	267499	31460	213555	29840	
1997	584737	290795	35970	223452	34520	
1998	605182	293536	36341	238917	36388	
1999	623902	321588	34528	229693	38093	
2000	653582	336044	37905	238238	41395	
2001	692224	357291	37281	252324	45328	
2002	723725	375476	41428	259782	47039	
2003	746034	339273	57973	276659	53887	
2004	800454	361818	56654	305791	57070	
			（按可比价格计算）			
2005	1841526	882440	76519	791928	70443	20196

注:根据湖南省统计局制定的2004年农林牧渔业综合统计报表制度规定,从2004年开始取消不变价计算农林牧渔服务业产值,改用可比价计算产值,用农产品价格指数缩减法计算农业发展速度。

9－2 历年粮食总产量

单位:吨

年 份	合 计	稻 谷	小 麦	薯 类	杂 粮	大 豆
1949	742990	694100	2835	30400	10980	4675
1950	836155	774735	3165	37490	11290	9475
1951	924745	858455	3965	47375	10720	4230
1952	941680	879335	4900	36270	14185	6990
1953	959055	892065	6345	39730	13800	7115
1954	855385	784730	7735	44225	13730	4965
1955	1026360	925905	12220	69045	14845	4345
1956	982635	919265	9565	42550	9210	2045
1957	1002970	911700	4480	69455	13155	4180
1958	1054150	947910	8155	82070	10645	5370
1959	962480	861870	8325	70490	14745	7050
1960	657725	622300	7280	21100	6420	625
1961	607360	543910	7650	45385	9605	810
1962	833095	729930	11180	74505	15465	2015
1963	920345	853725	5960	40875	18485	1300
1964	936420	872145	5265	39790	17200	2020
1965	1010075	929350	7675	55745	13895	3410
1966	1145640	1098985	6355	29465	7265	3570
1967	1198540	1127455	9465	48510	9910	3200
1968	1252535	1189595	6660	46560	7195	2525
1969	1166505	1100210	6735	51155	6510	1895
1970	1308655	1249270	9515	40930	6040	2900
1971	1536300	1468475	8905	47170	7480	4270
1972	1453085	1370820	8100	61575	8200	4390
1973	1562770	1487460	7040	60010	5400	2860
1974	1550020	1493725	6245	43145	4035	2870
1975	1546080	1478850	8410	50855	5220	2745
1976	1543550	1471275	14965	49300	4835	3175
1977	1537670	1465765	11240	53105	4710	2850
1978	1898070	1829940	15135	44545	3300	5150
1979	1960495	1892480	13060	44880	5000	5075
1980	2028640	1970115	7885	42590	3565	4485
1981	1931885	1878290	8575	35120	5525	4375
1982	2334880	2269795	8630	44360	4735	7360
1983	2558240	2487825	7335	51200	4860	7020
1984	2443660	2373670	6565	48105	7915	7405
1985	2449215	2386240	5210	45600	5215	6950
1986	2518856	2458199	5550	37918	9536	7653
1987	2554153	2469708	5487	45653	24970	8335
1988	2535020	2453928	6436	42982	23901	7773
1989	2588563	2499928	7733	47108	24606	9188
1990	2641261	2542642	6094	50715	31949	9861
1991	2693046	2586304	7760	53322	33903	11757
1992	2548991	2440907	8370	53100	33969	12645
1993	2450080	2349086	7318	50828	26659	16189
1994	2534843	2412841	5801	62742	37218	16241
1995	2448028	2325133	4928	77917	24793	15257
1996	2737179	2597117	6905	77701	40598	14858
1997	2928132	2757668	9551	85889	58636	16388
1998	2618000	2443065	10211	90492	57497	16735
1999	2750152	2503557	9372	100343	121111	15769
2000	2623327	2405899	5324	98682	98444	14978
2001	2503041	2299943	6859	97099	86043	13097
2002	2119788	1908942	5245	116868	72908	15825
2003	2163732	1939536	3091	121342	82360	17403
2004	2520412	2300549	3498	125934	74045	16386
2005	2622817	2386731	3598	131021	82366	19101

9-3 历年耕地面积

单位:千公顷

年份	合计	水田	旱地	每一农业人口占有耕地(亩)
1949	274.27	253.77	20.5	
1950	278.19	255.97	22.22	1.6
1951	282.98	258.87	24.11	1.6
1952	287.05	264.09	22.96	1.62
1953	291.23	265.75	25.48	1.62
1954	292.94	265.89	27.05	1.62
1955	297.8	266.27	31.53	1.63
1956	298.36	265.45	32.91	1.62
1957	295.05	260.49	34.56	1.61
1958	276.36	247.11	29.25	1.54
1959	271.76	241.87	29.89	1.56
1960	266.09	234.82	31.27	1.58
1961	261.71	235.12	26.59	1.55
1962	263.38	234.45	28.93	1.53
1963	261.97	235.25	26.72	1.47
1964	264.5	235.6	28.9	1.45
1965	265.87	235.99	29.88	1.41
1966	264.43	234.05	30.38	1.36
1967	263.07	231.56	31.51	1.32
1968	257.48	231.51	25.97	1.26
1969	260.65	231.72	28.93	1.22
1970	261.79	231.55	30.24	1.19
1971	261.47	231.93	29.54	1.18
1972	260.93	231.17	29.76	1.16
1973	260.49	230.51	29.98	1.14
1974	260.03	229.66	30.37	1.14
1975	258.92	228.44	30.48	1.09
1976	257.33	227.44	29.89	1.08
1977	257.11	227.22	29.89	1.06
1978	255.91	226.27	29.64	1.05
1979	255.49	225.86	29.63	1.05
1980	254.8	225.85	28.95	1.04
1981	254.31	225.74	28.57	1.03
1982	253.96	225.77	28.19	1.02
1983	253.3	225.11	28.19	1.01
1984	251.97	224.8	27.17	1.02
1985	250.05	223.64	26.41	1
1986	249.58	223.65	25.93	0.97
1987	249.04	223.33	25.71	0.96
1988	248.44	222.91	25.53	0.94
1989	248.2	222.69	25.51	0.92
1990	247.93	222.47	25.46	0.91
1991	248.07	222.58	25.49	0.91
1992	247.89	220.03	27.86	0.9
1993	246.89	219.37	27.52	0.9
1994	246	218.36	27.64	0.9
1995	245.77	218.18	27.59	0.89
1996	244.68	217.2	27.48	0.89
1997	244.07	216.7	27.37	0.88
1998	242.99	215.73	27.26	0.88
1999	242.14	215.26	26.88	0.87
2000	242.32	215.26	27.06	0.87
2001	242.53	215.48	27.05	0.87
2002	239.99	214.73	25.26	0.87
2003	237.1	215.2	21.9	0.86
2004	246.79	224.31	22.48	0.89
2005	246.90	220.43	26.47	0.88

9－4　历年牲猪、水产品生产情况

年　份	全年出栏肉猪(万头)	年末牲猪存栏(万头)	每一农业人口出栏肉猪(头)	水产品产量(吨)	#鱼　类(吨)	#虾贝类(吨)
1950	31.14	36.44	0.12	4945	4945	
1951	34.83	39.44	0.13	4865	4865	
1952	39.97	46.42	0.15	5335	5335	
1953	43.4	48.64	0.16	5840	5840	
1954	48.56	39.24	0.18	7320	7320	
1955	45.69	41.77	0.17	6300	6300	
1956	46.7	81.19	0.17	7105	7105	
1957	72.89	123.12	0.26	7195	7175	20
1958	73.25	102.37	0.27	6635	6580	55
1959	49.19	88.98	0.19	7055	6730	325
1960	37.64	66.15	0.15	6270	5780	490
1961	15.44	37.05	0.06	4180	4125	55
1962	14.09	55.42	0.05	3875	3575	300
1963	31.27	82.81	0.12	3815	3490	325
1964	73.35	79.57	0.27	5050	4355	700
1965	68.2	76.22	0.24	7620	6170	1450
1966	55.8	101.08	0.19	8130	6805	1325
1967	80.36	104.46	0.27	3950	3925	25
1968	92.58	104.17	0.3	4220	4190	30
1969	92.69	96.31	0.29	5950	5585	365
1970	80.19	129.8	0.24	5370	5365	5
1971	97.24	150.42	0.29	5845	5835	10
1972	147.12	162.8	0.44	5350	5205	145
1973	151.93	166.88	0.44	5535	5445	90
1974	155.31	166.56	0.45	6380	6375	5
1975	132.83	165.53	0.37	6490	6480	10
1976	149.6	182.02	0.42	7415	7340	75
1977	146.23	171.03	0.4	7555	7425	130
1978	147.47	170.29	0.4	7755	7575	180
1979	154.09	199.79	0.42	9995	9510	485
1980	184.47	185.29	0.5	11865	11185	680
1981	162.53	185.15	0.44	13195	12045	1150
1982	171.95	209.23	0.46	15520	14175	1345
1983	186.52	238.51	0.49	17025	16100	925
1984	230.25	245.42	0.62	21310	21140	170
1985	273.91	265.86	0.74	23265	22785	480
1986	306.75	283.68	0.81	27050	26572	478
1987	331.33	294.08	0.87	29983	29464	519
1988	370.1	307.93	0.93	33426	32983	443
1989	378.68	313.48	0.94	36079	35585	494
1990	399.12	328.75	0.98	36669	36184	485
1991	415	336.04	1.02	41276	40726	550
1992	480.11	358.38	1.17	47762	47198	564
1993	537.38	396.32	1.31	53917	53234	683
1994	560.84	385.31	1.37	56256	55128	1128
1995	592.63	369.33	1.43	61664	60719	679
1996	601.34	346.91	1.5	67887	66601	710
1997	608.33	355.9	1.53	75529	73663	851
1998	622.75	345.52	1.54	77425	75451	954
1999	596.75	322.08	1.52	82195	80965	771
2000	621.28	350.78	1.58	85191	83744	1015
2001	655.78	364.91	1.67	89965	88334	1208
2002	658.26	367.07	1.69	92874	90875	1502
2003	683.13	391.77	1.77	94235	91553	2104
2004	756.66	415.3	1.96	100128	97790	1805
2005	801.54	432.77	2.08	104201	101355	2249

9－5 农村基层组织情况与农业生产条件(2005年)

指标	单位	全市	芙蓉区	天心区
一、农村基层组织情况				
1. 乡镇个数	个	116	1	1
#镇个数	个	79		1
2. 村(居)民委员会个数	个	1496	18	14
#村委员会个数	个	1281	18	12
二、乡村人口与从业人员				
1. 乡村户数	万户	120.85	1.16	1.08
(1)农业户	万户	106.37	1.06	1.02
(2)非农业户	万户	14.48	0.1	0.06
2. 乡村人口数	万人	418.9	3.49	3.59
#农业人口	万人	386.18	3.18	3.4
3. 乡村劳动力资源数	万人	263.99	3.17	2.1
#劳动年龄内	万人	254.73	2.06	1.9
4. 乡村从业人员数	万人	243.5	2.86	1.89
#劳动年龄内	万人	235.88	1.73	1.69
按性别分				
(1)男	万人	136.43	1.68	1.04
(2)女	万人	107.07	1.18	0.85
按国民经济行业分				
(1)农业从业人员	万人	125.21	0.94	0.68
(2)工业从业人员	万人	42.23	0.74	0.23
(3)建筑业从业人员	万人	28.95	0.16	0.35
(4)交运运输、仓储及邮政从业人员	万人	7.57	0.18	0.08
(5)信息传输、计算机服务和软件从业人员	万人	1.17	0.01	0.04
(6)批零零售业从业人员	万人	14.38	0.16	0.14
(7)住宿和餐饮业从业人员	万人	4.62	0.06	0.14
(8)其他从业人员	万人	19.37	0.61	0.23
三、农村基础设施				
1. 自来水受益村数	个	395	18	12
2. 通汽车村数	个	1281	18	12
3. 通电话村数	个	1281	18	12
4. 通电村数	个	1281	18	12
5. 有邮路及农村投递线路的村	个	1281	18	12
6. 通汽车的乡镇数	个	116	1	1
四、农业主要能源及物资消耗				
(一)农村电气化情况				
1. 农村用电量(不包括县办工业和城镇生活用电)	万千瓦小时	183975.2	9614.03	9002.81

岳麓区	开福区	雨花区	长沙县	望城县	宁乡县	浏阳市
2	3	2	20	19	35	33
1	3	1	16	16	18	23
38	55	42	272	218	425	414
33	40	38	236	179	392	333
2.3	3.24	2.53	20.18	19.06	35.24	36.06
2.15	2.57	2.31	17.63	16.17	31.15	32.31
0.15	0.67	0.22	2.55	2.89	4.09	3.75
7.22	9.53	8.03	71.66	67.76	119.85	127.77
6.85	7.64	7.19	65.31	61.55	111.82	119.24
4.67	4.9	4.83	43.66	39.26	83.76	77.64
4.28	4.5	3.53	43.65	37.27	82.51	75.03
3.83	4.25	4.24	41.35	36.25	75.38	73.45
3.7	4.13	3.03	40.47	34.74	74.56	71.83
2.19	3.01	2.32	22.07	21.39	41.24	41.49
1.64	1.24	1.92	19.28	14.86	34.14	31.96
1.8	1.78	2	20.99	18.12	43.39	35.51
0.34	0.58	0.45	8.04	3.71	9.29	18.85
0.65	0.86	0.47	6.45	7.2	7.72	5.09
0.14	0.2	0.17	1.21	0.94	2.41	2.24
0.03	0.02	0.04	0.02	0.13	0.44	0.44
0.18	0.27	0.45	2.17	1.65	5.34	4.02
0.24	0.08	0.24	0.58	0.54	1.37	1.37
0.45	0.46	0.42	1.89	3.96	5.42	5.93
33	35	38	106	42	36	75
33	40	38	236	179	392	333
33	40	38	236	179	392	333
33	40	38	236	179	392	333
33	40	38	236	179	392	333
2	3	2	20	19	35	33
20388.06	21257.25	22013.62	31910.3	20735.25	19193.88	29860

9－5 续表 1

指标	单位	全市	芙蓉区	天心区
2. 乡办水电站	个	30		
装机容量	千瓦	16075		
发电量	万千瓦小时	5104		
3. 村及村以下办水电站个数	个	35		
装机容量	千瓦	5243		
发电量	万千瓦小时	681.6		
(二)农用化肥施用量				
1. 按实物量计算	吨	500648	815	2634
(1)氮肥	吨	239239	399	975
(2)磷肥	吨	129496	208	557
(3)钾肥	吨	52521	130	348
(4)复合肥	吨	79392	78	754
2. 按折纯量计算	吨	144819	281	839
(1)氮肥	吨	64867	154	244
(2)磷肥	吨	18181	28	83
(3)钾肥	吨	26176	64	174
(4)复合肥	吨	35595	35	338
(三)农用塑料薄膜使用量	吨	4746	93	42
#地膜使用量	吨	3992	30	19
地膜覆盖面积	公顷	50208	480	211
(四)农用柴油使用量	吨	41679	60	196
(五)农药使用量(实物量)	吨	10020	28	98
五、耕地面积情况				
(一)年初实有耕地面积	千公顷	247.11	0.45	0.88
(二)年内增加的耕地面积	千公顷	1.12		
#新开荒地	千公顷	0.65		
园地改耕地	千公顷	0.22		
(三)年内减少的耕地面积	千公顷	1.33	0.03	0.07
国家建设占地	千公顷	0.83	0.03	0.07
其它建设占地	千公顷	0.22		
退耕还林	千公顷	0.28		
(四)年末实有耕地面积	千公顷	246.9	0.42	0.81
#常用耕地面积	千公顷	240.36	0.42	0.81
1. 水田	千公顷	220.43	0.01	0.6
2. 旱地	千公顷	26.47	0.41	0.21
#水浇地	千公顷	0.05		
(五)年末耕地中国有单位的面积	千公顷	0.09		
(六)坡度 25 度以上的耕地面积	千公顷	0.28		

岳麓区	开福区	雨花区	长沙县	望城县	宁乡县	浏阳市
			1		4	25
			725		1360	13990
					415	4689
			1		16	18
			25		1468	3750
					281.6	400
3475	8249	7619	95254	85068	174656	122878
1760	6023	2852	42019	52000	86793	46418
772	789	2527	24517	24500	45483	30143
471	315	533	8399	5900	22565	13860
472	1122	1707	20319	2668	19815	32457
1332	2270	2207	25820	18218	55263	38589
792	1505	843	9244	10400	29152	12533
101	103	330	3432	3670	5913	4521
231	157	266	4122	2950	11282	6930
208	505	768	9022	1198	8916	14605
67	120	66	632	837	1525	1364
14	109	47	519	830	1313	1111
156	1220	550	7968	9220	16166	14237
349	399	90	5990	2900	7721	23974
28	176	55	2710	1942	2745	2238
2.07	4.48	2.03	57.39	40.44	76.59	62.78
			0.37	0.2	0.22	0.33
				0.2	0.19	0.26
			0.19		0.03	
0.31	0.07	0.04	0.2	0.07	0.19	0.35
0.3	0.07	0.03	0.19		0.05	0.09
0.01		0.01	0.01	0.07	0.04	0.08
					0.1	0.18
1.76	4.41	1.99	57.56	40.57	76.62	62.76
1.74	4.41	1.98	57.56	40.57	76.17	56.7
1.07	3.9	1.15	50.28	36.69	72.87	53.86
0.69	0.51	0.84	7.28	3.88	3.75	8.9
		0.05				
			0.04			0.05
	0.15		0.13			

9-6 主要农产品生产情况(2005 年)

指　　标	单 位	全 市	芙蓉区	天心区
农作物总播种面积	**千公顷**	**623.08**	**2.54**	**2.78**
一、粮食作物播种面积	千公顷	396.69	0.25	0.94
单 产	公斤/亩	440.78	415.47	466.45
总产量	吨	2622817	1558	6577
(一)谷物播种面积	千公顷	357.94	0.23	0.9
单 产	公斤/亩	457.63	431.3	475.26
总产量	吨	2457060	1488	6416
1.稻谷播种面积	千公顷	344.29	0.23	0.89
单 产	公斤/亩	462.16	431.3	476.33
总产量	吨	2386731	1488	6359
(1)早稻播种面积	千公顷	151.61	0.09	0.3
单 产	公斤/亩	411.09	396.3	384
总产量	吨	934869	535	1728
#杂交稻面积	千公顷	60.62		
单 产	公斤/亩	424.44		
总产量	吨	385942		
优质稻面积	千公顷	97.3	0.09	0.3
单 产	公斤/亩	419.87	396.3	384
总产量	吨	612801	535	1728
(2)中稻与一季晚稻播种面积	千公顷	39.75	0.03	0.29
单 产	公斤/亩	529.39	424.44	497.01
总产量	吨	315651	191	2162
#杂交稻面积	千公顷	28.23		
单 产	公斤/亩	532.88		
总产量	吨	225648		
优质稻面积	千公顷	17.16	0.03	0.29
单 产	公斤/亩	506.36	424.44	497.01
总产量	吨	130337	191	2162
(3)晚稻播种面积	千公顷	152.93	0.11	0.3
单 产	公斤/亩	495.31	461.82	548.67
总产量	吨	1136211	762	2469
#杂交稻面积	千公顷	86.57		
单 产	公斤/亩	498.54		
总产量	吨	647375		
优质稻面积	千公顷	110.81	0.11	0.3
单 产	公斤/亩	481.46	461.82	548.67
总产量	吨	800265	762	2469
2.小麦播种面积	千公顷	1.35		
单 产	公斤/亩	177.68		
总产量	吨	3598		
3.玉米播种面积	千公顷	9.84		0.01

岳麓区	开福区	雨花区	长沙县	望城县	宁乡县	浏阳市
4.98	**11.36**	**5.05**	**143.73**	**118.09**	**188.52**	**146.03**
1.01	5.25	0.63	91.25	78.75	133.98	84.63
451.68	400.3	464.66	445.26	430.11	441.24	447.16
6843	31524	4391	609448	508069	886766	567641
0.87	4.59	0.63	84.94	68.57	123.48	73.73
468.43	422.48	464.66	462.22	443.09	450.79	479.18
6113	29088	4391	588919	455744	834951	529950
0.87	4.59	0.63	80.74	67.61	120.91	67.82
465.29	422.48	464.66	467.61	444.93	453.95	490
6072	29088	4391	566325	451227	823307	498474
0.35	1.97	0.31	39.7	33.31	57.27	18.31
415.24	370.36	432.69	415.01	424	409	390.06
2180	10944	2012	247136	211853	351350	107131
0.2	0.01		12.67	13.55	21.88	12.31
448.33	400		461.98	430.38	416.5	393
1345	60		87800	87475	136695	72567
0.17	1.96	0.31	28	27.15	33.54	5.78
374.9	370.2	432.69	438.1	424.96	407.7	398
956	10884	2012	184000	173065	205114	34507
0.15	0.47	0.03	0.61	1.63	5.62	30.92
525.78	484.68	500	551.69	480.45	495.91	538.75
1183	3417	225	5048	11747	41805	249873
0.1	0.2		0.61	1.08	3.26	22.98
470	482		551	481	501.4	540
705	1446		5048	7793	24518	186138
0.05	0.27	0.03	0.61	1.23	4.16	10.49
517.33	486.67	500	551.69	476.91	481.51	518
388	1971	225	5048	8799	30046	81507
0.37	2.15	0.29	40.43	32.67	58.02	18.59
488.11	456.65	495.17	518	464.5	494.26	507.33
2709	14727	2154	314141	227627	430152	141470
	0.15		20.06	18.18	37.15	11.03
	452		528.58	462.9	498.4	503.74
	1017		159050	126232	277733	83343
0.37	1.99	0.29	33.53	23.94	42.31	7.97
488.11	459.3	495.17	491.6	462.29	482.76	492
2709	13710	2154	247250	166008	306384	58819
			0.33	0.03	0.67	0.32
			141.62	197.78	188.66	190
			701	89	1896	912
			3.65	0.74	1.02	4.42

9－6 续表 1

指　　标	单 位	全 市	芙蓉区	天心区
单　产	公斤/亩	391.06		380
总产量	吨	57721		57
#杂交玉米播种面积	千公顷	8.47		0.01
单　产	公斤/亩	361.06		380
总产量	吨	45873		57
4.高粱播种面积	千公顷	0.62		
单　产	公斤/亩	363.66		
总产量	吨	3382		
5.其他谷物播种面积	千公顷	1.84		
单　产	公斤/亩	203.91		
总产量	吨	5628		
(1)其它春夏收杂粮播种面积	千公顷	1.25		
单　产	公斤/亩	210.35		
总产量	吨	3944		
①大麦播种面积	千公顷	0.2		
单　产	公斤/亩	242.33		
总产量	吨	727		
②其他春夏收杂粮播种面积	千公顷	1.05		
单　产	公斤/亩	204.25		
总产量	吨	3217		
(2)其它秋收杂粮播种面积	千公顷	0.59		
单　产	公斤/亩	190.28		
总产量	吨	1684		
①荞麦播种面积	千公顷	0.09		
单　产	公斤/亩	277.78		
总产量	吨	375		
②其他秋收杂粮播种面积	千公顷	0.5		
单　产	公斤/亩	174.53		
总产量	吨	1309		
(二)豆类播种面积	千公顷	12.2	0.01	0.04
单　产	公斤/亩	189.81	113.33	168.33
总产量	吨	34736	17	101
1.大豆播种面积	千公顷	5.57	0.01	0.03
单　产	公斤/亩	228.62	113.33	200
总产量	吨	19101	17	90
2.绿豆播种面积	千公顷	1.22		
单　产	公斤/亩	164.1		
总产量	吨	3003		
3.蚕豌豆播种面积	千公顷	4.09		0.01
单　产	公斤/亩	139.45		73.33
总产量	吨	8555		11
4.红小豆播种面积	千公顷	0.15		
单　产	公斤/亩	210.22		
总产量	吨	473		

岳麓区	开福区	雨花区	长沙县	望城县	宁乡县	浏阳市
			378.17	350	473.86	388.88
41			20705	3885	7250	25783
			3.3	0.74	0.71	3.71
			307.07	350	474.08	388.88
41			15200	3885	5049	21641
			0.19	0.06	0.09	0.28
			391.93	250	434.07	346.19
			1117	225	586	1454
			0.03	0.13	0.79	0.89
			157.78	163.08	161.35	249.21
			71	318	1912	3327
			0.01	0.11	0.46	0.67
			166.67	168	183.91	236
			25	278	1269	2372
					0.08	0.12
					212.5	262.22
					255	472
			0.01	0.11	0.38	0.55
			166.67	168.48	177.89	230.3
			25	278	1014	1900
			0.02	0.02	0.33	0.22
			153.33	133.33	129.9	289.39
			46	40	643	955
				0.01	0.04	0.04
				193.33	203.33	373.33
				29	122	224
			0.02	0.01	0.29	0.18
			153.33	73.33	119.77	270.74
			46	11	521	731
0.01	0.3		2.53	1.26	3.13	4.92
266.67	194.67		157.39	157.78	210.65	201.31
40	876		5973	2982	9890	14857
0.01	0.13		1.27	0.51	1.43	2.18
266.67	194.87		205.98	155.95	277.76	229.33
40	380		3924	1193	5958	7499
			0.11	0.15	0.41	0.55
			132.73	142.22	166.18	174.79
			219	320	1022	1442
	0.06		1.06	0.44	0.98	1.54
	188.89		94.4	171.06	148.3	154.29
	170		1501	1129	2180	3564
			0.02		0.08	0.05
			126.67		287.5	120
			38		345	90

指　　标	单 位	全 市	芙蓉区	天心区
5. 其他杂豆播种面积	千公顷	1.17		
单 产	公斤/亩	205.36		
总产量	吨	3604		
(三)薯类播种面积(按折粮计算)	千公顷	26.55	0.01	
单 产	公斤/亩	328.99	353.33	
总产量	吨	131021	53	60
1. 红薯播种面积	千公顷	15.3	0.01	
单 产	公斤/亩	353.3	353.33	
总产量	吨	81083	53	
2. 马铃薯播种面积	千公顷	11.25		
单 产	公斤/亩	295.93		
总产量	吨	49938		60
#夏马铃薯播种面积	千公顷	2.69		
单 产	公斤/亩	337.03		
总产量	吨	13599		39
二、油料播种面积	千公顷	17.32		0.03
单 产	公斤/亩	118.68		88.89
总产量	吨	30833		40
1. 花生果播种面积	千公顷	3.57		
单 产	公斤/亩	205.83		
总产量	吨	11022		
2. 油菜籽播种面积	千公顷	13.45		0.03
单 产	公斤/亩	95.12		88.89
总产量	吨	19190		40
#双低油菜籽播种面积	千公顷	12.4		0.03
单 产	公斤/亩	95.54		88.89
总产量	吨	17770		40
3. 芝麻播种面积	千公顷	0.28		
单 产	公斤/亩	130		
总产量	吨	546		
4. 其他油料播种面积	千公顷	0.02		
单 产	公斤/亩	250		
总产量	吨	75		
三、棉花播种面积	千公顷	0.78		
单 产	公斤/亩	85.47		
总产量	吨	1000		
四、麻类播种面积	千公顷	0.21		
单 产	公斤/亩	193.97		
总产量	吨	611		

岳麓区	开福区	雨花区	长沙县	望城县	宁乡县	浏阳市
	0.11		0.07	0.16	0.23	0.6
	197.58		277.14	141.67	111.59	251.33
	326		291	340	385	2262
0.13	0.36		3.78	8.92	7.37	5.98
353.85	288.89		256.72	368.78	379.24	254.56
690	1560		14556	49343	41925	22834
0.08	0.23		1.8	5.92	4.01	3.25
385.83	202.9		230	401.63	449.46	224.76
463	700		6210	35665	27035	10957
0.05	0.13		1.98	3	3.36	2.73
302.67	441.03		281.01	303.96	295.44	290.04
227	860		8346	13678	14890	11877
0.03	0.07		0.23	0.85	0.64	0.87
322.22	409.52		198.26	329.1	365.1	352.49
145	430		684	4196	3505	4600
	0.2		5.82	1.89	4.02	5.36
	138.33		86.23	112.84	155.41	127.86
	415		7528	3199	9371	10280
			0.3	0.26	2.23	0.78
			175.11	115.38	211.03	232.91
			788	450	7059	2725
	0.2		5.47	1.63	1.73	4.39
	138.33		80.6	112.43	87.13	108
	415		6613	2749	2261	7112
	0.2		5.22	1.63	1.2	4.12
	138.33		80.64	112.43	87.61	108.01
	415		6314	2749	1577	6675
			0.03		0.06	0.19
			115.56		56.67	155.44
			52		51	443
			0.02			
			250			
			75			
			0.02		0.37	0.39
			76.67		74.95	95.9
			23		416	561
			0.01	0.01	0.02	0.17
			53.33	100	113.33	217.25
			8	15	34	554

9－6 续表 3

指　　标	单 位	全 市	芙蓉区	天心区
#苎麻播种面积	千公顷	0.21		
单　产	公斤/亩	193.97		
总产量	吨	611		
五、甘蔗播种面积	千公顷	0.14		
单　产	公斤/亩	3177.62		
总产量	吨	6673		
六、烟叶播种面积	千公顷	10.86		
单　产	公斤/亩	132.46		
总产量	吨	21578		
1. 烤烟播种面积	千公顷	10.15		
单　产	公斤/亩	130.18		
总产量	吨	19820		
2. 晒(土)烟播种面积	千公顷	0.71		
单　产	公斤/亩	165.07		
总产量	吨	1758		
七、药材播种面积	千公顷	3.49		
单　产	公斤/亩	448.96		
总产量	吨	23503		
八、蔬菜播种面积(含菜用瓜)	千公顷	117.92	2.15	1.5
单　产	公斤/亩	2001.51	2610	2100
总产量	吨	3540268	84173	47250
九、瓜果类播种面积	千公顷	4.23	0.02	0.03
单　产	公斤/亩	1781.7	1066.7	3777.8
总产量	吨	113049	320	1700
(1)西瓜播种面积	千公顷	3.29		0.02
单　产	公斤/亩	1866.3		5000
总产量	吨	92102	20	1500
(2)甜瓜播种面积	千公顷	0.81		
单　产	公斤/亩	1576.79		
总产量	吨	19158		
(3)草莓播种面积	千公顷	0.13	0.02	0.01
单　产	公斤/亩	917.44	1000	1333.33
总产量	吨	1789	300	200
十、其它农作物播种面积	千公顷	71.44	0.12	0.28
1. 青饲料播种面积	千公顷	25.37		0.04
2. 绿肥播种面积	千公顷	30.12		0.04
3. 其他农作物播种面积	千公顷	15.95	0.12	0.2
4. 其他农作物产量	吨	1759		2
莲子(肉莲)	吨	478		2
菱角	吨	600		
荸荠	吨	49		
附:国有单位粮食播种面积	千公顷	0.22		
单　产	公斤/亩	450.91		
总产量	吨	1488		

岳麓区	开福区	雨花区	长沙县	望城县	宁乡县	浏阳市
			0.01	0.01	0.02	0.17
			53.33	100	113.33	217.25
			8	15	34	554
			0.01		0.03	0.1
			2240		1877.78	3661.33
			336		845	5492
			0.07		2.21	8.58
			127.62		141.57	130.16
			134		4693	16751
			0.01		1.68	8.46
			126.67		130.75	130.07
			19		3295	16506
			0.06		0.53	0.12
			127.78		175.85	136.11
			115		1398	245
0.01			0.11	0.2	0.97	2.2
453.33			1891.52	71.67	473.81	400.15
68			3121	215	6894	13205
3.72	5.22	3.87	20.87	24	31.88	24.71
2362.15	1950	2618	2328.21	1962	1859.33	1748.49
131808	152685	151975	728846	706321	889132	648078
0.02	0.03		1.03	0.35	0.96	1.79
1850	844.44		1644.01	1622.29	1360.63	2104.43
555	380	80	25400	8517	19593	56504
0.02	0.02		0.6	0.33	0.89	1.41
1136.67	1200		1850	1635.76	1358.88	2221.89
341	360		16650	8097	18141	46993
			0.4	0.02	0.04	0.35
			1383.33	1400	1741.67	1770.1
100			8300	420	1045	9293
	0.01		0.03		0.03	0.03
	133.33		1000		904.44	484.44
114	20	80	450		407	218
0.22	0.66	0.55	24.54	12.89	14.08	18.1
0.03	0.1		5.67	3.9	8.6	7.03
0.01	0.34	0.02	12.67	8.12	3.85	5.07
0.18	0.22	0.53	6.2	0.87	1.63	6
			91	1242	424	
			65	280	131	
				330	270	
			26		23	
				0.12		0.1
				422.78		484.67
				761		727

9－7 茶叶、水果生产情况(2005 年)

指　　标	单　位	全　市	芙蓉区	天心区
一、茶叶产量	吨	14739		1
红毛茶、红碎茶原料	吨	4797		
绿毛茶	吨	6335		1
乌龙毛茶	吨	219		
紧压茶原料	吨	366		
其它茶	吨	3022		
二、水果产量	吨	213533	416	1807
1. 园林水果	吨	100484	96	107
柑	吨	12561		20
桔	吨	56003	69	80
橙	吨	1077		
柚	吨	3416		2
桃	吨	5080		
猕猴桃	吨	569		
李　子	吨	6062		
梨	吨	2885		
葡　萄	吨	5835	3	3
红　枣(干枣应折成鲜枣)	吨	444	2	2
鲜柿子(柿饼应折成鲜柿)	吨	3403		
枇　杷	吨	358		
其他园林水果	吨	2791	22	
2. 瓜果类水果(西瓜、甜瓜、草莓)	吨	113049	320	1700
三、年末茶园面积	千公顷	11.83		
#当年采摘	千公顷	9.66		
四、年末果园面积	千公顷	13.83	0.01	0.04
#柑桔园面积	千公顷	6.51	0.01	0.03
桃园面积	千公顷	1.38		
猕猴桃园面积	千公顷	0.28		
梨园面积	千公顷	1.06		
葡萄园面积	千公顷	0.53		0.01
附:年末实有零星果树				
柑桔树	万株	1464.14	0.18	1.52
梨　树	万株	222.23		

岳麓区	开福区	雨花区	长沙县	望城县	宁乡县	浏阳市
28	10	1	9700	513	2950	1536
			4221		55	521
28	10	1	3991	513	1050	741
			208		11	
			345		17	4
			935		1817	270
2819	1927	1213	46402	20646	40015	98288
2264	1547	1133	21002	12129	20422	41784
42		40	100	185	2674	9500
615	1471	450	15000	9820	13395	15103
2	10		350	23		692
5	45	10	350	184	58	2762
10	6	14	400	266	980	3404
						569
5	7	1	1100	460	2100	2389
1			295	130	1083	1376
1554	8	537	3125	238	112	255
					7	433
25		18	210	62	2	3086
1			72	100	7	178
4		63		661	4	2037
555	380	80	25400	8517	19593	56504
0.03	0.02		4.97	1.22	2.9	2.69
0.02	0.02		2.9	1.19	2.88	2.65
0.16	0.05	0.05	3.75	1.61	3.86	4.3
0.06	0.04	0.03	1.22	0.9	2.33	1.89
0.01			0.28	0.06	0.3	0.73
						0.28
			0.43	0.04	0.3	0.29
0.08	0.01	0.02	0.17	0.08	0.1	0.06
1.2	38	0.74	7.4	299	50.1	1066
0.01			13.2	0.02	13	196

9-8 畜牧业生产情况(2005年)

指标	单位	全市	芙蓉区	天心区
一、当年出栏猪头数	万头	855.58	9.97	12.9
1.出栏肉猪	万头	801.54	9.97	8.4
2.出口中仔猪	万头	54.04		4.5
二、当年出售和自宰的牛	万头	14.57		0.01
#黄牛	万头	11.98		0.01
水牛	万头	2.48		
良种及改良乳牛	万头	0.11		
三、当年出售和自宰的肉用羊	万只	86.89		0.03
#山羊	万只	86.89		0.03
四、当年出售和自宰的肉用驴	匹	102		
五、当年出售和自宰的家禽(鸡鸭鹅)	万羽	4653.78	7.2	8.8
六、当年出售和自宰的肉用兔	万只	18.62		
七、当年出售和自宰的鹌鹑	羽	190030	115000	
八、当年出售和自宰的肉鸽	羽	101758	15000	
九、当年出售和自宰的狗	只	151222	1529	980
十、当年肉类总产量	吨	649711	6894	6858
1.猪肉产量	吨	546275	6760	6650
(1)肉猪肉产量	吨	538071	6760	5525
(2)出口中仔猪肉产量	吨	8204		1125
2.牛肉产量	吨	17927		12
#黄牛	吨	14907		12
水牛	吨	3020		
3.羊肉产量	吨	11403		5
4.驴肉产量	吨	10		
5.禽肉产量	吨	71263	108	176
6.兔肉产量	吨	275		
7.其他肉产量	吨	2558	26	15

岳麓区	开福区	雨花区	长沙县	望城县	宁乡县	浏阳市
24.23	28.8	15.63	240.99	133.08	230.06	159.92
24.23	28.8	15.63	228.73	123.6	202.26	159.92
			12.26	9.48	27.8	
0.02	0.28	1	4.43	0.82	5.5	2.51
0.02	0.23	0.8	3.43	0.51	5.18	1.8
	0.05	0.2	1	0.2	0.32	0.71
				0.11		
0.03	0.27	0.22	4.5	1.12	15.5	65.22
0.03	0.27	0.22	4.5	1.12	15.5	65.22
						102
26.86	185	15.96	275.4	534	2676	924.56
			0.5	0.15	3.77	14.2
		15660	2670	9000	2700	45000
			11665	9600	20493	45000
	1400	500	39892	10560	23405	72956
16315	21325	11945	170213	91357	185665	139139
15749	18144	10316	158535	82260	135917	111944
15749	18144	10316	157824	80340	131469	111944
			711	1920	4448	
25	344	1265	5626	712	6755	3188
25	283	1015	4311	490	6345	2426
	61	250	1315	222	410	762
4	41	33	675	167	2325	8153
						10
537	2775	319	4131	8010	40140	15067
			7	2	54	212
	21	12	1239	206	474	565

指　　标	单　位	全　市	芙蓉区	天心区
十一、当年牛奶产量	吨	11893	162	
十二、当年蜂蜜产量	吨	622		
十三、当年蜂蜡产量	公斤	31958		
十四、当年禽蛋产量	吨	48349	185	250
十五、当年兔毛产量	吨	1		
十六、大牲畜存栏总头数	头	383996	91	400
#从事劳役的	头	258792		324
1. 牛存栏	头	383334	91	400
(1)黄　牛	头	279464		114
#从事农事劳役的牛	头	168971		65
菜牛	头	79223		28
能繁母牛	头	108931		21
当年生仔牛	头	45966		
(2)水　牛	头	99307		286
#从事农事劳役的	头	89821		259
能繁母牛	头	31058		27
当年生仔牛	头	15832		
(3)乳　牛	头	4563	91	
#能繁母牛	头	3083	47	
当年生仔牛	头	678	24	
2. 马存栏	匹	173		
#能繁母马	匹	51		
当年生仔马	匹	19		
3. 驴存栏	头	338		
#能繁母驴	头	65		
当年生仔驴	头	46		
4. 骡存栏	头	151		
#当年生仔骡	头	19		
十七、生猪存栏	万头	432.77	2.24	6
#能繁母猪	万头	47.65	0.1	0.6
十八、羊存栏	万只	71.36		0.06
1. 山羊存栏	万只	71.36		0.06
#能繁母羊	万只	32.82		
十九、养蜂箱数	箱	34748		
二十、兔存栏	万只	15.69		
#长毛兔	万只	0.65		
二十一、家禽存笼	万羽	2017.23	1.3	9
附:国有单位牲畜存栏情况				
大牲畜存栏	头	975		
猪存栏	万头	5.79		
羊存栏	万只	0.04		

岳麓区	开福区	雨花区	长沙县	望城县	宁乡县	浏阳市
259	1600		2230	5280	1720	642
			7	10	38	567
					1273	30685
196	660	431	6821	15185	15135	9486
			1			
186	1800	1860	125500	17588	149164	87407
28	745	120	112500	11681	63396	69998
186	1800	1860	125500	17588	149148	86761
111	840	1508	68000	7133	136385	65373
28	547	20	56710	5247	53994	52360
53	69	1465	1520	1136	61940	13012
	176	13	42500	3954	31067	31200
	48	5	23000	750	12458	9705
	430	352	56098	8937	12001	21203
	198	100	55790	6434	9402	17638
	60	43	14050	4183	5026	7669
	44	15	10840	1049	1364	2520
75	530		1402	1518	762	185
54	315		1050	1165	352	100
19	170		349	34	52	30
					16	157
					5	46
					2	17
						338
						65
						46
						151
						19
9.26	14.2	7.5	130.5	81.1	107.36	74.61
0.7	0.84	0.66	13	8.27	16.5	6.98
0.01	0.09	0.06	6.58	3.11	15.1	46.35
0.01	0.09	0.06	6.58	3.11	15.1	46.35
	0.03	0.01	2.73	0.5	6.95	22.6
			1695	1933	3194	27926
			0.67	0.22	4.5	10.3
			0.65			
8.72	37.5	5.6	289	405.7	750	510.41
	960			15		
	5.4			0.09		0.3
	0.04					

9-9 渔业生产情况(2005 年)

指　　标	单　位	全　市	芙蓉区	天心区
一、水产品总产量	吨	104201	922	2800
(一)淡水产品捕捞产量	吨	7334	25	
1. 鱼　类(含鳝鱼、泥鳅)	吨	6595	25	
2. 甲壳类	吨	155		
3. 贝　类	吨	580		
4. 其他类	吨	4		
#其他	吨	4		
(二)淡水产品养殖产量	吨	96867	897	2800
1. 鱼　类(含鳝鱼、泥鳅)	吨	94760	800	2798
2. 甲壳类	吨	1081		1
3. 贝　类	吨	433		
4. 其他类	吨	593	97	1
(1)珍珠	公斤	10000		
(2)龟	公斤	52300	300	
(3)鳖	公斤	214151	70000	801
(4)牛蛙	吨	285		
(5)其它	吨	32	27	
二、淡水养殖面积合计	千公顷	33.72	0.08	0.24
(一)池塘养殖	千公顷	23.76	0.08	0.21
#精养池塘	千公顷	12.9	0.08	0.13
(二)湖泊养殖	千公顷	1.86		0.01
#粗养	千公顷	0.15		
(三)河沟养殖	千公顷	0.8		0.02
(四)水库养殖	千公顷	6.18		
#粗养	千公顷	1.44		
(五)其他养殖	千公顷	1.12		
附:1. 稻田养鱼面积	千公顷	2.58		
2. 稻田养殖成鱼面积	千公顷	1.13		
成鱼产量	吨	495		
3. 养殖水面中鱼种池面积	千公顷	0.84		

岳麓区	开福区	雨花区	长沙县	望城县	宁乡县	浏阳市
2234	5120	1980	14810	25335	29000	22000
	470	20	500	2000	3360	959
	470	20	496	1265	3360	959
				155		
				580		
			4			
			4			
2234	4650	1960	14310	23335	25640	21041
2234	4650	1945	14083	22411	25610	20229
		15	210	693		162
				82		351
			17	149	30	299
				10000		
				45000	7000	
		350	10000	94000	13000	26000
			2		10	273
			5			
0.37	0.74	0.23	4.91	10	10.32	6.83
0.31	0.7	0.22	3.65	7.59	7.74	3.26
0.26	0.35	0.09	0.53	7.22	2.57	1.67
0.01			0.03	1.4	0.41	
			0.03		0.12	
			0.11	0.48	0.19	
0.05	0.04	0.01	1.01	0.53	1.67	2.87
0.04			1		0.4	
			0.11		0.31	0.7
					2	0.58
					0.67	0.46
					230	265
			0.18	0.03	0.34	0.29

9－10 农林牧渔业总产值(2005 年)

指　　标	全　市		芙　蓉　区	
	按现行价格计算	按可比价格计算	按现行价格计算	按可比价格计算
农林牧渔业总产值	**1871313**	**1841526**	**26707**	**24470**
一、农业产值	926445	882440	16869	14751
1. 谷物及其他作物	434237	445013	237	242
#粮食	396647	405465	237	242
(1)谷物	370581	378995	225	230
#小麦	493	434		
稻谷	359948	353150	225	221
玉米	8388	7992		
(2)薯类	14187	13351	5	5
(3)油料	9249	10679		
#花生	3725	4022		
油菜籽	4798	5745		
(4)豆类	11878	13120	6	7
#大豆	6686	7466	6	7
(5)棉花	1678	1587		
(6)麻类	518	526		
(7)糖料	318	297		
(8)烟草	22836	23972		
(9)其他农作物	2994	2488		
#饲料作物	1218	1145		
2. 蔬菜园艺作物	441270	391357	16430	14339
(1)蔬菜(含菜用瓜)	381961	331564	15885	13789
(2)花卉	8896	8969	82	83
(3)其他园艺作物	50412	50824	464	468
3. 水果、坚果、饮料和香料作物	41610	35665	202	170
(1)水果、坚果(含果用瓜)	24180	20295	202	170
#梨	291	291		
柑桔	7548		7	
(2)茶及其他饮料	17430	15369		
#茶	17430	15369		
4. 中药材	9328	10406		
二、林业产值	76257	76519	9	8
(一)林木的培育和种植	19242	18718	9	8
1. 育种育苗	15632	15632		

单位:万元

天心区		岳麓区		开福区		雨花区	
按现行价格计算	按可比价格计算	按现行价格计算	按可比价格计算	按现行价格计算	按可比价格计算	按现行价格计算	按可比价格计算
17637	**17129**	**41317**	**40131**	**51459**	**50097**	**43764**	**41223**
7610	6881	19963	17942	22588	20517	26462	23510
1034	1060	1014	1032	4982	5116	659	674
1018	1044	1012	1030	4858	4978	659	674
975	997	924	945	4396	4496	659	674
967	949	918	900	4396	4314	659	646
8	8	6	6				
7	7	74	70	173	163		
11	12			109	125		
10	12			104	124		
36	40	15	16	288	318		
32	35	14	16	133	149		
6	5	2	2	16	13	1	1
2	2	1	1	5	5		
6288	5580	18137	16215	17378	15210	25505	22585
5424	4709	14777	12828	16490	14314	22325	19380
130	131	504	508	133	134	477	481
734	740	2856	2879	755	761	2703	2725
287	241	771	650	227	192	298	250
285	239	713	598	206	173	296	248
11		67		154		51	
2	2	59	52	21	19	2	2
2	2	59	52	21	19	2	2
		41	46				
111	110	122	118	76	73	24	23
111	110	118	114	55	52	10	8
102	102	87	87	27	27		

9－10 续表 1

指　　标	全市		芙蓉区	
	按现行价格计算	按可比价格计算	按现行价格计算	按可比价格计算
2. 造林	804	728	4	4
3. 抚育和管理	2805	2357	5	4
（二）竹木采运	21509	22167		
（三）林产品	35506	35634		
三、牧业产值	771539	791928	8198	8594
（一）牲畜饲养	36020	34815	42	42
1. 牛的饲养	22034	21209		
2. 羊的饲养	10865	10490		
3. 其他牲畜饲养	18	17		
4. 奶产品	3092	3099	42	42
#牛奶	3092	3099	42	42
5. 毛绒产品	12			
（二）猪的饲养	622886	656706	7851	8278
#肉猪	608054	641069	7851	8278
（三）家禽饲养	109425	97199	264	234
1. 肉禽	68860	61450	109	97
2. 禽蛋	40565	35750	155	137
（四）其他畜牧业	3208	3208	41	41
#兔	15	15		
四、渔业产值	75967	70443	1566	1055
#养殖	65042	66580	667	682
1. 鱼类	70662	66008	701	655
2. 甲壳类	1569	1443		
3. 贝类	174	173		
4. 其他	3563	2819	864	400
五、农林牧渔服务业	21105	20196	65	62

单位:万元

天心区		岳麓区		开福区		雨花区	
按现行价格计算	按可比价格计算	按现行价格计算	按可比价格计算	按现行价格计算	按可比价格计算	按现行价格计算	按可比价格计算
8	7	4	4	10	9	4	4
2	2	27	23	18	15	6	5
				15	15	5	5
		4	4	7	7	9	9
7771	8132	19425	20381	25456	26386	15075	15632
16	15	101	100	874	857	1693	1630
12	11	30	29	424	408	1662	1600
4	4	4	4	34	33	31	30
		67	67	416	416		
		67	67	416	416		
7394	7796	18770	19789	22213	23419	12749	13442
6115	6447	18770	19789	22213	23419	12749	13442
347	307	554	493	2349	2090	625	554
137	123	390	348	1795	1602	263	235
210	185	164	145	554	488	362	319
14	14			21	21	7	7
2090	1953	1687	1576	3309	3091	2182	2039
1820	1863	1452	1486	3005	3076	1960	2006
2085	1947	1687	1576	3309	3091	2162	2019
1	1					19	18
4	5					2	2
55	53	120	115	30	29	21	20

9－10 续表 2

指　标	长沙县		望城县	
	按现行价格计算	按可比价格计算	按现行价格计算	按可比价格计算
农林牧渔业总产值	**428101**	**425252**	**301180**	**293636**
一、农业产值	214411	204365	153758	145067
1. 谷物及其他作物	95270	97592	76427	77748
#粮食	92307	94439	74588	75935
(1)谷物	88619	90631	68332	69883
#小麦	94	85	12	11
稻谷	85258	83642	67645	66351
玉米	3009	2867	565	538
(2)薯类	1624	1528	5256	4946
(3)油料	2057	2375	875	1010
#花生	266	288	152	164
油菜籽	1653	1980	687	823
(4)豆类	2065	2280	1001	1106
#大豆	1373	1534	418	466
(5)棉花	39	37		
(6)麻类	7	7	13	13
(7)糖料	16	15		
(8)烟草	81	85		
(9)其他农作物	765	636	951	791
#饲料作物	272	256	187	176
2. 蔬菜园艺作物	101364	91161	73964	64411
(1)蔬菜(含菜用瓜)	78732	68344	72491	62926
(2)花卉	3395	3423	221	223
(3)其他园艺作物	19237	19394	1253	1263
3. 水果、坚果、饮料和香料作物	17043	14794	3238	2764
(1)水果、坚果(含果用瓜)	5523	4636	2163	1816
#梨	30	30	13	13
柑桔	1596		1029	
(2)茶及其他饮料	11520	10158	1075	948
#茶	11520	10158	1075	948
4. 中药材	734	819	129	144
二、林业产值	9714	9749	4939	4930
(一)林木的培育和种植	4140	4097	949	897
1. 育种育苗	3857	3857	610	610

单位:万元

宁乡县		浏阳市	
按现行价格计算	按可比价格计算	按现行价格计算	按可比价格计算
510096	**502471**	**451052**	**447116**
241879	233550	222905	215858
142622	146092	111992	115456
133668	136613	88300	90512
125726	128580	80726	82559
258	229	128	110
123942	121592	75938	74535
1054	1004	3747	3570
4521	4255	2526	2378
3068	3543	3130	3614
2386	2576	921	994
565	677	1778	2129
3421	3778	5048	5575
2085	2329	2625	2931
698	660	941	890
29	29	469	477
40	38	261	244
4368	4585	18387	19302
752	625	502	417
413	388	337	317
88018	76763	94185	85093
85458	74182	70380	61093
384	387	3571	3600
2176	2194	20235	20400
7102	6080	12441	10525
4309	3617	10483	8799
109	109	139	139
1641		2993	
2793	2463	1958	1726
2793	2463	1958	1726
4136	4615	4288	4783
20536	20566	40725	40943
3437	3170	10412	10262
1586	1586	9363	9363

9－10 续表 3

指　　标	长沙县		望城县	
	按现行价格计算	按可比价格计算	按现行价格计算	按可比价格计算
2. 造林	42	38	32	29
3. 抚育和管理	240	202	307	258
（二）竹木采运	2106	2170	1086	1119
（三）林产品	3469	3481	2904	2914
三、牧业产值	190372	198350	117572	120409
（一）牲畜饲养	7895	7611	2599	2560
1. 牛的饲养	6741	6488	1086	1045
2. 羊的饲养	563	543	140	135
3. 其他牲畜饲养				
4. 奶产品	580	580	1373	1380
#牛奶	580	580	1373	1380
5. 毛绒产品	12			
（二）猪的饲养	172299	181654	94886	100038
#肉猪	169099	178280	92192	97198
（三）家禽饲养	9572	8478	19845	17568
1. 肉禽	3849	3435	7105	6341
2. 禽蛋	5723	5044	12740	11228
（四）其他畜牧业	607	607	242	242
兔				
四、渔业产值	10004	9344	21053	19539
#养殖	8586	8789	17338	17748
1. 鱼类	9676	9039	17875	16698
2. 甲壳类	267	245	1076	990
3. 贝类			114	113
4. 其他	61	60	1988	1738
五、农林牧渔服务业	3600	3445	3858	3692

单位:万元

宁乡县		浏阳市	
按现行价格计算	按可比价格计算	按现行价格计算	按可比价格计算
434	393	266	241
1417	1190	783	658
8714	8980	9584	9878
8385	8415	20729	20803
222892	225096	164778	168947
10625	10249	12176	11751
8240	7931	3839	3696
1938	1871	8153	7872
		18	17
447	447	167	167
447	447	167	167
157457	166006	129266	136285
149798	157932	129266	136285
54164	48194	21705	19281
41466	37003	13746	12267
12698	11191	7959	7014
647	647	1631	1631
3	3	12	11
18830	17557	15248	14290
16538	16929	13677	14000
18700	17469	14467	13514
		206	189
		60	60
130	88	515	526
5960	5703	7396	7078

10 工　业

长沙统计年鉴

10－1 历 年 工 业 总 产 值

单位：万元

年 份	合 计	# 大中型企业	# 国有工业	#集体工业	# 乡办工业	轻工业	重工业
				按 1952 年不变价格计算			
1949	5791	…	433		…	4896	895
1950	9002	…	1630	39	…	7921	1081
1951	14892	…	4057	129	…	12945	1947
1952	20409	…	10400	201	…	17076	3333
1953	28847	…	14602	378	…	24199	4648
1954	30875	…	17846	714	…	24523	6352
1955	35450	…	19311	2234	…	28742	6708
1956	45732	…	36351	7660	…	35686	10046
1957	49355	…	39277	9360	…	39189	10166
				按 1957 年不变价格计算			
1957	46096	…	36541	8845		36868	9228
1958	80433	…	58213	22109	4659	59711	20722
1959	105816	…	75554	30262	4455	68870	36946
1960	120489	…	86411	34078	3508	68554	51935
1961	63898	…	46444	17333	1051	46572	17326
1962	53339	…	38507	14580	467	40256	13083
1963	54016	…	40829	12992	178	38672	15344
1964	64857	…	49533	15219	290	45358	19499
1965	79691	…	58891	20797	1277	51868	27823
1966	96285	…	68584	27701	3073	62743	33542
1967	87318	…	59683	27635	3151	57524	29794
1968	78585	…	51981	26604	3382	54247	24338
1969	97375	…	68078	29297	2194	60575	36800
1970	140654	…	104311	36343	2948	78545	62109
1971	150535	…	111997	38538	3577	81623	68912
				按 1970 年不变价格计算			
1971	132575	…	96260	36315	3577	72794	59781
1972	154173	48387	113309	40864	3627	86545	67628
1973	163927	50018	118714	45213	4691	93632	70295
1974	128974	34209	89526	39448	5633	82062	46912
1975	163374	51074	113325	50049	7181	94128	69246
1976	147984	37453	97010	50974	9479	88653	59331
1977	190006	50228	125967	64039	11791	106133	83873
1978	238489	55004	153188	85301	14509	132376	106113
1979	274260	63033	178564	95696	17671	155407	118853
1980	302624	69477	192773	108551	19593	180677	121947
1981	312240	67577	193803	117076	20046	199146	113094

10－1 续表

单位:万元

年份	合计	#大中型企业	#国有工业	#集体工业	#乡办工业	轻工业	重工业
	按 1952 年不变价格计算						
1981	305989	65529	190040	114625	20357	197536	108453
1982	318933	68386	192110	124599	22348	204500	114433
1983	339270	80644	203733	135294	24694	213291	125979
1984	387985	108532	228587	158835	30208	239867	148118
1985	463521	139538	255540	207209	42044	279040	184481
1986	524318	179662	294463	218422	46225	301104	223214
1987	635046	227241	348228	271609	65890	364015	271031
1988	763387	275958	406300	329184	90309	418990	344397
1989	837404	307890	418981	369449	68336	465656	371748
1990	864295	332217	428900	388730	79207	481316	382979
	按 1990 年不变价格计算						
1990	1201241	519530	685839	461738	124188	680329	520912
1991	1389702	572449	751752	561615	167332	780430	609272
1992	1655135	646830	877163	716342	219372	856131	799004
1993	1923267	828288	907141	900189	345084	988828	934439
1994	2261762	917685	950930	664639	352342	1215599	1046163
1995(原规定)	2625906	888684	1072289	635231	388926	1458138	1167768
1995(新规定)	2465662	884923	1047582	887074	410523	1347777	1117885
1996	2874962	916152	1112524	1103270	492329	1465786	1409176
1997	3366581	1029812	1169371	1147896	518527	1655539	1711042
1998	3871568	1157742	1244845	1082559	490985	1812982	2058586
1999	4316798	1322056	1338019	990848		1990907	2325891
2000	4836651	1486342	1530512	914127		2235016	2601635
2001	5349642	1975827	1208526	1011082		2404381	2945261
2002	6079083	2522050	1318284			2412608	3666475
2003	7147780	2435058	1703105			2516350	4631430
	按当年价格计算						
2003	8034980	4075032	2273348			3438771	4596209
2004	10060596	4848325	2679230			4488562	5572034
2005	13006235	6193647	3151357			5802766	7203469

注:从 1999 年起国有工业数据包含国有及国有控股工业企业。

10－2 历年工业总产值指数

（以1949年为100）

年份	工业总产值	#国有工业	轻工业	重工业
1949	100	100	100	100
1950	155.4	376.4	161.8	120.8
1951	257.2	937	264.4	217.5
1952	352.4	2401.8	348.8	372.4
1953	498.1	3372.3	496.3	519.3
1954	533.2	4121.5	500.9	709.7
1955	612.2	4459.8	587.1	749.5
1956	789.1	8395.2	728.9	1122.5
1957	852.3	9070.9	800.4	1135.9
1958	1487.1	14451	1296.4	2550.5
1959	1956.4	18755.9	1495.3	4547.5
1960	2227.7	21451	1488.4	6392.4
1961	1181.4	11529.6	1011.2	2132.5
1962	986.2	9559.1	874	1610.3
1963	998.7	10135.6	839.6	1888.6
1964	1199.1	12296.3	984.8	2400
1965	1473.4	14619.4	1126.1	3424.6
1966	1780.2	17025.6	1362.3	4128.5
1967	1614.4	14815.9	1248.9	3667.2
1968	1453	12903.9	1177.8	2995.6
1969	1800.4	16900	1315.2	4529.5
1970	2600.6	25894.7	1705.3	7544.6
1971	2783.3	27802.8	1772.2	8481.9
1972	3236.5	32726.1	2106.9	9595.6
1973	3441.3	34287.3	2279.4	9974.1
1974	2707.5	25857	1997.8	6656.3
1975	3429.7	32730.7	2291.5	9825.1
1976	3106.6	28018.7	2158.2	8418.3
1977	3988.8	36382	2583.7	11900.6
1978	5006.7	44180.5	3280.2	15302
1979	5757.7	51499.1	3860	17181.1
1980	6353.2	55597.1	4477.1	17585.4
1981	6555	55894.1	4934.7	16308.7
1982	6832.3	56502.9	5108.7	17208
1983	7268	59921.5	5328.3	18944.2
1984	8311.6	67231.5	5992.2	22273.4
1985	9929.8	75158.8	6970.8	27741.5
1986	11232.2	86606.8	7522	33566
1987	13604.2	102420	9093.6	40756.5
1988	16353.6	119500	10466.6	51789
1989	17939.4	123387.3	11764.7	56626.4
1990	18514.8	126305.5	12159.6	58332.8
1991	21419.6	138444.2	13948.7	68227.5
1992	25510.7	161540.1	15301.7	89446.2
1993	29643.5	167061	17673.5	104562.7
1994	34860.7	175125	21720.7	117057.9
1995	40473.3	181107.4	26043.1	130636.7
1996	47191.9	192334.7	28334.9	164732.8
1997	55261.7	202162.5	31990.1	199985.6
1998	63550.9	215210.6	35029.2	240582.7
1999	70859.3	237359	38462.1	271858.5
2000	79362.4	271506.4	43191.8	303937.8
2001	87774.8	214490.1	46474.4	344057.6
2002	99712.2	234008.7	46613.8	428351.1
2003	120950.9	302339.2	48618.2	541007.4
2004	151430.5	367946.9	63461.3	655863.3
2005	192771.0	484954.0	80215.1	847375.4

10－2 续表1 （以上年为100）

年份	工业总产值	#国有工业	轻工业	重工业
1950	155.4	376.4	161.8	120.8
1951	165.4	248.9	163.4	180.1
1952	137	256.3	131.9	171.2
1953	141.3	140.4	141.7	139.5
1954	107	122.2	101.3	136.7
1955	114.8	108.2	117.2	105.6
1956	129	188.2	124.2	149.8
1957	107.9	108	109.8	101.2
1958	174.5	159.3	162	224.5
1959	131.6	129.8	115.3	178.3
1960	113.9	114.4	99.5	140.6
1961	53	53.7	67.9	33.4
1962	83.5	82.9	86.4	75.5
1963	101.3	106	96.1	117.3
1964	120.1	121.3	117.3	127.1
1965	122.9	118.9	114.4	142.7
1966	120.8	116.5	121	120.6
1967	90.7	87	91.7	88.8
1968	90	87.1	94.3	81.7
1969	123.9	131	111.7	151.2
1970	144.4	153.2	129.7	168.8
1971	107	107.4	103.9	110
1972	116.3	117.7	118.9	113.1
1973	106.3	104.8	108.2	103.9
1974	78.7	75.4	87.6	66.7
1975	126.7	126.6	114.7	147.6
1976	90.6	85.6	94.2	85.7
1977	128.4	129.8	119.7	141.4
1978	125.5	121.6	124.7	126.5
1979	115	116.6	117.4	112
1980	110.3	108	110.2	102.6
1981	103.2	100.5	110.2	92.1
1982	104.2	101.1	103.5	105.5
1983	106.4	106.1	104.3	110.1
1984	114.4	112.2	112.5	117.6
1985	119.5	111.8	116.3	124.6

10－2 续表2　　（以上年为100）

年　份	工业总产值	#国有工业	轻工业	重工业
1986	113.1	115.2	107.9	121
1987	121.1	118.3	120.9	121.4
1988	120.2	116.7	115.1	127.1
1989	109.7	103.1	111.1	107.9
1990	103.2	102.4	103.4	103
1991	115.7	109.6	114.7	117
1992	119.1	116.7	109.7	131.1
1993	116.2	103.4	115.5	116.9
1994	117.6	104.8	122.9	112
1995	116.1	112.8	119.9	111.6
1996	116.6	106.2	108.8	126.1
1997	117.1	105.1	112.9	121.4
1998	115	111	109.5	120.3
1999	111.5	110.3	109.8	113
2000	112	112.8	112.3	111.8
2001	110.6	79	107.6	113.2
2002	113.6	109.1	100.3	124.5
2003	121.3	129.2	104.3	126.3
2004	125.2	121.7	130.5	121.2
2005	127.3	131.8	126.4	129.2

10－3 全部工业总产值

计量单位：万元

指　标	2005年		2004年	
	企业单位数（个）	按现价价格计算	企业单位数（个）	按现价价格计算
一、全社会工业总产值	44159	13006235	43078	10060596
按是否国有控股分：				
国有及国有控股	125	3151357	168	2679230
其它经济	44034	9854878	42910	7381366
二、国有及年销售收入500万元以上非国有	1691	9551277	1149	7060578
#大　型	11	3160210	7	2522793
中　型	114	3033437	98	2325532
#轻工业	568	3801767	401	2908453
重工业	1123	5749510	748	4152125
三、年销售收入500万元以下非国有	42468	3454958	41929	3000018

注：全社会工业总产值对应的企业单位数含个体工业单位数。

10－4 规模以上工业主要产品产量

产　　品	单　位	2005 年	2004 年	2005 年为上年%
一、纺织工业产品				
化学纤维	吨	4485	5965	75.19
# 合成纤维	吨	4485	5965	75.19
纱	吨	18899	18246.6	103.58
布	万米	225	473.98	47.47
# 纯化纤布	万米	225	379.48	59.29
印染布	万米	2259	2333.5	96.81
针棉织品折用纱线量	吨	7766	6671.31	116.41
绒线	吨			
毛巾	万条	9305	6645.07	140.03
革皮服装	万件	23.52	50.35	46.71
服装	万件	1886	1813.27	104.01
二、轻工产品				
家用电冰箱	万台	55.54	61.17	90.80
家用洗衣机	万台	18.39	9.23	199.30
机制纸及纸板	吨	143842	95412	150.76
家具	万件	28.35	22.65	125.17
日用陶瓷	万件	4005	4509.4	88.81
合成洗涤剂	吨	94069	81026	116.10
肥皂	吨	8697	6761.4	128.63
牙膏	万只	836	1300	64.31
酱油	吨	62389	42405	147.1

10－4 续表 1

产　　品	单　位	2005 年	2004 年	2005 年为上年%
卷烟	万箱	126.27	117.46	107.50
饮料酒	千升	167897	116262	144.41
# 白酒	千升	2052	839	244.58
啤酒	千升	165845	115423	143.68
糕点	吨	616	168	366.67
乳制品	吨	26991	22127	121.98
塑料制品	万吨	11.11	4.94	224.90
皮鞋	万双	496	427.92	115.91
胶鞋	万双	140	173.6	80.65
食用植物油	吨	33650	32308	104.15
配混合饲料	万吨	69.78	61.29	113.85
三、石油化工产品				
硫酸	万吨	5.01	5.17	96.91
合成氨	万吨	2.73	2.81	97.15
农用化肥	万吨	2	1.87	106.95
# 氮肥	万吨		1.94	
磷肥	万吨	2	1.87	106.95
化学农药(原药)	吨	8622	8394	102.72
油漆	吨	49155	46236.42	106.31
建筑涂料	吨	4600	4005	114.90
颜料	吨	51574	47365	108.90
合成纤维聚合物	吨	3923	4201	93.40
化学原料药	吨	——	313	
中成药	吨	6016	7642.67	78.72

10－4 续表 2

产　　品	单 位	2005 年	2004 年	2005 年为上年%
四、机械产品				
泵	万台	0.47	0.5	94.00
风机	万台	0.59	0.36	163.89
交流电动机	万千瓦	165	139.7	118.11
变压器	万千伏安	147.16	129.7	113.46
轴承	万套	185	241.89	76.48
电子束管(显像管)	万只	690.93	654.83	105.51
集成电路	万块	14	6.25	224.00
终端显示设备	台	83463	98832	84.45
汽车	辆	61823	49372	125.22
金属切削机床	台	1246	827	150.67
其中:数控机床	台	12	18	66.67
工业锅炉	蒸发量吨	2703	2470.2	109.42
矿山设备	吨	1415	1579	89.61
起重设备	吨	3164	2864	110.47
混凝土机械	台	3429	4346	79.00
铲土运输机械	台	460	207	122.20
摩托车	台	66239	28677	230.98
五、冶金、电力、煤炭工业产品				
发电量	万千瓦小时	33702	29921.43	112.63
# 水电	万千瓦小时	14940	9765.43	152.99
原煤	万吨	297.35	234.92	126.58
锌	吨	3793	5415	70.05
钢材	吨	37369	30332.6	123.20
铜材	吨	28788	31268	92.07
铝材	吨	89356	73770.61	121.13
六、建材工业产品				
水泥	万吨	537.37	485.14	110.77
人造板	立方米	47358	58378	81.12

10－5 1997－2005 年工业企业主要经济指标

单位:万元

指 标	1997 年	1998 年*	1999 年	2000 年	2001 年	2002 年	2003 年	2004 年	2005 年
企业单位数(个)	3360	602	672	657	744	895	1096	1464	1691
#亏损企业	835	273	241	223	230	258	226	263	217
工业总产值(现行价)	3302576	2656096	3098178	3301641	3700281	4441769	5643301	7699353	9733713
工业总产值(90 年不变价格)	2427963	2017204	2471464	2779138	3191784	4122195	5476719		
工业销售产值(现行价)	3167123	2560872	3007318	3229826	3636080	4391451	5578889	7594852	9551244
工业增加值(现行价)	1142219	990023	1071758	1178774	1325474	1603271	2031020	2718925	3523338
流动资产合计	2074862	1889708	2097902	2456692	2742156	3077790	3772809	4574168	5102554
存货	875954	713805	726300	849283	917658	1073247	1291700	1607995	1838326
#产成品	334872	238900	259808	313282	314616	387805	443290	478979	507981
流动资产平均余额	1960894	1854156	2048376	2324274	2647381	2975927	3366167	4246640	5078993
固定资产合计	1994228	1905649	2113116	2364939	2416425	2673026	2775924	3283857	3955661
固定资产原价合计	2331723	2337912	2590306	2909204	3153749	3496219	3817462	4300092	5051470
#生产经营用	1666457	1781283	2097570	2468448	2597481	3015917	3343715	3829472	4704942
固定资产净值平均余额	1530494	1582335	1756358	1888985	2076331	2298696	2411178	2748064	3167717
资产总计	4566876	4277157	4722014	5406433	5891896	6629858	7582870	9251983	10675036
流动负债合计	2189213	1954242	2101611	2306733	2551023	2729096	3220482	3871544	4505124
负债合计	2841077	2666746	2859586	3148273	3328496	3637202	4148846	5014353	5802134
产品销售收入	2960591	2531715	2916883	3212467	3538980	4296915	5679012	7490187	9351579
产品销售成本	2127291	1714194	1963016	2171292	2399290	2944484	3842496	5428851	6753573
产品销售费用	121909	111048	150292	164677	204212	256901	318318	393043	505709
产品销售税金及附加	267858	322040	348163	370445	356460	356106	402640	580931	648061
产品销售利润	393677	363206	455412	506053	579018	759425	1115558	558645	688131
利润总额	76455	99866	176898	211786	240180	332138	470195	569891	640280
亏损企业亏损额	93683	94747	79032	55843	60056	66425	60483	80676	62222
利税总额	524612	595522	717684	789784	833951	936369	1157914	1498648	1770675
应交增值税	180299	173616	192623	207553	237311	248126	285078	347826	482333

注:从 1998 年起工业企业主要经济指标为全部国有及年销售收入 500 万元以上非国有工业企业主要经济指标。

10－6 国有及年销售收入500万元以上非国有工业企业主要经济指标(2005年)

指　　标	企业单位数（个）	#亏损企业（个）	工业总产值（当年价格）	#新产品产　值	工业销售产值（当年价格）
总　　计	**1691**	**217**	**9733713.1**	**2270555.0**	**9551243.9**
一、按登记注册类型分组					
内资企业	1572	189	8206340.2	2142629.1	8056141.2
国有企业	76	38	1918443.7	423836.5	1916343.6
中央企业	21	2	1641410.2	383449.7	1647295.9
地方企业	55	36	277033.5	40386.8	269047.7
集体企业	94	12	196839.5	7942.5	193736.2
股份合作企业	74	9	170554.7		169885.2
联营企业	3		4079.5		4344.2
集体联营企业	2		1309.5		1251.2
国有与集体联营					
其他联营企业	1		2770.0		3093.0
有限责任公司	272	56	2386639.0	861011.1	2299528.5
国有独资公司	6	2	253457.8	108767.9	249602.9
其他有限责任公司	266	54	2133181.2	752243.2	2049925.6
股份有限公司	60	11	1254266.5	637933.5	1240835.3
私营企业	988	61	2264917.6	211905.5	2220976.6
私营独资企业	302	11	388309.2	9092.7	378636.0
私营合伙企业	138	1	146892.8	1950.6	145352.2
私营有限责任公司	471	46	1545147.6	196995.0	1518004.9
私营股份有限公司	77	3	184568.0	3867.2	178983.5
其他企业	5	2	10599.7		10491.6
港、澳、台商投资企业	56	12	560251.6	120608.7	546831.1
合资经营企业(港或澳、台资)	28	8	160781.8	26310.5	151790.8
合作经营企业(港或澳、台资)	1		1591.0		1620.0
港、澳、台商独资经营企业	27	4	397878.8	94298.2	393420.3
外商投资企业	63	16	967121.3	7317.2	948271.6
中外合资经营企业	33	4	604914.3	2564.8	599691.8
中外合作经营企业	2	1	4386.4		4165.1
外资企业	25	10	350945.1	825.1	338028.0
外商投资股份有限公司	3	1	6875.5	3927.3	6386.7
二、按经济组织类型分组					
独资企业	524	75	3252416.3	535995.0	3220164.1
国有企业	76	38	1918443.7	423836.5	1916343.6
集体企业	94	12	196839.5	7942.5	193736.2
私营独资企业	302	11	388309.2	9092.7	378636.0

单位:万元

#出口交货值	工业增加值(生产法)	资产总计	流动资产小计	#应收帐款	#存货	#产成品	流动资产年平均余额
729112.8	**3523337.5**	**10675035.5**	**5102554.1**	**1201155.6**	**1838326.4**	**507980.5**	**5078993.1**
443383.9	3010010.1	8869652.0	4373352.7	938149.0	1625036.7	437052.3	4361977.1
25474.4	1100744.8	2789477.9	1380442.1	158171.6	721331.7	57480.6	1350386.6
25450.5	1020654.1	2140158.2	1124258.4	93277.3	661142.9	17559.0	1084669.4
23.9	80090.7	649319.7	256183.7	64894.3	60188.8	39921.6	265717.2
12737.2	68289.6	116378.5	65551.1	18809.2	25422.4	15500.7	61909.6
5484.7	49962.6	89558.8	42269.7	13088.0	15732.1	8477.1	41232.8
	1982.8	3010.3	815.4	132.4	588.9	10.4	736.8
	403.0	2075.3	672.4	122.4	538.9	10.4	593.8
	1579.8	935.0	143.0	10.0	50.0		143.0
86591.6	686786.0	2922201.8	1421543.0	374341.4	366258.9	163640.1	1498867.6
19977.5	76876.0	368570.8	170627.0	29071.9	49065.6	20574.1	157215.9
66614.1	609910.0	2553631.0	1250916.0	345269.5	317193.3	143066.0	1341651.7
67053.2	311885.2	1434353.1	675944.1	125543.1	241534.9	79928.5	663353.2
245856.7	787152.2	1507165.7	783783.7	247308.6	253324.6	111675.1	742460.2
64761.8	141264.8	225943.6	111505.9	38622.5	37215.8	19587.2	108023.4
35090.7	59191.5	79072.4	32601.3	13769.2	11812.4	6823.7	29827.8
127388.1	527535.7	1084824.7	583677.3	179376.7	187257.7	78480.7	550148.1
18616.1	59160.2	117325.0	55999.2	15540.2	17038.7	6783.5	54460.9
186.1	3206.9	7505.9	3003.6	754.7	843.2	339.8	3030.3
37612.8	221638.3	539845.5	291976.9	104772.3	97958.1	20897.2	259330.1
29186.7	55491.1	185807.7	73261.8	20732.1	28895.8	11808.2	66061.4
1620.0	659.6	1506.0	856.6	238.7	342.1	174.6	790.3
6806.1	165487.6	352531.8	217858.5	83801.5	68720.2	8914.4	192478.4
248116.1	291689.1	1265538.0	437224.5	158234.3	115331.6	50031.0	457685.9
209293.5	174345.3	772260.8	243759.1	110055.3	41497.5	13122.5	260847.9
	1825.4	8185.1	3047.1	892.6	1301.6	480.7	2675.6
38724.2	113607.2	471803.2	183511.8	46905.0	67865.2	32951.1	186660.7
98.4	1911.2	13288.9	6906.5	381.4	4667.3	3476.7	7501.7
148503.7	1589394.0	3956135.0	1958869.4	346309.8	920555.3	134434.0	1899458.7
25474.4	1100744.8	2789477.9	1380442.1	158171.6	721331.7	57480.6	1350386.6
12737.2	68289.6	116378.5	65551.1	18809.2	25422.4	15500.7	61909.6
64761.8	141264.8	225943.6	111505.9	38622.5	37215.8	19587.2	108023.4

10－6 续表 1

指　　标	企业单位数（个）	# 亏损企业（个）	工业总产值（当年价格）	#新产品产　值	工业销售产值（当年价格）
港、澳、台商独资经营企业	27	4	36963.7		36925.6
外资企业	25	10	350945.1	825.1	338028.0
合作、合伙企业	223	13	338104.1	1950.6	335858.3
股份合作企业	74	9	170554.7		169885.2
集体联营企业	2		1309.5		1251.2
国有与集体联营					
其他联营企业	1		2770.0		3093.0
私营合伙企业	138	1	146892.8	1950.6	145352.2
合作经营企业（港或澳、台资）	1		1591.0		1620.0
中外合作经营企业	2	1	4386.4		4165.1
其他企业	5	2	10599.7		10491.6
股份有限公司	140	15	1445710.0	645728.0	1426205.5
股份有限公司（内资）	60	11	1254266.5	637933.5	1240835.3
私营股份有限公司	77	3	184568.0	3867.2	178983.5
外商投资股份有限公司	3	1	6875.5	3927.3	6386.7
有限责任公司	804	114	4697482.7	1086881.4	4569016.0
国有独资公司	6	2	253457.8	108767.9	249602.9
其他有限责任公司	266	54	2133181.2	752243.2	2049925.6
私营有限责任公司	471	46	1545147.6	196995.0	1518004.9
合资经营企业（港或澳、台资）	28	8	160781.8	26310.5	151790.8
中外合资经营企业	33	4	604914.3	2564.8	599691.8
三、在总计中：亏损企业	217	217	903078.0	207911.8	870629.9
在总计中：国有控股企业	125	53	3151356.8	1036244.8	3113910.4
在总计中：农村工业	954	56	1854103.4	64738.9	1804632.4
在总计中：轻工业	568	82	3874383.4	590280.6	3826211.7
以农产品为原料	404	54	3017176.4	505997.6	2989860.3
以非农产品为原料	164	28	857207	84283	836351.4
重工业	1123	135	5859329.7	1680274.4	5725032.2
采掘工业	87	1	181380.0		178600.0
原料工业	455	36	1487355.4	257745.9	1471155.7
加工工业	581	98	4190594.3	1422528.5	4075276.5
在总计中：大型企业	11	1	3160209.9	932813.8	3121638.1
中型企业	114	23	3033436.8	1154397.2	2973604.9
小型企业	1566	193	3540066.4	183344.0	3456000.9

单位:万元

#出口交货值	工业增加值（生产法）	资产总计	流动资产小　计	#应收帐款	#存　货	#产成品	流动资产年平均余额
	12090.0	18694.0	5602.8	1768.1	1532.4	749.5	5622.4
38724.2	113607.2	471803.2	183511.8	46905.0	67865.2	32951.1	186660.7
42381.5	116828.8	188838.5	82593.7	28875.6	30620.3	16306.3	78293.6
5484.7	49962.6	89558.8	42269.7	13088.0	15732.1	8477.1	41232.8
	403.0	2075.3	672.4	122.4	538.9	10.4	593.8
	1579.8	935.0	143.0	10.0	50.0		143.0
35090.7	59191.5	79072.4	32601.3	13769.2	11812.4	6823.7	29827.8
1620.0	659.6	1506.0	856.6	238.7	342.1	174.6	790.3
	1825.4	8185.1	3047.1	892.6	1301.6	480.7	2675.6
186.1	3206.9	7505.9	3003.6	754.7	843.2	339.8	3030.3
85767.7	372956.6	1564967.0	738849.8	141464.7	263240.9	90188.7	725315.8
67053.2	311885.2	1434353.1	675944.1	125543.1	241534.9	79928.5	663353.2
18616.1	59160.2	117325.0	55999.2	15540.2	17038.7	6783.5	54460.9
98.4	1911.2	13288.9	6906.5	381.4	4667.3	3476.7	7501.7
452459.9	1444158.1	4965095.0	2322241.2	684505.5	623909.9	267051.5	2375925.0
19977.5	76876.0	368570.8	170627.0	29071.9	49065.6	20574.1	157215.9
66614.1	609910.0	2553631.0	1250916.0	345269.5	317193.3	143066.0	1341651.7
127388.1	527535.7	1084824.7	583677.3	179376.7	187257.7	78480.7	550148.1
29186.7	55491.1	185807.7	73261.8	20732.1	28895.8	11808.2	66061.4
209293.5	174345.3	772260.8	243759.1	110055.3	41497.5	13122.5	260847.9
85559.3	214346.9	1761377.9	662458.8	141330.1	225702.6	112641.6	645707.9
88869.1	1454098.6	4722163.3	2359361.6	397991.1	1039205.2	149088.8	2295936.7
188796.0	626065.4	1164504.3	530087.8	176466.1	177464.7	84563.9	504765.8
151734.8	1709611.8	3831848.7	2034635.7	306022.5	963079.2	159085.1	1937544.7
115567.0	1423031.8	2722246.9	1606377.2	181591.6	838626.8	90839.4	1522756.4
36167.8	286580	1109601.8	428258.5	124430.9	124452.4	68245.7	414788.3
577378.0	1813725.7	6843186.8	3067918.4	895133.1	875247.2	348895.4	3141448.4
18.7	90788.2	119456.9	49218.6	12102.1	10789.0	7208.8	39860.4
201750.3	479210.4	1553830.7	509471.4	130092.4	129665.8	64424.1	491264.4
375609	1243727.1	5169899.2	2509228.4	752938.6	734792.4	277262.5	2610323.6
234948.4	1483752.4	4048421.9	1994119.9	385505.9	868896.0	109954.3	2094056.8
196389.9	895988.4	3604053.5	1672739.3	375685.8	520028.0	189161.2	1627294.0
297774.5	1143596.7	3022560.1	1435694.9	439963.9	449402.4	208865.0	1357642.3

10－6 续表2

指　　标	企业单位数（个）	#亏损企业（个）	工业总产值（当年价格）	#新产品产　值	工业销售产值（当年价格）
四、按工业行业大类分组					
（一）采矿业	87	1	181380.0		178600.0
1.煤炭开采和洗选业	41	1	133557.3		130907.9
3.黑色金属矿采选业	9		6310.0		6275.5
4.有色金属矿采选业	5		4549.0		4491.0
5.非金属矿采选业	32		36963.7		36925.6
（二）制造业	1583	206	9153296.8	2262309.6	8975647.6
1.农副食品加工业	81	7	323774.3	2343.7	317896.7
2.食品制造业	55	9	376643.1	64725.7	381498.9
3.饮料制造业	34	5	198149.4	120.0	197166.1
4.烟草制品业	1		1160620.4	328528.5	1158373.8
5.纺织业	33	9	172197.5	45739.5	168867.1
6.纺织服装、鞋、帽制造业	32	7	120986.1	3018.0	119963.7
7.皮革、毛皮、羽毛(绒)及其制品业	15		40090.6		38148.1
8.木材加工及木、竹、藤、棕、草制品业	32	2	36059.8	1984.0	35462.8
9.家具制造业	16	1	38439.1		37828.7
10.造纸及纸制品业	74	7	123135.2	500.0	120039.8
11.印刷业和记录媒介的复制	38	7	191006.4	140.1	184223.5
12.文教体育用品制造业	5		11432.3		11040.4
13.石油加工、炼焦及核燃料加工业	7	1	22217.4		21427.8
14.化学原料及化学制品制造业	371	20	891474.6	105854.5	872502.0
15.医药制造业	52	8	376622.7	81035.6	366112.8
16.化学纤维制造业	2	1	2456.7		2249.5
17.橡胶制品业	9	2	29299.7	1486.3	28576.4
18.塑料制品业	67	11	188155.1	24115.4	182870.1
19.非金属矿物制品业	141	13	425371.2	18823.9	418733.7
20.黑色金属冶炼及压延加工业	17		44361.9	12717.9	43980.2
21.有色金属冶炼及压延加工业	35	5	472987.8	226314.4	468791.9
22.金属制品业	46	8	144961.6	3196.0	143705.6
23.通用设备制造业	132	25	551364.4	161294.4	524409.5
24.专用设备制造业	65	10	1089084.3	575441.0	1049375.6
25.交通运输设备制造业	94	24	843852.5	440991.1	813139.7
26.电气机械及器材制造业	64	8	488357.0	53069.5	482401.3
27.通信设备、计算机及其他电子设备制造业	27	9	623472.6	62589.2	628655.6
28.仪器仪表及文化、办公用机械制造业	29	5	149097.7	46233.2	141287.8
29.工艺品及其他制造业	9	2	17625.4	2047.7	16918.5
（三）电力、燃气及水的生产和供应业	21	10	399036.3	8245.4	396996.3
1.电力、热力的生产和供应业	6	3	325514.9		325423.9
2.燃气生产和供应业	5	2	25411.2	8245.4	24226.5
3.水的生产和供应业	10	5	48110.2		47345.9

单位:万元

#出口交货值	工业增加值（生产法）	资产总计	流动资产小计	#应收帐款	#存货	#产成品	流动资产年平均余额
18.7	90788.2	119456.9	49218.6	12102.1	10789.0	7208.8	39860.4
18.7	74854.9	92274.0	41681.9	9937.7	8689.5	5982.6	32238.6
	2374.6	4953.2	1151.8	208.7	248.3	206.2	1153.0
	1468.7	3535.7	782.1	187.6	318.8	270.5	846.4
	12090.0	18694.0	5602.8	1768.1	1532.4	749.5	5622.4
720848.7	3289322.1	9634244.1	4888801.8	1153360.4	1821600.0	496916.3	4875185.7
16009.9	69791.2	252542.3	100127.2	16622.5	35154.3	13236.5	106615.4
6941.3	122342.5	248122.5	152652.3	46949.4	56307.3	7050.6	127700.3
13204.9	75689.9	164676.4	68769.0	9652.4	21638.6	11985.3	70012.0
1336.5	867148.1	1288917.5	891055.5	35209.0	597126.1	1948.5	849914.2
38607.1	39126.5	160806.3	64277.2	6556.7	34487.9	19440.4	62694.0
16486.5	33861.0	57346.5	37731.7	7908.1	17901.0	11838.7	36017.2
8563.3	12979.3	20441.1	11542.1	1507.4	5243.2	1401.9	10406.3
751.0	11039.6	79966.2	15206.3	3947.0	6577.0	3096.6	17189.8
15.2	11728.3	22529.6	10910.1	3316.8	4632.7	1899.4	13256.8
	39621.4	78749.1	34343.0	11499.4	11731.1	5220.7	31118.1
3483.1	79672.7	168883.5	86261.3	18425.0	17251.1	7238.2	82807.8
	3433.2	2533.8	1431.2	540.3	747.1	509.8	1499.5
93.0	7204.3	16213.6	10308.8	3673.6	2853.3	2615.1	9254.7
216671.9	294117.7	807183.0	431002.7	129525.6	134755.2	68879.3	417525.9
10823.0	156214.3	455295.3	227318.1	42136.4	60264.7	21622.1	206832.3
	412.6	10457.6	2748.3	185.3	631.4	191.4	1888.3
834.6	7563.2	26697.5	12945.6	3489.8	4812.7	4342.9	11933.3
6832.9	51717.0	340605.1	120888.5	24859.6	26611.4	8642.7	109721.7
16293.9	116919.5	489945.3	207533.0	62359.3	68770.9	30045.2	195617.6
	9917.1	26969.9	4821.4	1091.8	1582.9	969.2	4641.7
11776.0	111447.5	311568.5	166251.0	29957.8	47052.3	21217.3	155228.1
3776.3	37989.3	108141.3	61983.1	13339.8	22488.7	7675.2	56949.1
38392.1	194468.6	653151.4	335651.6	90167.1	108577.8	41710.6	336373.3
33192.7	350451.8	1458636.9	803231.0	250637.5	215363.5	80514.9	909520.2
37854.7	205434.2	521086.3	277590.7	66282.0	130266.5	46405.0	297048.7
3801.6	141551.4	475646.0	259382.7	70280.9	81488.6	46585.3	257128.6
225375.7	168056.9	1169009.9	353872.8	152055.4	73730.0	21120.6	366535.0
362.7	64502.8	207244.6	132364.5	50207.7	31293.4	8277.9	124273.6
9368.8	4920.2	10877.1	6601.1	976.8	2259.3	1235.0	5482.2
8245.4	143227.2	921334.5	164533.7	35693.1	5937.4	3855.4	163947.0
	111030.4	581046.5	91073.1	6738.1	3599.0	2679.8	94077.0
8245.4	11617.0	88793.0	18279.8	7525.7	1236.0	1039.3	17428.5
	20579.8	251495.0	55180.8	21429.3	1102.4	136.3	52441.5

10－6 续表3

指　　标	固定资产合　　计	固定资产原　　价	#生产经营用	本年折旧	固定资产净值年平均余额
总　　计	**3955660.5**	**5051470.3**	**4704941.5**	**446388.9**	**3167717.1**
一、按登记注册类型分组					
内资企业	3024436.0	3891970.1	3585646.4	293487.0	2408280.4
国有企业	923076.6	1490083.5	1407384.8	82486.2	759183.6
中央企业	709178.2	1139092.7	1077948.9	78205.1	569186.9
地方企业	213898.4	350990.8	329435.9	4281.1	189996.7
集体企业	39215.5	65183.3	56588.7	5774.5	34955.9
股份合作企业	33163.4	45411.0	40191.7	3266.8	28100.6
联营企业	1905.0	2718.2	2591.2	126.0	1826.0
集体联营企业	1113.0	1800.2	1800.2	42.0	1034.0
国有与集体联营					
其他联营企业	792.0	918.0	791.0	84.0	792.0
有限责任公司	1026412.4	1121806.8	1030108.0	90640.7	733137.7
国有独资公司	160270.2	191498.1	166065.8	13559.0	131978.8
其他有限责任公司	866142.2	930308.7	864042.2	77081.7	601158.9
股份有限公司	449674.7	523806.2	475544.1	59815.4	370928.8
私营企业	547011.8	638153.1	568654.0	51102.2	476282.5
私营独资企业	98450.1	123794.7	109073.2	12722.3	88022.8
私营合伙企业	37262.4	41001.0	37260.2	2893.3	32346.3
私营有限责任公司	368035.5	424382.6	376935.5	30524.1	315991.0
私营股份有限公司	43263.8	48974.8	45385.1	4962.5	39922.4
其他企业	3976.6	4808.0	4583.9	275.2	3865.3
港、澳、台商投资企业	167362.5	256357.2	231614.9	39329.1	163135.9
合资经营企业(港或澳、台资)	76804.9	96148.7	85652.6	12735.5	71913.3
合作经营企业(港或澳、台资)	473.1	939.5	930.0	57.2	502.9
港、澳、台商独资经营企业	90084.5	159269.0	145032.3	26536.4	90719.7
外商投资企业	763862.0	903143.0	887680.2	113572.8	596300.8
中外合资经营企业	487461.0	629004.8	623070.3	74820.1	425931.7
中外合作经营企业	3802.0	5632.3	5363.8	10.0	3802.0
外资企业	267422.5	261819.5	253549.7	37317.3	161231.3
外商投资股份有限公司	5176.5	6686.4	5696.4	1425.4	5335.8
二、按经济组织类型分组					
独资企业	1418249.2	2100150.0	1971628.7	164836.7	1134113.3
国有企业	923076.6	1490083.5	1407384.8	82486.2	759183.6
集体企业	39215.5	65183.3	56588.7	5774.5	34955.9
私营独资企业	98450.1	123794.7	109073.2	12722.3	88022.8

单位:万元

无形资产	负债合计	#流动负债合　　计	#长期负债合　　计	所有者权益合计	#实收资本	主营业务收　　入	#主营业务成　　本	#主营业务税金及附加
680683.1	**5802133.7**	**4505123.8**	**1182935.6**	**4872901.8**	**2455573.1**	**9351578.6**	**6753573.0**	**648061.3**
604470.2	4762974.2	3683662.6	978455.3	4106677.8	1767340.4	7867517.4	5604467.3	635305.5
225875.6	1537000.8	999236.4	527370.7	1252477.1	409286.5	1958860.8	1047565.3	502340.6
63724.7	923457.2	491114.9	428523.0	1216701.0	294242.4	1725351.2	826768.1	500634.7
162150.9	613543.6	508121.5	98847.7	35776.1	115044.1	233509.6	220797.2	1705.9
2391.8	64387.7	49014.1	9358.2	51990.8	32711.8	181087.6	136723.2	5153.2
6295.7	53140.4	44530.1	3523.1	36418.4	21305.6	152134.1	126708.8	3627.4
	1012.8	955.5	5.0	1997.5	1101.4	4434.2	2776.3	244.7
	902.8	850.5		1172.5	501.4	1351.2	1006.3	34.7
	110.0	105.0	5.0	825.0	600.0	3083.0	1770.0	210.0
262704.9	1755429.0	1459037.6	282210.9	1166772.8	604832.8	2233173.4	1680149.8	31366.9
15092.3	277083.6	187396.0	89637.5	91487.2	55726.1	243654.7	190784.7	2382.2
247612.6	1478345.4	1271641.6	192573.4	1075285.6	549106.7	1989518.7	1489365.1	28984.7
57065.3	594449.1	506804.8	78582.5	839904.0	300484.7	1211455.2	973069.0	18497.5
49637.5	755164.1	621701.3	77404.9	752001.6	392361.6	2114123.5	1627000.0	74038.4
2860.4	118410.6	94981.8	15969.7	107533.0	69210.7	368811.7	286697.1	15431.4
429.0	39021.2	27332.6	5642.1	40051.2	26399.4	143654.0	110280.9	9515.8
39040.0	531906.3	443608.9	49742.9	552918.4	262105.4	1415748.0	1083937.4	42960.6
7308.1	65826.0	55778.0	6050.2	51499.0	34646.1	185909.8	146084.6	6130.6
499.4	2390.3	2382.8		5115.6	5256.0	12248.6	10474.9	36.8
37480.0	289546.9	260456.5	16378.3	250298.6	164477.9	523771.6	378061.2	7786.3
26887.2	121495.3	102949.2	7817.5	64312.4	74535.4	141075.3	113570.9	3310.8
173.6	569.2	413.3	155.9	936.8	850.0	1508.8	1147.5	226.3
10419.2	167482.4	157094.0	8404.9	185049.4	89092.5	381187.5	263342.8	4249.2
38732.9	749612.6	561004.7	188102.0	515925.4	523754.8	960289.6	771044.5	4969.5
19955.4	402189.8	316203.9	85935.4	370071.0	274281.2	621900.3	507374.3	2083.5
1282.8	1399.5	1044.2		6785.6	1047.7	4190.9	3099.3	453.0
16822.9	338075.2	238863.5	99111.6	133728.0	242013.7	329943.9	256781.5	2384.2
671.8	7948.1	4893.1	3055.0	5340.8	6412.2	4254.5	3789.4	48.8
258369.9	2225356.7	1539189.8	660215.1	1730778.3	842315.2	3219891.5	1991109.9	529558.6
225875.6	1537000.8	999236.4	527370.7	1252477.1	409286.5	1958860.8	1047565.3	502340.6
2391.8	64387.7	49014.1	9358.2	51990.8	32711.8	181087.6	136723.2	5153.2
2860.4	118410.6	94981.8	15969.7	107533.0	69210.7	368811.7	286697.1	15431.4

10－6 续表4

指　　标	固定资产合　计	固定资产原　价	#生产经营用	本年折旧	固定资产净值年平均余额
港、澳、台商独资经营企业	11015.8	14100.9	12760.3	957.6	9880.4
外资企业	267422.5	261819.5	253549.7	37317.3	161231.3
合作、合伙企业	80582.5	100510.0	90920.8	6628.5	70443.1
股份合作企业	33163.4	45411.0	40191.7	3266.8	28100.6
集体联营企业	1113.0	1800.2	1800.2	42.0	1034.0
国有与集体联营					
其他联营企业	792.0	918.0	791.0	84.0	792.0
私营合伙企业	37262.4	41001.0	37260.2	2893.3	32346.3
合作经营企业(港或澳、台资)	473.1	939.5	930.0	57.2	502.9
中外合作经营企业	3802.0	5632.3	5363.8	10.0	3802.0
其他企业	3976.6	4808.0	4583.9	275.2	3865.3
股份有限公司	498115.0	579467.4	526625.6	66203.3	416187.0
股份有限公司(内资)	449674.7	523806.2	475544.1	59815.4	370928.8
私营股份有限公司	43263.8	48974.8	45385.1	4962.5	39922.4
外商投资股份有限公司	5176.5	6686.4	5696.4	1425.4	5335.8
有限责任公司	1958713.8	2271342.9	2115766.4	208720.4	1546973.7
国有独资公司	160270.2	191498.1	166065.8	13559.0	131978.8
其他有限责任公司	866142.2	930308.7	864042.2	77081.7	601158.9
私营有限责任公司	368035.5	424382.6	376935.5	30524.1	315991.0
合资经营企业(港或澳、台资)	76804.9	96148.7	85652.6	12735.5	71913.3
中外合资经营企业	487461.0	629004.8	623070.3	74820.1	425931.7
三、在总计中:亏损企业	761184.0	881675.3	818697.9	75100.9	586955.5
在总计中:国有控股企业	1553433.0	2195952.8	2044874.6	146433.5	1243635.4
在总计中:农村工业	494041.5	615232.8	550011.4	65219.5	439400.5
在总计中:轻工业	1085304.2	1692830.8	1527627.0	152750.1	947198.3
以农产品为原料	652156.7	1122598.6	1013515.2	100589.8	554415.6
以非农产品为原料	433147.5	570232.2	514111.8	52160.3	392782.7
重工业	2870356.3	3358639.5	3177314.5	293638.8	2220518.8
采掘工业	55755.0	72799.9	62306.9	6095.5	46976.9
原料工业	902682.3	1102737.2	1059511.0	75559.9	774088.5
加工工业	1911919.0	2183102.4	2055496.6	211983.4	1399453.4
在总计中:大型企业	1594983.5	2157704.3	2062858.1	192970.5	1166638.0
中型企业	1223961.5	1494766.1	1371077.6	124894.0	967169.9
小型企业	1136715.5	1398999.9	1271005.8	128524.4	1033909.2

单位:万元

无形资产	负债合计	#流动负债合　计	#长期负债合　计	所有者权益合计	#实收资本	主营业务收　入	#主营业务成　本	#主营业务税金及附加
	7011.3	3324.1	912.0	11682.7	9457.1	35001.3	26195.8	1890.9
16822.9	338075.2	238863.5	99111.6	133728.0	242013.7	329943.9	256781.5	2384.2
8680.5	97533.4	76658.5	9326.1	91305.1	55960.1	318170.6	254487.7	14104.0
6295.7	53140.4	44530.1	3523.1	36418.4	21305.6	152134.1	126708.8	3627.4
	902.8	850.5		1172.5	501.4	1351.2	1006.3	34.7
	110.0	105.0	5.0	825.0	600.0	3083.0	1770.0	210.0
429.0	39021.2	27332.6	5642.1	40051.2	26399.4	143654.0	110280.9	9515.8
173.6	569.2	413.3	155.9	936.8	850.0	1508.8	1147.5	226.3
1282.8	1399.5	1044.2		6785.6	1047.7	4190.9	3099.3	453.0
499.4	2390.3	2382.8		5115.6	5256.0	12248.6	10474.9	36.8
65045.2	668223.2	567475.9	87687.7	896743.8	341543.0	1401619.5	1122943.0	24676.9
57065.3	594449.1	506804.8	78582.5	839904.0	300484.7	1211455.2	973069.0	18497.5
7308.1	65826.0	55778.0	6050.2	51499.0	34646.1	185909.8	146084.6	6130.6
671.8	7948.1	4893.1	3055.0	5340.8	6412.2	4254.5	3789.4	48.8
348587.5	2811020.4	2321799.6	425706.7	2154074.6	1215754.8	4411897.0	3385032.4	79721.8
15092.3	277083.6	187396.0	89637.5	91487.2	55726.1	243654.7	190784.7	2382.2
247612.6	1478345.4	1271641.6	192573.4	1075285.6	549106.7	1989518.7	1489365.1	28984.7
39040.0	531906.3	443608.9	49742.9	552918.4	262105.4	1415748.0	1083937.4	42960.6
26887.2	121495.3	102949.2	7817.5	64312.4	74535.4	141075.3	113570.9	3310.8
19955.4	402189.8	316203.9	85935.4	370071.0	274281.2	621900.3	507374.3	2083.5
185050.5	1127439.9	824494.9	277866.6	633938.0	599663.6	816855.8	721685.9	7572.3
358688.9	2660521.1	1903710.9	735677.5	2061642.2	840475.5	3077707.2	1905890.8	516644.7
36569.8	630616.1	502367.9	85111.2	533888.2	317482.8	1759147.7	1411465.4	57698.7
273332.4	1602676.8	1372811.0	179553.7	2229171.9	1012590.0	3788740.6	2326973.1	546827.4
207593.8	1009586.3	915228.4	68533.3	1712660.6	576903.4	2978362.7	1724838.2	527269.3
65738.6	593090.5	457582.6	111020.4	516511.3	435686.6	810377.9	602134.9	19558.1
407350.7	4199456.9	3132312.8	1003381.9	2643729.9	1442983.1	5562838.0	4426599.9	101233.9
2375.9	52947.5	40144.9	9475.6	66509.4	30682.3	173813.7	123640.7	5669.3
21498.7	1049606.5	497096.5	524138.2	504224.2	282955.3	1565615.6	1310960.3	59070.0
383476.1	3096902.9	2595071.4	469768.1	2072996.3	1129345.5	3823408.7	2991998.9	36494.6
149661.4	2112321.6	1504969.0	605673.3	1936100.3	686411.1	3158233.3	1896831.5	508081.7
347925.1	1974409.5	1598665.7	352845.6	1629644.0	894379.8	2871281.3	2257329.8	34277.9
183096.6	1715402.6	1401489.1	224416.7	1307157.5	874782.2	3322064.0	2599411.7	105701.7

10－6 续表5

指　　标	固定资产合　计	固定资产原　价	#生产经营用	本年折旧	固定资产净值年平均余额
四、按工业行业大类分组					
（一）采矿业	55755.0	72799.9	62306.9	6095.5	46976.9
1.煤炭开采和洗选业	38987.8	52611.7	44127.8	4832.3	31578.6
3.黑色金属矿采选业	3489.6	3735.4	3182.4	161.7	3302.8
4.有色金属矿采选业	2261.8	2351.9	2236.4	143.9	2215.1
5.非金属矿采选业	11015.8	14100.9	12760.3	957.6	9880.4
（二）制造业	3265625.9	4163605.8	3843422.7	386322.7	2581454.7
1.农副食品加工业	66819.6	77939.3	65700.4	7895.4	59271.3
2.食品制造业	69260.7	114979.4	101894.3	7915.4	69840.8
3.饮料制造业	79327.8	111931.8	107966.5	10795.8	76042.6
4.烟草制品业	189629.2	432241.9	378079.1	19395.7	102763.2
5.纺织业	44418.9	74386.8	65614.6	3654.4	41524.3
6.纺织服装、鞋、帽制造业	17535.4	24400.3	21648.5	1975.0	16615.3
7.皮革、毛皮、羽毛（绒）及其制品业	7092.0	9298.4	8297.3	2155.3	6662.9
8.木材加工及木、竹、藤、棕、草制品业	62561.6	73382.2	67676.9	2257.0	62377.1
9.家具制造业	5830.2	7955.1	7449.7	1064.3	5460.0
10.造纸及纸制品业	31682.7	39324.8	35005.9	3663.3	27163.3
11.印刷业和记录媒介的复制	62796.6	117953.0	112762.7	26441.5	58312.7
12.文教体育用品制造业	1020.4	1042.1	941.3	278.0	806.5
13.石油加工、炼焦及核燃料加工业	5312.7	4390.5	3955.6	359.8	3497.0
14.化学原料及化学制品制造业	267316.1	318264.4	276004.1	29592.5	231901.0
15.医药制造业	171294.0	194781.8	181852.1	12017.6	161537.5
16.化学纤维制造业	6703.4	7113.2	4297.4	404.0	3432.8
17.橡胶制品业	7927.0	9308.8	8397.1	670.8	7278.7
18.塑料制品业	119443.3	143836.0	130504.2	8676.9	116598.1
19.非金属矿物制品业	235898.7	283418.8	262417.5	20177.0	213619.2
20.黑色金属冶炼及压延加工业	20123.8	22145.4	21657.6	1838.5	19378.0
21.有色金属冶炼及压延加工业	113322.6	127965.9	117126.9	12234.0	91309.2
22.金属制品业	37178.0	46060.1	39877.1	6249.5	32538.8
23.通用设备制造业	189501.6	270223.8	247188.1	11102.4	152168.1
24.专用设备制造业	474049.1	448300.3	423559.7	33778.4	243443.4
25.交通运输设备制造业	166438.7	228264.9	207486.8	34936.8	128913.6
26.电气机械及器材制造业	128959.5	155093.9	140327.8	22306.0	83578.4
27.通信设备、计算机及其他电子设备制造业	635177.7	759546.5	751364.4	100138.1	521273.9
28.仪器仪表及文化、办公用机械制造业	45686.1	54549.6	49225.7	4077.0	41091.0
29.工艺品及其他制造业	3318.5	5506.8	5143.4	272.3	3056.0
（三）电力、燃气及水的生产和供应业	634279.6	815064.6	799211.9	53970.7	539285.5
1.电力、热力的生产和供应业	443212.3	606910.6	603831.5	38714.1	396437.1
2.燃气生产和供应业	64511.4	32030.9	29856.9	1803.0	21531.1
3.水的生产和供应业	126555.9	176123.1	165523.5	13453.6	121317.3

单位:万元

无形资产	负债合计	#流动负债合计	#长期负债合计	所有者权益合计	#实收资本	主营业务收入	#主营业务成本	#主营业务税金及附加
2375.9	52947.5	40144.9	9475.6	66509.4	30682.3	173813.7	123640.7	5669.3
2319.4	42106.2	35389.6	6425.6	50167.8	17140.2	128056.9	89365.6	3477.8
34.2	2256.3	587.0	1573.0	2696.9	2451.0	6260.6	4555.7	197.5
22.3	1573.7	844.2	565.0	1962.0	1634.0	4494.9	3523.6	103.1
	7011.3	3324.1	912.0	11682.7	9457.1	35001.3	26195.8	1890.9
649631.0	5039223.3	4263434.4	665151.6	4595020.8	2315066.2	8651602.9	6161633.3	639901.0
58693.3	146224.4	121195.0	20360.4	106317.9	55929.7	339139.6	273164.5	6635.0
12788.4	115746.6	111959.2	3017.6	132375.9	76544.4	370910.7	286851.4	3591.9
9826.6	67469.0	51522.6	11002.1	97207.4	78735.2	192439.0	128942.1	4082.3
51367.2	300580.0	300525.3	54.7	988337.5	229754.6	1152516.7	344612.7	498245.7
39822.5	103811.8	93629.9	8546.3	56994.5	24643.5	155759.5	131833.1	924.0
533.6	36430.5	29182.0	3819.5	20916.0	14091.5	111445.6	88386.4	2494.3
650.2	10708.7	9932.4	190.0	9732.4	4524.1	38307.8	31870.6	1208.4
232.6	32878.8	30357.2	1448.8	47087.4	55265.6	35520.0	28569.5	1395.4
1849.1	9625.3	8890.3	188.0	12904.3	6656.7	37334.7	29465.7	796.6
2193.5	45903.5	34156.9	6666.1	32845.6	20331.6	115543.7	90735.6	4947.6
7166.5	82682.3	73928.5	7334.7	86201.2	33973.1	172052.7	117566.4	1772.2
0.1	1087.7	980.6	5.0	1446.1	1025.2	11040.6	6817.6	244.7
259.5	9459.7	8803.0	656.7	6753.9	4247.2	24071.0	20098.3	188.5
45806.6	492296.4	386996.6	85931.3	314886.6	166011.7	856419.3	657031.2	43919.5
17812.4	169203.7	138904.2	19436.4	286091.6	88265.0	370149.3	228498.5	10431.6
982.6	9261.3	5006.9	4074.5	1196.3	2310.2	2048.6	2315.4	4.0
1078.7	16929.3	16257.0	238.0	9768.2	5646.6	29720.1	24567.2	235.6
12038.7	178767.4	150278.2	26150.0	161837.7	144921.1	184945.4	147926.4	4228.6
15281.2	263853.7	213584.3	46018.0	226091.6	115315.6	407239.2	340975.8	8206.4
22.0	8689.3	5978.0	2682.7	18280.6	6153.7	30228.1	23725.4	1044.9
1730.1	166441.4	127153.1	30746.1	145127.1	60854.4	460739.9	390618.4	13857.3
6623.2	66075.4	61472.2	3636.7	42065.9	33081.2	133448.2	110603.0	1926.2
55481.0	373172.9	341106.8	25407.4	279978.5	132390.9	490004.4	369519.7	4967.2
124457.8	942555.6	844338.3	93770.0	516081.3	182795.1	985486.6	703914.9	8462.5
35914.4	347660.0	295353.0	36182.2	173426.3	134462.6	704653.4	633597.0	8066.7
73024.2	326319.4	283593.1	36691.1	149326.6	204103.6	461459.5	351552.1	5619.6
62113.9	576436.8	401591.9	174844.1	592573.1	387180.3	627259.2	501414.9	1403.8
11218.7	134265.3	113284.0	14917.6	72979.3	41063.0	134829.1	83062.9	773.4
662.4	4687.1	3473.9	1135.6	6190.0	4788.8	16891.0	13396.6	227.1
28676.2	709962.9	201544.5	508308.4	211371.6	109824.6	526162.0	468299.0	2491.0
3548.1	505288.6	97419.6	407769.1	75757.9	12291.4	440210.1	403960.3	1744.7
2135.8	58334.7	28075.5	30259.2	30458.3	22347.6	39149.1	31073.8	443.4
22992.3	146339.6	76049.4	70280.1	105155.4	75185.6	46802.8	33264.9	302.9

10－6 续表 6

指标	营业费用	管理费用	#劳动、待业保险费	#养老保险和医疗保险费	财务费用
总计	**505708.9**	**552215.5**	**32016.9**	**95117.6**	**115278.5**
一、按登记注册类型分组					
内资企业	424950.2	460894.4	30676.1	84076.4	96573.5
国有企业	85485.7	123992.8	12101.2	25104.5	9768.8
中央企业	78106.4	88658.8	7441.7	12385.6	2339.9
地方企业	7379.3	35334.0	4659.5	12718.9	7428.9
集体企业	7128.5	9680.9	879.0	4703.8	1971.6
股份合作企业	3330.8	6500.2	671.2	931.0	1468.1
联营企业	237.1	138.9	8.0	22.8	69.1
集体联营企业	106.1	63.9		3.4	49.1
国有与集体联营					
其他联营企业	131.0	75.0	8.0	19.4	20.0
有限责任公司	144757.2	166982.4	5305.4	35218.2	49150.1
国有独资公司	6659.8	14641.8	1654.7	2585.9	7948.6
其他有限责任公司	138097.4	152340.6	3650.7	32632.3	41201.5
股份有限公司	73547.3	57056.1	1808.0	4568.2	13604.7
私营企业	109143.7	96071.6	9900.9	13527.9	20488.5
私营独资企业	14040.5	13884.2	1421.6	1740.8	4636.8
私营合伙企业	4434.5	5646.7	424.1	690.3	1596.9
私营有限责任公司	81299.2	69608.8	7788.1	10490.2	12340.7
私营股份有限公司	9369.5	6931.9	267.1	606.6	1914.1
其他企业	1319.9	471.5	2.4		52.6
港、澳、台商投资企业	21150.9	28497.7	334.5	4970.8	2609.4
合资经营企业(港或澳、台资)	6664.8	6718.0	20.0	2366.6	1231.6
合作经营企业(港或澳、台资)		79.6		4.6	8.7
港、澳、台商独资经营企业	14486.1	21700.1	314.5	2599.6	1369.1
外商投资企业	59607.8	62823.4	1006.3	6070.4	16095.6
中外合资经营企业	28728.8	26444.9	609.9	2457.7	9068.5
中外合作经营企业	135.9	426.4			59.0
外资企业	30596.5	35078.0	394.1	3573.5	6531.2
外商投资股份有限公司	146.6	874.1	2.3	39.2	436.9
二、按经济组织类型分组					
独资企业	151737.3	204336.0	15110.4	37722.2	24277.5
国有企业	85485.7	123992.8	12101.2	25104.5	9768.8
集体企业	7128.5	9680.9	879.0	4703.8	1971.6
私营独资企业	14040.5	13884.2	1421.6	1740.8	4636.8

单位:万元

#利息支出	利润总额	亏损企业亏损额	利税总额	本年应付工资总额	本年应交增值税	工业中间投入合计	全部从业人员年平均人数(人)
104349.1	**640280.3**	**62222.3**	**1770675.0**	**552175.9**	**482333.4**	**6692709.0**	**326048**
85519.5	549145.3	36880.8	1621823.3	488903.1	437372.5	5633702.6	289734
8231.0	202732.6	14450.9	928472.5	92492.0	223399.3	1041098.2	36531
1891.1	209977.5	488.7	920390.7	53223.5	209778.5	830534.6	14039
6339.9	-7244.9	13962.2	8081.8	39268.5	13620.8	210563.6	22492
1591.1	12873.3	386.7	27478.1	21132.9	9451.6	138001.5	17887
1212.9	8884.2	313.4	17611.3	12622.9	5099.7	125691.8	9804
68.6	947.5		1349.2	166.8	157.0	2253.7	158
48.6	60.5		141.4	52.8	46.2	952.7	48
20.0	887.0		1207.8	114.0	110.8	1301.0	110
45731.7	133153.7	12009.9	255354.6	122262.6	90834.0	1790687.0	70619
7391.0	2595.9	2293.6	10460.9	17288.8	5482.8	182064.6	12173
38340.7	130557.8	9716.3	244893.7	104973.8	85351.2	1608622.4	58446
11739.0	56508.0	5945.4	108125.1	42689.3	33119.6	975500.9	29352
16918.6	134180.8	3590.7	283222.5	196892.0	75003.3	1552768.7	125040
3859.1	27698.8	224.2	58026.4	50870.8	14896.2	261940.6	34041
1456.1	9776.2	32.0	26403.3	27500.7	7111.3	94812.6	18296
10249.0	86204.3	3325.1	175892.7	105560.6	46727.8	1064339.7	63026
1354.4	10501.5	9.4	22900.1	12959.9	6268.0	131675.8	9677
26.6	-134.8	183.8	210.0	644.6	308.0	7700.8	343
2539.8	51548.7	2203.0	81140.2	24392.2	21805.2	360418.5	16851
1184.9	5240.8	1027.4	12119.2	8717.1	3567.6	108858.3	6102
8.7	46.7		408.8	383.4	135.8	1067.2	360
1346.2	46261.2	1175.6	68612.2	15291.7	18101.8	250493.0	10389
16289.8	39586.3	23138.5	67711.5	38880.6	23155.7	698587.9	19463
10009.7	53909.3	721.6	68155.4	18492.4	12162.6	442731.6	11430
59.0	17.3	5.7	607.3	505.5	137.0	2698.0	451
5843.4	-13475.7	21417.0	-346.4	19374.9	10745.1	248083.0	7310
377.7	-864.6	994.2	-704.8	507.8	111.0	5075.3	272
20870.8	276090.2	37654.4	1082242.8	199162.3	276594.0	1939616.3	106158
8231.0	202732.6	14450.9	928472.5	92492.0	223399.3	1041098.2	36531
1591.1	12873.3	386.7	27478.1	21132.9	9451.6	138001.5	17887
3859.1	27698.8	224.2	58026.4	50870.8	14896.2	261940.6	34041

10－6 续表 7

指　　标	营业费用	管理费用	#劳动、待业保险费	#养老保险和医疗保险费	财务费用
港、澳、台商独资经营企业	993.1	1200.1	73.6	239.9	618.9
外资企业	30596.5	35078.0	394.1	3573.5	6531.2
合作、合伙企业	9458.2	13263.3	1105.7	1648.7	3254.4
股份合作企业	3330.8	6500.2	671.2	931.0	1468.1
集体联营企业	106.1	63.9		3.4	49.1
国有与集体联营					
其他联营企业	131.0	75.0	8.0	19.4	20.0
私营合伙企业	4434.5	5646.7	424.1	690.3	1596.9
合作经营企业(港或澳、台资)		79.6		4.6	8.7
中外合作经营企业	135.9	426.4			59.0
其他企业	1319.9	471.5	2.4		52.6
股份有限公司	83063.4	64862.1	2077.4	5214.0	15955.7
股份有限公司(内资)	73547.3	57056.1	1808.0	4568.2	13604.7
私营股份有限公司	9369.5	6931.9	267.1	606.6	1914.1
外商投资股份有限公司	146.6	874.1	2.3	39.2	436.9
有限责任公司	261450.0	269754.1	13723.4	50532.7	71790.9
国有独资公司	6659.8	14641.8	1654.7	2585.9	7948.6
其他有限责任公司	138097.4	152340.6	3650.7	32632.3	41201.5
私营有限责任公司	81299.2	69608.8	7788.1	10490.2	12340.7
合资经营企业(港或澳、台资)	6664.8	6718.0	20.0	2366.6	1231.6
中外合资经营企业	28728.8	26444.9	609.9	2457.7	9068.5
三、在总计中:亏损企业	34357.7	90437.7	2743.5	17075.1	22470.8
在总计中:国有控股企业	145226.8	203706.0	15199.9	34190.1	33781.3
在总计中:农村工业	72859.8	67003.2	5134.1	8458.5	21373.8
在总计中:轻工业	250011.3	214080.7	15716.4	32440.8	28068.2
以农产品为原料	205583.1	160136.1	12246.5	22201.7	16309.2
以非农产品为原料	44428.2	53944.6	3469.9	10239.1	11759.0
重工业	255697.6	338134.8	16300.5	62676.8	87210.3
采掘工业	3451.6	8305.4	2468.3	3911.6	2361.4
原料工业	36493.7	49652.0	3192.4	10628.6	16509.9
加工工业	215752.3	280177.4	10639.8	48136.6	68339.0
在总计中:大型企业	180952.1	175189.3	8376.1	38088.0	41798.9
中型企业	172694.7	197463.7	12905.8	31186.6	36223.7
小型企业	152062.1	179562.5	10735.0	25843.0	37255.9

单位:万元

#利息支出	利润总额	亏损企业亏损额	利税总额	本年应付工资总额	本年应交增值税	工业中间投入合计	全部从业人员年平均人数(人)
365.8	3044.1		6146.2	4010.6	1211.2	26084.9	10389
5843.4	-13475.7	21417.0	-346.4	19374.9	10745.1	248083.0	7310
2831.9	19537.1	534.9	46589.9	41823.9	12948.8	234224.1	29412
1212.9	8884.2	313.4	17611.3	12622.9	5099.7	125691.8	9804
48.6	60.5		141.4	52.8	46.2	952.7	48
20.0	887.0		1207.8	114.0	110.8	1301.0	110
1456.1	9776.2	32.0	26403.3	27500.7	7111.3	94812.6	18296
8.7	46.7		408.8	383.4	135.8	1067.2	360
59.0	17.3	5.7	607.3	505.5	137.0	2698.0	451
26.6	-134.8	183.8	210.0	644.6	308.0	7700.8	343
13471.1	66144.9	6949.0	130320.4	56157.0	39498.6	1112252.0	39301
11739.0	56508.0	5945.4	108125.1	42689.3	33119.6	975500.9	29352
1354.4	10501.5	9.4	22900.1	12959.9	6268.0	131675.8	9677
377.7	-864.6	994.2	-704.8	507.8	111.0	5075.3	272
67175.3	278508.1	17084.0	511521.9	255032.7	153292.0	3406616.6	151177
7391.0	2595.9	2293.6	10460.9	17288.8	5482.8	182064.6	12173
38340.7	130557.8	9716.3	244893.7	104973.8	85351.2	1608622.4	58446
10249.0	86204.3	3325.1	175892.7	105560.6	46727.8	1064339.7	63026
1184.9	5240.8	1027.4	12119.2	8717.1	3567.6	108858.3	6102
10009.7	53909.3	721.6	68155.4	18492.4	12162.6	442731.6	11430
20147.7	-62222.3	62222.3	-29770.3	65408.9	24879.7	713610.8	46988
30990.4	251146.2	22461.3	1030118.3	159928.1	262327.4	1959585.6	73813
18260.8	102838.1	4224.0	232979.5	178206.8	72442.7	1300480.7	131884
24103.9	339945.6	14142.3	1123224.7	180101.2	236451.7	2401223.3	93335
15156.1	288164.7	9044.3	1022519.7	132466.1	207085.7	1801230.3	68093
8947.8	51780.9	5098.0	100705.0	47635.1	29366.0	599993.0	25242
80245.2	300334.7	48080.0	647450.3	372074.7	245881.7	4291485.7	232713
1955.9	18954.5	59.2	34696.8	29454.1	10073.0	100664.8	23332
15333.3	82918.3	9243.1	250242.9	127435.8	108254.6	1116399.6	85403
62956.0	198461.9	38777.7	362510.6	215184.8	127554.1	3074421.3	123978
41649.5	313530.9	3041.5	1083052.3	111488.3	261439.7	1937897.2	43667
31583.4	141772.2	30245.3	279389.6	156623.0	103339.5	2240787.9	88404
31116.2	184977.2	28935.5	408233.1	284064.6	117554.2	2514023.9	193977

10－6 续表 8

指　　标	营业费用	管理费用	#劳动、待业保险费	#养老保险和医疗保险费	财务费用
四、按工业行业大类分组					
（一）采矿业	3451.6	8305.4	2468.3	3911.6	2361.4
1. 煤炭开采和洗选业	2178.4	6473.1	2351.1	3586.4	1483.3
3. 黑色金属矿采选业	220.8	277.7	27.1	52.4	138.7
4. 有色金属矿采选业	59.3	354.5	16.5	32.9	120.5
5. 非金属矿采选业	993.1	1200.1	73.6	239.9	618.9
（二）制造业	498506.4	530732.8	28923.3	84933.9	109300.0
1. 农副食品加工业	20441.6	12420.5	329.1	1521.3	3880.1
2. 食品制造业	15081.4	18326.6	909.4	3138.7	3381.9
3. 饮料制造业	24324.9	12144.0	195.8	1467.0	900.7
4. 烟草制品业	66584.7	63426.7	6241.5	5364.4	－243.1
5. 纺织业	9679.4	10290.9	1260.3	3872.6	2034.1
6. 纺织服装、鞋、帽制造业	7355.8	6491.0	1086.3	666.6	808.5
7. 皮革、毛皮、羽毛（绒）及其制品业	1261.3	927.0	77.4	65.0	340.3
8. 木材加工及木、竹、藤、棕、草制品业	1388.6	2675.0	217.3	854.6	1026.2
9. 家具制造业	2685.8	1433.4	39.7	113.2	278.1
10. 造纸及纸制品业	4027.6	4811.3	462.4	667.9	1979.0
11. 印刷业和记录媒介的复制	3367.8	11911.2	336.0	1925.7	1250.4
12. 文教体育用品制造业	645.3	461.4	0.6	16.6	74.3
13. 石油加工、炼焦及核燃料加工业	1016.9	1034.8	14.6	64.4	104.2
14. 化学原料及化学制品制造业	30646.0	48287.4	1665.5	5535.2	12614.1
15. 医药制造业	57352.2	24980.2	3414.7	6762.4	2603.1
16. 化学纤维制造业	104.6	138.8	0.7	9.6	250.9
17. 橡胶制品业	1200.6	1443.6	43.5	182.3	466.0
18. 塑料制品业	4497.1	8542.5	323.7	931.6	1962.8
19. 非金属矿物制品业	17114.4	18449.2	760.1	2777.8	7441.4
20. 黑色金属冶炼及压延加工业	849.5	952.1	54.1	133.2	500.5
21. 有色金属冶炼及压延加工业	14136.4	13186.0	934.4	1695.9	6371.2
22. 金属制品业	4426.4	8460.9	47.7	623.7	1183.3
23. 通用设备制造业	35048.1	51893.7	3060.2	6246.3	4712.8
24. 专用设备制造业	81390.7	79171.7	941.7	24885.9	27075.0
25. 交通运输设备制造业	19678.0	25782.2	1138.1	2575.5	6367.8
26. 电气机械及器材制造业	30078.4	44746.4	4209.1	7633.6	6666.1
27. 通信设备、计算机及其他电子设备制造业	28730.3	41419.5	863.4	3967.1	13989.8
28. 仪器仪表及文化、办公用机械制造业	14825.3	16334.8	253.2	1111.2	1223.9
29. 工艺品及其他制造业	567.3	590.0	42.8	124.6	56.6
（三）电力、燃气及水的生产和供应业	3750.9	13177.3	625.3	6272.1	3617.1
1. 电力、热力的生产和供应业	1233.4	1950.1	89.7	4639.1	404.2
2. 燃气生产和供应业	817.6	3478.7	353.7	153.2	368.9
3. 水的生产和供应业	1699.9	7748.5	181.9	1479.8	2844.0

单位:万元

#利息支出	利润总额	亏损企业亏损额	利税总额	本年应付工资总额	本年应交增值税	工业中间投入合计	全部从业人员年平均人数(人)
1955.9	18954.5	59.2	34696.8	29454.1	10073.0	100664.8	23332
1434.1	14703.5	59.2	26699.9	23650.8	8518.6	67221.0	19418
81.1	870.2		1307.0	726.6	239.3	4174.7	558
74.9	336.7		543.7	1066.1	103.9	3184.2	663
365.8	3044.1		6146.2	4010.6	1211.2	26084.9	2693
100413.9	578621.5	59927.5	1622891.5	504840.2	404369.0	6268343.7	295281
3472.0	16280.1	503.3	27381.4	10816.5	4466.3	258449.4	7909
3438.0	26614.1	707.4	42966.5	17548.6	12760.5	267061.1	12400
827.7	19532.0	2274.9	34392.7	9247.7	10778.4	133237.9	5028
-262.8	179027.8		818329.9	28000.0	141056.4	434528.7	2130
1969.8	69.9	3737.5	4282.1	14424.1	3288.2	136359.2	10098
686.9	4494.1	432.0	10716.9	10371.5	3728.5	90853.6	7925
384.8	2247.5		5441.7	3864.1	1985.8	29097.1	2812
1059.0	783.1	806.7	3222.2	5460.9	1043.7	26063.9	3839
252.3	1738.5	1.2	4554.8	2410.5	2019.7	28730.5	1734
1722.9	6543.2	258.1	15802.7	11235.1	4311.9	87825.7	6474
1129.6	23195.0	1011.8	34490.7	10526.7	9523.5	120857.2	6133
72.3	455.3		1038.8	531.9	338.8	8337.9	472
69.7	1054.3	149.9	1742.8	445.3	500.0	15513.1	344
9927.2	43713.8	1498.0	121092.5	99554.1	33459.2	630816.1	69129
2074.1	25058.4	1568.3	52690.6	24554.6	17200.6	237609.0	8730
186.9	-822.2	847.2	-790.2	191.1	28.0	2072.1	110
416.2	1994.6	54.3	3241.0	1767.3	1010.8	22747.3	1804
1872.9	17553.3	2148.1	28636.5	11264.7	6854.6	143292.7	7249
6715.0	10112.4	6993.9	33402.9	31091.2	15084.1	323535.8	25468
485.3	2746.3		4921.9	1749.0	1130.7	35575.5	991
6330.4	14508.2	2722.5	39876.3	11889.9	11510.8	373051.1	6357
808.4	3357.5	423.8	8145.2	8123.9	2861.5	109833.8	5880
3128.2	21803.2	4763.3	47117.9	39981.2	20347.5	377243.3	21897
26814.3	92142.2	1716.1	149459.2	62704.7	48854.5	787487.0	26083
5773.6	16029.1	5267.9	37188.2	29367.9	13092.4	651510.7	23285
5859.3	6015.1	12415.5	27472.2	25879.5	15837.5	362643.1	13362
14092.9	25352.8	8634.7	37813.7	22358.2	11057.1	466472.8	11626
1050.8	16081.7	968.1	26127.5	7508.8	9272.4	93867.3	4529
56.2	940.2	23.0	2132.9	1971.2	965.6	13670.8	1483
1979.3	42704.3	2235.6	113086.7	17881.6	67891.4	323700.5	7435
591.3	36010.9	812.1	102804.9	9806.4	65049.3	279533.8	3867
385.5	5446.8	191.0	6230.3	3124.0	340.1	14134.3	1216
1002.5	1246.6	1232.5	4051.5	4951.2	2502.0	30032.4	2352

10－7 国有及国有控股工业企业主要经济指标(2005年)

指　　标	企业单位数(个)	# 亏损企业(个)	工业总产值(当年价格)	#新产品产值	工业销售产值(当年价格)	#出口交货值
总　　计	**125**	**53**	**3151356.8**	**1036244.8**	**3113910.4**	**88869.1**
在总计中:亏损企业	53	53	358834.5	114906.3	355679.8	29594
在总计中:中央企业	21	2	1641410.2	383449.7	1647295.9	25450.5
地方企业	104	51	1509946.6	652795.1	1466614.5	63418.6
在总计中:轻工业	33	13	1360243.6	352282.5	1353219	20651.3
以农产品为原料	21	8	1315092.9	351768	1308821.4	20651.3
以非农产品为原料	12	5	45150.7	514.5	44397.6	
重工业	92	40	1791113.2	683962.3	1760691.4	68217.8
采掘工业	3	1	64057.2		61460.4	
原料工业	23	11	492916.9	87474.8	491073.4	2554.7
加工工业	66	28	1234139.1	596487.5	1208157.6	65663.1
在总计中:大型企业	7	1	2159655.1	584198.8	2142368.6	37348.5
中型企业	32	9	832489.9	446931.4	815170.2	46504.6
小型企业	86	43	159211.8	5114.6	156371.6	5016
按工业行业大类分组						
(一)采矿业	3	1	64057.2		61460.4	
1.煤炭开采和洗选业	3	1	64057.2		61460.4	
(二)制造业	111	45	2721118.2	1036244.8	2687892.3	88869.1
1.农副食品加工业	4		16691.8		16110.1	
2.食品制造业	2		2009	13.5	2070.3	
3.饮料制造业	3	2	10304.9		10364.2	
4.烟草制品业	1		1160620.4	328528.5	1158373.8	1336.5
5.纺织业	3	3	47164.8	23239.5	44242	16784
6.纺织服装、鞋、帽制造业	3	1	14526.7		14289	1467.8
7.皮革、毛皮、羽毛及其制品业						
8.木材加工及木、竹、藤、棕、草制品业	1	1	6168.4		5888.9	
9.家具制造业						
10.造纸及纸制品业						
11.印刷业和记录媒介的复制	6	2	55869.9		55668.3	
12.文教体育用品制造业						
13.石油加工、炼焦及核燃料加工业						
14.化学原料及化学制品制造业	9	3	123031.3	69492.2	124516.8	25952.3
15.医药制造业	4	1	13561.7		13633.6	
16.化学纤维制造业						
17.橡胶制品业	2	1	2166.1		1918	
18.塑料制品业	1		10660.5		10388.9	
19.非金属矿物制品业	9	4	128660.5	1821.1	124323.1	5289.7
20.黑色金属冶炼及压延加工业						
21.有色金属冶炼及压延加工业	6	3	128419	84769.6	128277.1	2554.7
22.金属制品业	2		17520.4		16768.6	1089
23.通用设备制造业	19	10	109295.9	32223.3	110079.9	2642.9
24.专用设备制造业	10	3	483060	211947.9	467406.6	2404.1
25.交通运输设备制造业	13	7	260972	224143.9	245024.6	2585.5
26.电气机械及器材制造业	3		23828.7	6995.7	23669.5	967.6
27.通信设备、计算机及其他电子设备制造业	5	2	96533.7	53069.6	105453.5	24732
28.仪器仪表及文化、办公用机械制造业	4	2	8292.3		8311.2	
29.工艺品及其他制造业	1		1760.2		1114.3	1063
(三)电力、燃气及水的生产和供应业	11	7	366181.4		364557.7	
1.电力、热力的生产和供应业	5	3	313961		313870	
2.燃气生产和供应业	1		14368.3		13205.1	
3.水的生产和供应业	5	4	37852.1		37482.6	

单位:万元

工业增加值（当年价格）	资产合计	流动资产	#应收账款净　额	#存　货	#产成品	流动资产年平均余额	固定资产	固定资产原　价
1454098.6	4722163.3	2359361.6	397991.1	1039205.2	149088.8	2295936.7	1553433	2195952.8
68824.8	822319.9	302298.7	66654.3	98276	52247.3	302697.3	340453.5	455382.8
1020654.1	2140158.2	1124258.4	93277.3	661142.9	17559	1084669.4	709178.2	1139092.7
433444.5	2582005.1	1235103.2	304713.8	378062.3	131529.8	1211267.3	844254.8	1056860.1
924615.6	1787966.9	1052037.8	65946.9	636384.9	19748.6	1012625.2	375495.1	704835
906464.6	1552702.1	987140.8	46567.2	631571	19137.8	952131.2	269812.9	558448.7
18151	235264.8	64897	19379.7	4813.9	610.8	60494	105682.2	146386.3
529483	2934196.4	1307323.8	332044.2	402820.3	129340.2	1283311.5	1177937.9	1491117.8
35148.5	62809	32116	7441.2	6622.2	4650.7	23789.5	23407.8	33177.2
139018.5	822371.5	162395.9	35896.5	20522.1	10924.9	163517.3	631486.1	797248.9
355316	2049015.9	1112811.9	288706.5	375676	113764.6	1096004.7	523044	660691.7
1187292.9	2932607	1609168.2	223060.5	800217.3	53747.4	1551012.7	917962.2	1348891.8
214777.6	1373730.1	569941.9	129709.4	191176.2	74869	567765.1	481721.6	630191.4
52028.1	415826.2	180251.5	45221.2	47811.7	20472.4	177158.9	153749.2	216869.6
35148.5	62809	32116	7441.2	6622.2	4650.7	23789.5	23407.8	33177.2
35148.5	62809	32116	7441.2	6622.2	4650.7	23789.5	23407.8	33177.2
1294705.5	3872081.6	2206848	362967.7	1030851.2	144387.3	2146226.2	937934	1406346.1
3855.6	112702.3	42448.9	3084.3	12407.3	3517.3	48643.5	16688.9	22462.3
846.5	6471.3	4763.6	597.7	433	266.3	4566.4	1659.5	2113.6
2729.4	22791.7	8795	1103.2	5968.9	4366.2	8358.5	9758.8	10820.7
867148.1	1288917.5	891055.5	35209	597126.1	1948.5	849914.2	189629.2	432241.9
7696	51125	13799.7	572.4	8410.2	6076.4	13889.8	18843.9	33234.5
3905	14515.5	11072.5	2076.2	3530.8	2248.1	10511.2	3290.1	5591.3
615.2	60941.6	8920.4	2106.7	4047.5	1652.7	11313.7	51623.2	62001
16324.4	60932.2	17632.1	3773.6	2710.2	191.7	18615.7	31401	52411.6
39452.5	257828.6	127434.5	22128.1	39911.6	12448.5	128359.6	95480.6	108719.1
5899.6	20381.3	9618.1	1856.5	4203.9	630	9645.6	8699.3	10205.8
639	3177	1370.9	316.7	219.2	110.2	1379.4	1673	1925.9
5349.8	25994.9	19922.4	58	1369.5	873.2	15830.6	5893.2	7481.4
20136.3	206156.7	95078.4	28480	34082.1	17410.3	87953	93265	109748
23342.2	109145	52048	10264	12483.2	7194.2	45756.3	54538.8	72180.3
6194.8	23223.4	16627.3	1795	5289.9	994.1	14327.4	6508.4	10009.3
27131.1	232972.4	111422	37251.6	37414.5	12881.9	118242.6	64098.3	103815.6
163707.3	720110.8	471850.1	141953.9	140600.2	41567.5	456558.3	151179.1	179845.1
60333.9	199010.1	113604.8	14991.4	69469.4	18229.8	121978.9	41399.2	66994.5
6167.8	59367.5	38284.1	9879.5	7333	3693.6	39547.3	8460.7	9272.9
29562.9	355029.9	129433.4	40732.3	36853.3	5271.7	120120.7	65877.6	82912
3073.2	37268.5	19364.6	4737.6	6416.2	2367.8	18641.7	16987	20351.7
594.9	4018.4	2301.7		571.2	447.3	2071.8	979.2	2007.6
124244.6	787272.7	120397.6	27582.2	1731.8	50.8	125921	592091.2	756429.5
103438.4	497254.5	56758.6	3308.6	919.2		65899.8	428697.6	585041.4
5081.4	79167.6	14193.6	6391.9			14048.7	62252.4	28484.6
15724.8	210850.6	49445.4	17881.7	812.6	50.8	45972.5	101141.2	142903.5

指　　标	# 生产经营用	本年折旧	固定资产净值平均余额	流动负债合计	长期负债合计	所有者权益合计
总　　计	**2044874.6**	**146433.5**	**1243635.4**	**1903710.9**	**735677.5**	**2061642.2**
在总计中：亏损企业	416428.4	35665.7	300797.8	399346.5	117186.9	294862.9
在总计中：中央企业	1077948.9	78205.1	569186.9	491114.9	428523	1216701
地方企业	966925.7	68228.4	674448.5	1412596	307154.5	844941.2
在总计中：轻工业	628647.6	37166	276802.2	530107.6	83528.4	1168418.6
以农产品为原料	493775.9	25736.9	176122.7	453412.5	21077.4	1073397
以非农产品为原料	134871.7	11429.1	100679.5	76695.1	62451	95021.6
重工业	1416227	109267.5	966833.2	1373603.3	652149.1	893223.6
采掘工业	27364.1	2873.6	17581.6	27829.5	2734.5	32245
原料工业	781516.8	48175.7	538821.5	214186.8	475325.5	126416
加工工业	607346.1	58218.2	410430.1	1131587	174089.1	734562.6
在总计中：大型企业	1269066.9	86422.2	705770.2	955848.2	499148.6	1475931
中型企业	577076.8	42789	401815.7	705268.4	178095.4	489865.6
小型企业	198730.9	17222.3	136049.5	242594.3	58433.5	95845.6
按工业行业大类分组						
（一）采矿业	27364.1	2873.6	17581.6	27829.5	2734.5	32245
1. 煤炭开采和洗选业	27364.1	2873.6	17581.6	27829.5	2734.5	32245
（二）制造业	1274143.4	93357	722643.9	1704696.9	227444.9	1918907.1
1. 农副食品加工业	19791.3	889.7	15455.7	60430.9	10511.7	41759.7
2. 食品制造业	1929.9	104.2	1329.3	3227.1	3	3241.2
3. 饮料制造业	10516.6	427.1	7959.3	9223.4	4092.6	5160.6
4. 烟草制品业	378079.1	19395.7	102763.2	300525.3	54.7	988337.5
5. 纺织业	26961.4	764.4	18573.2	42168.5	3490.9	5465.6
6. 纺织服装、鞋、帽制造业	5129.8	258.3	3338.6	10866.8	1163	1985.8
7. 皮革、毛皮、羽毛及其制品业						
8. 木材加工及木、竹、藤、棕、草制品业	57600.8	1578.2	51931	25079	366.8	35495.8
9. 家具制造业						
10. 造纸及纸制品业						
11. 印刷业和记录媒介的复制	50649	3910.5	28159.9	31264.9	1216	27354.2
12. 文教体育用品制造业						
13. 石油加工、炼焦及核燃料加工业						
14. 化学原料及化学制品制造业	87995.3	6059.3	75699.2	134950.6	61842.7	60985.2
15. 医药制造业	10069.4	234	8736.7	8305.3	570	11506
16. 化学纤维制造业						
17. 橡胶制品业	1923.6	70.3	1594.7	3535		－358
18. 塑料制品业	6800	509.8	3983.8	12375.7		13619.2
19. 非金属矿物制品业	108071.2	5927.9	75689.1	92148.4	14013.1	99963.7
20. 黑色金属冶炼及压延加工业						
21. 有色金属冶炼及压延加工业	65228	4508.2	50099.4	51669.6	17715.3	33490.9
22. 金属制品业	9776.3	388.4	5951.7	16149.7		7073.7
23. 通用设备制造业	100395.3	3499.8	52808.5	163880	15410.6	50592.1
24. 专用设备制造业	168183.5	9113.9	108064	489886	23651.2	204894.3
25. 交通运输设备制造业	59050.9	12776.5	40529.1	119482.7	25462.4	54065
26. 电气机械及器材制造业	7787.1	315.6	5956.3	37392.4	1851.9	20123.2
27. 通信设备、计算机及其他电子设备制造业	77362	21651.4	47762	63418.7	39904	251706.5
28. 仪器仪表及文化、办公用机械制造业	18835.3	867.2	15251.3	27776.1	5548.4	－56
29. 工艺品及其他制造业	2007.6	106.6	1007.9	940.8	576.6	2500.9
（三）电力、燃气及水的生产和供应业	743367.1	50202.9	503409.9	171184.5	505498.1	110490.1
1. 电力、热力的生产和供应业	584077.3	37735	386343.3	82546.9	407769.1	6838.6
2. 燃气生产和供应业	26536.9	762.5	19536.9	25643.3	30000	23524.3
3. 水的生产和供应业	132752.9	11705.4	97529.7	62994.3	67729	80127.2

单位:万元

#实收资本	主营业务收　　入	#主营业务成　　本	#主营业务税金及附加	其他业务利　　润	营业费用	管理费用	财务费用	#利息支出
840475.5	**3077707.2**	**1905890.8**	**516644.7**	**12373**	**145226.8**	**203706**	**33781.3**	**30990.4**
252774.7	345558.1	313124.4	2076.5	3967.4	14074.7	32615.7	11725.6	12177.8
294242.4	1725351.2	826768.1	500634.7	2399.5	78106.4	88658.8	2339.9	1891.1
546233.1	1352356	1079122.7	16010	9973.5	67120.4	115047.2	31441.4	29099.3
359594.4	1353036.2	506355.9	499662.5	3126.4	77408.4	88029.5	5277.7	3566.9
281859.1	1306529.2	473277.9	499338.6	2623.3	75174.5	80049.6	3143.3	3117.5
77735.3	46507	33078	323.9	503.1	2233.9	7979.9	2134.4	449.4
480881.1	1724671	1399534.9	16982.2	9246.6	67818.4	115676.5	28503.6	27423.5
7688.8	58961.1	38961.8	1804.9	-383.9	508.5	4546.7	737.5	737.5
108678.6	585687.9	537929.2	2567.7	361	4609.8	11755.7	5605.2	5888.8
364513.7	1080022	822643.9	12609.6	9269.5	62700.1	99374.1	22160.9	20797.2
384768.1	2210470	1179668.7	505538.1	3097.1	110670.5	114979.6	13159.9	13031.3
341326.6	717938.5	608093.5	9560.8	6690.7	27702.6	62590.7	16932.8	14522.5
114380.8	149298.7	118128.6	1545.8	2585.2	6853.7	26135.7	3688.6	3436.6
7688.8	58961.1	38961.8	1804.9	-383.9	508.5	4546.7	737.5	737.5
7688.8	58961.1	38961.8	1804.9	-383.9	508.5	4546.7	737.5	737.5
747176.1	2565029.8	1459461.4	512582.8	12469.8	143095.6	188248.5	30005.5	28688.9
19008.1	29917.9	24282.4	69.4	272.5	1860.3	3835.5	1371.5	1344.9
2000	3840.4	1926.4	46.3	21.6	197.2	424.8	-24.5	-25
6607.1	10205.8	6991.9	68.2	139.6	1119.9	1767.2	381.5	391.9
229754.6	1152516.7	344612.7	498245.7	915.2	66584.7	63426.7	-243.1	-262.8
4296.3	38281.3	35665.3	64.3	68.5	909.9	3830.5	860.3	981.9
2436.9	14252.9	11107.1	564.1	96.8	591.5	1837.3	17.8	16.8
46421.1	6768.9	5656.1		-157	309.6	1216	789.1	788
14962.7	56538.6	50037.6	225.6	1047.5	653.5	4617.1	714.9	607.6
33352.9	119283.3	86074.1	559.3	378.3	4399.9	10370.4	5011.7	3610.9
10792.4	9049.5	3471.1	141.4		3716.1	1023.5	39.7	29.3
436.6	1234.9	1098.8	1.3	96.6	14.8	344.7	-5.2	
3040	9267.2	4459.5	115.2	9.5	235.2	1471.7	-26.4	-26.4
42799.3	123156.6	112164.2	427	1941.2	4717.2	6722.8	2895.1	2788.7
23374.7	130147.7	122571.7	351.7	535.2	2818.2	4377.2	2996.8	3161.9
5927.1	19248.8	16627.9	272	9.4	293.4	2058.8	-37.9	-37.9
30629.9	105909.3	80258.8	324.3	1072.2	6848.7	17837.8	1580	1677.1
105808.1	443268.7	331667.6	3533.8	2576.6	32540	34803.8	7646.8	8596.6
36866.8	158047.7	142119.2	6176.5	1345.3	3319.4	8272.5	2625.6	2177.3
6547.2	17355.1	13625.9	252.7	782.4	2164.6	1932.6	509.2	503.9
111811.4	108157.6	59478.6	1090.8	965.4	8972	15930.2	2538.9	2001
7802	7466.6	4901.3	45.2	261.6	642.8	1943.4	328.8	328.3
2500.9	1114.3	663.2	8	91.4	186.7	204	34.9	34.9
85610.6	453716.3	407467.6	2257	287.1	1622.7	10910.8	3038.3	1564
2291.4	387690	357850.2	1594.9	-446.4		1061.2	338.7	525.8
15000	28753.3	21646.5	432.6	255.2	116.6	2945	370.4	386.3
68319.2	37273	27970.9	229.5	478.3	1506.1	6904.6	2329.2	651.9

单位:万元

指　　标	利润总额	亏损企业亏损额	利税总额	本年应交增值税	全部从业人员年平均人数(人)
总　　计	**251146.2**	**22461.3**	**1030118.3**	**262327.4**	**73813**
在总计中:亏损企业	－22461.3	22461.3	－8334.9	12049.9	21247
在总计中:中央企业	209977.5	488.7	920390.7	209778.5	14039
地方企业	41168.7	21972.6	109727.6	52548.9	59774
在总计中:轻工业	181960.7	5286.3	830020.1	148396.9	13669
以农产品为原料	180878.4	4154.5	825902	145685	10662
以非农产品为原料	1082.3	1131.8	4118.1	2711.9	3007
重工业	69185.5	17175	200098.2	113930.5	60144
采掘工业	2560	59.2	6522.3	2157.4	8086
原料工业	27795.4	7039.1	99024.7	68661.6	9600
加工工业	38830.1	10076.7	94551.2	43111.5	42458
在总计中:大型企业	243364	3041.5	979993.4	231091.3	28824
中型企业	12240.2	7561.8	46662.4	24861.4	30799
小型企业	－4458	11858	3462.5	6374.7	14190
按工业行业大类分组					
(一)采矿业	2560	59.2	6522.3	2157.4	8086
1.煤炭开采和洗选业	2560	59.2	6522.3	2157.4	8086
(二)制造业	216216.3	20359.5	923051.5	194252.4	59617
1.农副食品加工业	3316.1		3494.8	109.3	878
2.食品制造业	1321.2		1735.6	368.1	116
3.饮料制造业	－32.2	379.6	606.3	570.3	520

10－7 续表 3

单位:万元

指　　标	利润总额	亏损企业亏损额	利税总额	本年应交增值税	全部从业人员年平均人数(人)
4. 烟草制品业	179027.8		818329.9	141056.4	2130
5. 纺织业	－3284.4	3284.4	－2608.8	611.3	3137
6. 纺织服装、鞋、帽制造业	188.4	111.6	1042.8	290.3	1370
7. 皮革、毛皮、羽毛及其制品业					
8. 木材加工及木、竹、藤、棕、草制品业	－800	800	－796.7	3.3	1148
9. 家具制造业					
10. 造纸及纸制品业					
11. 印刷业和记录媒介的复制	1479.2	378.9	3911	2206.2	2662
12. 文教体育用品制造业					
13. 石油加工、炼焦及核燃料加工业					
14. 化学原料及化学制品制造业	2613.3	425.9	4810.7	1638.1	4486
15. 医药制造业	471.4	255	1714.1	1101.3	570
16. 化学纤维制造业					
17. 橡胶制品业	－21.1	22.3	137.1	156.9	281
18. 塑料制品业	3024.5		4089.8	950.1	306
19. 非金属矿物制品业	－5604.4	5732.3	－1380.6	3796.8	5505
20. 黑色金属冶炼及压延加工业					
21. 有色金属冶炼及压延加工业	－1750.2	2292.1	1771.8	3170.3	2033
22. 金属制品业	496.4		888.5	120.1	1635
23. 通用设备制造业	806.2	2216.5	5923.4	4792.9	8895
24. 专用设备制造业	34204.5	275.4	63742.6	26004.3	12981
25. 交通运输设备制造业	482.6	2705.6	9285.6	2626.5	4088
26. 电气机械及器材制造业	278.7		1572.7	1041.3	1564
27. 通信设备、计算机及其他电子设备制造业	－104.8	722.6	4126.2	3140.2	4448
28. 仪器仪表及文化、办公用机械制造业	－5.6	757.3	471.2	431.6	675
29. 工艺品及其他制造业	108.7		183.5	66.8	189
(三)电力、燃气及水的生产和供应业	32369.9	2042.6	100544.5	65917.6	6110
1. 电力、热力的生产和供应业	27760.7	812.1	93145.7	63790.1	3250
2. 燃气生产和供应业	5610.3		6161.7	118.8	853
3. 水的生产和供应业	－1001.1	1230.5	1237.1	2008.7	2007

10－8　大中型工业企业主要经济指标(2005年)

指　　标	企业单位数(个)	#亏损企业(个)	工业总产值(当年价格)	工业销售产值(当年价格)	工业增加值(当年价格)
总　　计	**125**	**24**	**6193646.7**	**6095243**	**2379740.8**
一、按登记注册类型分组					
内资企业	102	19	5088500.9	5012311.2	2012455.7
国有企业	21	4	1832710.5	1831541.6	1072846.1
集体企业	6	1	43786	42954.5	15237.5
股份合作企业					
联营企业					
有限责任公司	32	8	1636944.7	1582819.5	464896.1
国有独资公司	4	1	248543	244969.7	74473.6
其他有限责任公司	28	7	1388401.7	1337849.8	390422.5
股份有限公司	23	4	1119022.7	1105302.8	270432.8
私营企业	20	2	456037	449692.8	189043.2
私营独资企业	4		34579.1	33125.1	12390.2
私营合伙企业					
私营有限责任公司	14	1	396883.1	392559.7	168232.9
私营股份有限公司	2	1	24574.8	24008	8420.1
其他企业					
港、澳、台商投资企业	12	2	360843.1	353196.1	149923.6
合资经营企业(港或澳、台资)	4	1	52942.8	48257.8	9631.8
合作经营企业(港或澳、台资)					
港、澳、台商独资经营企业	8	1	307900.3	304938.3	140291.8
港、澳、台商投资股份有限公司					
外商投资企业	11	3	744302.7	729735.7	217361.5
中外合资经营企业	5		465885.6	463071	125302.7
中外合作经营企业					
外资企业	6	3	278417.1	266664.7	92058.8
外商投资股份有限公司					
二、按组织类型分组：					
独资企业	45	9	2497393	2479224.2	1332824.4
国有企业	21	4	1832710.5	1831541.6	1072846.1
集体企业	6	1	43786	42954.5	15237.5
私营独资企业	4		34579.1	33125.1	12390.2
港、澳、台商独资经营企业	8	1	307900.3	304938.3	140291.8
外资企业	6	3	278417.1	266664.7	92058.8
合作、合伙企业					
股份有限公司	25	5	1143597.5	1129310.8	278852.9
股份有限公司	23	4	1119022.7	1105302.8	270432.8
私营股份有限公司	2	1	24574.8	24008	8420.1

单位:万元

资产合计	应收账款净额	产成品	流动资产年平均余额	本年折旧	固定资产净值年平均余额	负债合计	所有者权益合计
7652475.4	**761191.7**	**299115.5**	**3721350.8**	**317864.5**	**2133807.9**	**4086731.1**	**3565744.3**
6320503.1	566375.1	252677.4	3211867.7	190922.7	1542915.1	3288903.8	3031599.3
2541791.9	129397.1	41407.4	1239243.9	73736.5	686594.3	1317051.6	1224740.3
41119.7	5439.4	5953.9	21575.3	2000.4	11829.4	21315.7	19804
2087155	273008	122133.5	1153834.4	49898.6	415838.7	1272385.7	814769.3
343050.4	27963.6	20507.6	153607.9	8969	110006.6	261830.3	81220.1
1744104.6	245044.4	101625.9	1000226.5	40929.6	305832.1	1010555.4	733549.2
1283830	102272.1	65922.6	591216.9	55898.1	332283	508110.7	775719.3
366606.5	56258.5	17260	205997.2	9389.1	96369.7	170040.1	196566.4
26443.4	4852.5	1975.3	19572.9	2210.6	5997.2	13947	12496.4
302942.2	46546	15066.4	168216.9	5979.9	80445.2	130442	172500.2
37220.9	4860	218.3	18207.4	1198.6	9927.3	25651.1	11569.8
310584.4	72856.8	9966.8	172990.7	26467.6	70358.7	157944.6	152639.8
59517.6	3724.9	4856.2	16703.5	2911	17540.2	48292.7	11224.9
251066.8	69131.9	5110.6	156287.2	23556.6	52818.5	109651.9	141414.9
1021387.9	121959.8	36471.3	336492.4	100474.2	520534.1	639882.7	381505.2
616371.9	92061.9	7421.3	188299.4	69615.5	376147	335399.7	280972.2
405016	29897.9	29050	148193	30858.7	144387.1	304483	100533
3265437.8	238718.8	83497.2	1584872.3	132362.8	901626.5	1766449.2	1498988.6
2541791.9	129397.1	41407.4	1239243.9	73736.5	686594.3	1317051.6	1224740.3
41119.7	5439.4	5953.9	21575.3	2000.4	11829.4	21315.7	19804
26443.4	4852.5	1975.3	19572.9	2210.6	5997.2	13947	12496.4
251066.8	69131.9	5110.6	156287.2	23556.6	52818.5	109651.9	141414.9
405016	29897.9	29050	148193	30858.7	144387.1	304483	100533
1321050.9	107132.1	66140.9	609424.3	57096.7	342210.3	533761.8	787289.1
1283830	102272.1	65922.6	591216.9	55898.1	332283	508110.7	775719.3
37220.9	4860	218.3	18207.4	1198.6	9927.3	25651.1	11569.8

10－8 续表1

指　　标	企业单位数(个)	#亏损企业(个)	工业总产值(当年价格)	工业销售产值(当年价格)	工业增加值(当年价格)
港、澳、台商投资股份有限公司					
外商投资股份有限公司					
有限责任公司	55	10	2552656.2	2486708	768063.5
国有独资公司	4	1	248543	244969.7	74473.6
其他有限责任公司	28	7	1388401.7	1337849.8	390422.5
私营有限责任公司	14	1	396883.1	392559.7	168232.9
合资经营企业(港或澳、台资)	4	1	52942.8	48257.8	9631.8
中外合资经营企业	5		465885.6	463071	125302.7
二、在总计中:亏损企业	24	24	547335.3	527842.9	109639.4
在总计中:国有控股企业	39	10	2992145	2957538.8	1402070.5
在总计中:农村工业	20	4	322680.2	311373.5	99130.6
在总计中:轻工业	45	6	2389116.5	2362985.2	1250432.1
以农产品为原料	34	4	2045357.9	2030145.9	1154816.4
以非农产品为原料	11	2	343758.6	332839.3	95615.7
重工业	80	18	3804530.2	3732257.8	1129308.7
采掘工业	2		71326	68781.6	39515.3
原料工业	14	5	754212.3	757346.7	210061.2
加工工业	64	13	2978991.9	2906129.5	879732.2
三、在总计中:大型企业	11	1	3160209.9	3121638.1	1483752.4
中型企业	114	23	3033436.8	2973604.9	895988.4
四、按工业行业大类分组					
(一)采矿业	2		71326	68781.6	39515.3
#煤炭开采和洗选业	2		71326	68781.6	39515.3
(二)制造业	119	24	5757026.3	5662330.2	2214107.9
1. 农副食品加工业	2		15325.4	14743.7	3588.3
2. 食品制造业	9	1	257677.5	261161	91361.5
3. 饮料制造业	3	1	69673.7	69933.9	27959.6
4. 烟草制品业	1		1160620.4	1158373.8	867148.1
5. 纺织业	4	2	116432.2	113375.1	22060.1
6. 纺织服装、鞋、帽制造业	4		54750.7	54450	15774
7. 皮革、毛皮、羽毛(绒)及其制品业	1		15077.4	13516	4800.4
8. 木材加工及木、竹、藤、棕、草制品业	1	1	6168.4	5888.9	615.2
9. 家具制造业	1		12134.4	11860.3	4267.3
10. 造纸及纸制品业	1		9369.4	9369.4	3892.9
11. 印刷业和记录媒介的复制	4		134907.9	129606.2	62767.9
12. 文教体育用品制造业					
13. 石油加工、炼焦及核燃料加工业					
14. 化学原料及化学制品制造业	7		300678	298253.2	68057.6
15. 医药制造业	5		144522.6	140151.4	53561.5
16. 化学纤维制造业					
17. 橡胶制品业					
18. 塑料制品业	3		27785.8	27313.1	8037.1
19. 非金属矿物制品业	12	6	195839.8	192303.9	39588.1
20. 黑色金属冶炼及压延加工业					
21. 有色金属冶炼及压延加工业	3	1	324008.6	328500	69047.8
22. 金属制品业	2	1	20072.1	18753.5	6667.1
23. 通用设备制造业	12	3	372080.8	353897	134718.3
24. 专用设备制造业	9		947119.9	910872.3	308075.9
25. 交通运输设备制造业	14	3	629006.4	602193	145470.6
26. 电气机械及器材制造业	10	3	296735.7	298298.6	89462.5
27. 通信设备、计算机及其他电子设备制造业	7	2	565397.4	570367.3	149043.7
28. 仪器仪表及文化、办公用机械制造业	4		81641.8	79148.6	38142.4
29. 工艺品及其他制造业					
30. 废弃资源和废旧材料回收加工业					
(三)电力、燃气及水的生产和供应业	4		365294.4	364131.2	126117.6
1. 电力、热力的生产和供应业	2		319553.9	319553.9	109232
2. 燃气生产和供应业	1		14368.3	13205.1	5081.4
3. 水的生产和供应业	1		31372.2	31372.2	11804.2

单位：万元

资产合计	应收账款净额	产成品	流动资产年平均余额	本年折旧	固定资产净值年平均余额	负债合计	所有者权益合计
3065986.7	415340.8	149477.4	1527054.2	128405	889971.1	1786520.1	1279466.6
343050.4	27963.6	20507.6	153607.9	8969	110006.6	261830.3	81220.1
1744104.6	245044.4	101625.9	1000226.5	40929.6	305832.1	1010555.4	733549.2
302942.2	46546	15066.4	168216.9	5979.9	80445.2	130442	172500.2
59517.6	3724.9	4856.2	16703.5	2911	17540.2	48292.7	11224.9
616371.9	92061.9	7421.3	188299.4	69615.5	376147	335399.7	280972.2
1078699.1	67036.6	64574.2	354766.9	41829.6	385444.1	636050.3	442648.8
4306337.1	352769.9	128616.4	2118777.8	129211.2	1107585.9	2340540.5	1965796.6
224881.8	29846.2	14185.8	100354.3	16846.9	72325.7	135494.3	89387.5
2606656.7	170994.6	68808.4	1460539.1	89689.1	468909.3	954549.8	1652106.9
2119611.9	116270.8	44180	1273174.1	62524.8	333937.9	676435.4	1443176.5
487044.8	54723.8	24628.4	187365	27164.3	134971.4	278114.4	208930.4
5045818.7	590197.1	230307.1	2260811.7	228175.4	1664898.6	3132181.3	1913637.4
65340	7400.2	4674.3	23745.9	2957.5	17590.8	29363.6	35976.4
1035873.8	43575.9	22627.9	264177	56201.7	578363.1	757273.7	278600.1
3944604.9	539221	203004.9	1972888.8	169016.2	1068944.7	2345544	1599060.9
4048421.9	385505.9	109954.3	2094056.8	192970.5	1166638	2112321.6	1936100.3
3604053.5	375685.8	189161.2	1627294	124894	967169.9	1974409.5	1629644
65340	7400.2	4674.3	23745.9	2957.5	17590.8	29363.6	35976.4
65340	7400.2	4674.3	23745.9	2957.5	17590.8	29363.6	35976.4
6779009.2	725097.5	291761.4	3554038.8	270253.8	1643137.7	3407516.1	3371493.1
109240.5	2933.8	3517.3	48169.7	839.9	14764.3	68273	40967.5
187702.9	39050.6	3283.7	101747.7	5356.2	52524.9	79919.4	107783.5
65989.2	2167.3	7632.8	36690.1	5332.1	24998.3	31051.9	34937.3
1288917.5	35209	1948.5	849914.2	19395.7	102763.2	300580	988337.5
109196.1	1666.3	14380.9	39389	1210.8	27695.7	55378.6	53817.5
24212.2	2481.7	5133.4	16526	821.7	6520.9	19346.6	4865.6
9415.5	546.4	262.7	6037.6	1188.4	1669.4	4768.5	4647
60941.6	2106.7	1652.7	11313.7	1578.2	51931	25445.8	35495.8
8723	1274	362.1	5522	749.4	1724.9	3795.9	4927.1
5075.3	1234.5		2680.6	365.7	2007.5	398.4	4676.9
116309.3	12447	3803.6	59842.2	23983.3	37135	50034.3	66275
367878.7	43576.5	21496.4	190222.6	9302	112830.5	238916.8	128961.9
177927.6	15233.2	1543.4	99235	2642.4	46699.1	51105.3	126822.3
143222.2	824	1249.8	39474	764.3	25908.7	52334.7	90887.5
284256	32347.8	22229.9	115738.8	9433.6	108959.7	147617.8	136638.2
225639.1	13274.6	12753.2	105343.4	9936.6	69451.7	118571.3	107067.8
26582.5	1070	1212.4	12992.5	688	9551.7	21192.1	5390.4
456943.9	53955.8	29713	235792.8	6340.5	100257.9	246736.2	210207.7
1281011.3	220518.4	69509.5	807949	29067	208184.4	831167	449844.3
333775.7	33907.2	37306.8	209018.3	25804.7	88063.9	238528.1	95247.6
299668.9	46166.2	32462.2	170311.4	17549	33356	225519	74149.9
1088344.7	132409.6	16967.9	322172.1	96062.4	504942.4	531969.3	556375.4
108035.5	30696.9	3339.2	67956.1	1841.9	11196.6	64866.1	43169.4
808126.2	28694	2679.8	143566.1	44653.2	473079.4	649851.4	158274.8
561159.6	5359.5	2679.8	91600.4	37776.9	389932.7	492240.3	68919.3
79167.6	6391.9		14048.7	762.5	19536.9	55643.3	23524.3
167799	16942.6		37917	6113.8	63609.8	101967.8	65831.2

10－8 续表 2

指　　标	主营业务收　　入	主营业务成　　本	主营业务税金及附加	营业费用	管理费用
总　　计	**6029514.6**	**4154161.3**	**542359.6**	**353646.8**	**372653**
一、按登记注册类型分组					
内资企业	4951639.3	3317989.4	538551.1	299666.2	301470.6
国有企业	1877799.6	979251.2	501532.1	82238.9	105985.2
集体企业	41941.5	31686.4	318.8	1933.3	3977.8
股份合作企业					
联营企业					
有限责任公司	1538755.7	1128028.9	17575	110149.7	123067.4
国有独资公司	238992.4	186675.7	2357.9	6352.4	14196
其他有限责任公司	1299763.3	941353.2	15217.1	103797.3	108871.4
股份有限公司	1082467.1	873422.9	14596.6	66994.2	48442.1
私营企业	410675.4	305600	4528.6	38350.1	19998.1
私营独资企业	32415.6	26805.1	167.9	1192.2	1728.5
私营合伙企业					
私营有限责任公司	355792.6	263356.5	4251.6	34217.4	17266.7
私营股份有限公司	22467.2	15438.4	109.1	2940.5	1002.9
其他企业					
港、澳、台商投资企业	339251.3	236336.9	1103.7	9881.9	20645.2
合资经营企业(港或澳、台资)	49048.8	44769.9	321.7	759.7	1961.8
合作经营企业(港或澳、台资)					
港、澳、台商独资经营企业	290202.5	191567	782	9122.2	18683.4
港、澳、台商投资股份有限公司					
外商投资企业	738624	599835	2704.8	44098.7	50537.2
中外合资经营企业	481030.3	406913.7	432.6	15797.4	19977.6
中外合作经营企业					
外资企业	257593.7	192921.3	2272.2	28301.3	30559.6
外商投资股份有限公司					
二、按组织类型分组:					
独资企业	2499952.9	1422231	505073	122787.9	160934.5
国有企业	1877799.6	979251.2	501532.1	82238.9	105985.2
集体企业	41941.5	31686.4	318.8	1933.3	3977.8
私营独资企业	32415.6	26805.1	167.9	1192.2	1728.5
港、澳、台商独资经营企业	290202.5	191567	782	9122.2	18683.4
外资企业	257593.7	192921.3	2272.2	28301.3	30559.6
合作、合伙企业					
股份有限公司	1104934.3	888861.3	14705.7	69934.7	49445
股份有限公司	1082467.1	873422.9	14596.6	66994.2	48442.1
私营股份有限公司	22467.2	15438.4	109.1	2940.5	1002.9
港、澳、台商投资股份有限公司					
外商投资股份有限公司					

单位:万元

财务费用	利息支出	利润总额	亏损企业亏损总额	利税总额	本年应付工资总额	本年应交增值税	全部从业人员年平均人数(人)
78022.6	**73232.9**	**455303.1**	**33286.8**	**1362441.9**	**268111.3**	**364779.2**	**132071**
62336.8	56954.8	392780.3	13457.3	1264958.7	227159.1	333627.3	110683
7482.1	6162.1	211805.4	3879.8	932881.2	78572.4	219543.7	25730
634.5	575.1	3428.7	48.7	7263.7	5258	3516.2	4463
39725.4	37723.4	101788.7	4678	185941.1	83125.7	66577.4	43978
7541.8	6981.4	2942.5	1904.3	10318.1	16807.3	5017.7	12007
32183.6	30742	98846.2	2773.7	175623	66318.4	61559.7	31971
12177.8	10340.3	51025.2	4593.8	94154.4	35886.8	28532.6	24222
2317	2153.9	24732.3	257	44718.3	24316.2	15457.4	12290
420.3	414.3	2170.1		3207.6	3035.4	869.6	2192
1503.7	1353.5	20060.3	250.4	37961.9	19873.9	13650	9223
393	386.1	2501.9	6.6	3548.8	1406.9	937.8	875
975.6	1082.7	42012.1	8.9	58975.3	13767.6	15859.5	9853
192.2	243.4	859.4	3.6	1523.3	2798.7	342.2	1920
783.4	839.3	41152.7	5.3	57452	10968.9	15517.3	7933
14710.2	15195.4	20510.7	19820.6	38507.9	27184.6	15292.4	11535
8770.6	9667.8	35024.5		41443.2	11808.9	5986.1	6577
5939.6	5527.6	-14513.8	19820.6	-2935.3	15375.7	9306.3	4958
15259.9	13518.4	244043.1	23754.4	997869.2	113210.4	248753.1	45276
7482.1	6162.1	211805.4	3879.8	932881.2	78572.4	219543.7	25730
634.5	575.1	3428.7	48.7	7263.7	5258	3516.2	4463
420.3	414.3	2170.1		3207.6	3035.4	869.6	2192
783.4	839.3	41152.7	5.3	57452	10968.9	15517.3	7933
5939.6	5527.6	-14513.8	19820.6	-2935.3	15375.7	9306.3	4958
12570.8	10726.4	53527.1	4600.4	97703.2	37293.7	29470.4	25097
12177.8	10340.3	51025.2	4593.8	94154.4	35886.8	28532.6	24222
393	386.1	2501.9	6.6	3548.8	1406.9	937.8	875

10－8 续表 3

指　　标	主营业务收　入	主营业务成　本	主营业务税金及附加	营业费用	管理费用
有限责任公司	2424627.4	1843069	22580.9	160924.2	162273.5
国有独资公司	238992.4	186675.7	2357.9	6352.4	14196
其他有限责任公司	1299763.3	941353.2	15217.1	103797.3	108871.4
私营有限责任公司	355792.6	263356.5	4251.6	34217.4	17266.7
合资经营企业(港或澳、台资)	49048.8	44769.9	321.7	759.7	1961.8
中外合资经营企业	481030.3	406913.7	432.6	15797.4	19977.6
二、在总计中:亏损企业	504887.2	445796.2	4857.1	20749.3	54155.5
在总计中:国有控股企业	2928408.5	1787762.2	515098.9	138373.1	177570.3
在总计中:农村工业	302536.5	252722	3166	17243.8	10935.9
在总计中:轻工业	2378407.8	1245885	507263.9	170303.5	144063.1
以农产品为原料	2040990.2	992250.2	505926.2	147713.9	117913.7
以非农产品为原料	337417.6	253634.8	1337.7	22589.6	26149.4
重工业	3651106.8	2908276.3	35095.7	183343.3	228589.9
采掘工业	66368.3	44970.7	1900	541	3747.4
原料工业	888264.9	774965.4	15460.7	15370.5	17636.1
加工工业	2696473.6	2088340.2	17735	167431.8	207206.4
三、在总计中:大型企业	3158233.3	1896831.5	508081.7	180952.1	175189.3
中型企业	2871281.3	2257329.8	34277.9	172694.7	197463.7
四、按工业行业大类分组					
(一)采矿业	66368.3	44970.7	1900	541	3747.4
1.煤炭开采和洗选业	66368.3	44970.7	1900	541	3747.4
2.石油和天然气开采业					
3.黑色金属矿采选业					
4.有色金属矿采选业					
5.非金属矿采选业					
6.其他采矿业					
(二)制造业	5468709.7	3665531.7	538112.9	350639.2	359509
1.农副食品加工业	28422.5	23304.1	57.8	1812.4	3269.7
2.食品制造业	261077.6	196394.5	1810.6	9267	12929.2
3.饮料制造业	61738.3	38170.8	2330.7	11853	7682
4.烟草制品业	1152516.7	344612.7	498245.7	66584.7	63426.7
5.纺织业	104644.1	88039.5	336	7047.6	6236.7
6.纺织服装、鞋、帽制造业	55546.1	43418.5	1376.4	4457.9	2870.6
7.皮革、毛皮、羽毛(绒)及其制品业	13516	11791		272.9	342.5
8.木材加工及木、竹、藤、棕、草制品业	6768.9	5656.1		309.6	1216
9.家具制造业	11902	9618.2		1353.4	426.2
10.造纸及纸制品业	9369.4	8227.1	30.6		387.1
11.印刷业和记录媒介的复制	121313.5	80571.3	209.4	1583.5	8410.5
12.文教体育用品制造业					
13.石油加工、炼焦及核燃料加工业					
14.化学原料及化学制品制造业	297046.8	235396	1916.5	11223.5	18898.4
15.医药制造业	165402.1	91716.9	1444.4	42605	10251
16.化学纤维制造业					
17.橡胶制品业					
18.塑料制品业	29628.4	20141.9	326.4	665.8	2593.6
19.非金属矿物制品业	185260.5	163047.1	649.7	7195.7	9650.5
20.黑色金属冶炼及压延加工业					
21.有色金属冶炼及压延加工业	329620.7	269466.1	11830.9	11841.5	8705.8
22.金属制品业	17865.9	15299.6	45	434.3	2074.7
23.通用设备制造业	333527.4	248506.2	1102	27378	40603.5
24.专用设备制造业	849319.2	597683.8	7217.3	74231	68930.3
25.交通运输设备制造业	501832.6	458636.5	6619.3	13969.7	14789.4
26.电气机械及器材制造业	283038.7	211773.4	1282.4	22223.4	33538.6
27.通信设备、计算机及其他电子设备制造业	575771.7	461670.3	1101	25508.3	34629.8
28.仪器仪表及文化、办公用机械制造业	73580.6	42390.1	180.8	8821	7646.2
29.工艺品及其他制造业					
30.废弃资源和废旧材料回收加工业					
(三)电力、燃气及水的生产和供应业	494436.6	443658.9	2346.7	2466.6	9396.6
1.电力、热力的生产和供应业	434311.1	399121.9	1716.5	1233.4	888.9
2.燃气生产和供应业	28753.3	21646.5	432.6	116.6	2945
3.水的生产和供应业	31372.2	22890.5	197.6	1116.6	5562.7

单位:万元

财务费用	利息支出	利润总额	亏损企业亏损总额	利税总额	本年应付工资总额	本年应交增值税	全部从业人员年平均人数(人)
50191.9	48988.1	157732.9	4932	266869.5	117607.2	86555.7	61698
7541.8	6981.4	2942.5	1904.3	10318.1	16807.3	5017.7	12007
32183.6	30742	98846.2	2773.7	175623	66318.4	61559.7	31971
1503.7	1353.5	20060.3	250.4	37961.9	19873.9	13650	9223
192.2	243.4	859.4	3.6	1523.3	2798.7	342.2	1920
8770.6	9667.8	35024.5		41443.2	11808.9	5986.1	6577
15310	14177.1	-33286.8	33286.8	-12696.3	35370.2	15733.4	22884
30092.7	27553.8	255604.2	10603.3	1026655.8	139618.2	255952.7	59623
3983.1	3633.4	14006.2	990.4	30077.5	18120.5	12905.3	16453
12505.7	10605.1	254067.6	2495.5	953884.5	92034.4	192553	36211
6940.9	6990.1	235936.4	2486.8	921595	74331.3	179732.4	26910
5564.8	3615	18131.2	8.7	32289.5	17703.1	12820.6	9301
65516.9	62627.8	201235.5	30791.3	408557.4	176076.9	172226.2	95860
891.1	891.1	4386		9946	10306	3660	8948
8168.4	8509.4	54449.1	5394.5	145002.7	26656.8	75092.9	14502
56457.4	53227.3	142400.4	25396.8	253608.7	139114.1	93473.3	72410
41798.9	41649.5	313530.9	3041.5	1083052.3	111488.3	261439.7	43667
36223.7	31583.4	141772.2	30245.3	279389.6	156623	103339.5	88404
891.1	891.1	4386		9946	10306	3660	8948
891.1	891.1	4386		9946	10306	3660	8948
75224.4	71890	408302.4	33286.8	1241225	243491.4	294809.7	117544
1312.2	1290	3266.5		3428.6	948.6	104.3	665
3050.9	3056.5	20701.3	70	32484	9573	9972.1	7545
193	197.2	-560.7	1668.2	5543.2	4126.4	3773.2	1488
-243.1	-262.8	179027.8		818329.9	28000	141056.4	2130
1016	1135.5	1675.3	748.6	4319.6	7694.1	2308.3	4554
239	229.2	2810		6046.6	4680	1860.2	2680
88.9	88.9	1019.8		2166.8	943.7	1147	906
789.1	788	-800	800	-796.7	1349.9	3.3	1148
19.1	19.1	485.1		920.4	534.3	435.3	308
0.4		725.4		1062.1	510.7	306.1	384
623.8	756.1	21341.4		28982.2	5720	7431.4	2904
6253.4	4806.4	13539.9		22685.7	11641.3	7229.3	8108
36.3	-41.2	5401.2		17766.9	11717.5	10921.3	3129
-44.7	-26.4	10438.3		12189	2308.2	1424.3	2104
4477.9	4048.6	-1176.2	6025.3	5647.6	12403.8	6174.1	10560
5238.9	5420.2	12728.9	1904.3	30813.2	6188.8	6253.4	3524
150.9	144	244.8	6.6	683.5	2821	393.7	2044
3242	1970.4	12833.4	2514.2	27671.9	25938	13736.5	11767
25656	25797.1	82613.1		135509.7	52660.8	45679.3	20254
4491.3	4048.5	9785.8	1336.3	24524.5	14878.6	8119.4	12198
4513.7	4161.6	-2039.7	11883.4	10603	17422.4	11360.3	7467
13758	13990	22222.3	6329.9	31541.7	18803.6	8218.4	9637
361.4	273.1	12018.7		19101.6	2626.7	6902.1	2040
1907.1	451.8	42614.7		111270.9	14313.9	66309.5	5579
-126.4	65.5	36775		103171.3	8864.2	64679.8	3233
370.4	386.3	5610.3		6161.7	2702.2	118.8	853
1663.1		229.4		1937.9	2747.5	1510.9	1493

10－9 主要能源按行业分组消费量(2005年)

行业	能源合计(吨标准煤)	原煤(吨)	洗精煤(吨)	其他洗煤(吨)	型煤(吨)	焦炭(吨)	其他煤气(万立方米)	天然气(万立方米)
总计	**4673860**	**4327171.94**	**12442.00**	**123.42**	**1779.88**	**129620.77**	**951.78**	**3716.56**
采矿业	260749	280802.06				51.10		
煤炭开采和洗选业	219544	232945.70						
黑色金属矿采选业	3152	3503.00						
有色金属矿采选业	9502	12960.00				23.50		
非金属矿采选业	28551	31393.36				27.60		
制造业	4250038	3970417.60		123.42	1779.88	129569.67	951.78	1535.56
农副食品加工业	49815	41095.09			252.50	557.00		20.01
食品制造业	103855	88122.67				4671.00		
饮料制造业	100052	105173.20						
烟草制品业	34137	19257.00						
纺织业	73881	82085.84						
纺织服装、鞋、帽制造业	14465	13038.75			60.00			
皮革、毛皮、羽毛(绒)及其制品业	12006	14767.62						
木材加工及木、竹、藤、棕、草制品业	54509	69597.25						
家具制造业	7613	7362.80						
造纸及纸制品业	217889	284905.72						
印刷业和记录媒介的复制	24263	16450.00						15.00
文教体育用品制造业	1667	126.00						
石油加工、炼焦及核燃料加工业	3103	2196.00						
化学原料及化学制品制造业	522928	571872.38			12.10	23036.52		88.00
医药制造业	125650	149651.53			0.83			3.00
化学纤维制造业	2401	1500.00						
橡胶制品业	9241	9984.40						
塑料制品业	59164	52311.20			3.90			90.00
非金属矿物制品业	1469174	1783574.28				1980.00		
黑色金属冶炼及压延加工业	17068	10366.70			961.95	2025.00		
有色金属冶炼及压延加工业	295064	153771.90				5994.45	187.00	163.00
金属制品业	64303	54936.39			275.60	1114.41		
通用设备制造业	153279	101524.60		123.42		40417.55		108.61
专用设备制造业	240359	105654.03			155.00	46596.83	4.23	
交通运输设备制造业	134935	105755.22				335.00		186.94
电气机械及器材制造业	66548	56654.22			58.00	2727.91		
通信设备、计算机及其他电子设备制造业	380720	61972.11					728.45	861.00
仪器仪表及文化、办公用机械制造业	7920	2061.00				100.00		
工艺品及其他制造业	4029	4649.70				14.00	32.10	
电力、燃气及水的生产和供应业	163073	75952.28	12442.00					2181.00
电力、热力的生产和供应业	43448	52980.18						
燃气生产和供应业	98138	22302.70	12442.00					2181.00
水的生产和供应业	21487	669.40						

液化天然气（吨）	汽油（吨）	煤油（吨）	柴油（吨）	燃料油（吨）	液化石油气（吨）	其他石油制品（吨）	热力（百万千焦）	电力（万千瓦时）	其他燃料（吨标准煤）
81089.25	**100380.90**	**4709.90**	**270358.27**	**105611.20**	**12417.38**	**24546.47**	**90896.31**	**400474.43**	**1042.78**
	671.83	23.00	2748.42					44897.95	
	557.83	17.00	997.29					41433.70	
	8.75		104.50					394.86	
	6.25		7.00					167.89	
	99.00	6.00	1639.63					2901.50	
65128.63	97197.69	4686.90	265341.72	105611.20	5693.68	24546.47	90896.31	337622.64	1042.78
	2731.82	4.00	4369.64		28.85			7360.66	24.00
75.22	857.30	23.20	5285.44	8730.00	2874.50			8030.35	
	2253.85		7809.59					8350.55	
			9644.00					5155.00	
	737.95	8.86	918.58		66.00		85472.26	7979.67	
	588.35	5.00	1765.20					1361.56	
	145.95		171.30					811.80	
	232.26	30.00	524.26					2983.36	
	131.89		1132.21					416.39	
	978.04	8.00	1631.45		480.00	2.18		7984.55	
	1143.16	4.27	4096.13		100.00	53.00		3598.35	
	702.00							442.70	
	49.00		880.35			40.00		105.21	
3.80	13088.72	48.00	11354.90	238.00		1883.00		42638.72	40.28
12.10	1100.59	5.30	6594.24		6.00	1.06	5297.00	5938.46	11.00
	20.00							575.00	594.00
	107.61		266.50					1274.05	
	1283.16	1.50	4522.65		1.00	1194.50		8635.92	2.00
613.58	11630.30	99.20	50010.85		909.00	607.50		81562.64	
	32.35		24.00			2007.00		3608.50	48.00
249.62	28538.43	124.24	25613.51	34184.20	936.00	7740.00		29231.88	
	5066.06	3852.00	3721.63			2.00		4297.25	
	5851.37	110.63	10761.16		10.67	673.40		11809.28	179.50
1.30	4458.21	109.27	24642.72	33033.00	238.07	8873.83		14560.27	144.00
508.86	6598.39	164.88	21372.37		6.89	1469.00		10373.19	
	4698.29	1.55	5837.40					6502.15	
63664.15	2571.89	87.00	61212.90	29426.00			127.05	59827.22	
	1541.50		1163.74					1942.56	
	59.25		15.00		36.70			265.40	
15960.62	2511.38		2268.13		6723.70			17953.84	
	2031.57		1027.30					923.00	
15960.62	173.06		1152.47		6723.70			408.60	
	306.75		88.36					16622.24	

11 运输和邮电

长沙统计年鉴

11－1 1995－2005年全社会客、货运输量

指　　标	单位	1995年	1998年	1999年	2000年	2001年	2002年	2003年	2004年	2005年
一、货物运输量	万吨	6419	5592	5719	5910	7550	8766	10632	11066	10991
#铁　路	万吨	284	238	202	206	188	162	189	196	218
公　路	万吨	5376	4729	4823	4972	6668	7929	9572	9831	9834
水　运	万吨	758	623	691	729	691	671	867	1035	934
民用航空	万吨	1	2	3	3	3	4	4	4	5
#交通系统	万吨	1190	906	900	822	778	615	663	675	682
非交通系统	万吨	2775	2194	2194	1999	3041	5535	6645	6806	10309
私　人	万吨	2454	2492	2625	3089	3731	2616	3324	3585	-
货物周转量	万吨公里	601306	1003979	1012121	1404785	1396492	799550	910771	1011770	1003793
#公　路	万吨公里	306737	291993	297834	308200	322125	434100	445990	446428	447386
水　运	万吨公里	288791	707615	711818	1094511	1072216	58837	69841	124605	99596
二、旅客运输量	万人	8935	8393	8706	9052	8578	10032	10609	11580	10895
#铁　路	万人	785	802	918	981	1070	984	942	1187	1218
公　路	万人	8021	7435	7568	7825	7242	8743	9351	10003	9228
水　运	万人	44	35	42	43	44	45	17	9	7
民用航空	万人	85	121	178	203	222	260	299	380	442
#交通系统	万人	2623	2125	2110	2387	2529	2582	2586	3156	3515
非交通系统	万人	2318	2309	1991	1713	1723	3149	4120	4139	7380
私　人	万人	3994	3959	4605	4952	4326	4301	3903	4285	-
旅客周转量	万人公里	348951	356823	341458	348315	398125	739488	835591	978328	995729
#公　路	万人公里	267579	280597	267799	275029	322154	393873	457038	496035	469947
水　运	万人公里	6325	6554	6363	3580	3094	4103	2362	1459	1211

注：2005年因交通运输非交通系统与私人数据分不开，故非交通系统数据包括了私人。

11－2 1995－2005年专业交通运输情况

指标	单位	1995年	1998年	1999年	2000年	2001年	2002年	2003年	2004年	2005年
货运量	万吨	1190	906	900	822	791	615	664	675	682
铁路	万吨	284	238	202	206	188	162	189	196	218
公路	万吨	371	257	232	215	239	276	328	334	333
水运	万吨	535	409	463	398	361	173	143	141	126
民用航空	万吨		2	3	3	3	4	4	4	5
货物周转量										
#公路	万吨公里	12084	8866	8829	7650	7829	20895	21243	20536	19008
水运	万吨公里	283408	700328	706026	1084844	1057268	42238	44521	61435	56104
旅客运输量	万人	2623	2125	2110	2387	2528	2582	2586	3156	3515
铁路	万人	785	802	918	981	1070	984	942	1187	1218
公路	万人	1709	1167	1001	1184	1227	1325	1335	1584	1850
水运	万人	44	35	13	19	9	13	10	5	5
民用航空	万人	85	121	178	203	222	260	299	380	442
旅客周转量										
#公路	万人公里	100953	91642	69831	92507	106222	171049	192253	218301	214993
水运	万人公里	6325	6554	1790	1934	1513	2486	1992	1167	1019

11－3 陆运工具情况

单位:辆

指标	2005年		2004年	
	全市	#私人	全市	#私人
一、汽车	190684	126289	161685	97871
1. 载客汽车	149154	104718	120455	78452
2. 载货汽车	38759	20309	39832	19134
3. 其它汽车	2771	1262	1398	285
二、摩托车	221983	215481	216665	206148
1. 普通	216528	210112	210588	200197
2. 轻便	5455	5369	6077	5951
三、农用运输车	14734	14734	14189	14077
1. 三轮	8905	8905	8684	8652
2. 四轮	5829	5829	5505	5425
四、拖拉机	8759	8759	8320	8320
1. 大型	20	20	20	20
2. 小型	8739	8739	8300	8300
五、挂车	607	155	775	234
六、其它类型车			630	330

注:按照公安部门最新表式,2005年其它类型车归类到汽车中的其它汽车中。

11－4 市区专业运输部门旅客发送量(2005年)

单位:万人

指标	合计	一季度	二季度	三季度	四季度
总计	**4031.6**	**1159.48**	**904.76**	**1033.28**	**934.08**
铁路	1218.4	276.4	271.2	387.7	283.1
公路	2584.83	836.32	578.02	580.23	590.26
水运	7.7	2.9	2	1.8	1
民航	220.67	43.86	53.54	63.55	59.72

11－5 公路里程与桥梁情况(2005年)

指标	单位	合计	国运公路	省运公路	市县公路	乡公路	专用公路
一、通车里程	公里	5515.57	403	661.95	1801.5	2640.76	8.36
#晴雨里程	公里	5470.77	403	661.95	1801.5	2595.96	8.36
#绿化里程	公里	2955.61	360.94	558.32	1160.96	875.39	
高级、次高级路面	公里	3313.81	403	650.37	1499.76	752.31	8.36
中级路面	公里	2201.77		11.59	301.73	1888.45	
二、常年养护里程	公里	3537.51	403	661.95	1801.49	671.07	
三、桥梁	米	41486.72	17092.69	9241.08	9182.25	5858.4	112.3
	座	998	240	176	346	234	2

注:本表数据未包括村路里程及改造情况。

11－6 邮电网点、邮路及设备情况(2005年)

指　标	单　位	合　计	市　区	长沙县	望城县	浏阳市	宁乡县
一、邮电局、所总计	处	1008	221	128	293	175	191
1. 自办局、所	处	271	70	53	48	48	52
2. 代办所	处	737	151	75	245	127	139
二、其他邮电服务点							
1. 公用电话	处	219836	139445	22639	29552	12684	15516
2. 邮筒信箱	个	1743	270	209	92	746	426
三、邮　路							
1. 单程长度邮路	公里	53609	53609				
2. 农村投递线路	公里	13547		4100	1506	5312	2629
四、邮政设备							
1. 自备火车箱	辆	9	9				
2. 汽车	辆	181	133	14	14	12	8
五、主要电讯设备							
局用交换机容量	门	2167024	1258577	207923	189694	275058	235772
程　控	门	2167024	1258577	207923	189694	275058	235772
用户电话交换机容量	门	135294	119060	8000	5000	1800	1434
程　控	门	135294	119060	8000	5000	1800	1434
接入邮电局交换机的话机	部	2021641	1111588	230202	205664	253803	220384
接入用户交换机的话机	部	91663	79633	6200	4000	850	980

11－7 邮电业务总量(2005年)

指　标	单　位	合　计	市　区	长沙县	望城县	浏阳市	宁乡县
邮电业务总量(2000年不变价格)	万元	802762	512439	87399	69939	62729	70256
邮电业务总量(现价)	万元	479765.3	314162.0	47887.5	38864.0	41605.9	37245.9
函　件	万件	3918.66	2956.42	514.36	203.16	107.04	137.68
机要文件	件	235900	231700		300	1600	2300
包　件	万件	77.59	55.92	7.48	4.82	6.51	2.86
汇　票	万张	100.4	75.8	8.69	4.86	5.96	5.09
订销报纸期发数	万份	55.38	36.18	6.21	3.99	5.14	3.86
订销报纸累计数	万份	7505.17	4705.15	931.41	563.28	745.64	559.69
订销杂志期发数	万份	30.61	20.11	3.22	1.68	2.74	2.86
订销杂志累计数	万份	447.73	291.86	46.63	25.23	41.08	42.93
电　报	万份						
长途电话	万次	38512.16	30567.48	2655.86	1906.65	1839.6	1542.57
# 国际电话	万次	201.25	189.05	5.12	1.27	5.12	0.69
# 港澳台电话	万次	138.52	122.96	3.5	2.17	8.2	1.69
农村通话次数	万次	89643		29376	14513	22100	23654

11－8　长途话报、电路、电话线路、电话用户情况(2005 年)

指　　标	单　位	合　　计	市　区	长沙县	望城县	浏阳市	宁乡县
一、长途电路	路	344925	344925				
二、市内电话电缆长度	皮长公里	67583	59272		2075	3106	3130
三、农村电话电缆长度	皮长公里	16403		3173	3303	4944	4983
四、市话年末到达户数	户	1546208	1358846	44904	30743	65618	46097
五、农话年末到达户数	户	639420	125168	118667	100713	153108	141764
六、全市电话中:其中住宅电话	户	1287034	643870	151164	113112	197947	180941

注:农村电话电缆长度比上年下降较大,主要原因是农网改造由多条小对电缆换 1 条或 2 条大对电缆,另外增加了交换点,拆除了部分电缆用光缆代替。

11－9　1995－2005 年邮电通信网及邮电业务总量

指　　标	单位	1998 年	1999 年	2000 年	2001 年	2002 年	2003 年	2004 年	2005 年
邮电通信网									
年末邮电局、所	处	853	451	706	782	774	782	808	1008
年末邮路长度	公里	41006	40191	53435	55443	68991	48091	48647	53609
年末长话电路	路	52685	62640	79754	101160	128880	131755	143598	172350
年末电报电路	路	200	199						
邮电业务总量									
邮电业务总量	万元	210369	267068	349844	499322	695514	546699	650301	802762
函　　件	万件	5666	8738	8399	13901	17292	18000	3684	3919
报刊期发数	万份	136	154.73	170.55	182.94	164	84	73	86
电　　报	万张	32.67	18.9	14.29	7.1	3	2	0.74	
长途电话	万次	12984.3	14185.42	15348.83	24410.95	25105	28730	31183	38512
年末市话电话	户	445560	561785	729511	816264	856709	1107341	1364821	1546208
年末农话电话	户	118221	184701	355184	448094	507353	491397	526911	639420
年末无线移动电话用户	万户	21.78	35.46	58.78	97.87	146.01	196.79	242.33	316.85

注:函件 2004 年比 2003 年下降较大,主要是邮送广告业务未再开展。

12 国内外贸易、对外经济和旅游

长沙统计年鉴

12－1 历年社会消费品零售总额

单位:万元

年份	全市	市区	县区
1978	77191	45539	31652
1979	95027	56574	38453
1980	112891	66721	46170
1981	123518	73330	50188
1982	133437	77260	56177
1983	150016	88953	61063
1984	184280	113789	70491
1985	243928	159701	84227
1986	284219	187672	96547
1987	335287	222449	112838
1988	441905	299143	142762
1989	482953	331689	151264
1990	513871	363110	150761
1991	564467	404684	159783
1992	649946	469391	180555
1993	819319	592123	227196
1994	1147852	858308	289544
1995	1658020	1256370	401650
1996	1951814	1478084	473730
1997	2273476	1730180	543296
1998	2599228	1969477	629751
1999	2998120	2267977	730143
2000	3492966	2669100	823866
2001	4064366	3105442	958924
2002	4717720	3602472	1115247
2003	5413075	4090296	1322779
2004	6403344	4868325	1535019
2005	7434282	5683053	1751229

注:根据第一次全国经济普查结果对1994－2004年社会消费品零售总额进行了调整。

12－2 分行业社会消费品零售总额

单位:万元

年　　份	全　　市	批发零售贸易业	餐饮业	其　　他
1993	819319	610886	45708	162725
1994	1147852	859649	78355	209848
1995	1658020	1280314	100764	276942
1996	1951814	1485447	123176	343192
1997	2273476	1754880	162508	356088
1998	2599228	1956167	246606	396456
1999	2998120	2210101	339621	448399
2000	3492966	2570810	402656	519500
2001	4064366	3516625	508612	39129
2002	4717720	4063137	612654	41929
2003	5413075	4628513	736867	47696
2004	6403344	5457088	890904	55352
2005	7434282	6267246	1097791	69245

注:根据第一次全国经济普查结果对 1994－2004 年社会消费品零售总额进行了调整。

12－3 限额以上批发零售餐饮业和星级住宿业基本情况(2005年)

指　　标	法人企业数(个)	产业活动单位数(个)	年末从业人数(人)
总　　计	**619**	**1517**	**106753**
批发业	165	291	21548
内资企业	163	288	21200
国有企业	25	29	8640
集体企业	3	7	338
股份合作企业	1	1	22
联营企业	3	3	168
有限责任公司	66	163	6473
股份有限公司	18	32	1416
私营企业	43	49	3278
其他企业	4	4	865
外商投资企业	2	3	348
零售业	204	910	35739
内资企业	198	902	32628
国有企业	15	226	2491
集体企业	6	33	549
股份合作企业	3	4	276
联营企业	2	2	100
有限责任公司	59	311	12852
股份有限公司	16	61	6232
私营企业	90	234	9286
其他企业	7	31	842
港、澳、台商投资企业		2	1521
外商投资企业	6	6	1590
住宿业	97	102	22230
内资企业	90	95	19755
国有企业	32	33	7029
集体企业	7	7	1566
有限责任公司	23	25	4936
股份有限公司	5	6	2436
私营企业	22	23	3668
其他企业	1	1	120
港、澳、台商投资企业	5	5	1109
外商投资企业	2	2	1366
餐饮业	153	214	27236
内资企业	146	168	19412
国有企业	13	21	2736
集体企业	2	2	174
股份合作企业	5	5	523
联营企业		1	82
有限责任公司	32	39	4842
股份有限公司	9	10	726
私营企业	76	81	9615
其他企业	9	9	714
港、澳、台商投资企业	2	2	152
外商投资企业	5	44	7672

12－4 限额以上批发零售贸易业商品购进、销售、库存总额(2005年)

单位:万元

指　　标	购进总额	#进口	销售总额	批发	#出口	零售	年末库存总　额
总　　计	**5611337.6**	**88860.7**	**6703504.1**	**4284057.0**	**494904.7**	**2419447.1**	**788160.5**
一、批发业	3588853.5	85956.0	4015525.0	3661748.6	490765.9	353776.4	375785.1
1、 按登记注册类型分组							
内资企业	3476351.6	57336.1	3901288.5	3547512.8	490765.9	353775.7	370289.8
国有企业	1547614.8	8483.8	1757584.1	1587773.1	290531.3	169811.0	92090.4
集体企业	71376.8		81117.7	80452.7		665.0	9137.3
股份合作企业	1981.0		2634.4	2575.9		58.5	
联营企业	37140.5		34354.3	34354.3			1658.3
有限责任公司	975046.9	46088.3	1039576.4	967696.8	135354.1	71879.6	171160.6
股份有限公司	303501.5	2764.0	371590.4	301674.6	40389.7	69915.8	22056.4
私营企业	449608.4		522635.2	483860.9	24490.8	38774.3	65725.1
其他企业	90081.7		91796.0	89124.5		2671.5	8461.7
外商投资企业	112501.9	28619.9	114236.5	114235.8		0.7	5495.3
2、按国民经济行业分组							
农畜产品批发	82543.2		92357.0	91682.8		674.2	16411.5
食品、饮料及烟草制品批发	927375.2	55729.9	1098998.5	1093204.9	128874.2	5793.6	69190.5
纺织、服装及日用品批发	233851.4	15424.0	283952.9	263052.4	183217.3	20900.5	12845.2
文化、体育用品及器材批发	250326.6		265708.1	257873.6	53973.9	7834.5	13067.4
医药及医疗器材批发	525450.0	2286.0	536369.8	484588.7		51781.1	127560.5
矿产品、建材及化工产品批发	752640.6	2764.0	881918.0	644595.8	39940.0	237322.2	51374.4
机械设备、五金交电及电子产品批发	552112.5	2920.5	559933.7	535891.0	41791.7	24042.7	63141.1
贸易经纪与代理	18252.8		23271.2	23271.2	20000		167.3
其他批发	246301.2	6831.6	273015.8	267588.2	22968.8	5427.6	22027.2

12－4 续表

指标	购进总额	#进口	销售总额	批发	#出口	零售	年末库存总额
二、零售业	2022484.1	2904.7	2687979.1	622308.4	4138.8	2065670.7	412375.4
1、按登记注册类型分组							
内资企业	1876931.3	2904.7	2537007.5	622029.5	4138.8	1914978.0	401004.6
国有企业	60677.7		72023.4	12760.5		59262.9	17077.7
集体企业	12743.2		13161.1	969.8		12191.3	602.9
股份合作企业	28809.6		34158.0	5474.7		28683.3	716.2
联营企业	11477.1		11947.6			11947.6	305.8
有限责任公司	796124.1	452.6	855312.7	134336.5		720976.2	144911.5
股份有限公司	509765.4		996898.7	390229.4	4138.8	606669.3	182438.1
私营企业	442750.2	2452.1	515483.3	77848.2		437635.1	49705.8
其他企业	14584.0		38022.7	410.4		37612.3	5246.6
港、澳、台商投资企业	29430.7		31638.3			31638.3	7587.5
外商投资企业	116122.1		119333.3	278.9		119054.4	3783.3
2、按国民经济行业分组							
综合零售	709680.7		762374.7	24874.9	4138.8	737499.8	126312.5
食品、饮料及烟草制品专门零售	16272.3		30906.0	13931.0		16975.0	2359.4
纺织、服装及日用品专门零售	20176.1		23769.4	933.1		22836.3	2059.1
文化、体育用品及器材专门零售	27835.9		32761.9	2798.8		29963.1	7237.9
医药及医疗器材专门零售	176590.6		199336.2	65073.8		134262.4	103587.2
家用电器及电子产品专门零售	228650.2		225296.8	55796.7		169500.1	25159.6
五金、家具及室内装修材料专门零售	42066.9		45373.2	363.4		45009.8	7401.4
无店铺及其他零售	14139.1		15492.1	1159.6		14332.5	594.0

12－5 星级住宿业和限额以上餐饮业经营情况(2005 年)

单位:万元

指　　标	营业额	客房收入	餐费收入	商品销售收入	其他收入
总　　计	**390677.4**	**95426.0**	**261490.2**	**11794.2**	**21967.0**
一、住宿业	194545.9	89620.4	75749.8	8142.4	21033.3
1. 按登记注册类型分组					
内资企业	164789.8	77893.3	64640.3	7545.9	14710.3
国有企业	56095.3	24882.5	20482.9	5300.4	5429.5
集体企业	11112.6	5280.0	5082.4	2.9	747.3
有限责任公司	33069.3	15953.4	12761.3	86.2	4268.4
股份有限公司	33856.2	13173.2	17360.7	269.6	3052.7
私营企业	29613.7	17807.8	8826.0	1886.8	1093.1
其他企业	1042.7	796.4	127.0		119.3
港、澳、台商投资企业	12863.0	5647.6	3470.6	495.6	3249.2
外商投资企业	16893.1	6079.5	7638.9	100.9	3073.8
2. 按国民经济行业分组					
旅游饭店	181406.6	82778.6	70680.9	7276.1	20671.0
一般旅馆	11702.7	5894.1	4714.6	731.7	362.3
其他住宿服务	1436.6	947.7	354.3	134.6	
二、餐饮业	196131.5	5805.6	185740.4	3651.8	933.7
1. 按登记注册类型分组					
内资企业	144719.0	5805.6	134462.3	3517.4	933.7
国有企业	10686.6	2466.0	7920.8	178.1	121.7
集体企业	1282.0	409.3	870.9		1.8
股份合作企业	2809.5	856.0	1953.5		
联营企业	2501.9		2501.9		
有限责任公司	46510.5	249.8	44932.3	816.8	511.6
股份有限公司	8994.5		8877.2	96.3	21.0
私营企业	67356.5	1824.5	63257.2	2065.1	209.7
其他企业	4577.5		4148.5	361.1	67.9
港、澳、台商投资企业	3394.7		3394.7		
外商投资企业	48017.8		47883.4	134.4	
2. 按国民经济行业分组					
正餐服务	137366.3	4982.6	128615.9	3041.3	726.5
快餐服务	51055.3		50478.6	435.9	140.8
饮料及冷饮服务	224.0		224.0		
其他餐饮服务	7485.9	823.0	6421.9	174.6	66.4

12－6 限额以上连锁零售业、住宿业和餐饮业经营情况(2005年)

指标	单位	合计		直营店		加盟店	
		2005年	2004年	2005年	2004年	2005年	2004年
一、门店总数	个	771	573	564	456	207	117
二、营业面积	平方米	653179	522641	635162	512316	18017	10325
四、经营餐饮业务餐位数	个	9470	8000	9470	8000		
五、从业人数	人	25055	20091	23933	19320	1122	771
六、商品购进总额	万元	824181.5	620504.4	814328.9	615163.2	9852.6	5341.2
其中:统一配送商品购进额	万元	651278.6	520580.7	641426.6	515245.8	9852.0	5334.9
其中:自由配送中心配送商品购进额	万元	650888.4	520133.6	641075.0	514820.8	9813.4	5312.8
非自由配送中心配送商品购进额	万元	390.2	447.1	351.6	425.0	38.6	22.1
七、营业收入	万元	787629.5	652995.9	773485.9	644597.4	14143.6	8398.5
餐费收入	万元	40081.1	40072.1	40081.1	40072.1		
商品销售收入(销售额)	万元	744239.2	609601.7	730095.6	601203.2	14143.6	8398.5
#商品零售额	万元	738368.3	604905.6	724224.7	596507.1	14143.6	8398.5

12－7 限额以上批发零售贸易企业财务状况(2005年)

指　　标	企业数(个)	#亏损企业数(个)	流动资产合计	#存货
总　计	**369**	**147**	**2089963.1**	**554297.7**
一、批发业	165	63	1401952.5	356754.1
1.按登记注册类型分组				
内资企业	163	63	1383703.6	351408.1
国有企业	25	10	574423.9	147621.3
集体企业	3		70814.3	14978.2
股份合作企业	1		1211.4	
联营企业	3		13988.8	1640.5
有限责任公司	66	28	393852.4	95426.5
股份有限公司	18	8	119341.8	36235.3
私营企业	43	17	197426.5	47006.7
其他企业	4		12644.5	8499.6
外商投资企业	2		18248.9	5346.0
2.按国民经济行业分组				
农畜产品批发	4		92773.9	26813.1
食品、饮料及烟草制品批发	26	7	476832.4	112989.3
纺织、服装及日用品批发	9	2	36989.6	9134.4
文化、体育用品及器材批发	7	1	80308.8	25879.0
医药及医疗器材批发	24	15	222869.7	50662.9
矿产品、建材及化工产品批发	32	14	183046.1	55652.0
机械设备、五金交电及电子产品批发	44	15	185016.5	41298.2
贸易经纪与代理	2	2	28486.6	3877.1
其他批发	17	7	95628.9	30448.1
二、零售业	204	84	688010.6	197543.6
1.按登记注册类型分组				
内资企业	198	82	659382.0	194475.5
国有企业	15	5	29110.9	14415.1
集体企业	6	4	1905.1	497.0
股份合作企业	3	2	1866.1	295.6
联营企业	2		1422.9	1359.8
有限责任公司	59	24	323826.9	83926.7
股份有限公司	16	8	116651.1	45315.5
私营企业	90	36	178895.0	44994.9
其他企业	7	3	5704.0	3670.9
外商投资企业	6	2	28628.6	3068.1
2.按国民经济行业分组				
综合零售	38	15	208159.8	57097.9
食品、饮料及烟草制品专门零售	6	5	6740.1	2172.4
纺织、服装及日用品专门零售	9	5	7322.8	804.7
文化、体育用品及器材专门零售	12	4	14545.6	7825.7
医药及医疗器材专门零售	19	10	78108.6	25708.2
汽车、摩托车、燃料及零配件专门零售	73	31	255935.3	73838.4
家用电器及电子产品专门零售	27	9	97274.0	24369.6
五金、家具及室内装修材料专门零售	13	3	13951.5	4730.1
无店铺及其他零售	7	2	5972.9	996.6

单位:万元

年末资产负债					
固定资产原价	累计折旧	#本年折旧	资产总计	负债合计	所有者权益合计
882643.1	**218719.8**	**48728.2**	**3356120.7**	**2364437.1**	**991683.6**
437326.7	107413.0	22485.3	2095694.6	1465750.5	629944.1
435386.6	106969.9	22395.1	2072867.0	1448391.4	624475.6
260592.1	67238.9	14332.4	960786.4	585144.6	375641.8
16215.3	5140.2	567.3	107462.5	97978.1	9484.4
32.2	7.3	1.5	1236.3	1166.4	69.9
554.2	197.8	58.2	14644.8	12187.7	2457.1
59351.8	17248.3	4019.5	534030.5	397487.5	136543.0
85424.7	14277.4	2078.9	222169.6	147822.7	74346.9
12694.9	2431.1	917.3	219675.9	194371.7	25304.2
521.4	428.9	420.0	12861.0	12232.7	628.3
1940.1	443.1	90.2	22827.6	17359.1	5468.5
18668.3	6107.0	1430.0	135561.0	120854.8	14706.2
144947.5	44797.4	8793.6	711093.8	354335.4	356758.4
9839.4	2783.6	397.9	57011.7	39029.6	17982.1
23071.0	12638.0	1921.8	106428.1	69810.3	36617.8
16790.5	4787.9	1190.3	263908.9	224039.2	39869.7
186308.3	23335.6	6982.7	442184.2	317971.6	124212.6
14898.3	4745.5	610.1	203517.9	187472.0	16045.9
6069.8	2134.4	323.5	46588.5	21390.9	25197.6
16733.6	6083.6	835.4	129400.5	130846.7	-1446.2
445316.4	111306.8	26242.9	1260426.1	898686.6	361739.5
386720.9	93283.2	22914.5	1173200.6	864768.9	308431.7
14385.3	5267.9	786.0	39611.0	24469.8	15141.2
2438.2	392.1	11.6	3972.2	5267.6	-1295.4
8368.5	115.1	56.2	10338.4	1263.6	9074.8
2705.8	325.5	108.3	7099.3	6052.2	1047.1
218914.1	45733.4	12201.1	555051.2	431552.2	123499.0
101633.6	29902.9	6340.4	311028.3	212241.5	98786.8
32838.9	8873.2	3388.3	227594.9	168991.7	58603.2
5436.5	2673.1	22.6	18505.3	14930.3	3575.0
58595.5	18023.6	3328.4	87225.5	33917.7	53307.8
270411.6	72050.7	15119.1	535857.4	359125.9	176731.5
6276.7	1578.2	137.5	11993.4	6150.5	5842.9
5423.0	958.2	521.5	14577.9	13659.4	918.5
9041.4	4218.1	619.5	19731.4	10841.8	8889.6
13373.6	4365.3	1319.8	97907.1	74533.3	23373.8
120713.7	23121.9	7908.9	426649.6	315135.3	111514.3
3366.7	1002.1	351.7	109384.6	90068.4	19316.2
10516.7	925.9	201.2	25122.8	11722.3	13400.5
6193.0	3086.4	63.7	19201.9	17449.7	1752.2

12-7 续表1

指标	年末资			
	实收资本	国家资本	集体资本	法人资本
总计	**527621.8**	**152250.2**	**72756.3**	**179671.5**
一、批发业	312803.4	106347.9	67840.9	89607.6
1.按登记注册类型分组				
内资企业	312803.4	106347.9	67840.9	89607.6
国有企业	138281.4	67942.4	60440.0	9573.2
集体企业	5644.2		5292.2	50.0
股份合作企业	51.6		34.0	
联营企业	2498.4	1600.0		445.8
有限责任公司	92188.5	35225.4	1753.9	32242.8
股份有限公司	46678.7	1580.1	320.8	37530.8
私营企业	26855.8			9615.0
其他企业	604.8			150.0
外商投资企业				
2.按国民经济行业分组				
农畜产品批发	14491.3	2939.1	5250.2	6000.0
食品、饮料及烟草制品批发	57899.3	39164.9	7584.4	10491.0
纺织、服装及日用品批发	9896.2	3721.2		4490.5
文化、体育用品及器材批发	36279.1	33899.1		
医药及医疗器材批发	41574.4	13857.4	1000.0	15918.0
矿产品、建材及化工产品批发	102201.2	5483.1	52466.5	29754.8
机械设备、五金交电及电子产品批发	26439.9	2857.6	34.0	7000.0
贸易经纪与代理	12600.0			12600.0
其他批发	11422.0	4425.5	1505.8	3353.3
二、零售业	214818.4	45902.3	4915.4	90063.9
1.按登记注册类型分组				
内资企业	164334.5	37471.5	4915.4	89248.1
国有企业	8104.3	6143.7		1880.6
集体企业	1523.5		1407.5	3.0
股份合作企业	756.0			100.0
联营企业	5613.6	132.6		5481.0
有限责任公司	58971.7	12118.5	328.0	39898.8
股份有限公司	42797.4	19075.9	2400.0	12691.5
私营企业	40722.3	0.8	779.9	27385.2
其他企业	5845.7			1808.0
外商投资企业	50483.9	8430.8		815.8
2.按国民经济行业分组				
综合零售	92964.4	22827.9	3491.9	12210.4
食品、饮料及烟草制品专门零售	6676.9	2614.5		3862.4
纺织、服装及日用品专门零售	890.7		173.0	517.7
文化、体育用品及器材专门零售	4426.6	1732.1		2290.6
医药及医疗器材专门零售	21729.3	3250.0		16594.3
汽车、摩托车、燃料及零配件专门零售	67524.3	15477.0	277.0	37296.8
家用电器及电子产品专门零售	13081.6		293.6	10987.0
五金、家具及室内装修材料专门零售	4633.2	0.8	679.9	3443.3
无店铺及其他零售	2891.4			2861.4

单位:万元

产　负　债			损益及分配		
个人资本	港澳台资本	外商资本	营业收入合计	#主营业务收入	主营业务成本
81716.5	**877.6**	**40349.7**	**6015928.5**	**5977617.2**	**5120716.0**
48907.0	50.0	50.0	3756866.6	3740081.7	3129152.5
48907.0	50.0	50.0	3658924.9	3642140.0	3042962.3
325.8			1725104.5	1710960.2	1431480.6
302.0			70243.4	70243.4	63355.2
17.6			2251.7	2251.7	2082.4
452.6			36001.2	35754.8	33593.6
22916.4		50.0	938734.7	936590.7	872827.7
7197.0	50.0		347097.8	346887.3	163278.1
17240.8			459886.3	459846.6	404476.7
454.8			79605.3	79605.3	71868.0
			97941.7	97941.7	86190.2
302.0			86382.6	86382.6	76365.0
659.0			1090682.3	1076798.8	928436.8
1684.5			224301.9	224301.9	174576.6
2380.0			249693.1	249470.6	176486.9
10799.0			473961.0	473700.8	426073.4
14446.8		50.0	850016.7	849683.3	634045.0
16498.3	50.0		515334.7	513753.7	475028.0
			21731.6	21709.6	17887.1
2137.4			244762.7	244280.4	220253.7
32809.5	827.6	40299.7	2259061.9	2237535.5	1991563.5
32509.5		190.0	2151897.0	2134312.4	1907311.5
80.0			69744.0	69547.2	58481.2
113.0			11857.7	11857.7	10773.7
656.0			2226.9	2214.9	1429.0
			11307.9	11307.9	10796.8
6626.4			801280.6	792282.8	702798.1
8630.0			738155.7	738035.4	666611.3
12366.4		190.0	501610.0	493364.3	442887.0
4037.7			15714.2	15702.2	13534.4
300.0	827.6	40109.7	107164.9	103223.1	84252.0
13306.9	827.6	40299.7	716881.4	704178.8	594563.3
200.0			22557.2	22556.9	21059.7
200.0			13042.6	13028.6	9883.6
403.9			31803.3	31606.5	22343.5
1885.0			178664.3	178664.3	160627.0
14473.5			1015025.2	1014440.5	935823.8
1801.0			217265.4	217265.4	202851.2
509.2			40762.8	40577.3	33011.3
30.0			23059.7	15217.2	11400.1

12－7 续表 2

指　　标	损益			
	主营业务税金及附加	主营业务利　润	其他业务利　润	营业费用
总　　计	**15872.0**	**485012.0**	**54083.0**	**254475.4**
一、批发业	8720.4	280504.2	19406.6	130777.6
1. 按登记注册类型分组				
内资企业	7895.7	269577.4	19354.6	124770.1
国有企业	3361.2	160737.8	11937.8	56742.0
集体企业	92.8	4623.6	306.8	2315.1
股份合作企业	5.9	163.4		16.5
联营企业	28.7	1726.9	-1.5	565.2
有限责任公司	2176.1	50823.9	3082.0	32855.2
股份有限公司	1489.2	28283.0	2950.5	16107.2
私营企业	614.1	15710.9	855.1	10570.9
其他企业	127.7	7507.9	223.9	5598.0
外商投资企业	824.7	10926.8	52.0	6007.5
2. 按国民经济行业分组				
农畜产品批发	88.1	7757.7	306.8	3635.8
食品、饮料及烟草制品批发	3749.2	128663.4	11485.9	35223.1
纺织、服装及日用品批发	211.4	6842.2	540.8	3984.9
文化、体育用品及器材批发	284.6	10980.8	305.5	4720.3
医药及医疗器材批发	348.6	21232.3	1376.9	12514.8
矿产品、建材及化工产品批发	2229.6	59835.9	3146.0	34853.9
机械设备、五金交电及电子产品批发	394.2	20272.1	2090.6	18980.0
贸易经纪与代理	24.7	3797.8	3.4	4468.1
其他批发	1390.0	21122.0	150.7	12396.7
二、零售业	7151.6	204507.8	34676.4	123697.8
1. 按登记注册类型分组				
内资企业	7098.7	185592.1	31252.1	113074.2
国有企业	185.5	5958.2	632.4	4350.3
集体企业	10.7	243.2	457.1	1101.6
股份合作企业	502.0	283.9	109.9	685.1
联营企业	2.7	508.4		136.9
有限责任公司	2507.3	70875.6	14198.5	44217.3
股份有限公司	2063.5	68961.8	9418.6	31444.3
私营企业	1700.3	38227.6	6156.1	30235.6
其他企业	126.7	533.4	279.5	903.1
外商投资企业	52.9	18915.7	3424.3	10623.6
2. 按国民经济行业分组				
综合零售	3551.7	104183.7	26593.2	59569.6
食品、饮料及烟草制品专门零售	30.4	1454.8	331.1	1519.5
纺织、服装及日用品专门零售	49.3	2916.6	37.0	2969.9
文化、体育用品及器材专门零售	138.0	5037.1	310.7	4986.8
医药及医疗器材专门零售	570.1	14838.8	507.0	9042.2
汽车、摩托车、燃料及零配件专门零售	1557.8	57030.2	1464.7	26275.9
家用电器及电子产品专门零售	322.1	11081.8	4655.7	12850.8
五金、家具及室内装修材料专门零售	678.7	6439.2	433.7	5482.6
无店铺及其他零售	253.5	1525.6	343.3	1000.5

单位:万元

及分配					
管理费用	#税　金	#差旅费	#工会经费	财务费用	#利息支出
202841.7	**11588.7**	**6522.8**	**1436.9**	**29988.2**	**22869.5**
112562.8	8943.2	4459.8	980.0	18748.0	14406.6
112189.9	8942.0	4447.1	980.0	18542.1	14406.6
66423.0	7037.9	1031.8	339.1	8664.4	7228.9
3417.3	8.6	131.6	20.1	1013.7	1010.8
122.7	1.7	3.4	1.2		
764.6	14.0	63.6	1.5	44.8	39.0
22256.1	720.2	1585.3	130.4	4199.0	2416.0
10402.2	951.2	583.0	464.9	3201.9	3085.9
7467.9	163.8	560.0	12.7	1383.5	626.0
1336.1	44.6	488.4	10.1	34.8	
372.9	1.2	12.7		205.9	
3823.6	51.9	209.3	23.2	1278.1	1278.1
55057.9	6690.1	973.2	276.0	6088.1	4549.8
3126.5	102.8	69.9	14.0	1168.3	795.6
7478.8	204.8	71.0	62.0	26.9	299.2
11072.7	299.6	1218.2	45.3	957.9	578.8
16461.8	407.4	904.7	465.6	7089.1	6175.9
8658.0	316.7	863.1	47.6	915.8	149.5
2822.2	786.7	31.7	14.6	205.4	188.3
4061.3	83.2	118.7	31.7	1018.4	391.4
90278.9	2645.5	2063.0	456.9	11240.2	8462.9
80719.5	2250.5	1978.8	428.1	10993.6	8365.4
3681.9	75.1	80.5	35.3	366.4	340.4
472.7	21.3	3.0	4.6	82.8	82.7
143.5				31.3	
152.4		1.1		89.3	
39342.9	763.7	667.4	142.2	6665.0	5350.6
22733.4	975.9	308.5	173.6	1882.0	1469.8
13141.0	400.1	915.6	71.8	1793.2	1064.5
1051.7	14.4	2.7	0.6	83.6	57.4
9559.4	395.0	84.2	28.8	246.6	97.5
56010.4	1626.7	514.5	256.8	6331.1	5585.2
1225.3	38.8	19.1	12.8	77.9	76.7
921.7	38.3	22.6	1.3	52.4	49.0
2488.5	137.9	72.9	23.4	35.5	8.9
5704.6	98.4	541.7	18.5	922.6	535.1
15736.2	491.1	630.9	101.6	2655.7	1744.7
5476.5	84.0	162.5	27.2	932.5	373.2
723.0	39.3	44.4	15.0	155.9	25.1
1992.7	91.0	54.4	0.3	76.6	65.0

12－7 续表3

指　　标	损　益　及　分			
	营业利润	利润总额	应交所得税	劳动、失业保险费
总　　计	**79220.3**	**87366.0**	**29496.4**	**15521.8**
一、批发业	56028.5	60189.4	21597.0	9916.9
1.按登记注册类型分组				
内资企业	51636.0	55808.9	21597.0	9916.9
国有企业	52999.7	57040.9	19057.7	6709.1
集体企业	356.1	689.7		625.4
股份合作企业	24.2	26.2	8.6	0.5
联营企业	350.8	630.6	163.3	17.7
有限责任公司	－3584.7	3969.3	1585.7	1624.3
股份有限公司	2151.7	－5138.1	588.9	627.2
私营企业	－1526.4	－1424.1	189.5	206.1
其他企业	864.6	14.4	3.3	106.6
外商投资企业	4392.5	4380.5		
2.按国民经济行业分组				
农畜产品批发	1826.4	1396.2		778.6
食品、饮料及烟草制品批发	52058.4	56972.5	16424.3	5972.6
纺织、服装及日用品批发	－718.9	824.8	315.6	169.9
文化、体育用品及器材批发	1885.7	3544.9	1519.7	759.2
医药及医疗器材批发	－803.3	－1000.4	204.6	365.8
矿产品、建材及化工产品批发	5396.2	724.7	1966.4	887.3
机械设备、五金交电及电子产品批发	－5231.2	－3060.7	791.4	617.7
贸易经纪与代理	－3694.5	－3743.1		27.3
其他批发	5309.7	4530.5	375.0	338.5
二、零售业	23191.8	27176.6	7899.4	5604.9
1.按登记注册类型分组				
内资企业	21281.4	23093.9	5887.0	5438.4
国有企业	－1180.2	531.9	158.8	337.3
集体企业	－24.6	－55.8	3.0	230.5
股份合作企业	－466.1	－104.1		41.2
联营企业	129.8	137.9		29.9
有限责任公司	612.3	6616.2	1087.7	2106.7
股份有限公司	22806.1	16649.4	3654.8	2249.3
私营企业	629.6	846.0	982.7	437.7
其他企业	－1225.5	－1527.6		5.8
外商投资企业	1910.4	4082.7	2012.4	166.5
2.按国民经济行业分组				
综合零售	10786.4	18046.2	5027.8	3649.3
食品、饮料及烟草制品专门零售	－1025.9	－757.5	1.0	18.1
纺织、服装及日用品专门零售	－990.4	－1022.3		139.1
文化、体育用品及器材专门零售	－1791.9	150.8	160.7	297.5
医药及医疗器材专门零售	395.1	362.7	234.0	265.7
汽车、摩托车、燃料及零配件专门零售	19385.8	12882.0	2149.5	895.3
家用电器及电子产品专门零售	－2942.0	－1964.9	131.2	173.8
五金、家具及室内装修材料专门零售	575.6	1040.7	136.0	108.8
无店铺及其他零售	－1200.9	－1561.1	59.2	57.3

单位:万元

配	工资、福利费、增值税			全部从业人员年平均人数(人)
住房公积金和住房补贴	本年应付工资总额	本年应付福利费总额	本年应交增值税	
4167.4	**79232.7**	**11164.7**	**88538.2**	**51195**
3558.2	41824.4	5857.0	42808.2	20453
3558.2	40827.2	5799.2	42808.2	20132
2700.6	21201.4	2462.7	32170.1	9290
48.6	1209.9	118.0	590.9	336
14.4	53.8	2.4	49.0	22
	225.1	30.4	225.3	146
562.1	10519.1	1727.2	5679.5	6073
224.5	4580.3	875.2	1737.7	1435
8.0	2232.9	476.2	1737.5	2167
	804.7	107.1	618.2	663
	997.2	57.8		321
67.5	1410.3	467.9	556.5	654
2621.6	14289.3	1677.5	22180.4	5939
54.8	1488.3	196.9	5973.8	723
112.2	3409.9	496.9	2297.4	826
46.2	3885.4	481.1	3163.9	2700
293.3	7559.5	1052.1	5025.7	4603
230.7	4425.4	770.6	2996.9	3490
21.7	1103.0	414.6	5.0	261
110.2	4253.3	299.4	608.6	1257
609.2	37408.3	5307.7	45730.0	30742
516.9	34620.0	4964.5	43091.5	29138
172.3	1907.7	299.1	945.8	1858
	182.2	16.7	43.1	510
	71.8	7.8	15.1	105
	180.4	0.2	22.0	100
252.5	12447.2	2148.7	7749.8	11917
42.1	9403.1	1334.7	10130.9	5617
50.0	9627.3	1043.7	23981.3	8633
	800.3	113.6	203.5	398
92.3	2788.3	343.2	2638.5	1604
153.4	18867.7	2751.4	10332.1	16590
20.2	868.4	109.1	356.1	343
	775.3	283.0	210.6	640
151.1	1697.4	230.5	1129.0	939
28.5	3808.4	481.5	2297.9	4025
210.7	6156.3	870.2	12126.7	4024
45.3	2672.3	314.2	18399.0	2444
	1077.7	106.0	612.5	975
	1484.8	161.8	266.1	762

12－8 星级住宿业和限额以上餐饮业企业财务状况(2005年)

指标	企业数(个)	#亏损企业数(个)	流动资产合计	#存货
总计	**250**	**129**	**187651.3**	**16196.6**
一、住宿业	97	65	145886.7	9841.1
1.按登记注册类型分组				
内资企业	90	60	130889.2	8363.8
国有企业	32	19	26488.8	2928.3
集体企业	7	3	12064.4	573.9
有限责任公司	23	19	34424.9	2650.4
股份有限公司	5	4	47957.9	1128.9
私营企业	22	15	9891.1	1051.0
其他企业	1		62.1	31.3
港、澳、台商投资企业	5	4	5884.4	729.6
外商投资企业	2	1	9113.1	747.7
2.按国民经济行业分组				
旅游饭店	84	56	139864.5	8739.8
一般旅馆	10	6	3949.3	938.3
其他住宿服务	3	3	2072.9	163.0
二、餐饮业	153	64	41764.6	6355.5
1.按登记注册类型分组				
内资企业	146	61	40368.7	5819.8
国有企业	13	8	4223.9	573.0
集体企业	2	1	25.1	18.2
股份合作企业	5	2	461.4	72.6
有限责任公司	32	17	17974.2	2056.0
股份有限公司	9	1	1040.5	253.5
私营企业	76	28	15781.0	2625.1
其他企业	9	4	862.6	221.4
港、澳、台商投资企业	2		138.0	39.6
外商投资企业	5	3	1257.9	496.1
2.按国民经济行业分组				
正餐服务	144	59	34836.2	5728.5
快餐服务	5	2	2305.8	568.5
饮料及冷饮服务	1		292.0	36.9
其他餐饮服务	3	3	4330.6	21.6

单位:万元

年末资产负债					
固定资产原价	累计折旧	#本年折旧	资产总计	负债合计	所有者权益合计
837164.6	**218331.2**	**48971.6**	**955648.0**	**609033.0**	**346615.0**
741304.5	191620.5	44412.1	818742.4	519495.0	299247.4
605306.5	155324.8	38169.9	693498.1	455676.1	237822.0
222716.6	60503.2	23648.1	218384.5	115497.8	102886.7
31862.7	9490.7	1376.2	55468.1	45308.4	10159.7
138436.2	30796.2	5490.6	169997.7	130054.4	39943.3
145728.9	39170.1	3937.0	168674.9	118461.6	50213.3
66387.2	15296.8	3684.3	80392.7	45367.5	35025.2
174.9	67.8	33.7	580.2	986.4	-406.2
64808.0	16843.8	2375.9	61169.7	37655.1	23514.6
71190.0	19451.9	3866.3	64074.6	26163.8	37910.8
701315.3	186799.4	42587.9	771369.0	490981.3	280387.7
37467.1	4210.0	1575.7	43389.5	28101.0	15288.5
2522.1	611.1	248.5	3983.9	412.7	3571.2
95860.1	26710.7	4559.5	136905.6	89538.0	47367.6
68591.0	18916.2	4354.5	114121.2	71073.1	43048.1
22104.9	6925.3	673.7	20345.6	13417.9	6927.7
552.5	144.2	37.2	741.1	141.7	599.4
696.7	12.9	10.3	1147.4	443.1	704.3
20812.4	6262.7	1175.0	42829.8	33595.4	9234.4
3654.0	145.9	79.1	5703.2	1838.7	3864.5
19448.7	5186.4	2193.4	40610.1	20445.6	20164.5
1321.8	238.8	185.8	2744.0	1190.7	1553.3
5825.2	359.6	197.7	5680.6	5782.8	-102.2
21443.9	7434.9	7.3	17103.8	12682.1	4421.7
70797.8	18370.4	4198.3	110360.1	70499.8	39860.3
23951.7	7996.9	44.5	20779.3	14566.2	6213.1
106.0			398.0	250.0	148.0
1004.6	343.4	316.7	5368.2	4222.0	1146.2

12－8 续表1

指　　标	年末资			
	实收资本	国家资本	集体资本	法人资本
总　　计	**361555.1**	**183052.4**	**37725.0**	**97201.1**
一、住宿业	313406.2	175705.6	36685.0	72850.0
1.按登记注册类型分组				
内资企业	265939.6	162979.7	36685.0	54870.0
国有企业	145186.9	102577.6	550.0	42059.3
集体企业	7705.7	5827.1	30.0	378.8
有限责任公司	50490.9	30500.0	11900.0	5360.0
股份有限公司	42484.0	17284.0	24000.0	1200.0
私营企业	19872.1	6791.0	205.0	5871.9
其他企业	200.0			
港、澳、台商投资企业	28506.6	12725.9		8980.0
外商投资企业	18960.0			9000.0
2.按国民经济行业分组				
旅游饭店	295193.1	175208.4	36685.0	60835.8
一般旅馆	14973.1	497.2		8814.2
其他住宿服务	3240.0			3200.0
二、餐饮业	48148.9	7346.8	1040.0	24351.1
1.按登记注册类型分组				
内资企业	41187.9	7346.8	1040.0	21867.4
国有企业	8456.6	5614.4		2622.2
集体企业	724.1			319.1
股份合作企业	890.0		110.0	780.0
有限责任公司	10181.1	1300.0	700.0	6496.3
股份有限公司	594.2		200.0	313.3
私营企业	19373.0	432.4	30.0	11120.3
其他企业	968.9			216.2
港、澳、台商投资企业	250.0			
外商投资企业	6711.0			2483.7
2.按国民经济行业分组				
正餐服务	40981.0	7046.8	830.0	21697.4
快餐服务	6757.9	300.0		2653.7
饮料及冷饮服务	110.0		110.0	
其他餐饮服务	300.0		100.0	

单位:万元

产负债			损益及分配		
个人资本	港澳台资本	外商资本	营业收入合计	#主营业务收入	主营业务成本
20868.6	**16845.5**	**5862.5**	**378512.0**	**370543.0**	**151187.9**
9609.9	16845.5	1710.2	187140.7	185263.0	51877.9
9609.9	1795.0		155622.6	154082.2	44846.2
			57195.3	56608.5	15562.9
1469.8			11079.5	11059.5	2828.4
1230.9	1500.0		33743.4	33741.5	9064.0
			34181.6	33439.4	12575.4
6709.2	295.0		18380.6	18309.9	4729.8
200.0			1042.2	923.4	85.7
	5090.5	1710.2	14287.7	14287.7	4237.6
	9960.0		17230.4	16893.1	2794.1
3908.2	16845.5	1710.2	173482.0	171625.9	48013.0
5661.7			12098.9	12077.3	3312.9
40.0			1559.8	1559.8	552.0
11258.7		4152.3	191371.3	185280.0	99310.0
10933.7			143078.6	137121.7	78255.3
220.0			10526.7	10216.8	4375.9
405.0			1282.0	1282.0	519.6
			2849.8	2849.8	1689.8
1684.8			46686.5	41834.0	23335.0
80.9			9905.7	9905.7	6060.4
7790.3			66907.7	66181.1	39358.1
752.7			4920.2	4852.3	2916.5
250.0			3394.7	3394.7	1976.8
75.0		4152.3	44898.0	44763.6	19077.9
11058.7		348.1	136066.6	134822.0	77502.4
		3804.2	47980.2	47980.2	21026.3
			224.0	224.0	78.4
200.0			7100.5	2253.8	702.9

12－8 续表 2

指　　标	损益			
	主营业务税金及附加	主营业务利　润	其他业务利　润	营业费用
总　　计	**16146.6**	**183931.5**	**3242.2**	**105857.4**
一、住宿业	9990.1	112645.1	1711.2	53485.5
1.按登记注册类型分组				
内资企业	8354.4	90150.0	1398.7	46342.0
国有企业	2872.4	35592.4	387.0	17027.7
集体企业	589.9	7312.7	3.5	3415.3
有限责任公司	1924.9	20822.9	3.1	15282.9
股份有限公司	1881.1	18982.8	897.4	4229.9
私营企业	1025.7	6662.0	80.5	5994.4
其他企业	60.4	777.2	27.2	391.8
港、澳、台商投资企业	737.0	9294.8	17.8	3344.4
外商投资企业	898.7	13200.3	294.7	3799.1
2.按国民经济行业分组				
旅游饭店	9223.6	103957.3	1699.4	47850.0
一般旅馆	680.4	7766.1	11.8	4742.4
其他住宿服务	86.1	921.7		893.1
二、餐饮业	6156.5	71286.4	1531.0	52371.9
1.按登记注册类型分组				
内资企业	6002.3	47443.8	1660.5	33643.7
国有企业	349.6	5476.1	54.7	4005.3
集体企业	76.4	579.4		392.2
股份合作企业	74.0	1086.0		782.8
有限责任公司	1715.9	14054.2	433.8	12047.6
股份有限公司	455.8	3305.5	84.0	1852.4
私营企业	3163.2	21174.2	1048.0	14105.8
其他企业	167.4	1768.4	40.0	457.6
港、澳、台商投资企业	93.2	1324.7		589.9
外商投资企业	61.0	22517.9	－129.5	18138.3
2.按国民经济行业分组				
正餐服务	5884.3	46015.1	1700.7	31667.1
快餐服务	85.6	23761.4	－169.8	18646.1
饮料及冷饮服务	11.2	134.4		58.6
其他餐饮服务	175.4	1375.5	0.1	2000.1

单位:万元

及分配					
管理费用	#税　金	#差旅费	#工会经费	财务费用	#利息支出
101401.8	**2440.1**	**702.0**	**340.6**	**16366.9**	**8630.1**
82235.8	1732.8	460.3	304.5	14409.8	7656.5
68600.3	1565.6	456.4	283.1	11829.7	6759.6
26788.5	1027.0	315.5	88.1	2583.0	1781.0
2566.6	1.6	3.1	6.9	1067.2	420.2
17239.2	257.3	90.7	116.1	2431.8	1494.1
12253.7	71.8	11.4	37.6	4828.8	2634.9
9393.1	207.9	35.3	32.8	906.9	428.4
359.2		0.4	1.6	12.0	1.0
6176.7	137.2	3.9	21.4	931.5	896.9
7458.8	30.0			1648.6	
78547.6	1645.8	455.7	280.8	13092.7	6451.4
3430.1	86.2	4.6	23.7	1308.2	1200.2
258.1	0.8			8.9	4.9
19166.0	707.3	241.7	36.1	1957.1	973.6
15489.5	697.0	193.2	34.6	1617.8	763.7
2672.1	6.9	25.0	2.2	110.0	61.4
174.8	3.4		0.2	0.9	0.1
245.2	0.3	0.7		4.9	
4849.9	190.4	66.7	16.2	517.0	281.8
627.5	121.8			42.6	0.8
6128.0	362.2	100.8	16.0	925.8	419.6
792.0	12.0			16.6	
247.5				5.0	
3429.0	10.3	48.5	1.5	334.3	209.9
15285.0	666.2	225.3	32.0	1522.0	761.2
3648.3	41.1	16.4	4.1	312.9	211.4
50.0					
182.7				122.2	1.0

12－8 续表3

指　　标	损益及分配 营业利润	利润总额	应交所得税	劳动、失业保险费	住房公积金和住房补贴	工资、福利费 本年应付工资总额	本年应付福利费总额	全部从业人员年平均人数(人)
总　计	**－33510.4**	**－27746.4**	**2995.5**	**1895.6**	**607.2**	**109814.0**	**17831.2**	**42404**
一、住宿业	－32832.8	－25928.4	1814.8	1238.6	542.9	24859.9	4824.5	20819
1. 按登记注册类型分组								
内资企业	－32281.3	－25427.2	1201.0	1067.6	542.6	21324.2	4799.6	18431
国有企业	－9243.3	－5636.5	0.7	482.4	484.0	8743.5	2362.7	7538
集体企业	267.1	－437.4	0.9	50.7		1542.1	232.4	1329
有限责任公司	－12362.4	－12108.5		451.0	42.6	6248.7	1280.7	4474
股份有限公司	－1432.2	－2579.5	1197.0	19.0	0.4	2384.5	286.8	1906
私营企业	－9551.9	－4706.2		59.5	15.6	2235.5	613.7	3024
其他企业	41.4	40.9	2.4	5.0		169.9	23.3	160
港、澳、台商投资企业	－1140.0	－1092.4	51.8	113.3	0.3	1605.8	3.0	1185
外商投资企业	588.5	591.2	562.0	57.7		1929.9	21.9	1203
2. 按国民经济行业分组								
旅游饭店	－31030.4	－24118.0	1814.4	1092.1	532.2	22426.0	3719.5	18593
一般旅馆	－1564.0	－1572.0	0.4	131.4	8.6	2274.2	1083.9	2036
其他住宿服务	－238.4	－238.4		15.1	2.1	159.7	21.1	190
二、餐饮业	－677.6	－1818.0	1180.7	657.0	64.3	84954.1	13006.7	21585
1. 按登记注册类型分组								
内资企业	－1646.7	－3968.0	491.9	657.0	64.3	81122.4	13001.0	17356
国有企业	－1256.6	－1217.1		66.7	39.6	1530.1	583.8	1975
集体企业	11.5	11.6				326.4	3.2	196
股份合作企业	53.1	55.3		1.4		284.5	21.1	550
有限责任公司	－2926.5	－1387.2	188.7	512.7	13.7	70494.2	11376.1	4667
股份有限公司	867.0	574.4	75.0	9.0		1405.4	51.3	889
私营企业	1062.6	－1971.3	216.2	67.2	8.6	6721.3	964.9	8394
其他企业	542.2	－33.7	12.0		2.4	360.5	0.6	685
港、澳、台商投资企业	482.3	157.5				169.0		150
外商投资企业	486.8	1992.5	688.8			3662.7	5.7	4079
2. 按国民经济行业分组								
正餐服务	－758.3	－3425.8	316.3	595.2	64.3	80514.7	12909.0	16888
快餐服务	984.3	2477.2	864.4	60.5		3945.6	48.9	4337
饮料及冷饮服务	25.8	25.8				40.8		40
其他餐饮服务	－929.4	－895.2		1.3		453.0	48.8	320

12－9 商品交易市场情况(2005年)

指　　标	市场数(个)	拥有摊位数(个)	出租摊位数(个)	成交额(万元)
总　　计	**365**	**72579**	**60066**	**5112189**
工业品综合市场	15	13352	10474	1472011
农产品综合市场	115	17023	14541	543687
纺织品服装鞋帽市场	32	9619	7136	178798
食品饮料烟酒市场	5	564	499	14664
药材药品及医疗器材市场	1	540	343	20960
家具市场	4	528	512	37932
小商品市场	8	1779	1676	16498
文化、音像、书报杂志市场	6	1059	891	290446
旧货市场	6	845	737	18420
机动车市场	5	1809	1677	135394
金属材料市场	2	757	757	687737
木材市场	2	49	44	850
建筑装饰材料市场	25	6235	5652	543441
粮油市场	2	51	51	4044
干鲜果品市场	2	423	223	7870
水产品市场	3	148	82	13213
蔬菜市场	44	4301	3789	364955
肉食禽蛋市场	2	46	46	3820
农业生产资料市场	1	79	63	127000
计算机市场	3	1232	929	152170
通讯器材市场	1	89	64	11418
其它市场	81	12051	9880	466861

12－10　三资企业利用外资情况(2005年)

单位:万美元

项　　目	项目个数		合同外资		实际利用外资	
	2005年	2004年	2005年	2004年	2005年	2004年
外商直接投资合计	**150**	**134**	**157144**	**90731**	**90203**	**50114**
1.中外合资企业	54	48	33062	7490	8345	6645
2.中外合作企业	10	14	22372	18195	11048	3528
3.外资企业	84	70	93616	64523	62717	39525
4.外商投资股份制	2	2	8094	523	8093	416

12－11　利用外资按行业和主要国别(地区)分(2005年)

单位:万美元

项　　目	项目个数		合同外资		实际利用外资	
	2005年	2004年	2005年	2004年	2005年	2004年
总　　计	**150**	**134**	**157144**	**90731**	**90203**	**50114**
一、按行业分						
#1.农、林、牧、渔业	3	4	2139	1517	810	164
2.制造业	70	61	61065	24170	37282	19977
3.电力、燃气及水的生产和供应业	2	5	3458	6281	4211	806
4.建筑业	7	5	9067	3739	5691	5406
5.交通运输、仓储和邮政业	2	3	5664	3435	1479	2675
6.信息传输、计算机服务和软件业	5	4	3549	655	1717	615
7.批发零售和餐饮业	1	7	210	4015	1923	1450
8.房地产业	36	27	39028	38109	29618	16776
9.水利、环境和公共设施管理业		2		1024	500	1024
10.居民服务和其他服务业	3	1	247	2997	1495	65
11.文化、体育和娱乐业	5	7	4603	3114	1880	446
二、按主要国别(地区)分						
#香港	66	69	67419	53366	42684	19933
美国	18	15	15112	12605	13061	5542
澳门	1	4	97	3500	693	5032
韩国	3	2	6013	3664	6603	3410
台湾省	19	7	14430	5002	4730	3380
加拿大	6		1922	1117	411	2528
瑞典		2	2976	2788	2986	1892
德意志联邦共和国		2		2985	1311	1674
英属维尔京群岛	10	9	6520	3685	4420	1071
英国	2	3	1081	310	552	1004
萨摩亚	6	2	1434	636	698	600
马来西亚		1		501	5	501
日本	4	4	211	32	236	437
澳大利亚	3	5	616	487	436	99

12－12 对外贸易进出口总值

单位:万美元

项目	2001年	2002年	2003年	2004年	2005年
进出口总额	**165100**	**166365**	**204406**	**245422**	**268315**
# 市归口	64419	80482	122963	162314	200456
1. 出口	104800	102198	109811	136653	159521
# 市归口	29089	33983	47319	70929	100669
2. 进口	60300	64167	94595	108769	108794
# 市归口	35330	46499	75644	91385	99787

12－13 主要进出口商品总值(2005年)

单位:万美元

指标	总值		比上年增长(%)	
	出口	进口	出口	进口
一、机电产品	40325	77603	29.4	-0.9
# 金属制品	9985	2456	0.3	85.9
机械产品	7823	34138	57.6	7.9
电器及电子产品	15089	16049	36.7	3.5
运输设备	4404	18374	94.6	-2.9
仪器仪表	761	4311	71.9	1.0
二、高新技术产品	5276	16037	77.0	33.5
# 生物技术	8		5.2	
生命科学技术	701	1840	47.3	17.6
光电技术	320	1004	74.9	11.5
计算机与通信技术	616	1904	51.0	35.3
电子技术	3216	3350	108.1	104.8
计算机集成制造技术	220	7762	12.6	21.6
航空航天技术	181	170	17.5	41.8
三、农产品	17032	2176	6.8	24.0

12－14　进出口商品主要产销国别(地区)总值(2005年)

单位:万美元

国家(地区)	总值		比上年增长(%)	
	出口	进口	出口	进口
合　计	**159521**	**108794**	**16.7**	**0.0**
#日　本	12437	30814	16.8	3.1
韩　国	6987	18200	33.9	－33.7
美　国	22195	6833	19.5	45.6
香　港	17192	2498	－7.5	28.4
德　国	7539	15748	－0.6	35.1
英　国	4049	3294	3.1	3.6
瑞　典	617	3880	0.6	34.1
意大利	3621	4125	33.4	45.6
荷　兰	5948	856	30.5	13.7
印　度	4186	1160	21.0	－13.8
加拿大	4766	394	26.1	－50.5
俄罗斯	4776	835	53.2	－29.0
印　尼	3455	169	－12.6	－29.4
马来西亚	3650	2243	121.4	12.1
台　湾	2421	1259	41.9	－29.7
西班牙	3285	121	5.4	－44.0
泰　国	3703	253	52.6	－68.1
法　国	2354	994	30.1	80.2
阿拉伯联合酋长国	3119	109	41.0	0.7

12－15 对外承包工程、劳务合作按国别(地区)分(2005年)

国别(地区)	签合同额(万美元)	实际完成营业额(万美元)	全年外派劳务(人次)	年末在外人数(人)
合计	**59773**	**39804**	**5584**	**10995**
#菲律宾	15417	1491	145	287
韩国	959	1188	298	288
阿联酋	775	702	166	133
巴基斯坦	3933	387	50	94
越南	2035	2180	623	2040
印尼	1027	2106	150	222
马来西亚	1350	2457	248	391
泰国	483	377	105	94
印度	889	772	116	114
日本	1407	1909	355	224
新加坡	1106	870	256	226
科威特	437	540	67	125
德国	1741	1724	204	1258
英国	323	163	98	156
俄罗斯	752	955	249	367
荷兰	432	412	63	165
匈牙利	538	544	97	195
美国	1109	1177	178	120
巴西	4598	896	87	76
加拿大	428	411	106	91
南非	261	244	159	181
乌干达	5841	1020	20	181
马里	3220	4513	97	298
利比里亚	4845	6379	264	309
塞拉利昂	429	1538	88	421
澳大利亚	376	358	65	81
斐济	720	865	87	69

12－16 旅游业基本情况

项目	单位	2004年	2005年	2005年比上年增长(%)
一、接待旅游者总人数	万人次	2300	2514	9.3
1. 接待国内游客	万人次	2282	2489	9.1
2. 接待海外游客	人次	187681	255475	36.1
外国人	人次	145720	182656	25.3
港澳台胞	人次	41961	72819	73.5
二、旅游业总收入(人民币)	亿元	159.8	191.2	19.6
1. 国内旅游收入(人民币)	亿元	148.2	175.2	18.2
2. 旅游创汇(美元)	万美元	14100	20198	43.2
三、接待海外旅游者人天数	人天	832825	1098542	31.9
# 外国人	人天	655740	785421	19.8
四、旅行社总数	个	155	162	4.5
1. 国际旅行社	个	18	17	
2. 国内旅行社	个	137	145	5.8
五、星级饭店总数	个	74	87	17.6
五星级	个	6	6	
四星级	个	10	12	20
三星级	个	41	46	12.2
二星级	个	17	23	35.3
星级饭店客房总数	间	11515	12495	8.5

12－17 接待国际游客按国别(地区)分

单位:人次

国别(地区)	2003年	2004年	2005年
接待国际游客总数	48481	187681	255475
1. 港澳台胞	15177	41961	72819
港澳同胞	7352	11739	42332
台　　胞	7825	30222	30487
2. 外国人	33304	145720	182656
# 美　　国	10752	38824	46361
日　　本	4867	25792	19235
韩　　国	3069	37904	68627
加 拿 大	2065	4269	4012
西 班 牙	1316	1972	2091
马来西亚	574	3497	5651
新 加 坡	787	4638	5219
德　　国	1056	3129	4288
法　　国	1055	3384	3658
瑞　　典	760	661	795
英　　国	951	4190	4215
澳大利亚	898	1009	2448
俄 罗 斯	122	536	1206

13

长沙统计年鉴

教育和科技

13－1 历年高等学校情况

单位:人

年份	学校数(所)	招生数	毕业生数	在校学生数	校本部教职工数
1949	2	…	…	2685	1359
1950	2	…	428	2450	1558
1952	4	3240	973	6109	1604
1953	5	2836	1399	6490	2256
1955	6	2636	2054	8374	2834
1957	6	3448	1551	13557	3923
1958	10	8083	2494	18839	4407
1960	21	10354	2955	29104	6462
1962	12	3006	4528	25477	7756
1965	9	4973	5435	19412	8038
1966	8	196	1198	18972	8330
1970	7	2288	7688	5837	8486
1975	8	6357	5757	18390	13474
1976	8	5425	6590	16620	13953
1977	8	7168	5902	16544	14830
1978	8	6937	4619	18895	15778
1979	11	7369	4235	21549	16382
1980	11	6702	817	28491	16719
1981	10	7994	761	30720	12815
1982	11	6592	11459	25641	14168
1983	12	8498	7186	26600	15110
1984	14	9783	6346	30035	16193
1985	23	13831	6661	37182	18734
1986	21	11178	7632	40458	19886
1987	21	13121	11333	43114	20510
1988	22	14472	11103	46022	21902
1989	22	12550	12896	46444	21956
1990	21	12787	12726	46041	22297
1991	21	13327	12953	45810	22655
1992	21	15470	12404	48050	18244
1993	21	18769	11737	55810	18270
1994	21	18455	12857	61641	18531
1995	21	19532	15911	64866	18222
1996	21	20013	16365	67420	18205
1997	20	21444	17119	72020	18473
1998	20	23570	17484	78050	18408
1999	23	35823	19152	94493	19913
2000	23	49391	19777	125582	21165
2001	29	54329	21289	158158	24568
2002	30	73379	29094	201881	26331
2003	37	94527	48597	268613	29145
2004	39	107979	60985	329424	33950
2005	45	130337	79277	394399	37698

13－2 历年中等职业学校情况

单位:人

年份	学校数(所)	招生数	毕业生数	在校学生数	校本部教职工数
1949	16	…	…	2296	513
1950	19	638	311	4955	283
1952	12	2227	708	6069	887
1953	11	1532	1246	6305	966
1955	10	2307	1135	5445	872
1957	16	1573	2057	10006	1900
1958	28	10438	2131	17457	2046
1960	32	11685	1699	28055	2229
1962	15	112	1751	8302	1827
1965	21	3420	2734	7771	2188
1966	12	132	899	5756	1894
1970	8	540	187	676	922
1975	21	3647	2582	9871	2722
1976	21	2964	4040	8171	2878
1977	21	5162	5529	7519	4149
1978	23	5509	2342	9782	3853
1979	30	4497	302	14492	4149
1980	31	4737	5699	12641	4408
1981	31	5054	6512	11425	4928
1982	32	5687	4110	13436	5508
1983	33	6398	4696	14762	5658
1984	32	6521	5746	15621	5622
1985	32	8469	5869	18218	4851
1986	34	6841	6160	18366	4898
1987	39	8457	8701	18681	6111
1988	40	10427	6002	23037	6074
1989	39	9256	5994	26152	6915
1990	40	8140	8581	25626	7926
1991	42	9540	8613	26480	7118
1992	43	13091	8536	30554	6157
1993	43	19526	8352	39202	6399
1994	42	16944	7153	47272	6689
1995	42	18477	9508	55438	6352
1996	47	23704	14060	66195	7065
1997	46	27215	16186	76808	6856
1998	47	29772	20282	85987	6899
1999	40	21406	15752	70406	4395
2000	40	19334	24192	84113	5238
2001	40	19478	25748	77270	5378
2002	24	22100	25465	64948	2588
2003	105	45505	30059	107475	6041
2004	112	48194	30227	116187	5697
2005	104	43902	36938	112698	4858

注:2003 年始,中等职业教育报表制度改革,现行报表制度包括前普通中专、职业高中。2002 年及以前年份的数据是中等专业学校情况。

13－3 历年普通中学情况

单位:人

年 份	学校数(所)	招生数	毕业生数	在校学生数	教职工数
1949	45	…	…	11347	1237
1950	38	4540	2352	10335	819
1952	40	7938	3387	23222	1289
1953	37	9950	5667	26384	1674
1955	37	11441	10172	31460	2199
1957	112	13864	10640	49484	3256
1958	164	25254	10224	49804	3105
1960	101	31992	12295	68205	3648
1962	129	22928	12152	51605	3933
1965	159	30945	17115	75367	5424
1966	293	21095	21298	71433	4598
1970	289	65230	29904	107921	6091
1975	567	136529	74396	237176	13796
1976	1473	198464	94903	331353	19991
1977	1148	192835	125324	372679	23992
1978	662	147133	159281	331109	22128
1979	676	116981	150239	268246	19564
1980	457	80492	52928	234707	19137
1981	466	82847	71738	215852	19292
1982	453	77146	58458	212388	18274
1983	438	65438	53829	199172	17887
1984	412	80035	56619	214658	18001
1985	422	80871	60933	221971	17916
1986	427	77229	53806	236055	18508
1987	433	87389	66953	245438	19421
1988	429	77029	67441	235257	19597
1989	429	82389	65762	238878	19915
1990	438	87892	72833	242065	20133
1991	422	86487	69188	243473	20309
1992	418	86754	68457	246662	20769
1993	421	88993	71579	248075	21347
1994	409	98763	70133	262655	21768
1995	391	106990	72276	284050	22231
1996	379	106047	78143	298924	23364
1997	379	108558	88071	309415	23737
1998	383	119832	95489	319792	24418
1999	379	131057	95136	345200	25946
2000	377	141865	97009	384192	26636
2001	368	149566	109141	413043	27330
2002	355	153589	124346	436307	27567
2003	358	132957	134525	432826	28429
2004	347	111583	144961	395687	27783
2005	339	102616	150972	345167	26814

13－4 历年小学情况

单位:人

年份	学校数(所)	招生数	毕业生数	在校学生数	教职工数
1949	2640	…	…	147114	7810
1950	2378	…	…	154514	7881
1952	3685	79618	28137	309698	10697
1953	2787	61714	30528	315487	10753
1955	2487	95171	39718	340451	11270
1957	2737	95487	50993	440851	12179
1958	4073	102730	49306	517473	13467
1960	3768	106735	54607	541157	14664
1962	3475	95669	51696	401229	14214
1965	4755	116549	47117	593692	17203
1966	4485	80245	62524	574329	16919
1970	3575	132014	73946	464530	17310
1975	3668	138992	106360	727790	26935
1976	2693	144455	152006	703398	26093
1977	2787	134963	135165	673741	25873
1978	3231	136850	118693	680090	25719
1979	3069	133973	127970	685466	26752
1980	3244	122705	119369	673804	27056
1981	3272	126340	128653	667152	27046
1982	3253	110548	113744	649570	26687
1983	3268	102405	98641	641960	27525
1984	3276	98470	101218	629737	27503
1985	3270	92389	100920	616305	27098
1986	3257	91033	104750	601606	26521
1987	3260	91680	107676	583871	26929
1988	3241	98996	85465	578286	28119
1989	3243	97335	95557	576904	27973
1990	3212	92649	96433	570704	28193
1991	3201	93372	90896	563850	28290
1992	3181	100555	90813	568617	28363
1993	3135	108385	87421	567721	28982
1994	3048	112303	92437	602788	28792
1995	3014	116075	93875	623662	28283
1996	2925	112256	88836	646190	28765
1997	2779	85984	90517	642950	28373
1998	2710	56648	99459	599897	27902
1999	2486	43026	109414	535127	27221
2000	2154	43689	113714	466515	25133
2001	1830	50945	114425	399513	22187
2002	1719	54293	112215	342110	20548
2003	1580	59466	87744	313587	19762
2004	1433	63519	59049	318024	19330
2005	1272	63328	46516	338655	20475

13-5 历年高考录取人数

单位:人

年份	参考人数	大学录取人数			中专录取人数	录取率(%)	
		小计	本科	专科		大学	中专
1978	54649	2491			1163	4.56	2.13
1979	32487	1362			1114	4.19	3.43
1980	25700	1711	1407	304	666	6.66	2.59
1981	8537	1136	937	199	571	13.31	6.69
1982	5779	1142	969	173	535	19.76	9.26
1983	6986	2273	862	1411	845	32.54	12.1
1984	7501	3049	1846	1203	818	40.65	10.91
1985	9480	4320	2213	2107	1037	45.57	10.94
1986	9308	3799	2008	1791	681	40.81	7.32
1987	9618	4431	2388	2043	675	46.07	7.02
1988	10358	5219	2201	3018	725	50.39	7
1989	16418	2674	1113	1561	626	16.3	3.8
1990	19248	3242	1705	1537	461	16.8	2.4
1991	17941	3032	1419	1613	447	16.9	2.5
1992	17455	4504	2028	2476	360	25.8	2.1
1993	15317	5569	2265	3304	337	36.4	2.2
1994	14642	6061	2367	3694	315	41.4	2.2
1995	13006	6073	2573	3500	221	46.69	1.7
1996	13765	5886	2577	3309	201	42.76	1.46
1997	13864	6003	3002	3001	193	43.3	1.39
1998	15241	6855	3469	3386	112	44.98	0.73
1999	16207	10383	5720	4663	56	64.06	0.34
2000	18953	12037	6108	5929	21	63.4	0.11
2001	22893	15177	8319	6858	9	66.3	
2002	28965	21179	10619	10560		73.12	
2003	32482	26197	11540	14657		80.65	
2004	37886	30726	13020	17706		81.1	
2005	50750	38871	16131	22740		76.59	

13-6 历年高校研究生数

单位:人

年份	培养博士学位的				培养硕士学位的			
	学校(所)	招生人数	毕业人数	在学人数	学校(所)	招生人数	毕业人数	在学人数
1983	3	8		13	7	324	87	676
1984	3	7		22	7	389	31	1030
1985	4	24	1	44	7	751	224	1552
1986	4	36		80	7	645	342	1853
1987	5	47	10	112	9	670	424	2094
1988	6	73	14	174	9	587	750	1910
1989	4	62	22	212	9	518	637	1771
1990	6	70	42	237	9	578	621	1696
1991	6	92	62	260	9	540	606	1606
1992	7	89	43	282	9	567	445	1694
1993	7	114	102	337	9	702	513	1791
1994	8	191	78	431	9	899	497	2144
1995	7	205	73	544	9	878	564	2425
1996	8	219	90	676	10	1036	703	2779
1997	7	226	129	748	9	962	850	2789
1998	7	285	189	838	9	1198	829	3110
1999	7	479	196	1114	9	1559	1021	3708
2000	5	575	155	1534	6	2411	945	5158
2001	7	794	239	2142	10	3732	1383	8335
2002	5	899	285	2669	6	4075	1331	9501
2003	6	1350	371	3317	10	5983	2272	13390
2004	6	1553	493	4628	11	7585	3163	18214
2005	7	1602	577	5669	11	8237	3943	22657

13－7 历年技工学校情况

单位：人

年 份	学校数(所)	招生数	毕业生数	在校学生数	教职工数
1979	23	3700	1552	4614	913
1980	26	2579	1739	6672	1362
1981	28	1784	4218	4179	1646
1982	27	192	3357	1693	1562
1983	24	1230	1787	1551	1471
1984	21	1181	227	2596	1246
1985	19	1337	1318	2931	1386
1986	23	2557	1390	4671	1658
1987	22	2809	1549	5792	1717
1988	22	3678	2402	7140	1837
1989	25	2894	2198	7283	1951
1990	25	3451	3197	8002	2075
1991	24	3973	3024	8989	2095
1992	28	4543	3321	10381	2245
1993	32	5140	3655	11785	2318
1994	31	5112	4264	12951	2398
1995	34	4742	5342	12575	2416
1996	41	5024	5840	13581	2412
1997	40	4850	5793	12686	2696
1998	41	3528	5566	10541	2642
1999	43	2819	4127	9331	2700
2000	43	3791	3407	7706	2418
2001	42	5562	2940	9870	2613
2002	30	5155	2968	12257	2158
2003	32	8262	3478	14942	2026
2004	33	8729	6215	14810	2069
2005	32	10676	4902	18845	2050

13－8 高考录取情况(2005年)

单位：人

项 目	全 市	市 区	县 市	长沙县	望城县	浏阳市	宁乡县
参加统考人数	50750	19555	31195	6588	5042	8862	10703
录取总人数	38871	15517	23354	5210	3891	6354	7899
总录取率(%)	76.59	79.35	74.86	79.08	77.17	71.7	73.8
录取总人数中							
本 科	16131	5968	10163	2546	1262	3042	3313
# 保送生	106	98	8	2		4	2
专 科	22740	9549	13191	2664	2629	3312	4586
录取总人数中							
文 科	12535	4510	8025	1894	1129	2303	2699
理 科	16173	5347	10826	2288	1389	3261	3888
职高对口	6295	4158	2137	625	1053	228	231
音 乐	937	387	550	113	62	147	228
美 术	2435	1029	1406	241	170	319	676
体 育	496	86	410	49	88	96	177

注：1. 录取总人数中：音乐含文、理音乐；美术含文、理美术；体育含文、理体育。
2. 在录取总人数中增加职高对口一栏（从2002年起已取消外语类）。

13－9 大学基本情况(2005年)

单位:人

项　　目	学校数(所)	毕业生数	校本部教职工数	专任教师	招生人数	在校学生数
大学合计	45	79277	37698	22894	130337	394399
综合大学	12	25004	13241	7426	35127	109797
理工院校	12	20598	7698	5434	34655	98441
农业院校	2	5535	2655	1727	9118	31170
医药院校	2	2777	1645	1094	4904	15923
师范院校	3	4609	4285	2486	12579	37317
财经院校	7	7904	3450	2086	15970	46445
政法院校	2	1803	703	413	2830	6761
其他院校	5	11047	4021	2228	15154	48545

13－10 成人高等学历教育基本情况(2005年)

单位:人

项　　目	合计	# 职工大学	# 广播电视大　学	# 教育学院	# 管理干部学　院
全　市					
学校数	6	3	1	1	1
在校学生数	90335	3601	3543	1350	3005
本年招生数	38917	1764	1142	588	1186
本年毕业生数	42260	1644	1855	466	1194
教职员工数	1368	380	559	79	350
# 专任教师	775	216	272	62	225
兼任教师数	212		212		
市　区					
学校数	6	3	1	1	1
在校学生数	90335	3601	3543	1350	3005
本年招生数	38917	1764	1142	588	1186
本年毕业生数	42260	1644	1855	466	1194
教职员工数	1368	380	559	79	350
# 专任教师	775	216	272	62	225
兼任教师数	212		212		

注:此表数据合计栏部分指标大于成人高等学校相加之和,是含普通高等学校成人教育情况。

13－11 普通中学、小学情况(2005年)

单位:人

项目	学校数(所)	招生人数	毕业生人数	在校学生人数	教职工人数	专任教师人数
普通中学	339	102616	150972	345167	26814	22660
市区	82	38725	37928	115953	9244	7258
县(市)	257	63891	113044	229214	17570	15402
合计中:教育和集体办	307	87819	139036	302714	23993	20647
其他部门办	32	14797	11936	42453	2821	2013
小学合计	1272	63328	46516	338655	20475	18975
市区	209	20161	18299	118306	7244	6336
县(市)	1063	43167	28217	220349	13231	12639
合计中:教育和集体办	1254	60439	44065	321878	19243	18109
其他部门办	18	2889	2451	16777	1232	866

13－12 特殊教育学校情况(2005年)

单位:人

项目	盲、聋、哑学校	工读学校
学校数(所)	4	1
班数(个)	58	5
毕业生数	35	200
招生数	125	73
在校学生数	963	73
教职工数	180	37
专任教师数	128	24

13－13 幼儿园情况(2005年)

单位:人

项目	园数(所)	班数(个)	在园幼儿数	教职工数	#教师	#保健员
总计	**503**	**2965**	**83075**	**7639**	**3492**	**1440**
市区	214	1186	34224	5296	2286	974
县(市)	289	1779	48851	2343	1206	466
长沙县	51	438	11052	407	203	66
望城县	39	320	7549	450	211	68
浏阳市	126	433	13946	975	512	221
宁乡县	73	588	16304	511	280	111

13－14 重要年份各类专业技术人员情况

项　目	1985 年	1990 年	1992 年	1994 年	1995 年	1996 年
总　计	**112843**	**185439**	**201363**	**205636**	**211636**	**213752**
#工程技术人员	35859	42015	47840	50902	52387	52911
农业技术人员	1731	2075	2242	1396	1436	1455
科学研究人员	3263	7499	7124	6946	7149	7220
卫生技术人员	14930	18099	21403	24535	25253	25280
教学人员	38031	59605	57736	57120	58788	59576
会计人员	10208	15305	16269	18015	18541	18763
统计人员	2579	3566	3477	3080	3170	3397
经济人员	2378	29131	34174	28527	29629	29925
构成(%)						
#工程技术人员	31.8	22.7	23.8	24.8	24.8	24.8
农业技术人员	1.5	1.1	1.1	0.7	0.7	0.7
科学研究人员	2.9	4	3.5	3.4	3.5	3.4
卫生技术人员	13.2	9.8	10.6	11.9	11.9	11.8
教学人员	33.7	32.1	28.7	27.8	27.8	27.9
会计人员	9	8.3	8.1	8.8	8.7	8.8
统计人员	2.3	1.9	1.7	1.5	1.5	1.6
经济人员	2.1	15.7	17	13.9	14	14

单位:人

1997 年	1998 年	1999 年	2000 年	2001 年	2002 年	2003 年	2004 年	2005 年
216958	**218359**	**229056**	**231436**	**244292**	**250644**	**265583**	**285448**	**309655**
53806	52624	54973	55544	58386	60155	64271	69935	76268
1991	2013	2066	2087	2202	2256	2390	2569	2694
7376	7205	7559	7637	8061	8773	9561	10847	12200
27966	28579	28840	29022	31025	30579	29909	28142	28943
60314	63979	66884	67578	70600	71434	75957	81353	88345
19092	19215	20157	20866	22025	22809	24168	26547	29170
3254	3275	3436	3472	4152	4512	5046	5709	6007
30591	28823	30694	31013	32735	34088	36119	39106	42763
24.8	24.1	24	24	23.9	24	24.2	24.5	24.6
0.9	0.9	0.9	0.9	0.9	0.9	0.9	0.9	0.9
3.4	3.3	3.3	3.3	3.3	3.5	3.6	3.8	3.9
12.9	13.1	12.6	12.5	12.7	12.2	11.3	9.9	9.3
27.8	29.3	29.2	29.2	28.9	28.5	28.6	28.5	28.5
8.8	8.8	8.8	9	9	9.1	9.1	9.3	9.4
1.5	1.5	1.5	1.5	1.7	1.8	1.9	2	1.9
14.1	13.2	13.4	13.4	13.4	13.6	13.6	13.7	13.8

13－15 大中型工业企业科技活动情况(2005 年)

	合计	#国有	大型	中型
大中型工业企业个数(个)	125	21	11	114
#有科技活动的企业个数	62	13	8	54
企业科技活动人员(人)	11651	1054	6155	5496
#全时人员	9437	787	6034	3403
#具有高、中级职称	5102	700	3049	2053
#研究与试验发展人员	5837	580	3535	2302
企业办科技机构数(个)	82	28	11	71
企业办科技机构科技活动人员(人)	7571	687	5077	2494
#博士毕业	159	6	35	124
#硕士毕业	450	30	310	140
科技活动经费筹集总额(万元)	135060.9	18928.3	77851.0	57209.9
企业资金	120887.6	17942.8	65452.2	55435.4
金融机构贷款	9273.4		8873.4	400.0
来自政府部门的资金	3247.9	649.5	2141.4	1106.5
来自国外的资金	66.0			66.0
其他资金	1586.0	336.0	1384.0	202.0
科技活动经费支出总额(万元)	153700.1	19493.7	77794.0	75906.1
#内部支出	143014.0	16551.0	70310.4	72703.6
#研究与试验发展经费	57484.2	8370.2	43069.2	14415.0
基础研究	417.7		294.1	123.6
应用研究	1589.0	1.2	1175.0	414.0
试验发展	54993.8	8365.7	41452.7	13541.1
#新产品开发经费	66903.7	8425.2	48579.2	18324.5
#劳务费	35544.4	4640.8	21104.7	14439.7
#原材料费	44898.1	1450.9	30655.8	14242.3
新产品产值(万元)	1765197.5	400651.5	762883.4	1002314.1
新产品销售收入(万元)	1623148.9	386252.3	713689.0	909459.9
#出口	50515.6	2168.1	4665.8	45849.8
科技活动项目个数(项)	854	94	489	365
#新产品开发	453	73	192	261
#研究与试验发展	233	55	124	109
科技活动项目参加人员(人)	7014	687	3058	3956
科技活动项目经费支出总额(万元)	90644.8	10139.4	57779.1	32865.7
专利申请数(件)	372	43	166	206
拥有发明专利数(件)	288	24	49	239

13－16 大中型工业企业科技活动人员与经费情况(2005年)

	科技活动人员(人)	#高中级职称人员	科技活动经费筹集总额(万元)	科技活动经费支出总额(万元)	#新产品开发
总　计	**11651**	**5102**	**135060.9**	**153700.1**	**66903.7**
按区县(市)分组:					
芙蓉区	474	143	3683.9	5512.2	1219.4
天心区	218	106	1175.9	1282.6	365.4
岳麓区	4104	2793	34743.2	33582.6	23134.1
开福区	204	111	2350.0	2250.0	410.0
雨花区	1337	724	21552.6	21835.0	9262.2
长沙县	4175	771	63256.9	77068.0	28559.9
望城县	964	375	2852.1	3836.6	1346.1
宁乡县				726.5	
浏阳市	175	79	5446.3	7606.6	2606.6
按企业规模分组:					
大型企业	6155	3049	77851.0	77794.0	48579.2
中型企业	5496	2053	57209.9	75906.1	18324.5
按登记注册类型分组:					
内资企业	11287	5017	122604.6	141243.8	57619.3
国有	1054	700	18928.3	19493.7	8425.2
集体	200	67	219.8	249.8	119.8
股份合作					
国有联营					
集体联营					
国有与集体联营					
其他联营					
国有独资公司	292	148	2886.6	2358.3	364.0
其他有限责任公司	6169	2667	49140.4	50056.2	30125.1
股份有限公司	2814	985	35262.0	50714.1	9314.3
私营独资	109	12	2135.2	1486.9	1485.2
私营合伙					
私营有限责任公司	649	438	14032.3	16884.8	7785.7
私营股份有限公司					
其他内资					
港、澳、台商投资企业	343	80	3582.9	3582.9	411.0
外商投资企业	21	5	8873.4	8873.4	8873.4

13－16 续表

	科技活动人员（人）	#高中级职称人员	科技活动经费筹集总额（万元）	科技活动经费支出总额（万元）	#新产品开发
按工业行业大类分组:					
煤炭开采和洗选业					
石油和天然气开采业					
黑色金属矿采选业					
有色金属矿采选业					
非金属矿采选业					
其他采矿业					
农副食品加工业	4	1	49.0	78.0	20.0
食品制造业	120	21	913.1	904.4	451.1
饮料制造业					
烟草制品业	226	125	16451.2	16451.2	6907.7
纺织业	26	8	914.0	914.0	914.0
纺织服装、鞋、帽制造业				726.5	
皮革、毛皮、羽毛(绒)及其制品业					
木材加工及木、竹、藤、棕、草制品业					
家具制造业					
造纸及纸制品业					
印刷业和记录媒介的复制	90	4	300.0	301.8	179.0
文教体育用品制造业					
石油加工、炼焦及核燃料加工业					
化学原料及化学制品制造业	551	244	5587.3	6044.7	1164.0
医药制造业	168	73	3832.3	6032.3	1533.7
化学纤维制造业					
橡胶制品业					
塑料制品业	34	16	119.7	119.7	45.0
非金属矿物制品业	189	105	590.0	1803.7	493.3
黑色金属冶炼及压延加工业					
有色金属冶炼及压延加工业	230	102	3479.9	3837.4	964.4
金属制品业					
通用设备制造业	1195	841	12138.9	12950.4	7308.4
专用设备制造业	5402	2599	47175.7	47361.6	29856.0
交通运输设备制造业	1204	167	23866.4	35353.9	2328.8
电气机械及器材制造业	453	195	1030.8	989.6	552.8
通信设备、计算机及其他电子设备制造业	1340	471	14951.3	15765.1	13746.0
仪器仪表及文化、办公用机械制造业	247	62	2782.9	2782.9	61.0
工艺品及其他制造业					
废弃资源和废旧材料回收加工业					
电力、热力的生产和供应业	158	61	804.8	1207.5	378.5
燃气生产和供应业					
水的生产和供应业	14	7	73.6	75.4	

13－17 大中型工业企业办科技机构情况(2005年)

	企业办科技机构(个)	企业办科技机构人员(人)	#博士	#硕士
总　　计	**82**	**7571**	**159**	**450**
按区县(市)分组:				
芙蓉区	11	207	6	38
天心区	2	36		2
岳麓区	8	2886	23	252
开福区	2	68	1	5
雨花区	10	598	14	49
长沙县	15	3184	109	92
望城县	28	421	2	5
宁乡县				
浏阳市	6	171	4	7
按企业规模分组:				
大型企业	11	5077	35	310
中型企业	71	2494	124	140
按登记注册类型分组:				
内资企业	76	7281	154	405
国有	28	687	6	30
集体	1	5		
股份合作				
国有联营				
集体联营				
国有与集体联营				
其他联营				
国有独资公司	2	204	4	17
其他有限责任公司	25	4223	20	136
股份有限公司	12	1779	100	195
私营独资	4	28		
私营合伙				
私营有限责任公司	4	355	24	27
私营股份有限公司				
其他内资				
港、澳、台商投资企业	5	269	5	44
外商投资企业	1	21		1

13－17 续表

	企业办科技机构（个）	企业办科技机构人员（人）	#博士	#硕士
按工业行业大类分组：				
煤炭开采和洗选业				
石油和天然气开采业				
黑色金属矿采选业				
有色金属矿采选业				
非金属矿采选业				
其他采矿业				
农副食品加工业	1	4		
食品制造业	5	42	1	2
饮料制造业				
烟草制品业	1	226	5	25
纺织业	3	26		
纺织服装、鞋、帽制造业				
皮革、毛皮、羽毛（绒）及其制品业				
木材加工及木、竹、藤、棕、草制品业				
家具制造业				
造纸及纸制品业				
印刷业和记录媒介的复制				
文教体育用品制造业				
石油加工、炼焦及核燃料加工业				
化学原料及化学制品制造业	4	213	4	21
医药制造业	3	112	4	8
化学纤维制造业				
橡胶制品业				
塑料制品业				
非金属矿物制品业	2	61	4	28
黑色金属冶炼及压延加工业				
有色金属冶炼及压延加工业	5	170	2	22
金属制品业				
通用设备制造业	27	696	22	26
专用设备制造业	9	3981	96	128
交通运输设备制造业	7	745	2	8
电气机械及器材制造业	3	123	1	4
通信设备、计算机及其他电子设备制造业	8	872	8	130
仪器仪表及文化、办公用机械制造业	2	247	5	43
工艺品及其他制造业				
废弃资源和废旧材料回收加工业				
电力、热力的生产和供应业	2	53	5	5
燃气生产和供应业				
水的生产和供应业				

13－18 大中型工业企业科技活动新产品情况(2005年)

	新产品产 值（万元）	新产品销售收入（万元）	专 利申请数（件）	拥有发明专利数（件）
总 计	**1765197.5**	**1623148.9**	**372**	**288**
按区县(市)分组:				
芙蓉区	141575.3	140476.6	53	129
天心区	36023.5	34401.1	5	3
岳麓区	290707.1	249393.7	63	20
开福区	25147.1	24961.0	67	66
雨花区	517839.0	504516.6	47	25
长沙县	678250.4	595106.3	123	19
望城县	74405.1	73043.6	8	8
宁乡县				
浏阳市	1250.0	1250.0	6	18
按企业规模分组:				
大型企业	762883.4	713689.0	166	49
中型企业	1002314.1	909459.9	206	239
按登记注册类型分组:				
内资企业	1666408.1	1528250.2	367	288
国有	400651.5	386252.3	43	24
集体	3744.4	4194.4	1	
股份合作				
国有联营				
集体联营				
国有与集体联营				
其他联营				
国有独资公司	108767.9	108618.8	8	14
其他有限责任公司	519286.8	477295.5	189	92
股份有限公司	552865.3	473044.0	120	140
私营独资	1260.0			
私营合伙				
私营有限责任公司	79832.2	78845.2	6	18
私营股份有限公司				
其他内资				
港、澳、台商投资企业	98789.4	94898.7	5	
外商投资企业				

13－18 续表

	新产品产值（万元）	新产品销售收入（万元）	专利申请数（件）	拥有发明专利数（件）
按工业行业大类分组：				
煤炭开采和洗选业				
石油和天然气开采业				
黑色金属矿采选业				
有色金属矿采选业				
非金属矿采选业				
其他采矿业				
农副食品加工业	1740.3	821.7	1	2
食品制造业	58000.0	58000.0		
饮料制造业				
烟草制品业	328528.5	324676.7	32	11
纺织业	22500.0	22500.0	66	66
纺织服装、鞋、帽制造业				
皮革、毛皮、羽毛（绒）及其制品业				
木材加工及木、竹、藤、棕、草制品业				
家具制造业				
造纸及纸制品业				
印刷业和记录媒介的复制	78.0	102.0		
文教体育用品制造业				
石油加工、炼焦及核燃料加工业				
化学原料及化学制品制造业	80883.6	79637.1	11	14
医药制造业	2807.8	2621.7	1	3
化学纤维制造业				
橡胶制品业				
塑料制品业				
非金属矿物制品业	6354.7	5550.0	24	102
黑色金属冶炼及压延加工业				
有色金属冶炼及压延加工业	224122.8	226030.7	34	25
金属制品业				
通用设备制造业	156540.6	142502.9	9	14
专用设备制造业	390185.6	362207.0	164	15
交通运输设备制造业	372464.9	300405.4	2	5
电气机械及器材制造业	31949.6	30311.8	11	21
通信设备、计算机及其他电子设备制造业	53408.0	37026.5	12	10
仪器仪表及文化、办公用机械制造业	35633.1	30755.4	5	
工艺品及其他制造业				
废弃资源和废旧材料回收加工业				
电力、热力的生产和供应业				
燃气生产和供应业				
水的生产和供应业				

13-19　大中型工业企业科技活动项目情况(2005年)

	科技活动项目数(项)	#新产品开发	参与项目人员(人)	项目经费支出(万元)
总　　计	**854**	**453**	**7014**	**90644.8**
按区县(市)分组:				
芙蓉区	74	58	367	3830.2
天心区	13	9	106	1075.0
岳麓区	347	120	2317	26946.9
开福区	20	3	150	1850.0
雨花区	231	187	941	11370.9
长沙县	118	47	2617	38665.8
望城县	22	19	368	3549.4
宁乡县				
浏阳市	29	10	148	3356.6
按企业规模分组:				
大型企业	489	192	3058	57779.1
中型企业	365	261	3956	32865.7
按登记注册类型分组:				
内资企业	846	445	6768	78188.5
国有	94	73	687	10139.4
集体	6	6	163	119.8
股份合作				
国有联营				
集体联营				
国有与集体联营				
其他联营				
国有独资公司	44	24	164	1219.9
其他有限责任公司	569	266	2965	41154.1
股份有限公司	97	61	2201	12163.0
私营独资	4	4	80	1485.2
私营合伙				
私营有限责任公司	32	11	508	11907.1
私营股份有限公司				
其他内资				
港、澳、台商投资企业	7	7	225	3582.9
外商投资企业	1	1	21	8873.4

13－19 续表

	科技活动项目数（项）	#新产品开发	参与项目人员（人）	项目经费支出（万元）
按工业行业大类分组：				
煤炭开采和洗选业				
石油和天然气开采业				
黑色金属矿采选业				
有色金属矿采选业				
非金属矿采选业				
其他采矿业				
农副食品加工业	2	2	3	22.0
食品制造业	6	6	40	901.1
饮料制造业				
烟草制品业	33	29	95	7550.2
纺织业	2	2	18	914.0
纺织服装、鞋、帽制造业				
皮革、毛皮、羽毛（绒）及其制品业				
木材加工及木、竹、藤、棕、草制品业				
家具制造业				
造纸及纸制品业				
印刷业和记录媒介的复制	1	1	30	300.0
文教体育用品制造业				
石油加工、炼焦及核燃料加工业				
化学原料及化学制品制造业	57	30	299	3165.7
医药制造业	26	8	149	3220.4
化学纤维制造业				
橡胶制品业				
塑料制品业	1	1	34	45.0
非金属矿物制品业	15	13	129	526.0
黑色金属冶炼及压延加工业				
有色金属冶炼及压延加工业	28	26	106	3363.4
金属制品业				
通用设备制造业	50	30	819	12174.0
专用设备制造业	419	150	2714	38841.9
交通运输设备制造业	19	10	1079	2297.5
电气机械及器材制造业	118	104	328	660.8
通信设备、计算机及其他电子设备制造业	70	38	844	12839.1
仪器仪表及文化、办公用机械制造业	2	2	197	2782.9
工艺品及其他制造业				
废弃资源和废旧材料回收加工业				
电力、热力的生产和供应业	4	1	123	965.4
燃气生产和供应业				
水的生产和供应业	1		7	75.4

14 文化、体育、卫生

14－1 历年文化事业发展情况

单位:个

年份	电影放映单位	# 电影院影剧院	艺术表演团体	艺术表演观众人数（万人）	公共图书馆	文化馆
1949	7	7	9	…	1	1
1950	6	…	9	…	1	2
1952	6	6	10	…	1	3
1955	6	…	12	…	1	6
1957	16	7	14	…	2	8
1960	24	…	14	…	3	7
1962	21	10	17	…	3	8
1965	102	13	19	…	4	10
1966	151	…	4	…	4	10
1970	138	…	4	…	4	10
1975	292	…	13	…	4	10
1976	370	18	13	…	5	10
1977	459	…	13	…	5	10
1978	484	31	13	351	5	10
1979	503	…	14	…	5	11
1980	510	38	14	506	5	11
1981	504	42	14	431	6	11
1982	506	33	14	432	6	11
1983	537	43	14	323	6	11
1984	780	41	14	271	6	11
1985	844	42	14	207	7	11
1986	822	42	14	186	7	11
1987	818	42	14	154	7	11
1988	817	50	12	87	7	11
1989	802	48	12	70	7	11
1990	807	47	12	118	7	11
1991	812	46	12	127	7	11
1992	771	48	12	61.9	7	11
1993	657	34	12	55	7	11
1994	641	32	12	125.3	7	11
1995	644	29	12	130.3	7	11
1996	589	30	12	146	7	11
1997	580	31	13	132	7	11
1998	581	32	13	171.1	7	11
1999	485	32	13	167.3	7	11
2000	458	20	13	121	7	11
2001	458	20	13	…	7	11
2002	…	…	12	57	7	10
2003	…	…	12	272	7	10
2004	…	…	12	210.2	7	10
2005	…	…	12	247	12	10

注:由于放映市场的变化,电影放映单位无法统计。

14－2　历年出版事业发展情况

年　份	书籍		课　本（万册）	杂　志		报　纸	
	种　数（种）	总印数（万册）		种　数（种）	总印数（万册）	种　数（种）	总印数（万册）
1951	113	482		3	43		
1952	112	1626		4	245	17	6786
1954	110	589	1563	1	6	10	4503
1955	143	877	1853	2	52	10	5403
1957	267	975	2844	4	169	11	6530
1958	764	5467	3622	6	371	23	19317
1960	676	1361	5070	7	402	16	33318
1962	186	495	2735	2	150	12	6983
1965	233	2549	4568	2	211	7	17000
1970	132	10717	4242			6	10028
1975	185	7640	8618	4	1535	8	33861
1976	134	8373	5974	8	1643	8	38365
1977	88	7384	6606	8	2101	8	36931
1978	134	1983	12102	13	2680	3	30057
1979	317	4736	10614	26	3592	3	31120
1980	426	8563	11190	30	3182	5	20830
1981	568	13442	13002	41	2343	7	29838
1982	780	16082	13595	56	2189	11	33089
1983	985	15300	13882	61	2160	11	45705
1984	998	15818	14000	85	2836	23	55911
1985	1270	18850	16288	124	5149	35	59431
1986	1274	10532	19132	131	5247	38	53400
1987	1482	14073	18757	137	5931	40	60134
1988	2157	37293	23396	146	6037	31	55743
1989	2157	35055	19728	145	4968	31	37317
1990	1892	32135	21393	144	5144	28	40325
1991	1969	35086	21392	146	6349	32	47414
1992	2124	36436	20686	149	7700	32	37592
1993	2069	33503	19726	165	7899	36	57677
1994	2249	29597	18693	162	7288	36	47815
1995	2357	33677	20146	178	7636	36	55721
1996	2734	39390	21957	180	7700	33	43698
1997	2893	37512	22139	180	7515	36	48190
1998	3262	36375	22489	171	8695	30	54831
1999	3341	30680	21171	183	12271	31	62613
2000	3156	24844	18342	198	10404	44	62354
2001	2612	24851	18007	203	9867	46	69194
2002	2866	32556	23135	213	10844	46	71169
2003	3123	29554	19222	219	12391	44	87814
2004	3353	12345	18830	192	18958	37	78802
2005	3608	9483	21000	202	10925	38	75309

14－3 历年市、县属广播事业发展情况

年　份	市台平均日播音时间（时°分′）	市电台覆盖率（%）	县、区广播台、站（个）	农　村广播喇叭（万只）	市电视台每周播出时间（时°分′）	市电视台覆盖率（%）
1956			1	0.03		
1957			3	0.04		
1958	8°30′	…	3	0.04		
1960	6°30′	…	3	0.1		
1961	6°30′	…	3	0.06		
1962			…	0.1		
1965			3	0.36		
1970			4	12.89		
1975			4	30.34		
1976			4	31.92		
1977			4	32.9		
1978			5	31.23		
1979			5	33.56		
1980	8°30′	…	5	32.83		
1981	11°05′	89.7	5	33.08		
1982	11°05′	90	5	26.6		
1983	10°00′	46.1	5	32.32		
1984	10°30′	63	5	32.56		
1985	10°45′	76	5	35.7	16°	23.6
1986	11°25′	70	5	38.5	22°	23
1987	11°25′	67.1	5	44	56°	23
1988	11°25′	70	5	47.42	35°	50
1989	11°30′	…	5	49.6	56°	80
1990	11°30′	…	5	50.8	56°	90
1991	11°20′	…	5	53.9	56°	90
1992	11°30′	92.7	5	59.1	56°	95
1993	16°30′	95	5	58.9	56°	98
1994	16°45′	95	5	61.3	56°	98
1995	16°30′	95	5	61.7	42°	98
1996	36°30′	96	4	53.4	78°	95
1997	49°30′	95	4	166.98	125°30′	85.61
1998	36°30′	95	4	34.6	174°30′	88.39
1999	36°30′	95	4	34.64	238°00′	97.3
2000	37°40′	95	4	23.8	206°30′	97.3
2001	43°	96.5	4	22.8	456°	98.1
2002	54°30′	96.41	4	8.6	543°	97.23
2003	60°00′	96.46	4	16.67	817°	97.57
2004	64°00′	96.78	4	16.17	817°	97.82
2005	89°00′	96.88	4	16.71	858°	97.88

14－4 历年市县体委训练体育干部、举办运动会情况

单位：人

年 份	训练体育干部				举办运动会（次）	参赛人次
	合 计	# 裁判员	# 体育老师	# 基层干部		
1978	815	455	260	100	46	…
1979	538	330	208		43	17168
1980	1367	385	317	650	64	19263
1981	1967	1030	473	424	115	38496
1982	1802	496	538	768	118	37696
1983	1045	515	211	252	99	47746
1984	1318	606	323	192	130	32596
1985	745	160	249	336	266	66424
1986	1390	425	310	655	280	74000
1987	2126	599	1240	263	467	92404
1988	1468	579	528	125	428	69558
1989	2642	764	1353	380	728	164013
1990	1278	800	154	267	1149	563139
1991	2233	1563	343	86	2357	503469
1992	1540	1161	251	22	444	83537
1993	941	277	384	34	144	57401
1994	938	539	322		128	79684
1995	2162	352	312	1387	283	148479
1996	2504	450	484	1343	384	194981
1997	1292	373	502	174	152	263015
1998	1401	548	363	99	219	75255
1999	2480	956	630	307	206	84579
2000	2165	785	702	136	163	116958
2001	1959	608	828	321	149	33203
2002	865	361	319	150	35	22700
2003	2223	1689	94	370	14	489300
2004	238	60	103	75	28	30000
2005	776	76		700	26	23000

注：由于部门统计报表制度改革，从2003年起参赛人次含全民健身参加人员。

14－5 历年卫生事业发展情况

年份	机构数（个）	#医院、卫生院（个）	床位数（张）	#医院、卫生院（张）	卫生工作人员（人）	#卫生技术人员（人）	#医生（人）
1949	34	14	747	…	1468	1253	…
1952	522	38	1478	…	4167	2367	…
1957	993	41	3312	…	8412	4645	…
1962	992	…	8081	…	9171	7880	…
1963	986	122	8177	…	10070	7725	…
1965	1035	138	8454	5713	11235	8779	…
1966	993	152	9746	6613	11112	7944	…
1970	768	192	8165	4437	10451	7857	4130
1972	937	304	9276	7842	15749	11345	4949
1975	1066	313	11760	9705	18694	13854	6637
1976	1131	241	12132	11017	19687	14656	7233
1977	1192	316	12410	9941	20447	15416	7370
1978	1195	248	12976	11036	21583	16068	7247
1979	1205	323	13343	10851	23075	16722	8018
1980	1250	290	13356	11974	24637	18266	8435
1981	1337	284	13842	11179	26031	19044	8947
1982	1348	255	14000	11283	26755	19805	9305
1983	1330	317	14051	11521	27787	20979	9668
1984	1397	317	14385	11728	29053	22031	10286
1985	1403	291	13743	11503	29620	21611	10187
1986	1319	290	14940	12085	30196	22106	10034
1987	1388	285	15287	12640	30542	22813	10519
1988	1312	284	16158	13619	31960	23918	11386
1989	1397	300	17823	14281	32871	24606	11868
1990	1346	297	18349	14766	34190	26307	12423
1991	1258	300	19352	15705	34834	23546	12297
1992	1323	300	19968	16470	35549	27092	12225
1993	1009	303	20681	17031	34894	25543	11296
1994	1215	305	20878	17245	36473	26875	12210
1995	1100	205	21378	17594	37115	27553	12107
1996	1295	235	20991	17797	37434	27706	11825
1997	1218	246	20751	18240	38107	27966	11526
1998	1281	249	20569	17974	37954	28579	12070
1999	1216	256	21342	18492	38336	28840	12639
2000	1036	263	20590	17281	36225	27460	12345
2001	1086	265	22538	18998	35303	28187	12310
2002	1127	282	22487	20621	34795	27102	11172
2003	1291	282	23405	21024	38415	29909	11655
2004	1440	258	24360	22264	35937	28142	11412
2005	1519	260	27395	25501	37711	28943	12088

14－6 医疗机构诊疗人数(2005年)

类　　别	医疗机构数（个）	总诊疗人次数（万人次）	#门诊人次数(万次)
总　　计	**1519**	**1596**	**1434**
医院合计	109	835.7	719.7
#县及县以上医院	109	835.7	719.7
卫生院合计	151	278	241.2
城市街道卫生院	22	29.7	26.9
农村卫生院	129	248.3	214.3
#乡(镇)卫生院	129	248.3	214.3

注:本表与14－7表总计中含诊所、社区卫生服务中心等医疗机构的数据。

14－7 医疗机构入院、出院人数(2005年)

类　　别	健康检查人数（万人）	入院人数（万人）	出院人数（万人）
总　　计	**92**	**54.2**	**55.5**
医院合计	58	41.66	42.5
#县及县以上医院	58	41.66	42.5
卫生院合计	19.3	8.6	9
城市街道卫生院	2.5	0.2	0.2
农村卫生院	16.8	8.4	8.8
#乡(镇)卫生院	16.8	8.4	8.8

15

企业调查

长沙统计年鉴

15－1 企 业 家 信 心 指 数

（2005年本期） 单位：%

指　　标	一季度	二季度	三季度	四季度
总体状况	**143.23**	**140.66**	**140.42**	**141.15**
一、按行业门类分				
1.工 业	150.29	144.82	151.84	151.39
2.建筑业	141.74	153.19	135.30	151.65
3.交通运输、仓储及邮政业	87.86	77.14	98.58	77.14
4.批发和零售业	141.10	135.04	118.67	119.96
5.房地产业	147.78	138.45	140.16	144.00
6.社会服务业	128.57	128.57	142.86	135.71
7.信息传输、计算机服务和软件业	198.02	198.02	198.02	198.02
8.住宿和餐饮业	142.18	132.18	130.00	127.82
二、按企业登记类型分				
1.国有企业	148.01	148.74	143.81	145.44
2.集体企业	129.73	125.18	125.72	121.17
3.股份合作企业	122.23	111.11	138.89	133.34
4.有限责任公司	130.21	121.78	122.76	126.10
5.股份有限公司	149.56	150.29	144.85	142.94
6.私营企业	143.26	133.26	126.51	126.51
7.外商及港澳台商投资	169.35	152.68	147.13	136.01
三、按企业规模分				
大　　型	146.91	144.83	146.11	140.66
中　　型	130.00	123.33	125.33	126.67
小　　型	100.00	100.00	100.00	100.00
四、按特殊分组				
国家重点联系企业	200.00	200.00	195.86	195.86
乡镇企业	148.50	144.62	132.38	158.01
上市公司	148.56	142.87	150.72	131.53
国有控股企业	146.40	145.31	143.69	141.92

注：企业景气指数的数据值介于0～200之间，以100作为临界值，大于100时表示经济处于景气状态，越接近200，状态越好；小于100时则表示处于不景气状态，越接近0，状态越差。

15－1 续表　　（2005 年预期）　　单位:%

指　　标	一季度	二季度	三季度	四季度
总体状况	**148.05**	**143.09**	**147.58**	**137.44**
一、按行业门类分				
1. 工　业	157.75	147.82	150.15	132.00
2. 建筑业	145.95	146.21	153.18	156.24
3. 交通运输、仓储及邮政业	77.43	76.78	98.88	80.06
4. 批发和零售业	138.54	134.50	128.51	113.69
5. 房地产业	150.34	145.21	147.85	153.90
6. 社会服务业	150.00	142.86	157.14	150.00
7. 信息传输、计算机服务和软件业	200.00	200.00	198.02	200.00
8. 住宿和餐饮业	142.18	142.18	147.82	140.00
二、按企业登记类型分				
1. 国有企业	151.04	150.46	148.46	126.93
2. 集体企业	129.73	125.18	116.63	127.69
3. 股份合作企业	122.23	111.11	138.89	144.45
4. 有限责任公司	135.93	127.04	132.92	128.42
5. 股份有限公司	158.46	151.13	156.18	147.98
6. 私营企业	153.26	136.51	136.51	133.26
7. 外商及港澳台商投资	147.07	143.23	149.49	151.21
三、按企业规模分				
大　型	144.38	141.78	148.94	133.91
中　型	136.67	130.67	132.00	134.67
小　型	100.00	100.00	100.00	100.00
四、按特殊分组				
国家重点联系企业	200.00	200.00	195.86	127.70
乡镇企业	162.46	144.56	147.14	156.55
上市公司	159.36	141.51	156.34	138.44
国有控股企业	147.61	143.48	147.86	126.43

15－2 企 业 景 气 指 数

（2005 年本期） 单位:%

指 标	一季度	二季度	三季度	四季度
总体状况	**140.39**	**141.90**	**145.89**	**142.18**
一、按行业门类分				
1.工 业	142.47	137.91	147.32	147.03
2.建筑业	168.53	168.27	165.30	168.09
3.交通运输、仓储及邮政业	87.02	84.09	105.18	86.65
4.批发和零售业	133.08	138.90	134.23	137.06
5.房地产业	138.72	141.28	126.92	121.87
6.社会服务业	114.29	121.43	150.00	128.57
7.信息传输、计算机服务和软件业	200.00	200.00	198.02	200.00
8.住宿和餐饮业	120.00	140.00	117.18	105.00
二、按企业登记类型分				
1.国有企业	148.87	156.69	146.51	146.90
2.集体企业	103.44	91.86	93.88	100.95
3.股份合作企业	116.67	111.11	133.34	144.45
4.有限责任公司	116.32	119.42	128.74	125.73
5.股份有限公司	144.50	148.24	159.34	146.88
6.私营企业	143.26	153.26	126.51	123.26
7.外商及港澳台商投资	163.79	146.47	154.22	145.65
三、按企业规模分				
大 型	146.22	142.12	142.87	139.69
中 型	118.00	118.67	122.00	118.67
小 型	100.00	100.00	100.00	100.00
四、按特殊分组				
国家重点联系企业	200.00	200.00	200.00	200.00
乡镇企业	157.43	142.96	142.87	155.26
上市公司	134.51	141.69	161.67	130.99
国有控股企业	146.20	152.02	148.53	141.80

15－2 续表　　(2005年预期)　　单位:%

指　　标	一季度	二季度	三季度	四季度
总体状况	**150.50**	**147.23**	**148.87**	**143.79**
一、按行业门类分				
1.工　业	157.04	147.77	152.61	146.97
2.建筑业	182.75	177.80	167.77	170.07
3.交通运输、仓储及邮政业	86.85	86.59	86.59	80.35
4.批发和零售业	130.97	134.31	135.80	137.15
5.房地产业	145.94	144.30	129.94	123.96
6.社会服务业	142.86	142.86	157.14	135.71
7.信息传输、计算机服务和软件业	200.00	200.00	200.00	200.00
8.住宿和餐饮业	115.00	120.00	125.00	115.00
二、按企业登记类型分				
1.国有企业	149.20	153.11	145.45	148.68
2.集体企业	101.41	98.92	96.99	106.54
3.股份合作企业	150.00	133.34	138.89	133.34
4.有限责任公司	131.82	128.15	133.34	121.31
5.股份有限公司	160.70	152.32	161.89	153.39
6.私营企业	143.26	130.00	123.26	123.26
7.外商及港澳台商投资	167.65	148.61	167.70	160.61
三、按企业规模分				
大　型	155.79	148.30	143.10	138.42
中　型	128.67	124.67	127.33	121.33
小　型	100.00	100.00	100.00	100.00
四、按特殊分组				
国家重点联系企业	200.00	200.00	200.00	200.00
乡镇企业	167.63	158.74	150.30	147.08
上市公司	152.88	153.48	161.39	144.27
国有控股企业	148.16	149.78	147.14	143.30

15－3 综合经营景气指数

（2005 年本期） 单位:%

指　　标	一季度	二季度	三季度	四季度
生产总量	128.88	138.12	144.84	139.30
盈利(亏损)变化	106.78	117.46	130.28	114.42
流动资金	91.22	85.64	87.00	83.92
货款拖欠	104.28	103.47	111.05	108.10
劳动力需求	102.60	111.44	117.51	110.44
固定资产投资	107.40	113.53	108.60	98.89
产品订货	129.51	126.45	121.72	130.48
企业融资	84.87	79.93	81.05	79.68

15－3 续表 （2005 年预期） 单位:%

指　　标	一季度	二季度	三季度	四季度
生产总量	147.34	143.01	143.28	124.98
盈利(亏损)变化	138.97	132.46	139.67	119.46
流动资金	90.60	85.83	87.66	83.50
货款拖欠	100.41	97.13	107.19	108.34
劳动力需求	108.36	108.17	106.14	101.13
固定资产投资	121.82	111.17	106.23	96.99
产品订货	149.61	144.88	139.80	123.36
企业融资	89.22	82.89	83.53	83.05

15－4　企业集团主要经济指标(2005 年)

指　　标	单位数(个)	从业人员年末人数(人)	在岗职工(人)	其他从业人员(人)
总　　计	**39**	**237466**	**226282**	**11184**
一、按集团审批部门分				
1. 国务院主管部门	3	7766	7368	398
2. 省级人民政府	12	142817	134361	8456
3. 省级人民政府主管部门	8	21976	21181	795
4. 其他	15	61334	59829	1505
二、按母公司控股情况分				
1. 国有及国有控股	24	180369	170310	10059
国有绝对控股	22	173707	163648	10059
国有相对控股	2	6662	6662	
2. 其他	15	57097	55972	1125
三、按集团主营行业分				
1. 工业	17	106325	103691	2634
2. 建筑业	5	77337	70738	6599
3. 交通运输. 仓储和邮政业	1	4222	4222	
4. 批发和零售业	6	16164	16112	52
5. 住宿和餐饮业	2	11177	10223	954
6. 房地产业	2	1745	1165	580
7. 其他合计	6	20496	20131	365
四、按母公司登记注册类型分				
1. 国有企业	8	60378	51832	8546
2. 公司制企业	29	173202	171139	2063
国有独资企业	9	56480	55649	831
其他有限责任公司	13	80911	79879	1032
股份有限公司	7	35811	35611	200
3. 其他	2	3886	3311	575

单位:万元

研究开发人员(人)	从业人员劳动报酬	在岗职工劳动报酬	其他从业人员劳动报酬	研究开发人员劳动报酬	固定资产投资完成额
9398	**461487**	**444696**	**16791**	**28198**	**1297458**
207	21793	20785	1008	985	26415
4755	290223	278366	11857	13820	594998
562	37229	35257	1972	1232	16488
3584	104789	102941	1848	11021	652802
5498	363949	348368	15581	16605	631381
4300	350197	334616	15581	13237	629137
1189	13752	13752		3368	2244
3909	97538	96328	1210	11593	666077
8471	250012	244435	5577	25627	1278506
346	96820	89306	7514	596	3083
	4945	4945			
97	34748	34523	225	252	4580
	18250	16356	1894		
	4079	3241	838		
484	52633	51890	743	1723	11289
707	71452	62145	9307	1866	20386
8451	383020	376393	6627	25992	683247
1144	116156	110970	5186	3720	49169
5842	208936	207695	1241	18403	608880
1465	57928	57728	200	3869	25198
240	7015	6158	857	340	593825

15－4 续表1

指　标	年末资产总　计	固定资产原　价	累计折旧	本年折旧	累计对外投　资
总　计	**11669390**	**5101130**	**1496500**	**313268**	**365308**
一、按集团审批部门分					
1. 国务院主管部门	713543	356399	56626	15491	3099
2. 省级人民政府	7486760	3527825	1109816	233841	225281
3. 省级人民政府主管部门	1121379	521110	152294	25499	17239
4. 其他	2184871	615524	161413	35349	111192
二、按母公司控股情况分					
1. 国有及国有控股	9757770	4582498	1359095	282977	276642
国有绝对控股	9433078	4470078	1321796	261841	251751
国有相对控股	324692	112420	37299	21136	24891
2. 其他	1911620	518632	137405	30291	88666
三、按集团主营行业分					
1. 工业	8141416	3676397	1067971	241333	332695
2. 建筑业	850571	143285	53846	8367	
3. 交通运输. 仓储和邮政业	66521	51401	20972	3893	
4. 批发和零售业	940175	489013	127603	22927	5100
5. 住宿和餐饮业	373387	225827	70173	10356	14694
6. 房地产业	202806	31222	6022	1669	
7. 其他合计	1034514	483985	149913	24723	12819
四、按母公司登记注册类型分					
1. 国有企业	1388696	360468	101393	19355	26212
2. 公司制企业	9823032	4671155	1376826	291396	272826
国有独资企业	2661213	1391923	389975	60554	19327
其他有限责任公司	6400205	3005052	888274	200615	228608
股份有限公司	761614	274180	98577	30227	24891
3. 其他	457662	69507	18281	2517	66270

单位:万元

#本年对外投资	存货	流动资产年平均余额	年末负债	流动负债	年末股东(所有者)权益	股本
118144	**1669855**	**5133853**	**6963266**	**5765704**	**3944341**	**1218292**
63	126368	355239	335686	315989	227664	89122
51144	1012843	3211176	4705832	3852145	2608919	608069
659	138135	566907	679437	614564	276348	138550
66128	362008	921552	1157489	906837	783148	366439
51357	1351909	4247986	5994319	4932303	3241653	919826
51357	1308366	4099164	5830505	4796186	3086853	884188
	43543	148822	163814	136117	154800	35638
66787	317946	885867	968947	833401	702688	298466
116689	1122110	3412095	4768472	3832607	2853010	714391
	195001	585171	628100	583146	211637	181573
	651		63603	41658	2918	4700
935	87849	336653	567678	484024	284903	103557
	37835	158804	246313	212453	62185	54450
	85625	134867	157581	128345	92129	36325
520	140784	506263	531519	483471	437559	123296
17193	246686	832357	941469	832682	356892	158662
36128	1387942	4198865	5843058	4802480	3388160	999993
63	381400	1185637	1516088	1299100	818977	334217
36065	861286	2603771	3939021	3155827	2202551	486506
	145256	409457	387947	347553	366632	179270
64823	35227	102631	178739	130542	199289	59637

15－5 重点企业建立现代企业制度跟踪监测主要经济指标(2005年)

指　　标	单位数（个）	注册资本合　计	从业人员年末人数（人）	在岗职工（人）	其他从业人员（人）
总　　计	**36**	**1324907**	**125234**	**121974**	**3260**
按控股情况分					
国有及国有控股小计	28	990701	115501	112681	2820
国有绝对控股	24	878732	99848	97043	2805
国有相对控股	4	111969	15653	15638	15
集体控股	3	9301	2001	2001	
集体绝对控股	2	5307	1098	1098	
集体相对控股	1	3994	903	903	
其他	5	324905	7732	7292	440
按主营行业分					
工业	25	1055348	90549	88254	2295
建筑业	1	31598	12540	12530	10
批发和零售业	7	93407	11529	11513	16
住宿和餐饮业	1	50000	9890	8972	918
租赁和商务服务业	1	78442	110	110	
科学研究、技术服务和地质勘查业	1	16112	616	595	21
按登记注册类型分					
国有企业	9	294196	25640	25015	625
公司制企业小计	26	1027404	99404	96769	2635
国有独资企业	8	163611	24491	22500	1991
其他有限责任公司	8	380676	50294	50105	189
股份有限公司	10	483117	24619	24164	455
其他	1	3307	190	190	
按企业规模分					
大型	19	769698	108697	105880	2817
中型	15	444539	13623	13420	203
其他	2	110670	2914	2674	240
按重点企业类型分					
中央企业	1	16112	616	595	21
520 户国家重点企业	3	433755	46915	46714	201
省级重点企业	19	823490	86122	83930	2192
现企国家百户试点企业	1	40000	2307	2297	10
现企省级试点企业	18	834004	40259	38125	2134

单位:万元

研究开发人员(人)	从业人员劳动报酬	在岗职工劳动报酬	其他从业人员劳动报酬	研究开发人员劳动报酬	固定资产投资完成额
5291	**289200**	**282730**	**6470**	**16688**	**679470**
4416	275027	268977	6050	15107	657568
2035	234933	228933	6000	7656	626373
2381	40094	40044	50	7451	31195
225	3306	3306		379	2588
184	1404	1404		219	2310
41	1902	1902		160	278
650	10867	10447	420	1202	19314
5050	231870	229674	2196	15600	675843
	12055	12047	8		840
20	24211	24194	17	70	1707
	18256	14062	4194		
32	321	321		103	
189	2487	2432	55	915	1080
689	45765	45532	233	3488	63966
4602	243114	236877	6237	13200	615402
291	52906	47376	5530	1173	30131
1282	138420	138183	237	3527	534493
3029	51788	51318	470	8500	50778
	321	321			102
3895	266700	260653	6047	13999	655452
1124	18759	18556	203	2246	18095
272	3741	3521	220	443	5923
189	2487	2432	55	915	1080
848	147119	146850	269	4057	584473
4137	236712	230879	5833	13964	660421
	3980	3969	11		
2387	75584	70202	5382	7293	66124

15－5 续表

指　　标	年末资产总计	固定资产原价	累计折旧	本年折旧	无形资产
总　　计	**10162029**	**4682566**	**1447137**	**269208**	**580818**
按控股情况分					
国有及国有控股小计	9280124	4271833	1374384	260063	554599
国有绝对控股	8407188	3987997	1300309	231913	490084
国有相对控股	872936	283836	74075	28150	64515
集体控股	154179	50945	26675	2297	7579
集体绝对控股	137978	37685	16696	1947	7579
集体相对控股	16201	13260	9979	350	
其他	727726	359788	46078	6848	18640
按主营行业分					
工业	8489973	4061230	1279274	244071	473790
建筑业	290895	22135	7677	1209	31670
批发和零售业	848273	379042	92423	18036	40865
住宿和餐饮业	345864	204525	62555	5417	32589
租赁和商务服务业	110451	2579	176	55	1417
科学研究、技术服务和地质勘查业	76573	13055	5032	420	487
按登记注册类型分					
国有企业	1863628	560274	305083	25651	109481
公司制企业小计	8191672	4106269	1137000	242999	471195
国有独资企业	1637316	796956	168319	30093	107967
其他有限责任公司	4868972	2570675	818245	175641	274712
股份有限公司	1685384	738638	150436	37265	88516
其他	106729	16023	5054	558	142
按企业规模分					
大型	8963756	4137704	1319157	257583	486193
中型	679485	315603	124106	11303	85873
其他	518788	229259	3874	322	8752
按重点企业类型分					
中央企业	76537	13055	5032	420	487
520 户国家重点企业	5819099	2918180	1022735	191481	256407
省级重点企业	8338922	4031087	1299006	249968	423336
现企国家百户试点企业	253611	111864	19952	3048	7531
现企省级试点企业	3136596	1084632	472897	60229	253024

单位:万元

累计对外投资	本年对外投资	存货	流动资产年平均余额	年末负债合计	流动负债	年末股东(所有者)权益合计	股本
395095	**117665**	**1762635**	**4612389**	**5662269**	**4643465**	**4499760**	**1142532**
324423	52083	1664326	4211877	5171336	4270965	4108788	1023972
289994	50811	1497227	3738518	4699762	3833909	3707426	937634
34429	1272	167099	473359	471574	437056	401362	86338
3916	100	24457	88050	123219	60215	30960	11546
2406	100	19576	86767	115435	53231	22543	7552
1510		4881	1283	7784	6984	8417	3994
66756	65482	73852	312462	367714	312285	360012	107014
233341	110508	1582897	3818107	4603115	3786877	3886858	868089
		50300	222543	240514	219361	50381	31598
23405	5724	89863	407410	571162	426816	277111	98291
7659	1433	35247	126345	211616	177702	134248	50000
90248		182	11655	9644	9644	100807	78442
40442		4146	26329	26218	23065	50355	16112
46341	118	681305	1207406	730867	689681	1132761	294896
346348	117447	1066404	3332504	4833966	3918066	3357706	842084
47353	24163	222970	783242	910447	786878	726869	221812
192593	26530	594971	1751259	3054831	2364324	1814141	380677
106402	66754	248463	798003	868688	766864	816696	239595
2406	100	14926	72479	97436	35718	9293	5552
203429	52183	1640576	4183539	5164019	4258968	3799737	804513
36595	659	87082	325464	324108	257975	355377	209576
155071	64823	34977	103386	174142	126522	344646	128443
40442		4146	26329	26218	23065	50355	16112
77914	26571	1166691	2521759	3223279	2560121	2595820	433755
255616	52624	1549427	3769254	4555136	3740770	3783786	854699
		26022	129000	179271	174140	74340	41861
174633	18617	823273	1774871	1409676	1185305	1726920	600586

16 区县(市)主要经济和社会指标

长沙统计年鉴

16－1 区县(市)年末户籍户数和人口数(2005年)

单位:人

区县(市)	年末总户数(户)	年末总人口	男性	女性	非农业人口	未落常住户人口
总计	**1841022**	**6209248**	**3186039**	**3023209**	**2180688**	**48228**
市区合计	604674	2086476	1063621	1022855	1731937	48228
芙蓉区	110694	370498	187804	182694	328863	5600
天心区	116730	422118	215647	206471	369126	19484
岳麓区	100186	395385	204563	190822	311729	6140
开福区	139879	410326	204223	206103	320324	6400
雨花区	137185	488149	251384	236765	401895	10604
县(市)合计	1236348	4122772	2122418	2000354	448751	
长沙县	232225	745179	379444	365735	68093	
望城县	219973	710330	365612	344718	91057	
宁乡县	399554	1321853	681347	640506	145720	
浏阳市	384596	1345410	696015	649395	143881	
县辖镇合计	636609	2045216	1049297	995919	264223	
长沙县	191111	603364	306651	296713	63644	
望城县	191656	608575	312972	295603	88389	
宁乡县	253842	833277	429674	403603	112190	

16－2 2000—2005年分区县(市)年末常住人口

单位:人

区县(市)	2000年	2001年	2002年	2003年	2004年	2005年
合计	**6138719**	**6200800**	**6268778**	**6283499**	**6290000**	**6393000**
芙蓉区	390074	410289	417362	417794	419095	431600
天心区	396827	428547	437439	442319	443619	448100
岳麓区	409939	423318	438665	443720	444820	455300
开福区	423645	433394	442120	454530	455530	467600
雨花区	502388	524477	537598	546496	547796	570000
长沙县	774707	763529	769660	770218	770318	778300
望城县	686349	673420	677953	678439	678539	686000
宁乡县	1247218	1240705	1244885	1223679	1223879	1236700
浏阳市	1307572	1303121	1303096	1306304	1306404	1319400

16－3 区县(市)人口自然变动情况(2005年)

区县(市)	出生人口(人)	死亡人口(人)	自然增长人数(人)	出生率(‰)	死亡率(‰)	自然增长率(‰)
总　　计	**67537**	**42788**	**24749**	**10.97**	**6.95**	**4.02**
市区合计	16037	7218	8819	7.8	3.51	4.29
芙蓉区	2895	1117	1778	8	3.09	4.91
天心区	2621	1428	1193	6.24	3.4	2.84
岳麓区	3077	1277	1800	7.87	3.27	4.6
开福区	3234	1986	1248	7.98	4.9	3.08
雨花区	4210	1410	2800	8.87	2.97	5.9
县(市)合计	51500	35570	15930	12.56	8.67	3.89
长沙县	9173	5820	3353	12.37	7.85	4.52
望城县	8917	6358	2559	12.62	9	3.62
宁乡县	16507	11517	4990	12.56	8.76	3.8
浏阳市	16903	11875	5028	12.63	8.87	3.76

16－4 区县(市)人口机械增长情况(2005年)

区县(市)	迁入人数(人)	迁出人数(人)	机械增长人数(人)	机械增长率(‰)	自然、机械净增人数(人)	净增率(‰)
总　　计	**118414**	**71258**	**47156**	**7.66**	**71905**	**11.68**
市区合计	90877	50012	40865	19.88	49684	24.17
芙蓉区	14497	7274	7223	19.78	9001	24.69
天心区	16867	15908	959	2.84	2152	5.68
岳麓区	27630	13876	13754	35.19	15554	39.79
开福区	6538	2973	3565	8.8	4813	11.88
雨花区	25345	9981	15364	32.38	18164	38.28
县(市)合计	27537	21246	6291	1.53	22221	5.42
长沙县	6892	3458	3434	4.63	6787	9.15
望城县	13081	6679	6402	9.06	8961	12.68
宁乡县	3639	6476	－2837	－2.16	2153	1.64
浏阳市	3925	4633	－708	－0.05	4320	3.71

16－5 区县(市)劳动工资情况(2005年)

区县(市)	在岗职工			离开本单位仍保留劳动关系的职工		
	年平均人数(人)	工资总额(万元)	年平均工资(元)	年平均人数(人)	生活费总额(万元)	年平均生活费(元)
总　计	**677171**	**1455835**	**21499**	**81423**	**41810.9**	**5135**
芙蓉区	139158	313163.8	22504	9398	5510.8	5864
天心区	75612	148775.4	19676	14244	6244	4384
岳麓区	75320	184307.3	24470	10816	5787.3	5351
开福区	78130	194198.6	24856	16413	6933.8	4225
雨花区	117716	248699.2	21127	18304	11172.1	6104
长沙县	68277	143627.9	21036	1771	855.2	4829
望城县	40695	66169.3	16260	4504	1365.2	3031
宁乡县	42683	76937.9	18025	3125	1601.8	5126
浏阳市	39580	79955.6	20201	2848	2340.7	8219

16－6　区县(市)生产总值(2005年)

单位:万元

指　　标	芙蓉区	天心区	岳麓区	开福区	雨花区	长沙县	望城县	宁乡县	浏阳市
地区生产总值	2314878	1358201	1300755	1454742	2714937	1905737	1000156	1437850	1760060
第一产业	16542	10912	24958	33667	26942	265908	181016	303487	276344
第二产业	355295	453959	426818	388089	1405461	1144444	547330	722044	1029176
工业	195967	246685	284028	189734	1145246	962777	373852	551596	793971
建筑业	159328	207274	142790	198355	260215	181667	173478	170448	235205
第三产业	1943041	893330	848979	1032986	1282534	495385	271810	412319	454540
交通运输、仓储和邮政业	290123	18909	40879	56940	67511	65822	29293	28939	37953
信息传输、计算机服务和软件业	62960	78166	57119	47269	106513	28099	21712	16602	21348
批发和零售业	569157	204047	91538	288153	290229	76199	47129	113391	134895
住宿和餐饮业	100834	70749	47932	67189	71449	20596	14390	19272	20225
金融保险业	177538	64787	32332	91401	85262	22004	8933	16057	20731
房地产业	90478	65756	58583	73520	93561	65472	28397	47285	57022
租赁和商务服务业	157907	55917	28874	35369	136139	48528	2269	9556	3992
科学研究、技术服务和地质勘查业	75791	39023	46156	25625	111710	5858	1166	5245	5072
水利、环境和公共设施管理业	23773	14632	10149	22283	12352	2388	2709	2766	4139
居民服务和其它服务业	69387	32827	48476	25841	45916	45842	7825	53595	13817
教育	63834	84230	266487	37055	76201	55253	44230	15143	38033
卫生、社会保障和社会福利业	77424	29196	43404	66676	43403	14561	7850	7879	35374
文化、体育和娱乐业	58524	78078	12983	135473	56245	2983	7090	8853	9042
公共管理和社会组织	125311	57013	64067	60192	86043	41780	48817	67736	52897

16-7 区县(市)生产总值(2004年经济普查数据)

单位:万元

行业分类	芙蓉区	天心区	岳麓区	开福区	雨花区	长沙县	望城县	宁乡县	浏阳市
地区生产总值	1967256	1163016	1098438	1228198	2369708	1583708	839639	1235948	1480680
第一产业	15488	10001	23020	30976	24131	245781	163881	277944	254708
第二产业	288947	374119	360780	304971	1264674	929779	453646	603820	836215
工业	152568	222683	254948	161860	1027096	768643	298952	446014	636279
建筑业	136379	151436	105832	143111	237578	161136	154694	157806	199936
第三产业	1662821	778896	714638	892251	1080903	408148	222112	354184	389757
交通运输、仓储和邮政业	266484	17807	37237	51863	64760	59209	27599	27933	34375
信息传输、计算机服务和软件业	50482	69662	47976	40829	86587	21508	15700	14130	19489
批发和零售业	490470	171860	79158	248895	247314	67687	42081	101089	122876
住宿和餐饮业	90233	63469	41449	58035	63516	16583	12514	17149	18424
金融业	.160899	58550	29085	82604	76699	19835	8437	14551	18373
房地产业	82279	61539	46287	52992	83507	57586	27203	42829	53046
租赁和商务服务业	126257	47702	24252	30550	111261	36871	1629	7946	2872
科学研究、技术服务和地质勘查业	61100	35021	38768	22134	90183	4650	836	4285	3649
水利、环境和公共设施管理业	19469	12806	8525	19247	10394	1852	2056	2180	2978
居民服务和其他服务业	56122	28484	40778	22320	36296	36084	6031	42985	12079
教育	51440	72125	219950	32007	62242	42126	31996	12011	30153
卫生、社会保障和社会福利业	62955	24998	36456	57592	34873	10511	5842	6492	25452
文化、体育和娱乐业	45599	66473	10905	117016	44582	2358	5243	7183	6505
公共管理和社会组织	99032	48400	53812	56167	68689	31288	34945	53421	39486

16－8　区县(市)生产总值发展速度(2005年)

单位:%

指　　标	芙蓉区	天心区	岳麓区	开福区	雨花区	长沙县	望城县	宁乡县	浏阳市
地区生产总值	115.2	117.1	114.6	116.7	112.3	117.2	114.8	114.0	114.0
第一产业	97.7	104.9	104.4	105.0	104.5	107.1	107.2	107.5	107.2
第二产业	122.3	127.2	114.0	125.2	109.6	119.8	119.6	118.2	116.7
工业	126.8	124.8	106.9	119.3	109.3	120.7	123.4	121.8	117.9
建筑业	116.6	131.2	133.5	132.9	111.0	114.6	112.0	107.9	112.8
第三产业	114.1	112.4	115.2	114.2	115.7	116.0	110.6	111.8	112.5
交通运输、仓储和邮政业	109.9	106.3	109.9	109.9	104.2	111.0	107.4	106.8	110.0
信息传输、计算机服务和软件业	148.1	112.3	116.0	121.2	119.5	116.0	117.6	114.6	109.9
批发和零售业	113.8	116.7	113.7	115.2	114.7	109.9	110.3	111.7	111.5
住宿和餐饮业	113.9	109.6	113.7	113.2	111.6	124.2	112.0	112.3	111.5
金融保险业	106.5	107.5	108.0	107.5	108.0	108.1	103.0	107.5	109.8
房地产业	106.0	103.0	122.0	122.0	108.0	109.3	100.2	106.0	103.3
租赁和商务服务业	112.1	113.6	116.0	114.5	119.9	123.1	115.4	109.8	120.2
科学研究、技术服务和地质勘查业	118.0	107.9	116.0	122.0	119.1	116.3	113.6	111.4	121.6
水利、环境和公共设施管理业	113.9	110.7	116.0	122.9	124.4	117.6	117.7	114.0	111.7
居民服务和其它服务业	126.1	111.6	115.9	126.9	119.5	121.0	114.8	114.2	117.6
教育	116.9	113.1	116.1	110.0	119.3	121.1	113.3	115.3	115.1
卫生、社会保障和社会福利业	116.7	113.1	116.0	111.1	120.1	122.5	113.9	113.0	115.4
文化、体育和娱乐业	126.2	115.3	116.0	112.9	124.3	117.6	115.3	114.2	133.4
公共管理和社会组织	117.1	115.5	116.0	111.6	121.9	124.4	114.2	116.1	119.2

16－9 区县(市)国有及年销售收入500万元以上非国有工业产值(2005年)

单位:万元

区县(市)	工业总产值	#国有及国有控股	#集体	轻工业	重工业
全 市	**9733713**	**3151356**	**196841**	**3875904**	**5857809**
芙蓉区	505888	49081	6429	167996	337892
天心区	658721	444581	38945	92343	566378
岳麓区	990933	576809	1706	108828	882105
开福区	559128	92723	3779	416253	142875
雨花区	1883572	1506571	42626	1286995	596577
长沙县	2745758	300469	14113	580286	2165472
望城县	612564	105402	26934	356666	255898
宁乡县	888130	66900	52721	461296	426834
浏阳市	889019	8820	9597	405241	483778

16－10 区县(市)国有及年销售收入500万元以上非国有工业主要经济指标(2005年)

单位:万元

区县(市)	资产	负债	销售收入	利润	利税	增加值
全 市	**10502537**	**5230325**	**9158504**	**640280**	**1770677**	**3523338**
芙蓉区	513947	241644	506617	28789	65603	134631
天心区	844851	271861	512693	42231	122081	191658
岳麓区	1612291	1013785	932045	52891	101378	285216
开福区	638154	296813	603268	31091	56652	129465
雨花区	2392090	916098	1850615	202146	870648	1081372
长沙县	2789342	1606445	2486874	131455	219242	858234
望城县	581465	303915	588423	31012	55788	210072
宁乡县	545957	264105	861940	68482	140729	291005
浏阳市	584440	315659	816029	52183	138556	341685

16－11 区县(市)全社会固定资产投资主要指标完成情况(2005年)

单位:万元

区县(市)	合计	城乡固定资产投资	农村农户固定资产投资
全 市	**8814166**	**7911578**	**516306**
芙蓉区	1000621	950154	22487
天心区	1315524	1297307	18217
岳麓区	979137	925321	26966
开福区	1315576	1250371	18046
雨花区	1115477	1083115	27557
长沙县	799476	584019	66115
望城县	655785	564006	87991
宁乡县	856119	705254	119060
浏阳市	776451	552031	129867

16－12 区县(市)财政收入(2005年)

单位:万元

指标	全市	市本级	芙蓉区	天心区	岳麓区	开福区	雨花区	长沙县	望城县	浏阳市	宁乡县
上划中央"两税"	336548	102622	20931	14778	8325	16293	15621	60619	15103	64666	17590
一般预算收入	1080572	504795	75506	63369	54662	71577	80168	85146	48125	61728	35496
增值税	98173	33199	6977	4926	2775	5431	5207	17577	5033	11411	5637
营业税	369477	91872	42712	38879	33672	42181	46670	30183	14444	18294	10570
企业所得税	47485	33905	1583	595	260	661	6617	1997	293	842	732
企业所得税退税											
个人所得税	41137	31958	1204	1516	766	1280	1224	1581	449	617	542
资源税	500	6						118	143	58	175
固定资产投资方向调节税											
城市维护建设税	94298	82531						4212	1321	5060	1174
房产税	35925	16759	4181	2258	786	1532	3887	2870	906	1739	1007
印花税	13591	5060	2224	522	353	530	1340	1802	244	1218	298
城镇土地使用税	3409	2322						675	117	178	117
土地增值税	1057	830						22	64	62	79
车船使用和牌照税	2412	1758						297	63	57	237
屠宰税											
筵席税											
农业税											
农业特产税	8274									6074	2200
牧业税											
耕地占用税	39248		2499	1178	8287	7582	6347	5100	4841	2314	1100
契税	108019	92904			6		7	7618	3974	2010	1500
国有资产经营收益	45208	1229	10300	8865	5764	4478	5922		6700	1000	950
国有企业计划亏损补贴	-500	-500									
行政性收费收入	80492	54052	1730	2069	1036	4137	1897	2945	5700	2426	4500
罚没收入	33704	15819	1030	1585	856	1613	1000	3224	2178	3501	2898
海域场地矿区使用费收入											
专项收入	52167	39136						4817	1634	4839	1741
其他收入	6496	1955	1066	976	101	2152	50	108	21	28	39
上划所得税	227885	22740	25455	21797	10716	19567	62601	32826	7312	13270	11601

16－13 区县(市)财政支出(2005年)

单位:万元

指　　标	全市	市本级	芙蓉区	天心区	岳麓区	开福区	雨花区	长沙县	望城县	浏阳市	宁乡县
一般预算支出	1330503	511112	92380	78733	68801	88999	93886	123141	75188	116468	81795
基本建设支出	131244	43549	13198	15960	11581	5008	17200	12824	5734	4901	1289
企业挖潜改造资金	52298	28860	6650	100	400	6126	4612		30	4407	1113
地质勘探费	26									11	15
科技三项费用	32803	22020	1256	840	790	1109	860	2507	892	1209	1320
流动资金											
农业支出	59493	14628	1979	889	911	3557	1267	11204	7288	9135	8635
林业支出	5444	1083			135	328	80	530	359	2244	685
水利和气象支出	19360	5904	157	293	455	2531	778	3420	2319	1798	1705
工业交通等部门的事业费	6069	2299	491	310	132	836	398	252	762	385	204
流通部门事业费	4622	2510	863	2	353	130	45	197	249	252	21
文体广播事业费	28868	10782	883	853	851	1173	1635	3196	2292	4782	2421
教育支出	138657	29153	12267	6025	5572	10124	9655	20022	11431	17612	16796
科学支出	3489	2542	144	60	199	69	28	189	60	88	110
医疗卫生支出	35637	13499	2420	1961	1875	2592	2561	4328	3165	1879	1357
其他部门的事业费	62637	17564	1482	5772	17699	5028	2276	6068	1660	3331	1757
抚恤和社会福利救济	53945	11988	3170	3804	2573	6105	3833	4453	4858	6434	6727
行政事业单位离退休支出	47609	2527	3746	4230	3039	5219	3853	6444	4757	10901	2893
社会保障补助支出	58646	38775	1409	1053	1031	1096	1307	2755	4794	3702	2724
国防支出	889		301	120	318		150				
行政管理费	148149	34737	8173	15509	7402	12639	10325	16824	8828	17097	16615
外交外事支出	630	630									
武装警察部队支出											
公检法司支出	98479	61697	3252	3394	2495	2755	3620	5889	3518	6462	5397
城市维护费	187161	107325	22013	8882	5058	13553	16067	4319	2609	6106	1229
政策性补贴支出	4332	2989	17		17	28	9	607	165	193	307
支援不发达地区支出	5396	1134	392	167	102	201	99	1062	650	824	765
海域开发建设和场地使用费	18								5	2	11
车辆税费支出	215	215									
债务利息支出											
专项支出	48896	22992	852	1878	2272	1767	3451	5262	2209	5489	2724
其他支出	95491	31710	7265	6631	3541	7025	9777	10789	6554	7224	4975

16－14　区县(市)社会消费品零售总额(2005 年)

单位:万元

指　　标	全　市	芙蓉区	天心区	岳麓区	开福区	雨花区	长沙县	望城县	宁乡县	浏阳市
合　　计	**7434282**	**1651618**	**851880**	**531972**	**1251282**	**1396301**	**477445**	**230730**	**520882**	**522172**
按销售单位所在地分组										
市	6006902	1651618	851880	531972	1251282	1396301				323849
县	602320						287065	95899	219356	
县以下	825059						190379	134831	301526	198323
按行业分组										
批发零售贸易业	6267246	1384055	665361	392424	1098125	1172893	426984	200716	470531	456157
限额以上	2348530	550874	268227	110569	605357	459989	227414	21302	56150	48649
限额以下及个体户	3918716	833182	397134	281855	492768	712904	199571	179414	414381	407508
餐饮业	1097791	245011	179894	139549	143272	209445	47503	23029	46551	63538
其它	69245	22551	6626		9885	13963	2958	6985	3800	2477
2004 年合计	6403344	1420991	727320	458084	1068102	1193828	415675	204784	456353	458206

16－15　区县(市)限额以上批发零售贸易业商品购进、销售、库存总额(2005年)

单位:万元

	全　市	芙蓉区	天心区	岳麓区	开福区	雨花区	长沙县	望城县	宁乡县	浏阳市
法人企业(个)	369	113	48	17	68	62	19	5	24	13
产业活动单位(个)	1201	292	81	27	206	441	24	58	57	15
从业人数(人)	57287	14564	7456	2534	13716	11842	2055	648	2571	1901
购进总额	5611337.6	1638741.9	572917.9	361247.6	1179489.8	1281663.1	339484.7	22742.1	90114.9	124935.6
进口	88860.7	46803.6	17690.1			23914.4	452.6			
销售总额	6703504.1	1803042.0	590538.9	388047.7	1791766.6	1394731.6	378750.9	23763.5	173644.2	159218.7
批发	4284057.0	1294951.0	341503.6	321916.5	965730.7	977552.7	163822.5	2461.5	105871.2	110247.3
出口	494904.7	364072.4	68249.9		24273.6	18308.8				20000.0
零售	2419447.1	508091.0	249035.3	66131.2	826035.9	417178.9	214928.4	21302.0	67773.0	48971.4
年末库存总额	788160.5	139512.3	66019.3	30923.0	306770.1	199171.4	27839.8	3530.7	8849.4	5544.5

16－16　区县(市)星级住宿业和限额以上餐饮业经营情况(2005年)

单位:万元

	全　市	芙蓉区	天心区	岳麓区	开福区	雨花区	长沙县	望城县	宁乡县	浏阳市
法人企业(个)	250	73	37	15	45	41	10	7	10	12
产业活动单位数(个)	316	83	80	16	47	44	13	8	13	12
年末从业人数(人)	49466	13426	13389	2157	8062	7299	2218	1195	640	1080
营业额	390677.4	122187.6	106375.3	13775.4	61757.5	56355.9	12394.6	7882.5	3454.4	6494.2
客房收入	95426.0	47254.1	7933.9	4015.1	12133.9	15595.3	2267.9	3095.5	830.2	2300.1
餐费收入	261490.2	61885.8	96513.3	8234.8	46314.0	31549.2	7737.8	3385.9	2127.0	3742.4
商品销售收入	11794.2	5199.6	966.0	1017.8	954.5	1147.4	1599.4	443.1	345.4	121.0
其他收入	21967.0	7848.1	962.1	507.7	2355.1	8064.0	789.5	958.0	151.8	330.7

16－17　区县(市)限额以上批发零售贸易企业财务状况(2005年)

单位:万元

	全　市	芙蓉区	天心区	岳麓区	开福区	雨花区	长沙县	望城县	宁乡县	浏阳市
企业数(个)	369	113	48	17	68	62	19	5	24	13
亏损企业数(个)	147	48	23	10	22	28	6		3	7
流动资产合计	2089963.1	724861.0	160406.7	116444.3	333888.3	576360.7	94688.6	1766.9	18215.6	63331.0
存货	554297.7	180687.9	41891.5	29576.7	124771.4	134590.7	21951.7	371.4	6477.5	13978.9
固定资产原价	882643.1	254012.2	97784.1	6286.2	228492.6	242928.5	18441.3	2139.5	9133.9	23424.8
累计折旧	218719.8	79290.3	25413.9	1746.7	45576.9	54531.1	3937.4	308.1	2638.7	5276.7
本年折旧	48728.2	11818.3	5460.4	521.6	15829.9	11797.2	1052.7	37.7	1203.1	1007.3
资产总计	3356120.7	1124553.3	266634.2	130314.9	676526.1	892685.5	128874.9	3975.8	26455.4	106100.6
负债合计	2364437.1	769997.0	194274.0	105914.7	495835.6	642306.6	90947.4	1560.9	10369.4	53231.5
所有者权益合计	991683.6	354556.3	72360.2	24400.2	180690.5	250378.9	37927.5	2414.9	16086.0	52869.1
实收资本	527621.8	163572.7	72379.3	19673.4	139401.3	88327.3	21428.3	1796.8	4126.7	16916.0
国家资本	152250.2	62411.2	11836.3	6246.5	41187.6	28924.2	216.5	447.9	446.1	533.9
集体资本	72756.3	8997.6	108.9	1000.0	59519.0	2276.9			100.0	753.9
法人资本	179671.5	51062.2	23848.2	8717.8	26736.9	36653.0	15896.8	363.0	3560.6	12833.0
个人资本	81716.5	34665.2	2812.7	3709.1	11957.8	19645.6	5315.0	795.9	20.0	2795.2
港澳台资本	877.6		50.0			827.6				
外商资本	40349.7	6436.5	33723.2					190.0		
营业收入合计	6015928.5	1800175.1	515509.4	331566.5	1506138.2	1361137.2	307476.7	7381.3	75412.0	111132.1
主营业务收入	5977617.2	1797610.7	513052.3	330465.0	1499750.1	1343410.1	307434.5	7381.3	67401.9	111111.3

16－17 续表　　　　单位:万元

	全　市	芙蓉区	天心区	岳麓区	开福区	雨花区	长沙县	望城县	宁乡县	浏阳市
主营业务成本	5120716.0	1363517.2	463058.5	290132.7	1372741.9	1191388.9	287315.3	6775.0	55409.8	90376.7
主营业务税金及附加	15872.0	4796.9	2648.5	285.2	3545.0	3388.4	194.4	6.7	519.3	487.6
主营业务利润	485012.0	135405.4	42458.3	15088.2	104514.6	144274.1	18831.9	538.7	9707.4	14193.4
其他业务利润	54083.0	17101.1	6184.7	2284.5	7211.5	19833.6	434.0	16.5	233.4	783.7
营业费用	254475.4	75172.5	28764.7	9708.5	65139.0	52753.8	8934.1	232.9	2501.5	11268.4
管理费用	202841.7	72833.2	23147.7	4648.0	29201.9	55684.7	4993.1	289.1	2986.6	9057.4
税金	11588.7	7557.2	697.1	69.0	599.0	1384.7	219.6	12.0	143.2	906.9
差旅费	6522.8	2161.4	1336.0	159.0	1252.1	1159.1	181.4	19.1	144.8	109.9
工会经费	1436.9	807.3	80.8	41.4	162.9	225.6	43.5	2.0	24.4	49.0
财务费用	29988.2	10869.4	2598.5	19.5	6091.2	7450.4	730.3	3.9	370.3	1854.7
利息支出	22869.5	7886.1	1321.3	－121.3	4796.1	6354.2	608.8	2.9	249.1	1772.3
营业利润	79220.3	－72.0	－3286.9	2996.7	20562.4	49495.5	5573.7	78.3	5763.4	－1890.8
利润总额	87366.0	14118.4	－3758.5	3220.8	13625.1	51393.9	5403.5	27.3	5493.6	－2158.1
应交所得税	29496.4	6637.6	2115.9	341.0	3828.2	13772.8	409.0	10.0	1800.3	581.6
劳动、失业保险费	15521.8	5677.3	616.6	382.4	2679.8	4898.0	221.1	35.9	324.5	686.2
住房公积金和住房补贴	4167.4	972.4	168.7	170.0	607.6	1634.5	17.1	15.2	187.5	394.4
本年应付工资总额	79232.7	30700.4	7297.5	2997.6	14696.1	16734.2	2663.7	146.8	1323.6	2672.8
本年应付福利费总额	11164.7	4093.7	909.3	421.3	1990.7	2521.5	396.0	11.7	153.9	666.6
本年应交增值税	88538.2	22082.2	4920.4	2533.9	32615.9	20124.4	1086.0	88.2	1818.5	3268.7
从业人员年平均人数(人)	51195	14715	5437	1935	13533	10722	1551	412	1327	1563

16－18　区县(市)星级住宿业和限额以上餐饮业企业财务状况(2005年)

单位:万元

	全　市	芙蓉区	天心区	岳麓区	开福区	雨花区	长沙县	望城县	宁乡县	浏阳市
企业数(个)	250	73	37	15	45	41	10	7	10	12
亏损企业数(个)	129	41	22	11	18	22	6	4		5
流动资产合计	187651.3	84632.4	24357.4	4668.7	19886.4	25042.4	5025.4	3643.8	317.3	20077.5
存货	16196.6	5572.5	2709	1114.6	2170.6	3019.3	547.6	682.5	41.7	338.8
固定资产原价	837164.6	345013.9	70500.9	29964.2	153236.5	169833.3	10456.3	48805.7	3576.6	5777.2
累计折旧	218331.2	104135.2	18014.1	7594.8	31358.5	49474	2088	4080.8	455.6	1130.2
本年折旧	48971.6	12647.6	3749.6	559.3	6850.3	22061.9	462.8	2059.9	148	432.2
资产总计	955648	399159.8	91465.2	33808.7	159287.6	167973.2	14591.6	54404.3	3544.3	31413.3
负债合计	609033	214591.4	61394.7	28967.9	135884	105678.1	12745.5	22683.9	1708.1	25379.4
所有者权益合计	346615	184568.4	30070.5	4840.8	23403.6	62295.1	1846.1	31720.4	1836.2	6033.9
实收资本	361555.1	147031.9	32022.1	8350.3	45127.4	83942.3	3364.6	33303.1	1888.6	6524.8
国家资本	183052.4	82374.5	429.0	5859.4	6631.0	65555.6		20497.2	1278.6	427.1
集体资本	37725.0	6235.0	910.0	550.0	24000.0	1000.0			30.0	5000
法人资本	97201.1	48495.7	14323.7	1256.2	12439.6	10701.7	2420.0	7314.2	250.0	
个人资本	20868.6	2373.4	2595.2	684.7	2056.8	5294.5	944.6	5491.7	330.0	1097.7
港澳台资本	16845.5	5545.0	9960.0			1340.5				
外商资本	5862.5	2008.3	3804.2			50.0				
营业收入合计	378512.0	115560.7	102251.8	14178.0	58981.2	57925.5	11580.1	7916.5	3454.4	6663.8
主营业务收入	370543.0	114660.3	97405.1	13622.0	58373.5	57340.4	11564.9	7904.3	3069.7	6602.8

16－18 续表

单位:万元

	全 市	芙蓉区	天心区	岳麓区	开福区	雨花区	长沙县	望城县	宁乡县	浏阳市
主营业务成本	151187.9	42636.7	42969.6	5478.8	28381.6	20679.8	4704.0	1858.9	2080.8	2397.7
主营业务税金及附加	16146.6	6472.3	2582.1	535.1	2155.7	2886.0	542.3	423.3	163.9	385.9
主营业务利润	183931.5	55984.1	46683.8	6897.5	25945.2	32364.7	6318.3	5304.6	825.0	3608.3
其他业务利润	3242.2	1559.2	124.2	121.4	1087.2	195.2	1.4	29.4	121.0	3.2
营业费用	105857.4	24677.6	34164.1	3436.7	14769.9	19556.4	4351.9	2034.5	293.5	2572.8
管理费用	101401.8	37224.0	17580.1	4434.1	16000.8	17329.6	2495.2	4819.1	138.2	1380.7
税金	2440.1	1407.7	103.5	252.3	257.9	246.1	117.6	21.3	5.2	28.5
差旅费	702.0	160.1	35.0	12.0	46.6	360.8	33.7	6.0	15.3	32.5
工会经费	340.6	212.1	19.7	15.3	32.7	29.3	22.1	1.5	0.5	7.4
财务费用	16366.9	6827.4	1938.6	301.4	4220.5	2313.7	456.3	114.2	88.5	106.3
利息支出	8630.1	2089.0	1117.1	268.6	2594.9	2047.1	380.1	24.7	59.3	49.3
营业利润	-33510.4	-10783.4	-6874.8	-1153.3	-6921.1	-5276.6	-983.7	-1495.0	425.8	-448.3
利润总额	-27746.4	-5891.8	-6423.5	-464.5	-7893.1	-4491.8	-1011.4	-1536.1	236.7	-270.9
应交所得税	2995.5	1910.8	717.3	28.0	15.7	104.6	175.6	3.4	23.0	17.1
劳动、失业保险费	1895.6	1008.9	223.1	75.3	324.3	172.7	25.0	10.0		56.3
住房公积金和住房补贴	607.2	117.8	12.0	390.0	31.0	19.1		8.6		28.7
本年应付工资总额	109814.0	77509.5	10728.3	2482.8	6031.3	7658.3	2156.0	1486.1	430.7	1331.0
本年应付福利费总额	17831.2	12976.7	1312.9	531.0	1502.1	982.2	238.4	200.5	43.5	43.9
从业人员年平均人数(人)	42404	12640	9889	2663	6150	6348	1904	1172	562	1076

17 全国三十五个直辖市、省会和副省级城市主要经济社会指标

长沙统计年鉴

全国三十五个城市主要经济社会指标(2005年)

单位:亿元

城市	地区生产总值				第一产业增加值			
	2005年	位次	比上年±%	位次	2005年	位次	比上年±%	位次
长沙	**1519.90**	**20**	**14.9**	**11**	**113.98**	**15**	**6.7**	**10**
郑州	1650.00	19	15.8	7	72.00	23	7.0	9
太原	895.49	26	14.7	13	19.99	31	1.3	29
合肥	853.57	27	16.9	2	52.50	25	1.0	30
武汉	2238.00	13	14.7	13	109.57	16	4.5	19
南昌	1007.70	25	16.8	4	73.38	22	5.0	16
石家庄	1852.43	16	13.6	19	247.50	3	5.5	15
南宁	722.66	28	13.2	22	119.57	14	8.2	5
成都	2371.00	11	13.5	21	182.30	5	5.7	14
西安	1270.14	22	13.1	23	64.08	24	7.5	7
贵阳	525.62	32	14.6	15	34.85	27	7.6	6
昆明	1062.34	23	11.1	31	77.31	21	5.0	16
兰州	567.04	31	12.0	29	22.13	29	4.1	23
乌鲁木齐	571.00	30	13.6	19	7.30	35	2.6	26
西宁	206.27	35	14.8	12	11.50	33	6.2	11
呼和浩特	700.43	29	21.1	1	48.98	26	12.1	1
银川	288.50	34	13.0	24	19.06	32	4.2	22
沈阳	2240.00	12	16.0	5	121.50	13	10.7	3
长春	1678.50	18	8.8	35	180.00	6	6.0	12
哈尔滨	1830.40	17	14.1	18	299.90	2	8.6	4
福州	1482.06	21	9.8	34	173.60	8	2.2	27
海口	301.35	33	12.1	28	23.09	28	7.2	8
南京	2413.00	10	15.2	9	80.00	19	5.0	16
杭州	2918.61	7	12.5	26	145.36	9	4.0	24
广州	5115.75	3	13.0	24	125.58	12	4.0	24
济南	1876.50	15	15.6	8	132.40	10	6.0	12
北京	6814.50	2	11.1	31	97.70	18	-1.0	33
上海	9143.95	1	11.1	31	79.65	20	-9.7	34
天津	3663.86	5	14.5	16	109.42	17	4.3	21
重庆	3069.10	6	11.5	30	463.42	1	4.5	19
大连	2150.00	14	14.2	17	185.20	4	11.7	2
青岛	2695.50	8	16.9	2	174.64	7	0.4	31
宁波	2446.40	9	12.5	26	128.84	11	1.8	28
深圳	4926.90	4	15.0	10	9.87	34	-20.4	35
厦门	1029.55	24	16.0	5	20.57	30	-0.7	32

续表 1

单位:亿元

城市	第二产业增加值				工业增加值			
	2005 年	位次	比上年±%	位次	2005 年	位次	比上年±%	位次
长　沙	**642.15**	**21**	**17.6**	**13**	**469.28**	**22**	**17.0**	**17**
郑　州	872.80	16	18.7	8	759.70	15	20.8	4
太　原	430.67	26	17.0	16	334.30	26	18.8	12
合　肥	382.69	27	20.2	4	292.16	27	17.2	16
武　汉	1019.00	12	17.9	10	852.00	13	18.7	13
南　昌	532.13	24	21.2	2	374.93	25	17.3	15
石家庄	927.24	15	17.7	12	828.14	14	18.9	11
南　宁	230.99	31	15.9	21	164.97	32	15.4	22
成　都	1007.70	13	20.0	5	757.30	16	19.7	6
西　安	539.61	23	14.4	24	419.99	23	12.1	31
贵　阳	249.39	30	16.2	20	212.66	28	15.0	23
昆　明	483.24	25	14.0	26	387.14	24	11.9	32
兰　州	249.99	29	13.8	27	197.70	30	16.5	20
乌鲁木齐	229.30	32	14.9	23	175.00	31	17.0	17
西　宁	109.78	34	20.4	3	82.04	34	24.5	2
呼和浩特	262.55	28	28.2	1	209.31	29	26.1	1
银　川	130.05	33	16.8	19	104.29	33	20.5	5
沈　阳	1149.70	11	19.4	7	1011.10	11	19.1	10
长　春	786.40	18	6.2	35	651.80	18	3.4	35
哈尔滨	646.00	20	16.9	17	490.90	21	16.2	21
福　州	697.56	19	8.7	34	594.51	19	9.6	34
海　口	83.14	35	12.7	29	61.88	35	14.2	26
南　京	1215.00	10	18.4	9	1066.00	9	19.5	7
杭　州	1496.15	6	11.0	33	1330.39	6	11.4	33
广　州	2081.21	4	14.1	25	1867.53	4	14.8	24
济　南	864.00	17	17.4	15	734.00	17	19.3	9
北　京	2100.50	3	11.7	32	1782.40	5	12.8	28
上　海	4475.92	1	12.1	30	4155.23	1	12.5	29
天　津	2050.34	5	17.5	14	1884.80	3	17.9	14
重　庆	1258.32	9	12.9	28	1023.35	10	14.0	27
大　连	994.00	14	15.3	22	853.50	12	14.6	25
青　岛	1399.75	7	20.0	5	1266.79	7	21.0	3
宁　波	1353.53	8	11.8	31	1201.79	8	12.2	30
深　圳	2580.82	2	17.9	10	2432.16	2	19.4	8
厦　门	572.11	22	16.9	17	529.12	20	16.8	19

续表 2　　单位:亿元

城市	第三产业增加值				全社会固定资产投资			
	2005 年	位次	比上年 ± %	位次	2005 年	位次	比上年 ± %	位次
长　沙	**763.77**	**17**	**13.8**	**11**	**881.44**	**16**	**31.9**	**10**
郑　州	705.20	19	13.9	8	820.00	19	26.1	16
太　原	444.83	24	13.4	13	438.51	27	26.1	16
合　肥	418.38	26	16.0	2	495.27	25	36.4	9
武　汉	1109.43	11	13.1	17	1055.18	14	28.3	15
南　昌	402.19	27	13.4	13	520.00	24	44.0	4
石家庄	677.69	20	11.5	27	928.65	15	31.6	12
南　宁	372.10	29	13.3	15	362.90	29	38.1	8
成　都	1181.00	8	9.6	33	1457.35	5	40.1	7
西　安	666.45	21	12.7	21	835.10	18	29.1	14
贵　阳	241.38	32	13.9	8	343.54	30	17.2	25
昆　明	501.79	23	9.3	35	522.00	23	20.0	21
兰　州	294.92	31	11.2	30	259.59	31	12.0	31
乌鲁木齐	334.40	30	13.1	17	195.65	33	11.4	33
西　宁	84.99	35	9.5	34	115.63	35	17.3	24
呼和浩特	388.91	28	17.4	1	460.00	26	46.0	2
银　川	139.39	34	11.0	31	201.65	32	17.4	23
沈　阳	968.90	13	12.9	20	1363.20	11	40.3	6
长　春	712.10	18	12.5	23	650.40	20	41.4	5
哈尔滨	884.50	15	13.9	8	639.00	21	20.0	21
福　州	610.89	22	13.2	16	603.36	22	14.6	30
海　口	195.12	33	12.4	24	137.17	34	15.0	28
南　京	1118.00	10	13.1	17	1402.72	8	16.7	26
杭　州	1277.10	7	14.7	7	1386.68	9	15.3	27
广　州	2908.96	3	12.6	22	1445.33	7	7.1	35
济　南	880.10	16	15.4	5	856.90	17	31.6	12
北　京	4616.30	1	11.2	29	2827.20	2	11.8	32
上　海	4588.38	2	10.5	32	3542.55	1	14.8	29
天　津	1504.10	5	11.4	28	1516.84	4	20.5	20
重　庆	1347.36	6	12.3	25	2006.32	3	23.7	19
大　连	970.80	12	13.7	12	1110.50	13	53.7	1
青　岛	1121.11	9	16.0	2	1456.60	6	45.0	3
宁　波	964.03	14	15.2	6	1370.40	10	25.1	18
深　圳	2336.21	4	11.6	26	1176.13	12	7.6	34
厦　门	436.87	25	15.6	4	401.62	28	31.8	11

续表 3

单位:亿元

城　市	社会消费品零售总额				财政一般预算收入			
	2005 年	位次	比上年 ± %	位次	2005 年	位次	比上年 ± %	位次
长　沙	**743.43**	**16**	**16.1**	**4**	**108.06**	**16**	**34.0**	**3**
郑　州	706.68	18	14.5	16	136.13	15	28.9	8
太　原	384.03	24	15.1	10	56.95	28	33.6	4
合　肥	324.39	26	15.1	10	57.64	27	28.3	10
武　汉	1128.64	7	13.3	27	138.82	13	31.3	5
南　昌	307.49	27	15.7	7	58.28	26	38.1	1
石家庄	606.20	21	15.0	13	65.88	23	13.8	33
南　宁	378.00	25	13.8	24	45.20	30	26.5	12
成　都	999.20	9	14.2	18	141.43	12	28.5	9
西　安	666.48	19	15.2	9	72.92	22	18.0	27
贵　阳	201.84	32	15.0	13	62.50	24	25.7	15
昆　明	415.49	23	12.2	31	90.67	21	24.9	16
兰　州	255.79	30	12.2	31	28.93	32	16.7	30
乌鲁木齐	222.95	31	16.8	2	51.40	29	10.9	35
西　宁	81.60	35	13.9	22	11.79	35	17.5	29
呼和浩特	304.90	28	15.1	10	35.95	31	25.9	14
银　川	94.52	34	14.1	19	18.16	33	20.2	23
沈　阳	915.10	11	13.1	29	138.11	14	26.1	13
长　春	600.10	22	10.2	35	61.00	25	20.4	21
哈尔滨	788.10	14	12.7	30	98.00	19	11.6	34
福　州	663.05	20	16.9	1	97.45	20	15.9	31
海　口	138.45	33	14.5	16	17.84	34	20.0	24
南　京	1005.00	8	16.3	3	211.07	9	20.4	21
杭　州	975.43	10	14.0	20	250.46	7	19.7	25
广　州	1898.74	3	13.2	28	371.26	4	15.7	32
济　南	807.90	13	15.7	7	106.01	17	20.7	20
北　京	2902.76	2	10.5	34	919.19	2	23.5	17
上　海	2972.97	1	11.9	33	1433.90	1	20.7	19
天　津	1190.06	6	13.9	23	331.74	5	28.2	11
重　庆	1215.76	5	13.8	25	256.81	6	29.0	7
大　连	732.00	17	13.5	26	151.42	11	29.2	6
青　岛	865.90	12	15.8	6	176.34	10	35.1	2
宁　波	759.80	15	14.0	20	212.38	8	18.0	27
深　圳	1437.67	4	15.0	13	412.38	3	18.2	26
厦　门	271.86	29	16.0	5	98.95	18	22.1	18

续表 4

单位:亿美元

城市	进出口总额(海关口径)				出口总额			
	2005 年	位次	比上年 ±%	位次	2005 年	位次	比上年 ±%	位次
长沙	**26.83**	**25**	**9.3**	**27**	**15.95**	**23**	**16.7**	**28**
郑州	19.42	27	13.5	23	13.89	25	29.0	16
太原	33.72	23	-0.6	31	21.17	20	-19.5	34
合肥	41.83	19	19.2	20	27.94	14	27.6	18
武汉	61.88	13	44.0	3	25.40	17	31.5	9
南昌	17.45	28	5.2	30	12.40	27	15.4	30
石家庄	44.25	17	20.8	18	37.21	13	29.0	16
南宁	7.19	32	13.0	24	5.77	31	10.1	31
成都	45.37	16	34.8	4	26.79	15	43.4	5
西安	39.01	20	26.2	11	26.34	16	29.5	14
贵阳	11.36	30	-5.7	32	7.61	29	1.4	32
昆明	34.44	22	32.0	6	17.36	22	25.4	20
兰州	7.16	33	5.3	29	5.00	32	-7.8	33
乌鲁木齐	23.85	26	44.4	2	14.28	24	55.7	2
西宁	3.69	35	-27.5	35	2.83	35	-29.7	35
呼和浩特	10.65	31	133.4	1	5.94	30	122.2	1
银川	4.79	34	23.3	15	3.84	34	18.0	27
沈阳	45.90	14	7.5	28	23.70	19	29.7	13
长春	45.40	15	-14.6	33	12.66	26	53.0	3
哈尔滨	27.12	24	29.5	8	12.29	28	39.9	6
福州	135.68	12	9.7	26	86.72	12	16.5	29
海口	12.35	29	-18.0	34	4.12	33	20.3	26
南京	270.90	10	31.3	7	142.45	10	36.2	7
杭州	298.70	8	21.9	17	198.00	7	30.5	11
广州	534.88	4	19.4	19	266.68	5	24.2	21
济南	37.62	21	23.5	13	17.78	21	29.5	14
北京	1255.71	3	32.8	5	308.71	3	50.1	4
上海	1863.65	1	16.5	22	907.42	2	23.4	23
天津	533.87	5	27.1	10	274.15	4	31.4	10
重庆	42.93	18	11.3	25	25.21	18	20.5	25
大连	255.91	11	23.5	13	137.80	11	27.0	19
青岛	330.22	7	22.4	16	194.22	8	23.1	24
宁波	335.00	6	28.5	9	222.30	6	33.5	8
深圳	1828.60	2	24.2	12	1015.02	1	30.4	12
厦门	285.79	9	18.7	21	172.68	9	23.9	22

续表 5

城市	实际利用外资(亿美元)				城市居民人均可支配收入(元)			
	2005 年	位次	比上年 ± %	位次	2005 年	位次	比上年 ± %	位次
长　沙	**9.02**	**14**	**80.0**	**3**	**12434**	**14**	**12.8**	**16**
郑　州	3.35	24	38.6	8	10977	17	13.6	9
太　原	0.80	30	57.7	7	10476	19	12.0	20
合　肥	1.74	27	-4.9	30	9684	28	12.5	19
武　汉	17.40	11	14.5	22	10850	18	13.4	11
南　昌	9.09	13	24.4	15	10301	20	17.8	3
石家庄	2.64	26	-8.3	31	10040	25	16.4	5
南　宁	0.86	28	10.4	25	9203	32	14.2	7
成　都	5.48	18	65.8	5	11359	16	9.3	30
西　安	5.71	17	107.0	1	9628	29	12.7	17
贵　阳	0.60	31	15.4	21	9928	26	10.5	26
昆　明	0.83	29	32.6	12	9616	30	6.3	35
兰　州					8529	34	11.0	23
乌鲁木齐					9605	31	7.3	34
西　宁					8397	35	10.1	28
呼和浩特	4.03	22	68.5	4	12539	13	23.3	1
银　川	0.53	32	-17.2	32	8852	33	10.9	24
沈　阳	21.23	9	106.0	2	10098	22	13.2	12
长　春	4.10	21	35.3	10	10065	23	13.1	13
哈尔滨	3.11	25	21.0	19	10065	23	12.6	18
福　州	6.40	16	5.6	28	12757	11	10.8	25
海　口	3.79	23	18.3	20	9740	27	8.4	32
南　京	20.09	10	22.7	17	14997	8	19.9	2
杭　州	17.13	12	21.5	18	16601	6	14.0	8
广　州	26.49	7	10.3	26	18287	3	8.3	33
济　南	5.10	20	60.7	6	13578	9	13.1	13
北　京	35.26	3	14.4	23	17653	4	12.9	15
上　海	68.50	1	4.7	29	18645	2	11.8	21
天　津	33.29	4	34.6	11	12639	12	10.2	27
重　庆	5.16	19	27.3	13	10244	21	11.1	22
大　连	30.04	5	36.4	9	11994	15	15.6	6
青　岛	36.56	2	13.1	24	12920	10	16.5	4
宁　波	23.11	8	10.0	27	17408	5	9.6	29
深　圳	29.69	6	26.3	14	21494	1	8.7	31
厦　门	7.07	15	24.1	16	16403	7	13.6	9

续表 6

城市	城市居民人均消费性支出(元)				城市居民消费价格指数(%)	
	2005 年	位次	比上年 ±%	位次	2005 年	位次
长沙	**9660**	**11**	**7.0**	**29**	**102.3**	**4**
郑州	7398	25	11.8	7	102.4	3
太原	7806	23	9.8	15	101.1	21
合肥	7398	25	5.7	32	100.9	28
武汉	8234	19	5.7	32	102.7	1
南昌	7064	32	20.5	2	101.0	25
石家庄	7261	29	11.2	9	101.9	10
南宁	6883	34	10.8	10	101.1	21
成都	9642	13	7.2	28	102.3	4
西安	7900	20	6.4	31	100.3	34
贵阳	7693	24	11.3	8	100.7	30
昆明	7248	30	3.2	35	102.0	8
兰州	7181	31	10.8	11	100.6	32
乌鲁木齐	7052	33	7.0	29	99.5	35
西宁	6408	35	9.1	19	101.1	21
呼和浩特	8938	15	19.5	4	101.5	15
银川	7311	28	8.7	22	101.7	11
沈阳	7863	22	9.0	20	100.7	30
长春	8310	18	10.2	14	101.7	11
哈尔滨	7897	21	14.5	6	100.5	33
福州	8428	17	8.3	25	102.6	2
海口	7368	27	8.7	22	101.3	20
南京	10704	8	28.0	1	102.1	7
杭州	13438	4	19.8	3	101.7	11
广州	14468	2	10.3	12	101.5	15
济南	9227	14	7.5	27	101.1	21
北京	13244	5	8.6	24	101.5	15
上海	13773	3	9.0	20	101.0	25
天津	9653	12	9.7	17	101.5	15
重庆	8623	16	8.2	26	100.8	29
大连	9996	9	15.3	5	101.4	19
青岛	9883	10	9.8	15	102.3	4
宁波	11758	7	4.2	34	102.0	8
深圳	15912	1	9.7	17	101.6	14
厦门	11849	6	10.3	12	101.0	25

续表 7

城市	农民人均纯收入(元)				城乡居民储蓄存款余额(亿元)(人民币)			
	2005 年	位次	比上年±%	位次	2005 年	位次	比年初±%	位次
长沙	**4908**	**13**	**13.8**	**7**	**919.83**	**24**	**20.9**	**14**
郑州	4744	15	14.1	6	1436.10	16	18.6	20
太原	4582	17	12.2	11	1024.92	21	25.7	2
合肥	3207	29	11.0	16	516.16	30	20.3	16
武汉	4341	20	9.7	23	1599.56	11	23.5	6
南昌	3879	25	13.6	8	643.75	25	15.3	31
石家庄	4118	23	8.4	27	1355.19	17	13.9	32
南宁	2677	33	8.5	26	598.23	26	16.0	28
成都	4485	19	10.1	21	2074.00	8	20.1	18
西安	3460	27	19.4	1	1716.76	10	19.8	19
贵阳	3135	30	11.6	14	497.74	31	23.7	5
昆明	3258	28	9.3	25	993.81	23	20.3	16
兰州	2713	32	6.4	33	581.71	29	10.7	34
乌鲁木齐	4249	21	8.1	28	595.73	27	21.9	10
西宁	2593	34	11.7	13	234.63	35	16.6	24
呼和浩特	4631	16	12.7	9	379.59	32	24.0	4
银川	3493	26	5.1	34	264.95	34	21.1	13
沈阳	5050	12	16.2	2	1742.60	9	12.7	33
长春	4210	22	7.8	30	1059.30	20	16.4	25
哈尔滨	4006	24	10.6	18	1461.49	14	15.9	29
福州	5197	11	7.9	29	1155.04	19	15.9	29
海口	4502	18	7.7	31	374.05	33	10.6	35
南京	6225	8	12.5	10	1595.40	12	24.3	3
杭州	7655	4	10.1	21	2103.77	7	21.4	11
广州	7080	6	6.9	32	5024.69	3	18.0	21
济南	4812	14	14.6	4	1024.40	22	17.7	22
北京	7860	2	9.6	24	7477.59	2	22.1	9
上海	8342	1	10.7	17	8432.49	1	21.1	12
天津	7202	5	10.4	19	2462.41	6	16.3	26
重庆	2809	31	11.9	12	2545.85	5	16.3	26
大连	5900	9	15.6	3	1532.60	13	17.7	22
青岛	5806	10	14.3	5	1343.10	18	23.3	7
宁波	7810	3	11.3	15	1458.80	15	20.7	15
深圳					3229.38	4	23.0	8
厦门	6230	7	10.3	20	585.07	28	25.9	1

注:1. 上海指标为农村居民人均可支配收入。

2. 深圳城乡一体化以后农村居民人均纯收入指标取消。

18 国民经济主要指标解释及计算方法

长沙统计年鉴

国民经济主要指标解释及计算方法

1. **总产出** 是指常住单位在核算期内生产的货物和服务的价值总和。它是货物和服务的全部价值，包括转移价值和新增价值两部分。

2. **地区生产总值** 是指按市场价格计算的一个地区所有常住单位在一定时期内生产活动的最终成果。

3. **三次产业** 我国国民经济三次产业的划分如下：

第一产业 是指农、林、牧、渔业。

第二产业 是指工业和建筑业。

第三产业 除上述第一、二产业外的其他行业。

4. **增加值** 增加值是指常住单位在生产过程中创造的新增价值和固定资产的转移价值。它反映本单位对社会所作的贡献，社会经济各部门（即第一、第二、第三产业）的增加值之和为地区生产总值。

5. **农林牧渔业总产值** 是以货币表现的农林牧渔业的全部产品总量和对农林牧渔业生产活动进行的各种支持性服务活动的价值，它反映一定时期内农林牧渔业生产的总规模和总成果。

6. **农业机械总动力** 是指主要用于农林牧渔业的各种动力机械的动力总和。包括耕作机械、排灌机械、收获机械、农产品加工机械、运输机械、植保机械、牧业机械、林业机械、渔业机械和其他农业机械。

7. **农用化肥施用量** 指报告期内实际用于农业生产的化肥数量，包括氮肥、磷肥、钾肥及复合肥。施用量要求按实物量和折纯量两种方法计算。

8. **有效灌溉面积** 指灌溉工程或设备已经配套，有一定水源，地块比较平整，在一般年景下能够进行正常灌溉的耕地面积。

9. **工业总产值** 是以货币表现的工业企业生产的产品总量，反映一定时期工业生产的总成果和总规模，1995 年第三次全国工业普查，对其计算方法和包括范围均进行了修订。

10. **轻工业** 指提供生活消费品和制作手工工具的工业，是为满足人们的吃、穿、用需要的工业，按其所使用的原料不同，可分为两大类：①以农产品为原料的轻工业，是指直接或间接以农产品为基本原料的轻工业；②以非农产品为原料的轻工业，是指以工业品为原料的轻工业。

11. **重工业** 是指生产生产资料的工业，为国民经济各部门提供物质技术基础的工业。按其生产和产品用途，可以分为下列三类：①采掘工业，是指对自然资源的开采；②原材料工业，是指提供国民经济各部门使用的原料、动力和燃料的工业；③制造工业，是指对原材料进行加工制造的工业。

12. **能源消费总量** 指一定时期内用于生产和生活的各种能源消费量的总和。包括原煤和原油及其制品、天然气、电力的消费量，可分为三部分，即终端能源消费量、能源加工转换量和损失量。它是观察能源消费水平、构成和增长速度的总量指标。

13. **货（客）运量** 指运输业实际运送的货物（旅客）数量。货运按吨计算，客运按人计算。货物不论运输距离长短，货物类别，均按实际重量统计；旅客不论行程远近或票价多少，均按一人一次作为客运量统计。

14. **货物（旅客）周转量** 指运输业运送的货物（旅客）数量与其相应运输距离的乘积之总和，通常以吨公里和人公里为计算单位。它是反映运输业生产总成果的重要指标。

15. **邮电业务总量** 指以货币表现的邮电部门为用户传递信息和提供其他邮电服务的总量。它综合反映了一定时期邮电工作的总成果，是研究邮电业务量构成和发展趋势的重要指标。

16. **建筑业总产值** 是以货币表现的建筑安装企业在一定时期内生产的建筑业产品的总和。它是反映建筑业生产规模、发展速度、经营成果的重要标志。它包括：建筑工程产值、设备安装工程产值及其他产值。

17. **固定资产投资额** 是以货币表现的在一定期内建造和购置固定资产的工作量以及与此有关的费用的总和。它是反映固定资产投资规模、速度、比例关系的综合性指标。

18. **新增固定资产** 是指已经完成建造和购置过程，并以交付生产或使用单位的固定资产价值。它是反映固定资产投资成果的价值量指标。

19. **房屋施工面积** 是指报告期内施工的全部房屋建筑面积。包括本期新开工的面积和上期开工跨入本期继续施工的房屋面积，以及上期已停建在本期恢复施工的房屋面积。

20. **房屋竣工面积** 是指在报告期内房屋建筑按照设计要求已经全部完工，达到住人和使用条件，经验收鉴定合格（或达到竣工验收标准），正式移交使用单位的各栋房屋建筑面积的总和。

21. **固定资产交付使用率** 又称固定资产动用系数，是指一定时期新增固定资产与同期完成投资额的比率。它是反映固定资产动用速度，衡量建设过程中宏观投资效果的综合指标。

22. **建设周期** 是指报告期（年）所有正式施工项目全部建成平均需要的时间。它是从宏观角度反映建设速度的指标。

23. **房屋建筑面积竣工率** 是指一定时期内房屋竣工面积与施工面积的比率。它是从房屋建筑施工速度的角度反映投资效果的指标。

24. **未完工程占用率** 是指年末未完工程累计完成投资额占全年实际完成投资额的比率，是从资金占用的角度反映固定资产投资效果的指标。

25. **社会消费品零售额** 指各种经济类型的批发零售贸易业、餐饮业和其他行业对城乡居民和社会集团的消费品零售额总和。这个指标反映通过各种商品流通渠道向居民和社会集团供应的生活消费品来满足他们生活需要，是研究人民生活、社会消费品购买力、货币流通等问题的重要指标。居民的消费品零售额：指销售给城乡居民用于生活消费的商品。社会集团的消费品零售额：指销售给机关、团体、部队、学校企业、事业单位和城市街道居民委员会、农村村民委员会用公款购买的用作非生产、非经营使用的消费品。

26. **商品交易市场成交总额** 指市场所有摊位商品交易总额之和。

27. **旅游收入** 游客（海外游客和国内游客）在旅游过程中（由游客或游客的代表为游客）支付的一切旅游支出就是国家（省、区、市）的旅游收入。旅游支出应包括（过夜）旅游者和一日游游客在整个游程中行、游、住、食、购、娱，以及为亲友、家人购买纪念品、礼品等方面的旅游支出，不包括为商业目的购物、购买房、地、车、船等资本性或交易性的投资、馈赠亲友的现金及给公共机构的捐赠。旅游收入包括国际旅游(外汇)收入和国内旅游收入。

28. **国际旅游(外汇)收入**　入境游客在中国(大陆)境内旅行、游览过程中用于交通、参观游览、住宿、餐饮、购物、娱乐等全部花费。

29. **国内旅游收入**　指国内旅游者在国内旅行、游览过程中用于交通、参观游览、住宿、餐饮、购物、娱乐等全部花费。

30. **利用外资**　指我国各级政府、部门、企业和其他经济组织通过对外借款、吸收外商直接投资以及用其他方式筹措的境外现汇、设备、技术等。

31. **外商直接投资**　指外国企业和经济组织或个人(包括华侨、港澳台胞以及我国在境外注册的企业)按我国有关政策、法规，用现汇、实物、技术等在我国境内开办外商独资企业、与我国境内的企业或经济组织共同举办中外合资经营企业、合作经营企业或合作开发资源的投资(包括外商投资收益的再投资)，以及经政府有关部门批准的项目投资总额内企业从境外借入的资金。

32. **外商直接投资实际到位资金**　外商直接投资指外国投资者在我国境内通过设立外商投资企业、与中方投资者共同进行合作开发以及设立外国公司分支机构等方式进行投资，包括外国投资者以现金、实物、技术等作为投资，外商投资收益的再投资，以及在批准的项目投资总额内，企业从境外借入的资金。

33. **进出口总额、海关进出口总额**　指实际进出我国国境的货物总金额。包括对外贸易实际进出口货物，来料加工装配进出口货物，国家间、联合国及国际组织无偿援助物资和赠送品，华侨、港澳台同胞和外籍华人捐赠品，租赁期满归承租人所有的租赁货物，进料加工进出口货物，边境地方贸易及边境地区小额贸易进出口货物(边民互市贸易除外)，中外合资企业、中外合作经营企业、外商独资经营企业进出口货物和公用物品，到、离岸价格在规定限额以上的进出口货样和广告品(无商业价值、无使用价值和免费提供出口的除外)，从保税仓库提取在中国境内销售的进口货物，以及其他进出口货物。进出口总额用以观察一个国家在对外贸易方面的总规模。我国规定出口货物按离岸价格统计，进口货物按到岸价格统计。

34. **居民消费价格指数**　是综合反映居民所购买各种消费品和生活服务项目价格变动程度的重要经济指标。通常简记为 CPI。在居民消费价格指数中分为八大类，即食品、烟酒及用品、衣着、家庭设备及服务、医疗保健和个人用品、交通和通信、娱乐教育文化、居住。

35. **商品零售价格指数**　反映市场各种零售商品(不含服务项目)价格变动的指数。它包括销售给居民和社会集团的生活消费品和办公用品价格，还包括餐饮业商品价格。

36. **年末自来水生产能力**　指年末城建部门管理的自来水厂和社会单位自备水源的取水、净水、送水、出厂输水干管等环节的实际生产能力。

37. **年末实有铺装道路长度**　指除土路外，路面经过铺装宽度在 3.5 米以上的道路，包括高级、次高级道路和普通道路。

38. **年末实有公共汽车(电车)辆**　指年底可参加营运的全部车辆数，包括年底营运的车辆数和库存查封未参加营运的车辆，不包括非营运车辆，如架线车、油灌车、工程车、货车及其他专用车辆和借入的客运车辆。

39. **城市园林绿地面积**　指城市专用绿地、生产绿地、防护绿地、郊区风景名胜区等的全部面积。

40. **城市人口用自来水普及率、用气普及率**　指城市人口中的非农业人口用自来水，用煤气(包括人工煤气、液化石油气、天然气用气人口)的普及情况。

41. **废水排放总量**　包括生产废水和生活污水。生产废水指经过企、事业单位所有排放口向外环境排放的废水量总和。生活污水指城市居民区和企、事业单位职工集中居住区排放的污水量。

42. **工业废水排放达标率**　指全面达到国家、地方排放标准的外排工业废水量与工业废水排放总量的比率。

43. **废水处理总量**　指报告期内各种水处理设施实际处理的废水量，包括处理后外排的和处理后回用的废水量(虽经处理仍未达到国家、地方排放标准的废水量也应计算在内)。

44. **废气排放总量**　指燃料燃烧和生产工艺过程中排放的各种废气总量，以标准状态下亿标立方米表示。

45. **净化处理的废气量**　指生产工艺过程中排放的废气经过各种处理装置净化、处理的量。

46. **工业粉尘排放量**　指生产工艺过程中排入的固体微粒总量。

47. **工业粉尘回收量**　指经过各种回收处理装置回收的工业粉尘和尘泥量(包括干法和湿法)。

48. **工业固体废物综合利用量**　指已用作农业肥料、造田、生产建筑材料，以及其它方式综合利用的工业固体废物量(不包括填埋和焚烧量)。利用量由原产固体废物的单位统计。

49. **文化事业机构**　指从事专业文化工作和为专业文化工作服务的单位核算、独立建制的单位。不包括文化主管部门直属单位举办的其他行业和各部门的业务文化组织。

50. **艺术表演团体**　指从事戏曲、音乐、舞蹈、杂技等专业艺术表演的，有独立帐户，实行单独核算的团体。不包括半工半艺、半农半艺的业余剧团。

51. **等级运动员人数**　指经考核正式批准授予等级运动员称号的人数。运动员等级分为国际级运动健将、国家级运动健将、一级运动员、二级运动员、三级运动员、少年级运动员。

52. **等级裁判员人数**　指经考核正式批准授予等级裁判员称号的人数。裁判员等级分为国际裁判、国家级裁判、一级裁判、二级裁判、三级裁判。

53. **医院**　指名称为医院，设有固定床位能收容病人住院并能为病人提供医疗、护理服务的医疗机构。包括县及县以上医院、农村乡卫生院、其他医院三部分。按所属性质分为卫生部门、工业及其部门、集体所有制三类。其中县及县以上医院按性质分为综合医院和专科医院。

54. **卫生技术人员**　指卫生事业机构支付工资的全部固定职工和合同制职工中现任职务为卫生技术工作人员。包括中医师、西医师、中西医结合高级医师、护师、中药师、西药师、检验师、其他技师、中医士、西医士、护士、助产士、中药剂士、西药剂士、检验士、其他技士、其他中医、护理员、中药剂员、西药剂员、检验员、其他初级卫生技术人员。

55. **医生** 指经卫生部门审查合格,从事医疗工作的专业人员。分为中医医生和西医医生,包括卫生技术人员中的中医师、西医师、中西医结合高级医师、中医士、西医士和其他中医。

56. **劳动力资源总数** 指在劳动年龄内,具有劳动能力,在正常情况下,可能或实际参加社会劳动的人口数。劳动力资源的范围为:劳动年龄内(16 周岁以上),有劳动能力,实际参加社会劳动和未参加社会劳动的人员。劳动力资源也可划分为:经济活动人口和非经济活动人口。

57. **经济活动人口** 指在劳动年龄内,有劳动能力,参加或要求参加社会经济活动的人口,包括从业人员和失业人员。

58. **从业人员** 指从事一定社会劳动并取得劳动报酬或经营收入的人员。

59. **失业人员** 指在劳动年龄内,有劳动能力,在调查期间无工作并以某种方式正在寻找工作的人员。

60. **职工工资总额** 反映了一定时期职工从单位内得到的全部工资,它包括:计时工资、计件工资、奖金、津贴和补贴、加班加点工资、特殊情况下支付的工资。

61. **在岗职工** 指在本单位工作并由单位支付工资的人员。以及有工作岗位,但由于学习、病伤、产假等原因暂未工作及由单位支付工资的人员。

62. **城市居民人均可支配收入** 是指居民家庭可用于最终消费支出和其他非义务性支出以及储蓄的总和,即居民家庭可以用来自由支配的收入。它是家庭总收入扣除交纳的所得税、个人交纳的社会保障支出以及调查户的记帐补贴后的收入。

计算公式为:可支配收入 = 家庭总收入 - 交纳的所得税 - 个人交纳的社会保障支出 - 记帐补贴

63. **城市居民人均消费性支出** 指家庭用于日常生活的全部支出,包括食品、衣着、家庭设备用品及服务、医疗保健、交通和通讯、娱乐教育文化服务、居住、杂项商品和服务八大类。

64. **农村居民人均纯收入** 是指家庭全年纯收入除以家庭常住人口,农村居民人均纯收入是指农村住户当年从各个来源得到的总收入扣除所发生的费用后的收入总和。纯收入主要用于再生产投入和当年生活消费支出,也可用于储蓄和各种非义务性支出。

计算方法:纯收入 = 总收入 - 家庭经营费用支出 - 税费支出 - 生产性固定资产折旧 - 赠送农村外部亲友支出

65. **农村居民人均可支配收入** 指农村住户获得的经过初次分配与再分配后的收入。可支配收入可用于住户的最终消费、非义务性支出以及储蓄。

计算方法:

农村住户可支配收入 = 农村住户总收入 - 家庭经营费用支出 - 税费支出 - 生产性固定资产折旧 - 财产性支出 - 转移性支出

66. **城乡居民储蓄存款年末余额** 包括城镇居民储蓄和农民个人储蓄两部分的年末余额。不包括工矿企业、部队、机关团体等集团存款。

67. **企业景气调查** 也称为经济周期调查或短期经济观测调查,它是以企业家或企业有关负责人(简称企业家,下同)为调查对象,采用问卷调查方式,定期收集企业家对宏观经济运行和企业生产经营景气现状的定性判断,对未来经济景气状况变动预期的一种统计调查。简言之,企业景气调查就是调查企业家对宏观经济运行态势和企业生产经营状况所作出的定性判断和预期。因此,我们也可以说:企业景气调查就是收集企业家对经济运行现状的定性判断及未来发展变化趋势定性预期数据的一种统计调查。

68. **当年价格** 指报告期的实际价格,如工厂的出厂价格,农产品的收购价格、商业的零售价格等。按当年价格计算,是指一些以货币表现的物量指标,如工农业总产值、国民生产总值等,按照当年的实际价格来计算总量。

69. **不变价格** 用某一时期的同类产品的平均价格作为固定价格,来计算各个时期的产品价值。目的是为了消除各时期价格变动的影响,使产品价值在前后时期之间、地区之间、计划与实际之间具有可比性,建国以来我国分别使用了1952 年、1957 年、1970 年、1980 年、1990 年、2000 年不变价格。

70. **可比价格** 指在不同时期的价值指标对比时,扣除了价格变动的因素,以确切表示物量的变化。

71. **平均每年增长速度** 在我国计算平均增长速度有两种方法,一种是习惯上经常使用的"水平法",又称几何平均法,是以间隔期最后一年的水平同基期水平对比来计算平均每年增长(或下降)速度。另一种是"累计法",又称代数平均法或方程法,是以间隔期内各年水平的总和同基期水平对比来计算平均每年增长(或下降)速度。

公式为:

$$平均增长速度 = \sqrt[期次]{\frac{最后一期水平}{基期水平}} \times 100\% - 100\%$$

附录

排名榜（2005）

长沙统计年鉴

一、工业20强

(按销售收入排序)

排　位	企　业　名　称
1	长沙卷烟厂
2	长沙建设机械研究院有限责任公司
3	三一集团有限公司
4	乐金飞利浦曙光电子有限公司
5	北汽福田汽车股份有限公司长沙汽车厂
6	长沙远大空调有限公司
7	湖南旺旺食品集团有限公司
8	伊莱克斯(中国)电器有限公司
9	湖南经阁投资控股集团有限公司
10	长沙长丰汽车制造有限责任公司
11	长沙铜铝材有限公司
12	九芝堂股份有限公司
13	长沙新振升集团有限公司
14	湖南湘江涂料集团有限公司
15	湖南丽臣实业有限责任公司
16	湖南计算机产业集团
17	金瑞新材料科技股份有限公司
18	湖南同心实业股份有限公司
19	湖南海利高新技术产业集团有限公司
20	香港加加集团有限公司

二、工业利税大户

（一）利税过 80 亿元企业

长沙卷烟厂

（二）利税过亿元企业

长沙建设机械研究院有限责任公司

三一集团有限公司

湖南省长沙电业局

乐金飞利浦曙光电子有限公司

湖南金沙利彩色印刷有限公司

湖南旺旺食品集团有限公司

长沙威胜电子有限公司

长沙远大空调有限公司

湖南湘江涂料集团有限公司

湖南长沙娃哈哈饮料有限公司

九芝堂股份有限公司

湖南湘能电力股份有限公司

（三）利税过 5000 万元企业

湖南五强产业集团股份有限公司

长沙长丰汽车制造有限责任公司

伊莱克斯（中国）电器有限公司

湖南九芝堂斯奇生物制药有限公司

长沙水业投资管理有限公司

湖南山河智能机械股份有限公司

(四)利税过1000万元企业

北汽车福田汽车股份有限公司长沙汽车厂
长沙娃哈哈长荣饮料有限公司
长沙水泵厂有限公司
湖南梦洁家纺股份有限公司
长沙磐吉奥拉线工业有限公司
湖南南山食品有限公司
湖南长海控股集团有限公司
湖南泰尔制药有限公司
长沙伟业金属化工有限公司
长沙娃哈哈食品有限公司
湖南长大集团长沙市第八水厂有限公司
长沙高压开关有限公司
湖南浏阳金生花炮集团
湖南本安亚大新材料有限公司
湖南天龙制药有限公司
湖南中粮可口可乐饮料有限公司
长沙楚天科技有限公司
湖南东方时装有限公司
湖南省忘不了服饰有限会司
曙光电子集团有限公司
长沙锐信机械制造有限公司
浏阳市庆泰出口烟花有限公司
湖南迪诺制药有限公司
长沙银都印务有限公司
湖南九典制药有限公司
长沙星沙包装有限公司
长沙航空工业中南传动机械厂
宁乡广东温氏有限公司
湖南开关厂
长沙丰日电气集团有限公司
湖南瑞翔新材料有限公司
湖南省益康生物高科技有限公司
长沙钢丝厂
湘北威尔曼制药有限公司
湖南久润机械有限公司
长沙日立汽车电器有限公司
湖南湘能电工股份有限公司
长沙电缆附件有限公司
湖南海利高新技术产业集团有限公司
湖南同心实业股份有限公司
长沙赛尔机泵有限公司
湖南丽臣实业有限责任公司
长沙新振升集团有限公司
湖南杉杉新材料有限公司
长沙电机厂有限责任公司
湖南裳海迪瑞特制革服装有限公司
长沙开元仪器有限公司
湖南康普制药有限公司
长沙鼓风机厂有限责任公司
长沙市阀门厂
长沙力元新材料股份有限公司
兆山新星集团湖南水泥有限公司
长沙金龙电缆有限公司
加加酱业(长沙)有限公司
长沙新科超硬材料集团公司
湖南省轻盐科技有限公司
宏全企业(长沙)有限公司
湖南长沙榔梨汽车车身厂
湖南三环颜料有限公司
青岛啤酒(长沙)有限公司
湖南金农生物资源股份有限公司
长沙市人民印刷有限公司
湖南千山制药机械股份有限公司
湖南安淳高新技术有限公司
湖南猴王茶业有限公司
长沙天鹅工业泵股份有限公司
浏阳市有机化工有限公司
盘中餐粮油食品(长沙)有限公司
湖南九汇现代中药有限公司

（五）利税过500万元企业

长沙万奇烟花制造有限公司

长沙三德实业有限公司

湖南省明园蜂业有限公司

湖南宁乡双华造纸有限公司

浏阳市枨冲复兴出口烟花制作厂

湖南华纳大药厂有限公司

长沙奥托自动化技术有限公司

湖南迪博制药有限公司

长沙伟晖高科技新材料有限公司

中南大学粉末冶金厂

长沙大北农饲料科技有限责任公司

湖南福来格生物技术有限公司

长沙洁美鞋业有限公司

长沙锅炉厂

长沙中富容器有限公司

浏阳市永华出口花炮厂

长沙新源氨基酸生物肥料有限公司

浏阳市颐和隆烟花制造有限公司

湖南振邦涂料有限公司

浏阳市港星烟花制造有限公司

长沙三远钢结构有限公司

长沙东风药业有限公司

长沙河田白石建材有限公司

湖南沩山名茶开发公司

湖南安泰家俱实业有限公司

湖南天能电机制造有限公司

湖南湘能许继高科技股份有限公司

湖南省宁乡县长宁炭素制品有限公司

长沙威重化工机械有限公司

湖南长沙平头车身制造厂

湖南华天光电惯导技术有限公司

长沙景湘电子有限公司

湖南麓山天然植物制药有限公司

湖南鼎鹰（集团）水利电力有限责任公司

湖南康源制药有限公司

长沙市潇湘玻璃实业有限公司

湖南华天铝业有限公司

长沙汇金烟花制作有限公司

湖南盛湘米业集团宁乡分公司

湖南爱博科技发展有限公司

浏阳市银都出口花炮厂

湖南宁县思远实业有限公司

湖南尔康制药有限公司

湖南正太金琥药业有限公司

三、建筑业总产值前50名企业

位次	单　位　名　称	位次	单　位　名　称
1	中国水利水电第八工程局	26	湖南长大建设集团
2	中国建筑第五工程局	27	湖南军信公路桥梁建设有限公司
3	湖南路桥建设集团公司	28	中铁五局集团电务工程有限责任公司
4	湖南省建筑工程集团总公司	29	湖南西城建设有限公司
5	湖南望城新建设集团股份有限公司	30	中铁十二局第七工程局
6	湖南高岭建设集团股份有限公司	31	湖南长沙坪塘建设(集团)有限公司
7	湖南省第六工程公司	32	湖南环达公路桥梁建设总公司
8	湖南星大投资建筑集团股份有限公司	33	中铁二十五局集团第三工程有限公司
9	二十三冶建设集团有限公司	34	长沙市公路桥梁建设有限公司
10	中国建筑第五工程局第三建筑安装公司	35	长沙市岳麓山建筑工程公司
11	湖南黄花建筑股份有限公司	36	湖南省长沙湘华建筑工程有限公司
12	中铁五局集团第一工程有限责任公司	37	湖南北山建筑股份有限公司
13	湖南对外建设有限公司	38	长沙洞井建筑股份有限公司
14	湖南省送变电建设公司	39	湖南长沙麟辉建筑工程有限公司
15	湖南望城建设(集团)有限公司	40	湖南省西湖建筑工程有限公司
16	湖南顺天建设集团有限公司	41	湖南格塘建筑工程有限公司
17	湖南省沙坪建筑有限公司	42	长沙黎托建筑工程有限公司
18	中国建筑第五工程局第五工程公司	43	湖南六建金大建筑工程有限责任公司
19	长沙市建设工程集团有限公司	44	长沙金湘建筑工程有限公司
20	湖南长沙中格建设(集团)有限公司	45	长沙园艺建筑工程公司
21	湖南东方红建设集团有限公司	46	长沙市华侨建筑工程有限公司
22	长沙市市政工程有限责任公司	47	长沙靖港建筑工程有限公司
23	湖南捞刀河建筑集团有限公司	48	湖南南托建筑有限股份有限公司
24	中国建筑第五工程局第一建筑安装公司	49	湖南天辰通信股份有限公司
25	湖南金沙路桥建设有限公司	50	湖南马王堆建筑工程有限公司

四、房地产投资额前50名企业

位次	单　位　名　称	位次	单　位　名　称
1	长沙高新技术产业开发总公司	26	湖南弘欣置业发展有限公司
2	长沙悦禧房地产开发有限公司	27	长沙市怡海置业有限公司
3	长沙长天房地产开发有限责任公司	28	湖南华源教育投资有限公司
4	湖南日兴房地产开发有限公司	29	湖南通泰实业有限公司
5	湖南铁银房地产开发有限公司	30	湖南嘉达房地产开发有限公司
6	长沙市经发房地产开发有限公司	31	湖南经投实业有限责任公司
7	阳光壹佰(湖南)置业发展有限公司	32	长沙泰宝实业发展有限公司
8	湖南省恒广发展集团有限公司	33	湖南深国投商用置业发展有限公司
9	湖南凯达财信投资有限责任公司	34	湖南省金域置业有限公司
10	长沙三兆实业开发公司	35	湖南胜辉置业有限公司
11	湖南楚盛园置业发展有限公司	36	湖南信远智邦置业有限公司
12	湖南青园房地产开发有限公司	37	湖南永宏实业公司
13	长沙汇丰鸣翠山庄置业有限公司	38	湖南鑫远投资集团公司
14	长沙德信房地产开发公司	39	长沙仁和房地产开发有限公司
15	湖南兴荣投资有限公司	40	长沙万利房地产开发公司
16	长沙福乐天心置业有限公司	41	湖南珠江实业投资有限公司
17	长沙玉兴实业有限公司	42	湖南青竹湖国际商务社区开发有限公司
18	长沙鑫天置业有限公司	43	湖南恒业房地产开发公司
19	湖南同发置业有限公司	44	长沙市大联实业发展有限公司
20	湖南全新丝路房地产开发有限公司	45	长沙富景房地产开发公司
21	湖南大韵置业投资有限公司	46	长沙市赞佳置业有限公司
22	湖南华菱置业有限公司	47	长沙创远置业有限公司
23	长沙市卓越置业发展有限公司	48	湖南洞庭房地产开发有限公司
24	湖南华银园开发有限公司	49	湖南升阳房地产开发有限公司
25	鸿基(湖南)房地产开发公司	50	长沙景鹏房地产开发有限公司

五、高新技术产品产值前50名企业

位次	企　业　名　称	位次	企　业　名　称
1	三一集团有限公司	26	湖南大旺食品有限公司
2	乐金飞利浦曙光电子有限公司	27	长沙力元新材料股份有限公司
3	长沙中联重工科技发展股份有限公司	28	湖南华泰重工制造有限公司
4	湖南华银电力股份有限公司	29	湖南亚大新材料科技股份有限公司
5	长沙长丰汽车制造有限公司	30	长沙卷烟厂
6	北汽福田汽车股份有限公司长沙汽车厂	31	湖南湘能电工股份有限公司
7	长沙远大直燃机有限公司	32	湖南亚华乳业有限公司
8	袁隆平农业高科技股份有限公司	33	湖南旺旺食品有限公司
9	经阁铝业科技股份有限公司	34	湖南湘邮科技股份有限公司
10	湖南长沙亚华种业股份有限公司	35	湖南杉杉新材料有限公司
11	湖南三辰影库卡通节目发展有限公司	36	中外合资湘北威尔曼制药有限公司
12	湖南华菱光远铜管有限公司	37	长沙高压开关有限公司
13	金瑞新材料科技股份有限公司	38	湖南瑞翔新材料有限公司
14	湖南金荣企业集团有限公司	39	湖南千山制药机械股份有限公司
15	湖南湘江涂料集团有限公司	40	湖南维胜科技有限公司
16	中冶长天国际工程有限责任公司	41	长沙楚天科技有限公司
17	湖南海利高新技术产业集团有限公司	42	湖南康普制药有限公司
18	湖南计算机产业集团	43	长沙鼓风机厂
19	湖南九芝堂股份有限公司	44	湖南拓维信息系统股份有限公司
20	长沙振升铝材有限公司	45	长沙新奥燃气有限公司
21	长沙旺旺食品有限公司	46	长沙天鹅工业泵有限公司
22	湖南泰尔制药有限公司	47	湖南沐林现代食品有限公司
23	长沙威胜电子有限公司	48	湖南长海控股集团有限公司
24	中铁五局集团电力工程有限责任公司	49	湖南三环颜料有限公司
25	湖南山河智能机械股份有限公司	50	湖南特种金属材料厂

六、销售额前 20 名批发企业

位次	企业名称	位次	企业名称
1	湖南省烟草公司长沙市公司	11	长沙海尔工贸有限公司
2	中国石油天然气股份有限公司湖南销售分公司	12	湖南省烟草公司浏阳市公司
3	长沙双鹤医药有限责任公司	13	湖南省棉麻总公司
4	南方建材股份有限公司	14	湖南省纺织品进出口公司
5	湖南省新华书店	15	湖南中烟工业公司
6	中国烟草总公司湖南省公司	16	湖南双舟医药有限公司
7	湖南省粮油食品进出口集团有限公司	17	湖南省工艺品进出品公司
8	湖南新兴格力空调销售有限公司	18	湖南省烟草公司宁乡县公司
9	华南蓝天航空油料有限公司湖南分公司	19	湖南省印刷物资总公司
10	湖南华升工贸有限公司	20	长江 TCL 电器销售有限公司

七、零售额前 20 名零售企业

位次	企业名称	位次	企业名称
1	湖南友谊阿波罗股份有限公司	11	湖南老百姓大药房连锁有限公司
2	中国石油化工股份有限公司湖南长沙石油分公司	12	湖南王府井百货有限公司
3	长沙通程实业集团有限公司	13	中国石化浏阳石油支公司
4	湖南平和堂实业公司	14	沃尔玛深国投百货有限公司长沙黄兴南路分店
5	中国石油化工股份有限公司湖南销售分公司	15	湖南苏宁电器有限公司
6	湖南申湘汽车星沙商务广场有限公司	16	长沙家乐福超市有限责任公司
7	湖南长沙新一佳商业投资有限公司	17	湖南博瑞新物药有限公司
8	湖南国美国器有限公司	18	中国石油化工股份有限公司湖南宁乡石油支公司
9	湖南汽车城有限公司	19	长沙盾华汽车销售服务有限公司
10	湖南华银旺和超市有限公司	20	锦江麦德龙现购自运有限公司长沙开福商场

八、营业额前20名餐饮企业

位次	企业名称
1	长沙肯德基有限公司
2	湖南麦当劳(餐厅食品)有限公司
3	湖南省徐记餐饮有限公司唐家巷徐记海鲜大酒楼
4	长沙金色年华文化娱乐有限公司
5	书院路人民食堂
6	长沙市天心区四娭毑鱼头海鲜店
7	长沙湘鄂情酒楼有限公司
8	长沙饮食集团长沙火宫殿有限公司
9	长沙市开福区西湖楼酒家
10	天心区良友水鱼城
11	湖南金悦餐饮有限公司
12	长沙市新和福楼
13	长沙市雨花区一路吉祥美食广场
14	长沙鱼水情餐饮有限公司
15	世界之窗餐饮组
16	湖南航空南天实业有限公司
17	湖南紫东阁锦绣华天餐饮有限公司
18	百姓餐饮(武汉)有限公司
19	长沙金牛角中西餐厅有限公司
20	长沙新秦皇食府餐饮有限公司

九、营业收入前20名住宿企业

位次	企　业　名　称	星级
1	湖南华天大酒店股份有限公司	5
2	长沙通程国际大酒店	5
3	湖南国贸大酒店	
4	湖南金源大酒店	4
5	湖南国际影视会展中心有限公司	5
6	湖南芙蓉华天大酒店	4
7	长沙神农大酒店有限公司	5
8	湖南富丽华大酒店	4
9	普瑞温泉酒店有限公司	5
10	湖南五华酒店有限公司	4
11	湖南投资股份有限公司君逸康年大酒店	4
12	紫东阁华天大酒店(湖南)有限公司	4
13	湖南佳程酒店有限公司	5
14	湖南南方明珠大酒店有限公司	4
15	湖南湘泉大酒店有限公司	
16	湖南鑫都大酒店有限公司	4
17	湖南开源鑫城酒店管理有限公司	3
18	长沙明城实业有限责任公司明城大酒店	3
19	湖南省邮电培训中心	
20	浏阳市天马实业有限公司浏阳神农山庄	4

十、乡镇(街道)经济社会发展综合实力10强

序号	单　位　名　称
1	天心区大托镇
2	开福区捞刀河镇
3	雨花区洞井镇
4	芙蓉区东岸乡
5	长沙县星沙镇
6	雨花区黎托乡
7	望城县高塘岭镇
8	雨花区左家塘街道
9	雨花区侯家塘街道
10	天心区金盆岭街道

十一、乡镇(街道)经济社会发展综合实力10快

序号	单　位　名　称
1	岳麓区天顶乡
2	浏阳市永安镇
3	长沙县江背镇
4	浏阳市高坪乡
5	浏阳市大围山镇
6	望城县雨敞坪镇
7	宁乡县喻家坳乡
8	岳麓区岳麓街道
9	开福区伍家岭街道
10	芙蓉区朝阳街街道

中国统计出版社最新资料书简目

（仅供参考，以最后出书为准）

中国统计年鉴-2006
中国统计摘要-2006
2006 中国发展报告
中国城市统计年鉴-2005
中国劳动统计年鉴-2006
中国人口统计年鉴-2006
中国工业经济统计年鉴-2006
中国市场统计年鉴-2006
2005 中国经济景气年鉴
中国建筑业统计年鉴-2005
中国城市调查年鉴-2006
中国商品交易市场统计年鉴-2006
中国连锁餐饮企业统计年鉴-2005、2006
中国连锁零售业统计年鉴-2005、2006
中国能源统计年鉴-2004、2005
全国农产品成本收益资料汇编-2005
国际统计年鉴-2006
中国对外经济贸易统计年鉴-2005
中国基本单位统计年鉴-2005
中国民政统计年鉴-2006
中国高技术产业统计年鉴-2006
中国房地产行业名录
中国农村统计年鉴-2006
中国农村住户调查年鉴-2006（中文）
中国农村住户调查年鉴-2006（英文）
中国乡镇统计资料-2006
中国县（市）社会经济调查年鉴-2006
中国西部农村统计资料-2006
中国建制镇统计资料-2006
中国农产品价格调查年鉴-2006
中国国民经济核算年鉴-2006
中国经济普查年鉴-2004
中国棉花年鉴-2004、2005
中国百强县（市）发展年鉴-2006
中国教育经费统计年鉴-2005

北京统计年鉴-2006
天津统计年鉴-2006
河北经济年鉴-2006
山西统计年鉴-2006
内蒙古统计年鉴-2006
辽宁统计年鉴-2006
吉林统计年鉴-2006
黑龙江统计年鉴-2006
上海统计年鉴-2006
江苏统计年鉴-2006
浙江统计年鉴-2006

安徽统计年鉴-2006
福建统计年鉴-2006
江西统计年鉴-2006
山东统计年鉴-2006
河南统计年鉴-2006
湖北统计年鉴-2006
湖南统计年鉴-2006
广东统计年鉴-2006
广西统计年鉴-2006
海南统计年鉴-2006
重庆统计年鉴-2006
四川统计年鉴-2006
贵州统计年鉴-2006
云南统计年鉴-2006
西藏统计年鉴-2006
陕西统计年鉴-2006
甘肃年鉴-2006
青海统计年鉴-2006
宁夏统计年鉴-2006
新疆统计年鉴-2006
新疆生产建设兵团统计年鉴-2006
石家庄统计年鉴-2006
唐山统计年鉴-2006
邯郸统计年鉴-2006
张家口统计年鉴-2006
朔州统计年鉴-2006
呼和浩特经济统计年鉴-2006
鄂尔多斯市统计年鉴-2006
包头统计年鉴-2006
沈阳年鉴-2006
大连统计年鉴-2006
鞍山统计年鉴-2006
长春统计年鉴-2006
吉林市社会经济统计年鉴-2006
四平统计年鉴-2006
延吉统计年鉴-2006
哈尔滨统计年鉴-2006
齐齐哈尔经济统计年鉴-2006
黑龙江垦区统计年鉴-2006
上海浦东新区统计年鉴-2006
南京统计年鉴-2006
苏州统计年鉴-2006
无锡统计年鉴-2006
常州统计年鉴-2006
徐州统计年鉴-2006
南通统计年鉴-2006
盐城统计年鉴-2006
镇江统计年鉴-2006
江阴统计年鉴-2006

杭州统计年鉴-2006
宁波统计年鉴-2006
绍兴统计年鉴-2006
台州统计年鉴-2006
舟山统计年鉴-2006
温州统计年鉴-2006
金华统计年鉴-2006
嘉兴统计年鉴-2006
湖州统计年鉴-2006
安庆经济统计年鉴-2006
福州统计年鉴-2006
福州年鉴-2006
厦门经济特区年鉴-2006
福州经济技术开发区年鉴-2006
南昌经济社会统计年鉴-2006
上饶经济社会统计年鉴-2006
九江经济统计年鉴-2006
济南统计年鉴-2006
青岛统计年鉴-2006
潍坊统计年鉴-2006
淄博统计年鉴-2006
郑州统计年鉴-2006
洛阳统计年鉴-2006
三门峡统计年鉴-2006
南阳经济统计年鉴-2006
武汉统计年鉴-2006
宜昌统计年鉴-2006
十堰统计年鉴-2006
荆州统计年鉴-2006
长沙统计年鉴-2006
广州统计年鉴-2006
东莞统计年鉴-2006
惠州统计年鉴-2006
深圳统计年鉴-2006
南宁统计年鉴-2006
桂林经济社会统计年鉴-2006
柳州经济统计年鉴-2006
来宾统计年鉴-2006
河池地区经济社会统计年鉴-2006
海口统计年鉴-2006
成都统计年鉴-2006
贵阳统计年鉴-2006
昆明统计年鉴-2006
西安统计年鉴-2006
兰州年鉴-2006
西宁统计年鉴-2006
银川统计年鉴-2006
乌鲁木齐统计年鉴-2006
吐鲁番统计年鉴-2006